Wilhelm Dilich, Landtafeln hessischer Ämter zwischen Rhein und Weser 1607–1625

Wilhelm Dilich

Landtafeln hessischer Ämter
zwischen Rhein und Weser
1607–1625

herausgegeben von
Ingrid Baumgärtner,
Martina Stercken
und Axel Halle

Kassel 2011

Schriftenreihe der Universitätsbibliothek Kassel –
Landesbibliothek und Murhardsche Bibliothek der Stadt Kassel
Band 10

Einband
Wilhelm Dilich, Landtafel 2, Ausschnitt aus der Landtafel Amt Rheinfels und Vogtei Pfalzfeld, Kassel, UB-LMB, 2° Ms. Hass. 679, Bl. 21, Federzeichnung, handkoloriert. Die Vedute zeigt aus östlicher Perspektive die Stadt St. Goar unterhalb der Burg Rheinfels, eine katzenelnbogische Gründung am linken Rheinufer, inmitten einer Landschaftsansicht. Zu sehen ist der Rhein im Vordergrund, im Zentrum St. Goar mit mächtigen Stadtmauern sowie darüber die Burg Rheinfels auf einem Bergsporn an den Hängen des Rheintals. Auf der gegenüberliegenden Uferseite sind in der Biegung des Flusses ganz hinten Burg Maus und Wellmich zu erkennen.

Vorsatz/Nachsatz
Verortung von Dilichs Landtafeln in der Landgrafschaft Hessen-Kassel um 1610: 1 Rhein-Main-Gebiet der Landgrafschaft Hessen-Kassel; 2 Landgrafschaft Hessen-Kassel ohne Rhein-Main-Gebiet. Karten von Lutz Münzer.

Gefördert durch

hessische
kultur
stiftung

Sparkassen-Kulturstiftung
Hessen-Thüringen

UNIKASSEL
BIBLIOTHEK

UNIVERSITÄTS
GESELLSCHAFT
KASSEL e.V.

Bibliografische Information der Deutschen Nationalbibliothek
Die Deutsche Nationalbibliothek verzeichnet diese
Publikation in der Deutschen Nationalbibliografie;
detaillierte bibliografische Daten sind im Internet über
http://dnb.d-nb.de abrufbar.

ISBN 978-3-89958-450-9

© 2011, kassel university press GmbH, Kassel
www.upress.uni-kassel.de

Gesamtherstellung: Fotosatz Rosengarten GmbH, Kassel

Inhalt

Vorwort 7

Ingrid Baumgärtner
Wilhelm Dilich und die Landtafeln hessischer Ämter 9

Martina Stercken
Repräsentation, Verortung und Legitimation von Herrschaft. Karten als politische Medien im
Spätmittelalter und in der Frühen Neuzeit 37

Tanja Michalsky
Land und Landschaft in den Tafeln Wilhelm Dilichs 53

Ingrid Baumgärtner
Die vorliegende Ausgabe. Kartenbestand und technisches Vorgehen 73

Konkordanz der Blattzählungen 77

Die Landtafeln
Abbildungen und Beschreibungen

I. Rheingebiete 1607–1609

1	Amt Reichenberg, Amt Rheinfels und St. Goarshausen │ Bernd Giesen	82
2	Amt Rheinfels und Vogtei Pfalzfeld │ Bettina Schöller	85
3–6	Schloss Rheinfels │ Melanie Panse	86
7–10	Burg Katz │ Susanne Schul	94
11–16	Burg Reichenberg │ Vanessa Schmidt	102
17	Hollnich im Hunsrück │ Bernd Giesen	114
18	Stadt und Pfandschaft Rhens │ Bernd Giesen	117
19	Bezirk der Stadt Braubach │ Rebekka Thissen-Lorenz	118
20–24	Marksburg │ Rebekka Thissen-Lorenz	121
25–28	Philippsburg │ Mareike Kohls	130
29–33	Schloss Hohenstein │ Stefan Schröder	138
34	Die fünfzehn Dörfer (Langenschwalbach) │ Bernd Giesen	149
35–37	Herrschaft Eppstein │ Ralph A. Ruch	150
38	Gericht Liederbach │ Ralph A. Ruch	157

II. Wallenstein und Ziegenhain 1611–1613 sowie Langenschwarz 1617

39	Gerichte Neuenstein und Wallenstein	Rebekka Thissen-Lorenz	158
40	Gerichte Wallenstein und Neuenstein 1611	Rebekka Thissen-Lorenz	161
41	Gericht Wallenstein 1611	Bettina Schöller	162
42	Gericht Neuenstein	Bettina Schöller	165
43	Bezirk der Stadt Neukirchen 1613	Bettina Schöller	166
44	Schloss Ziegenhain	Christina Posselt	169
45	Amt Langenschwarz 1617	Katharina Becker	170

III. Jesberg und Schönstein 1613

46	Gericht Jesberg 1613	Bernd Giesen	173
47–48	Amt Schönstein	Katharina Becker	174
49	Ziegenhain und Momberg	Isabelle Denecke	178

IV. Homberg und Melsungen 1594, 1608, 1613–1616

50	Homberg an der Efze 1594	Olaf Wagener	181
51	Brunnenbau in Homberg an der Efze 1608	Olaf Wagener	182
52–54	Schloss Homberg an der Efze	Christina Posselt	185
55	Spezialtafel des Amtes Melsungen mit Bezirk der Stadt Melsungen 1615	Bettina Schöller	190
56	Spezialtafel des Amtes Melsungen mit Bezirk Elfershausen 1616	Eva Schmitt u. Bettina Schöller	193
57	Spezialtafel des Amtes Melsungen mit Bezirk Malsfeld	Bettina Schöller	194
58	Spezialtafel des Amtes Melsungen mit Bezirk Röhrenfurth 1615	Eva Schmitt u. Bettina Schöller	197
59	Spezialtafel des Amtes Melsungen mit Bezirk Breitenau 1615	Eva Schmitt	198

V. Schachten, Malsburg und Kaufungen 1618–1625

60	Strittiges Schachterholz zwischen Schachten und Meimbressen 1618	Isabelle Denecke	201
61	Wälder rund um die Malsburg	Johannes Stein	202
62	Zwischen Hessen und Stift Kaufungen strittiger Ort 1618	Johannes Stein	205
63	Kaufunger Wald 1618	Johannes Stein	206
64	Schloss Fleckenbühl und Dorf Reddehausen	Philipp Billion	209
65	Kaufunger Zehntrechte in Niederzwehren 1625	Johannes Stein	210
66	Kaufunger Zehntrechte in Niederzwehren, Arbeitsexemplar 1625	Johannes Stein	213
67	Rengershäuser Zehnt	Johannes Stein	214

Bibliographie

1. Abkürzungen und Siglen 217
2. Quellen 217
3. Literatur 218

Vorwort

Wilhelm Dilichs Aufnahme der Landgrafschaft Hessen-Kassel zählt zu den herausragenden kartographischen und architektonischen Zeichnungen des beginnenden 17. Jahrhunderts. Detailliert und mit künstlerischem Anspruch werden die hessischen Amtsbezirke mit ihren Städten und Burgen am Vorabend des Dreißigjährigen Krieges festgehalten. Die im Auftrag von Landgraf Moritz entstandenen Landtafeln sind nicht nur künstlerisches Produkt und Zeugnis für eine zeitspezifische Wahrnehmung von Landschaften und Bauten, sondern auch Ausdruck einer systematischen Erfassung von Herrschaftsraum. Als Werke eines vielseitig Begabten, der Baumeister, Ingenieur, Zeichner, Kartograph und Historiker zugleich war, zeigen sie die kartographischen Möglichkeiten der Darstellung eines Territoriums im ersten Drittel des 17. Jahrhunderts. Dabei verknüpfen sie vermessungstechnische Präzision mit Wissen um politische und historische Verhältnisse.

Diese besondere Qualität übt eine große Faszination auf jedweden Betrachter aus und macht die Landesaufnahme gleichzeitig zu einer wichtigen Quelle für die Kartographiegeschichte wie für die Landeskunde. Deshalb zählen Dilichs Landtafeln zu den viel genutzten Schätzen vor allem der Universitätsbibliothek Kassel, in der sich 53 Blätter erhalten haben, aber auch des Staatsarchivs Marburg, in dem zwölf Blätter aufbewahrt werden; ein weiteres Blatt befindet sich in der Hessischen Hausstiftung Schloss Fasanerie bei Fulda.

Obwohl das Interesse an den Landtafeln groß ist, sind seit 1927, als Edmund Stengel einen größeren Teil der überlieferten Karten, Auf- und Grundrisse Dilichs abdruckte und eingehend kommentierte, lediglich kleinere Beiträge dazu erschienen. Bisher fehlt eine Ausgabe, die sämtliche Tafeln vereinigt, farbig reproduziert, im Detail beschrieben und als zeitspezifisches Werk untersucht.

Mit der vorliegenden Publikation werden die *Landtafeln hessischer Ämter zwischen Rhein und Weser* erstmals vollständig der Öffentlichkeit zugänglich gemacht, einzeln gewürdigt und sowohl im Kontext von Dilichs Lebenswerk wie auch der Kartographie am Übergang vom Spätmittelalter zur Frühen Neuzeit untersucht. So umfassend die Ausgabe angelegt ist, so sehr ist es zu bedauern, dass einzelnen technischen Eigenarten von Dilichs Landesaufnahmen nicht Rechnung getragen werden konnte. Dies betrifft vor allem die filigranen, mehrfach geschichteten Überklebungen im Original, die durch Aufklappen die Dimensionen dargestellter Architektur erfahrbar machen. Diese werden zwar in den Texten thematisiert, ließen sich aber leider nicht reproduzieren. Sie sind gleichwohl in einer elektronischen Fassung der Zeichnungen Dilichs <http://orka.bibliothek.uni-kassel.de/> zugänglich.

Betreut wurde die Publikation durch die Historikerinnen Ingrid Baumgärtner (Kassel) und Martina Stercken (Zürich) in Zusammenarbeit mit der Kunsthistorikerin Tanja Michalsky (Berlin) und Axel Halle, Leiter der Universitätsbibliothek Kassel – Landesbibliothek und Murhardschen Bibliothek der Stadt Kassel. Mitgearbeitet haben Nachwuchswissenschaftlerinnen und Nachwuchswissenschaftler der Universitäten Kassel und Zürich, die es unter Mitwirkung von einzelnen Doktoranden aus Frankfurt und Heidelberg unternommen haben, die einzelnen Tafeln zu beschreiben. Katharina Becker, Philipp Billion, Isabelle Denecke, Bernd Giesen, Mareike Kohls, Melanie Panse, Christina Posselt, Ralph A. Ruch, Vanessa Schmidt, Eva Schmitt, Bettina Schöller, Stefan Schröder, Susanne Schul, Johannes Stein, Rebekka Thissen-Lorenz und Olaf Wagener gilt herzlicher Dank für ihr Engagement. Dankbar sind wir ferner den Studierenden in Kassel und Zürich, die bei den redaktionellen Arbeiten mitgeholfen haben. Danken möchten wir ebenso dem Leiter der Handschriftenabteilung der Universitätsbibliothek Kassel, Dr. Konrad Wiedemann, der stets mit Rat und Tat die Analyse der Originalzeichnungen begleitet hat.

Ohne die finanzielle Unterstützung einzelner Institutionen hätte die kommentierte Faksimileausgabe nicht realisiert werden können. Großer Dank gebührt dafür der Hessischen Kulturstiftung, namentlich deren Geschäftsführerin Claudia Scholtz, der Sparkassen-Kulturstiftung Hessen-Thüringen unter der Geschäftsführung von Thomas Wurzel sowie dem Kasseler Hochschulbund, vertreten durch die Vorsitzenden Karsten Heuchert (bis 2009) und Andreas Fehr (seit 2009).

Ingrid Baumgärtner, Axel Halle, Martina Stercken
Kassel, Florenz und Zürich im Oktober 2010

Ingrid Baumgärtner

Wilhelm Dilich und die Landtafeln hessischer Ämter

Im Jahre 1607 betraute Landgraf Moritz der Gelehrte seinen Historiographen und Geographen Wilhelm Dilich (1571/72–1650) mit der Aufgabe, eine kartographische Landesaufnahme von den weit verstreuten hessischen Territorien anzufertigen. Der Fürst selbst entwarf das Programm, das auf insgesamt 174 Landtafeln angelegt war und im Ganzen drei Generaltafeln, acht Tafeln der als Quartiere bezeichneten Landesteile, 58 Ämterkarten und 105 Spezialkarten einzelner Orte umfassen sollte.[1] Obwohl der Kartograph sogleich mit den Vermessungen im Gelände begann und ihn mehrere Gehilfen wie auch die Amtsträger vor Ort unterstützten, konnte er die vorgesehenen Arbeiten in mehr als zehn Jahren nur zu einem Bruchteil ausführen. Denn die ‚Landtafeln hessischer Ämter zwischen Rhein und Weser' entstanden sukzessiv und mit zunehmenden Unterbrechungen in der Zeit von 1607 bis 1617/1625, ohne dass sich der Künstler an die programmatische Systematik gebunden fühlte. Gleichwohl wurden die handkolorierten Federzeichnungen ein Meisterwerk.

Das zu groß dimensionierte Projekt, dessen Umfang alle Beteiligten unterschätzt hatten, führte letztlich in ein ökonomisches Desaster. Der kinderreiche Familienvater Dilich musste es für andere Aufträge unterbrechen, um seinen Lebensunterhalt zu sichern. Der unzufriedene Landgraf sperrte seinem Kartographen 1617 die Besoldung und ließ ihn festsetzen. Die Freilassung aus der Kerkerhaft erfolgte gegen das nicht einlösbare Versprechen, die Kartierungen auf eigene Kosten fertig zu stellen. Aufgrund seiner wirtschaftlichen Lage war es Dilich freilich nicht möglich, auf weitere bezahlte Aufträge zu verzichten, um diese Zusage einzuhalten. So kam er 1622 wegen angeblich zu Unrecht erhaltener Reisekosten erneut in Schuldhaft. Ein in diesem Zusammenhang angefertigtes Inventar zeigt, dass er sein gesamtes väterliches Vermögen in seine reichhaltige Büchersammlung investiert hatte und daneben keinen nennenswerten Besitz vorweisen konnte.

Wann der Kartograph aus der Haft freikam, ist umstritten. Es wird vermutet, dass der junge Landgraf Wilhelm, zu jener Zeit Statthalter, ihn in die Freiheit entließ, als sein Vater Moritz vor den 1623 nach Hessen einfallenden Truppen des Grafen von Tilly aus Kassel geflohen war. Jedenfalls arbeitete der hessische Landvermesser von Oktober 1624 bis zum Februar 1625 mit vier bis fünf Helfern an einem Pergamentblatt für die Kaufunger Ritterschaft. Er beendete diese letzte große Karte, kurz bevor er im März Hessen verließ. Die bis zu seinem Tod 1650 fortdauernde Anstellung in Dresden am Hof des Kurfürsten von Sachsen soll ihm der aus Hessen stammende Artilleriekommandant Melchior von Schwalbach vermittelt haben. Nach ersten Entwürfen für die Ausgestaltung des Riesensaals im Dresdener Schloss widmete sich Dilich fortan als Baumeister in Theorie und Praxis vor allem der Militärtechnik und dem Festungsbau.

Die Herstellung der ‚Landtafeln' begann in der rheinischen Grafschaft Katzenelnbogen, zu der außer einigen wenigen Karten vor allem Grundrisse und Ansichten der landgräflichen Burgen vorliegen. In den darauf folgenden Jahren näherte sich der Kartograph bei der räumlichen Erfassung der Territorien sukzessive dem Standort Kassel an. Als er im März 1625 Hessen verließ, waren von den geplanten 174 Landtafeln nur etwa 30 realisiert. Hinzu kamen 32 Ansichten und Grundrisse landgräflicher Burgen und einige Tafeln für private Auftraggeber wie die Hessische Ritterschaft in Kaufungen. Überliefert sind insgesamt 66 Karten, Pläne und Aufrisse von beträchtlichem künstlerischem Wert, die eine wichtige Quelle zur Landeskunde Hessens und des Mittelrheins darstellen. 53 Blätter befinden sich in der Universitätsbibliothek Kassel, zwölf im Hessischen Staatsarchiv Marburg und ein weiteres Blatt in der Hessischen Hausstiftung Schloss Fasanerie

---

[1] Vgl. Edmund STENGEL (Hg.), Wilhelm Dilichs Landtafeln hessischer Ämter zwischen Rhein und Weser. Nach den Originalen in der Landesbibliothek in Kassel, im Staatsarchiv zu Marburg und im Landgräflichen Archiv zu Philippsruhe auf 24 meist farbigen Tafeln und Doppeltafeln mit 16 Abbildungen im Text, Marburg 1927; Edmund STENGEL, Wilhelm Dilichs Landtafeln hessischer Ämter zwischen Rhein und Weser, in: Zeitschrift für hessische Geschichte und Landeskunde 70 (1959), S. 150–201 bzw. S. 486–537; Bettina SCHLEIER, Die illustrierte Bremer Chronik des Wilhelm Dilich, in: BURGGESELLSCHAFT BEDERKESA e.V. (Hg.), Wilhelm Dilich. Kartograph von Amt und Burg Bederkesa, Texte von Bettina SCHLEIER, Johannes GÖHLER und Matthias D. SCHÖN, Bederkesa 1994, S. 7–36, hier S. 32.

bei Fulda. Eine überformatige Karte ist seit dem Zweiten Weltkrieg verschollen. Bereits 1927 hat Edmund Stengel einige dieser Tafeln kurz beschrieben und in einfacher Qualität teils schwarz-weiß, teils farbig abgedruckt.[2] Im Folgenden sind die Landtafeln unter verschiedenen Aspekten zu analysieren, erstens im Zusammenhang von Leben und Werk ihres Schöpfers, zweitens in Hinblick auf ihre Chronologie und Entstehungsbedingungen, drittens im Zeichen der geographischen und historischen Wissensvermittlung der Zeit sowie viertens im Kontext der zeitgenössischen Landesvermessung und deren technischen Vorgehensweisen.

1. Leben und Werk bis 1607

Jugendzeit und Studium

Der um 1571/72 in Wabern geborene Wilhelm Scheffer, Sohn des Pfarrers oder Predigers Heinrich Scheffer, trug den Beinamen, den sein Vater nach dem nicht weit entfernten Geburtsort Dilich angenommen hatte, meist in latinisierter Form.[3] Nach dem Besuch der Kasseler Lateinschule studierte er von 1589 an im sächsischen Wittenberg an dessen protestantisch-calvinistischer Universität. Dort hatte die Historiographie große Bedeutung erlangt, nicht zuletzt weil damit das wachsende Bedürfnis der Zeitgenossen nach historischer Legitimation befriedigt werden konnte. Die Begeisterung für Geschichte scheint Wilhelm Dilich sein ganzes Leben lang begleitet zu haben, ebenso wie die spätestens hier in Sachsen erworbene Vorliebe für Illustrationen. Bereits in seinem ersten kleinen Werk ‚De electoribus Saxonicis libri tres', das er 1590 zur Geschichte der Kurfürsten von Sachsen vorlegte, ergänzten Abbildungen wie das Schloss Wittenberg, Epitaphien aus der Schlosskirche und Darstellungen zur Belagerung Gothas den Text. Historische Argumentation und deren bildliche Veranschaulichung wurden existentieller Bestandteil aller weiteren Projekte, in denen Dilich Text und Bild miteinander zu vereinen und in ihrer Reziprozität zu berücksichtigen suchte.

Kartographie und Vermessung

Es ist anzunehmen, dass auch die anderen am Hof betriebenen Wissenschaften, insbesondere die Geodäsie, dem späteren Kartographen während seines Wittenberger Studiums von 1589 an wichtige Anregungen gegeben haben. Immerhin hatte sich Kurfürst August (1553–1586) sogar eigenhändig an Landesvermessungen gewagt und Sachsen zu einem Zentrum sowohl der Kartographie als auch der Geodäsie entwickelt. Die beiden Felder, damals noch weniger getrennt als heute, beinhalteten einerseits das kartographische Sammeln, Auswerten und Veranschaulichen raumbezogener Daten in künstlerisch-geisteswissenschaftlicher Tradition und andererseits das mathematisch-ingenieurwissenschaftliche Ausmessen und Abbilden der Realtopographie.[4] Nach dem frühen Holzschnittkärtchen in Sebastian Münsters ‚Kosmographia' hatte dort Hiob Magdeburg von etwa 1560 an kleinmaßstäbliche Karten und gegen 1566 sogar eine umfassende Landeskarte erstellt. Auch Matthias Öder hatte 1586 begonnen, sich mit einer detaillierten Landesaufnahme des Kurfürstentums zu beschäftigen.[5] Öders Aufzeichnungen zogen sich gemäß den Unkostenabrechnungen bis 1607, letztlich sogar bis zu seinem Tod im Jahre 1614 hin, ehe Balthasar Zimmermann die Arbeiten fortsetzte. Dies zeigt die Beschwernisse solcher Unternehmungen, die den Studenten der Wittenberger Universität nicht verborgen geblieben sein dürften.

Die kartographische Erfassung der Länder war damals Anliegen vieler weltlicher und geistlicher Regionalfürsten, deren Maßnahmen zum Herrschaftsausbau es erforderten, die Formierung des eigenen Territoriums aus rechtlichen, militärischen, steuerlichen und administrati-

---

[2] Vgl. STENGEL, Wilhelm Dilichs Landtafeln 1927 (wie Anm. 1). Darüber hinaus wurden einzelne Landtafeln reproduziert; vgl. etwa Hartmut BROSZINSKI, Wilhelm Dilich: Landtafeln hessischer Ämter zwischen Rhein und Weser 1607–1622, in: Hartmut BROSZINSKI, Kasseler Handschriftenschätze (Pretiosa Cassellana), Kassel 1985, S. 97–102, Nr. 16; Ingrid BAUMGÄRTNER, Landtafeln hessischer Ämter zwischen Rhein und Weser (Burg Hohenstein; Amt Reichenberg; Amt Rheinfels und St. Goarshausen; Neukatzenelnbogen; Stadt und Pfandschaft Rhens mit Königsstuhl), in: Rainer ATZBACH, Sven LÜKEN u. Hans OTTOMEYER (Hg.), Burg und Herrschaft. Eine Ausstellung des Deutschen Historischen Museums Berlin, Berlin 2010, S. 77–79, Nr. 3.18 u. 3.18 a-e. Zu den Burgenansichten vgl. <http://orka.bibliothek.uni-kassel.de/> unter dem Stichwort ‚Sammlungen', dort ‚Dilich', und Deutsche Fotothek <http://www.deutschefotothek.de> unter den Stichworten ‚Dilich' und ‚Kassel'.

[3] Vgl. Horst NIEDER, Wilhelm Dilich (um 1571–1650). Zeichner, Schriftsteller und Kartograph im höfischen Dienst, Lemgo 2002, S. 10f.; Julius CÄSAR, Über Wilhelm Dilichs Leben und Schriften, in: Zeitschrift des Vereins für hessische Geschichte und Landeskunde, NF 6 (1877), S. 313–325; Julius CÄSAR, Art. Dilich, Wilhelm, in: Allgemeine Deutsche Biographie 5, Leipzig 1877, ND 1968, S. 225f.; Horst-Peter BERTINCHAMP, Wilhelm Dilich, ein hessischer Kartograph in sächsischen Diensten (1625–1650), in: Sächsische Heimatblätter. Zeitschrift für sächsische Geschichte, Denkmalpflege, Natur und Umwelt 34 (1988), S. 31–32; Holger Thomas GRÄF, Art. Dilich, Wilhelm, in: Kassel Lexikon, Bd. 1: A-K, Kassel 2009, S. 139f.

[4] Zur Definition und den Unterschieden von Kartographie und Geodäsie vgl. Ute SCHNEIDER, Geowissenschaften: Kartographie und Geodäsie, in: Stephan GÜNZEL (Hg.) unter Mitarbeit v. Franziska KÜMMERLING, Raum. Ein interdisziplinäres Handbuch, Stuttgart 2010, S. 24–33, hier S. 24. Zu Hiob Magdeburg vgl. Fritz BÖNISCH, Hans BRICHZIN, Klaus SCHILLINGER u. Werner STAMS, Kursächsische Kartographie bis zum Dreißigjährigen Krieg, Bd. 1, Berlin 1990, S. 207–247; Rainer GEBHARDT (Hg.), Hiob Magdeburg und die Anfänge der Kartographie in Sachsen, Annaberg 1995.

[5] Vgl. Sophus RUGE, Die erste Landvermessung des Kurstaats Sachsen, auf Befehl des Kurfürsten Christian I. ausgeführt von Matthias Öder (1586–1607), Dresden 1889; Fritz BÖNISCH, Genauigkeitsuntersuchungen am Öderschen Kartenwerk von Kursachsen, Berlin 1970; Fritz BÖNISCH, Die erste Kursächsische Landesaufnahme, ausgeführt von Matthias Öder und Balthasar Zimmermann von 1586 bis in die Anfangszeit des Dreißigjährigen Krieges, Leipzig u. Dresden 2002.

ven Gründen zu überblicken. Selbst kirchliche Amtsträger erkannten diese Zwänge. Der Erzbischof Johann von der Leyen von Trier etwa beauftragte 1558, als die alte Benediktinerabtei Prüm mit allen Pertinenzen in sein Erzbistum inkorporiert werden sollte, den jungen Arnold Mercator damit, einen kartographischen Überblick über die klösterlichen Besitzungen anzulegen.[6] Denn von der Mitte des 16. Jahrhunderts an stellte sich immer häufiger heraus, dass rein textuelle Geländebeschreibungen und Statistiken ohne eine graphische Umsetzung die wachsenden Erfordernisse nicht mehr befriedigen konnten. Auch in Hessen begannen landgräfliche Landvermesser, wie der Korbacher Joist Moers (gest. 1625) etwa von 1572 an in Waldeck und im Kasseler Umland, einzelne Liegenschaften zu erfassen.[7] Als sich diese Arbeiten nicht schnell genug entwickelten, bestellte Landgraf Wilhelm IV. 1585 bei dem berühmten Fachmann Arnold Mercator eine topographische Vermessung seines gesamten Herrschaftsbereiches; nach Arnolds Tod übernahm dessen Sohn Johann Mercator diese Aufgabe bis 1592.[8] Die Ausbeute jahrelanger Bemühungen war jedoch gering. Nur eine einzige Karte des südöstlichen Hessens, farbig und in hoher Qualität, heute im Hessischen Staatsarchiv in Marburg, ist aus dieser Produktion erhalten.

Die Wittenberger Anregungen und die landesherrlichen Bedürfnisse scheinen den Pfarrerssohn Dilich ermuntert zu haben, ein großes hessisches Geschichtswerk zu verfassen und Kontakt zu Landgraf Wilhelm IV. aufzunehmen. Nach dem Wechsel an die Universität Marburg 1591 publizierte er eine erste Landesbeschreibung Hessens, die ‚Synopsis descriptionis totius Hassiae‘, in der er bekannte chronistische Informationen kompilierte und mit neuem Bildmaterial vervollständigte. Außer einer kleinen, ‚Tabula‘ genannten und beschrifteten Landkarte zu Orten und Gewässern Hessens[10] gehörten dazu insgesamt 46 Federzeichnungen hessischer Städte, die er wie etwa im Falle von Marburg mit einem Studenten, bei Kassel mit landgräflichen Hofleuten und Räten, bei Treysa mit einem Wandergesellen, bei Wolfhagen mit einem Amtsboten oder bei Zierenberg mit einem Bauern belebte, sowie drei idealtypische Landesansichten, darunter der Tempel des chattischen Sagengottes Hammo.[11] Publiziert wurde dieses Werk erstmals 1902.[12] Dilich verwertete die Stadtveduten einige Jahre später erneut in seiner ‚Hessischen Chronica‘.

Am landgräflichen Hof

Die historiographischen und graphischen Leistungen führten zu einer Anstellung als sog. ‚Abreißer‘, also als Zeichner mit einem breiten Aufgabengebiet. Bald stieg Dilich zum offiziellen *Geographus* und *Historicus* am landgräflichen Hof des ungefähr gleichaltrigen Landgrafen Moritz des Gelehrten auf. Der junge Fürst hatte im August 1592 die Regierung übernommen und seinem neu angeworbenen Geographen zunächst erlaubt, Studienreisen durchzuführen und insbesondere nach Sachsen zurückzukehren, um dort seine Tätigkeiten abzuschließen.[13] Moritz wurde erst ungeduldig, als der Reisende Anfang August 1594 noch nicht wieder in Kassel eingetroffen war und zurückbeordert werden musste.

In den Folgejahren gehörte es zu Dilichs Aufgaben am Kasseler Hof, die grandios inszenierten Renaissance-Festlichkeiten zur Taufe von Prinzessin Elisabeth im August 1596 und zur Taufe von Prinz Moritz 1600 aufzuzeichnen

---

[6] Vgl. Fritz HELLWIG, Zur älteren Kartographie der Saargegend, in: Jahrbuch für westdeutsche Landesgeschichte 3 (1977), S. 193–228; Jürgen HARTMANN, Die Moselaufnahme des Arnold Mercator: Anmerkungen zu zwei Karten des Landeshauptarchivs Koblenz, in: Jahrbuch für westdeutsche Landesgeschichte 5 (1979), S. 91–102; Roland GEIGER, Die Ämter des Erzbistums Trier zwischen Mosel und Blies: Eine Kartenaufnahme von Arnold Mercator aus dem Jahre 1566 in einer ‚Kopie‘ von Peter Balthasar von 1776, in: Heimatbuch des Landkreises St. Wendel 26 (1994), S. 125–130; Peter H. MEURER, Les fils et petits-fils de Mercator, in: Marcel WATELET (Hg.), Gérard Mercator cosmographe: Le temps et l'espace, Antwerpen 1994, S. 370–385; zur späteren Kopie im Atlas des Jan van Schilde vgl. Peter H. MEURER, Die ‚Trevirensis Episcopatus exactissima descriptio‘ des Jan van Schilde: Analysen zur ältesten gedruckten Karte von Kurtrier, in: Roland BAUMHAUER (Hg.), Aktuelle Forschungen aus dem Fachbereich VI Geographie/Geowissenschaften, Trier 1997, S. 285–300. Zu diesen Entwicklungen vgl. auch den Beitrag von Martina STERCKEN in diesem Band.

[7] Vgl. Karl SCHÄFER, Leben und Werk der Korbacher Kartographen Joist Moers, in: Geschichtsblätter für Waldeck 67 (1979), S. 123–177; Werner ENGEL, Joist Moers im Dienste des Landgrafen Moritz von Hessen, in: Hessisches Jahrbuch für Landesgeschichte 32 (1982), S. 165–173; Winfried WROZ, Der hessische Landmesser Joist Moers und seine Karte des Kaufunger Waldes (um 1590), in: Mitteilungen des Vereins für hessische Geschichte und Landeskunde Kassel 26 (1993), S. 9–13, Karte S. 20–21.

[8] Vgl. Kurt KÖSTER, Die Beziehungen der Geographenfamilie Mercator zu Hessen, in: Hessisches Jahrbuch für Landesgeschichte 1 (1951), S. 171–192.

[9] Marburg, HStAM, Karten R II Nr. 28 in großem Format (Maße: 138 x 173,5 cm) und schlechtem Erhaltungszustand; vgl. Fritz WOLFF u. Werner ENGEL, Hessen im Bild alter Landkarten, Marburg 1988, S. 8 zu einem Ausschnitt. Die landgräflichen Räte suchten Mercators große Landtafel von Hessen sowie die Oberhessen-Karte bereits im Dezember 1604 vergeblich; vgl. Marburg HStAM, Bestand 17 d, Dilich 1, fol. 5; STENGEL, Wilhelm Dilichs Landtafeln 1927 (wie Anm. 1), S. 22 Nr. 1.

[10] NIEDER, Wilhelm Dilich (wie Anm. 3), S. 119, Abb. 1.

[11] NIEDER, Wilhelm Dilich (wie Anm. 3), S. 120–121, Abb. 2–5.

[12] Wilhelm Dilich, Synopsis descriptionis totius Hassiae tribus libris comprehensae, Cassel 1591; Wilhelm Dilichs Federzeichnungen hessischer Städte aus dem Jahr 1591, hg. v. E. THEUNER, Marburg 1902; Wilhelm Dilichs Ansichten hessischer Städte aus dem Jahr 1591. Nach den Federzeichnungen in seiner Synopsis descriptionis totius Hassiae, Marburg 1902, ND Vellmar 2005. Vgl. Alhard von DRACH, Die künstlerische Tätigkeit Wilhelm Dilichs, in: Mitteilungen des Vereins für hessische Geschichte und Landeskunde 4 (1878), S. 5f.; R. HELDMANN, Wilhelm Dilich als Landschafter, in: Hessenland. Zeitschrift für hessische Geschichte und Literatur 17 (1903), S. 308–311 u. S. 326–328.

[13] Vgl. NIEDER, Wilhelm Dilich (wie Anm. 3), S. 14; GRÄF, Art. Dilich (wie Anm. 3), S. 140.

Abb. 1: Wilhelm Dilich, Holzschnittportrait 1601, aus: Wilhelm Dilich, Beschreibung und Abriß dero Ritterspiel, Kassel 1601, Frontispiz.

und die ephemere Festkultur zu dokumentieren.[14] Beide Beschreibungen fasste er 1601 in der handkolorierten Marburger Gesamtausgabe ‚Beschreibung und Abriß dero Ritterspiel' zusammen. Als Frontispiz setzte er einen Holzschnitt ein, in dem er sich selbst stolz mit Zirkel, Buch und höfischer Kleidung als Zeichner und Kartograph porträtierte (Abb. 1).[15] Schon im Alter von 29 Jahren scheint er so bekannt gewesen zu sein, dass er sich eine solche Selbstdarstellung leisten konnte.

Illustrierte Chroniken

Überdies spezialisierte sich Dilich auf illustrierte Chroniken, die dem Leser einen neuen Blick auf die Geschichte im Allgemeinen vermitteln sollten: Außer der bebilderten Chronik von Ungarn[16] verfasste Dilich die älteste gedruckte Bremer Stadtchronik mit Illustrationen, genannt ‚Urbis Bremae Chronicon',[17] welche die gegen Ende des 16. Jahrhunderts verfasste Stadtgeschichte des Johann Renner, seit 1568 Notar des Bremer Rats, zwar nicht ersetzte, aber ertragreich ergänzte.[18] Die notwendigen Kontakte ins reformierte Bremen scheinen sich ergeben zu haben, als er im landgräflichen Auftrag 1596 zu Studien- und möglicherweise Bündniszwecken erstmals die Stadt besuchte und dabei den Marktplatz für den Rat zeichnete.[19]

In der Universitätsbibliothek Leipzig haben sich zudem 20 Blätter mit 24 unvollendeten autographen Federzeichnungen Wilhelm Dilichs erhalten, auf denen Mauern und Befestigungen verschiedener Städte, vermutlich Ansichten norddeutscher Städte, abgebildet sind.[20] Wahrscheinlich waren es Vorlagen für Kupferstiche oder Vorarbeiten für die Veduten in den Chroniken, wobei sich keine Motive aus Bremen oder Kassel identifizieren lassen. Mehrere Besitzeinträge Dilichs, einer mit der Jahresangabe 1614, belegen, dass die inhaltlich nicht miteinander verbundenen Blätter aus verschiedenen Arbeitsphasen zwischen 1595 und 1614 stammen, ohne einem gemeinsamen Zweck zu dienen.

Die Bremer Chronik schrieb Wilhelm Dilich zusammen mit dem aus einer Kaufmannsfamilie stammenden Bremer Ratsherrn und Bürgermeister Heinrich Krefting (1562–1611), der als promovierter Jurist, Professor und kurpfälzischer Rat 1591 in die Stadt zurückgekehrt war.[21]

---

[14] Vgl. Wilhelm Dilich, Ritterspiele anno 1596. Historische Beschreibung der fürstlichen Kinddtauff Fraewlein Elisabethen zu Hessen …, Kassel 1598, ND hg. v. Hartmut BROSZINSKI u. Gunter SCHWEIGHART, Kassel 1986, darin auch Nachwort S. VI–XIII; Horst NIEDER, Ritterspiele, Trionfi, Feuerwerkspantomime. Die Kasseler Tauffeierlichkeiten von 1598. Fest und Politik am Hofe des Landgrafen Moritz von Hessen-Kassel, Marburg 1999.

[15] Wilhelm Dilich, Beschreibung und Abriß dero Ritterspiel, Marburg 1601; nicht in: Wilhelm Dilich, Ritterspiele (wie Anm. 14); abgedruckt bei NIEDER, Wilhelm Dilich (wie Anm. 3), S. 12; SCHLEIER, Bremer Chronik (wie Anm. 1), S. 6; Fritz WOLFF, Kartographen – Autographen, Marburg 1990, S. 30–35, hier S. 31.

[16] Vgl. Georg ROSZA, Die Ungarnchronik Wilhelm Dilichs, in: Gutenberg-Jahrbuch 71 (1996), S. 157–164; NIEDER, Wilhelm Dilich (wie Anm. 3), S. 32–35.

[17] Wilhelmus Dilichius, Urbis Bremae Typus et Chronicon, Kassel 1602 (Probedruck), 1603 u. 1604. Zur Zielsetzung vgl. Ausgabe Kassel 1602, S. 8: *Ex his tabulis, benigne spectator, oculum alterum hujus historiae urbis Bremanae verè habes*. Vgl. SCHLEIER, Bremer Chronik (wie Anm. 1), S. 11–14; NIEDER, Wilhelm Dilich (wie Anm. 3), S. 37–41. Zu den in der Bremer Staats- und Universitätsbibliothek überlieferten Exemplaren vgl. Susanne RAU, Geschichte und Konfession. Städtische Geschichtsschreibung und Erinnerungskultur im Zeitalter von Reformation und Konfessionalisierung in Bremen, Breslau, Hamburg und Köln, Hamburg u. München 2002, S. 238 Anm. 585.

[18] Vgl. RAU, Geschichte und Konfession (wie Anm. 17), S. 224–229.

[19] SCHLEIER, Bremer Chronik (wie Anm. 1), hier S. 11–29, bes. S. 24.

[20] Leipzig, Universitätsbibliothek, Rep. IV 51a 2 [Z254], lt. Katalogeintrag (vorab); darunter Bl. 15r mit der Darstellung einer Stadt, Bl. 3r sowie aufgeklebte Ausschnitte auf dem vorderen und hinteren Spiegel mit Einträgen Dilichs. Für den Hinweis bedanke ich mich bei Herrn Prof. Dr. Thomas Fuchs, Leiter der Sondersammlungen.

[21] SCHLEIER, Bremer Chronik (wie Anm. 1), S. 27; Wilhelm VON BIPPEN, Krefting, Heinrich, in: Allgemeine Deutsche Biographie 17, Leipzig 1883, ND 1969, S. 100f.

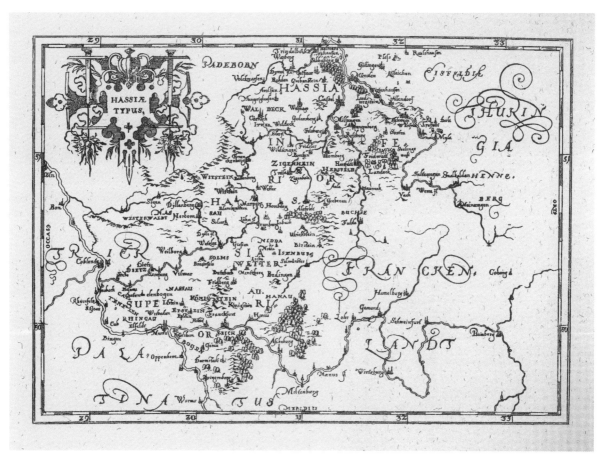

Abb. 2: Wilhelm Dilich, Hessische Chronica, 2 Teile, Kassel 1605, ND hg. v. Wilhelm NIEMEYER, 1961, Karte nach S. 16 mit Überblick zu Ober- und Niederhessen.

Das Probeexemplar, das Dilich 1602 dem Bremer Rat schickte, war in Kassel gedruckt worden. Die in Latein gehaltene Fassung, die nach Topographie, Bauwerken und Bewohnern gegliedert vor allem eine topographisch-geographische Beschreibung von Stadt und Umgebung bot, richtete sich an eine überregionale Leserschaft und verfolgte kommerzielle Interessen. Deshalb traten die geschichtlichen Details von der Frühgeschichte bis zur Reformation hinter den Ansichten und Karten zur Anlage von Stadt und Gebäuden sowie hinter der sich anschließenden Charakterisierung der Einwohner zurück.[22] Dem Verfasser brachte das Werk 50 Reichstaler ein, aber der politisch ambitionierte Krefting und der Bremer Rat wollten den Herrschaftsanspruch der Hansestadt über ihr Umland noch stärker manifestieren.[23] So überarbeitete Krefting Dilichs Entwurf mithilfe der städtischen Urkundenüberlieferung. Erst die erweiterte Endfassung betonte die politische und vor allem religiös konfessionelle Entwicklung von dem bei Ptolemaios genannten Phabiranum, auf das sich die Bremer zurückführten, über die mittelalterlichen Bischöfe und Herrscher bis zur Reformation.[24]

Die Hessische Chronik

In der gleichen Tradition entstand 1605 die ‚Hessische Chronica', eine zweibändige topographische Beschreibung Hessens mit Karten und Städteansichten sowie einer Geschichte der Bewohner.[25] Sie erschien in Kassel bei der Wesselschen Druckerei, der landgräflichen Hofdruckerei, und erreichte bis 1617 immerhin mehrere Auflagen, wobei der Autor oft nur wenige Bogen drucken ließ und

---

[22] RAU, Geschichte und Konfession (wie Anm. 17), S. 442.
[23] RAU, Geschichte und Konfession (wie Anm. 17), S. 378f.; SCHLEIER, Bremer Chronik (wie Anm. 1), S. 18–24 und S. 26.
[24] RAU, Geschichte und Konfession (wie Anm. 17), S. 238; NIEDER, Wilhelm Dilich (wie Anm. 3), S.41.
[25] Wilhelm Dilich, Hessische Chronica, 2 Teile, Kassel 1605, ND hg. v. Wilhelm NIEMEYER, Kassel 1961. Vgl. NIEMEYER, Wilhelm, Nachwort, in: ebd., S. 3–20; NIEDER, Wilhelm Dilich (wie Anm. 3), S. 42–48; Horst NIEDER, Die „Hessische Chronica" von Wilhelm Dilich, in: Mitteilungen des Vereins für hessische Geschichte und Landeskunde 47 (2006), S. 5–8.

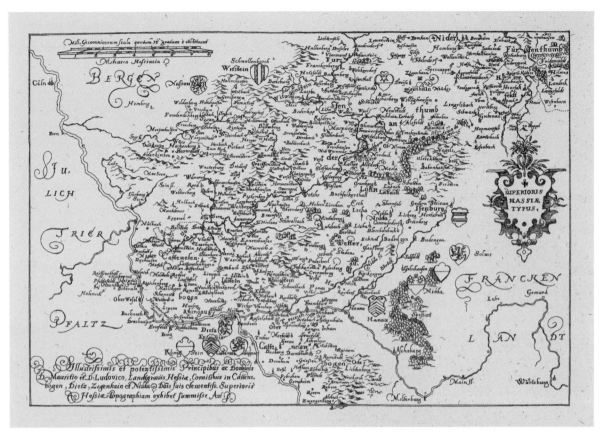

Abb. 3: Wilhelm Dilich, Hessische Chronica, 2 Teile, Kassel 1605, ND hg. v. Wilhelm NIEMEYER, 1961, Karte nach S. 32 zum oberhessischen Territorium unter den Landgrafen Moritz und Ludwig.

die Ausgaben dann individuell zusammenstellte. Die Text-Bild-Struktur wurde später sogar zum Vorbild für die Bebilderung der ‚Topographia Hassiae' Matthaeus Merians des Älteren. Ziel des Auftragswerkes war es, die expansive Territorialpolitik des hessischen Landgrafen mit einer historischen Argumentation zu stützen. Es ging darum, nach dem Tod von Landgraf Ludwig IV. (1604) und dem Aussterben der Linie Hessen-Marburg eine möglichst umfassende Ausdehnung der Landgrafschaft Hessen-Kassel zu rechtfertigen und die Erbansprüche gegenüber Hessen-Darmstadt zu untermauern.[26] Deshalb entwarf der Text ein historisch vom Siedlungsgebiet der Chatten abgeleitetes Territorium, das durch Rhein, Neckar, Thüringer Wald und Weser begrenzt wurde. Dies bedeutete, dass die selbständigen Wetterauer Grafschaften, darunter Hanau, Isenburg, Solms und Nassau, sowie Teile der Kurpfalz stillschweigend inkorporiert wurden.

Verschiedene Karten illustrierten die dynamischen Entwicklungsprozesse der historischen Aneignung: Eine erste kartographische Darstellung zeigte die Siedlungsgebiete der germanischen Stämme nördlich der Donau.[27] Der Text beschreibt ein Land der Chatten in der Mitte Germaniens, das sich weit über das zeitgenössische Hessen bis zum Teutoburger Wald, zur Saale und über den Neckar hinaus erstreckte. Eine Überblickskarte (Abb. 2) verdeutlichte die hessischen Ansprüche auf ein Territorium, dessen Fruchtbarkeit und Abundanz der zugehörige Chroniktext mit dem biblischen Palästina vergleicht.[28] Zwei Regionalkarten zu Ober- und Niederhessen[29] (Abb. 3–4) konkretisierten ferner die weitreichenden Ambitionen

[26] Zur Bedeutung als Kampfschrift zugunsten einer regionalen Dominanz der Landgrafen von Hessen-Kassel vgl. Gerhard MENK, Die Chronistik als politisches Kampfinstrument. Wilhelm Dilich und Marquard Freher, in: Gerhard MENK (Hg.), Hessische Chroniken zur Landes- und Stadtgeschichte, Marburg an der Lahn 2003, S. 147–184, bes. S. 168–179; zur Vorgeschichte vgl. Manfred RUDERSDORF, Ludwig IV. Landgraf von Hessen-Marburg, 1537–1604. Landesteilung und Luthertum in Hessen, Mainz 1991.

[27] Wilhelm Dilich, Hessische Chronica (wie Anm. 25), S. 11–12 und Karte nach S. 12. Vgl. NIEDER, „Hessische Chronica" (wie Anm. 25), S. 7.
[28] Wilhelm Dilich, Hessische Chronica (wie Anm. 25), S. 15–16 und Karte nach S. 16.
[29] Wilhelm Dilich, Hessische Chronica (wie Anm. 25), Karte nach S. 32 und S. 112. Zur Ambivalenz natürlicher Grenzen wie etwa Flüssen, die beide Ufer miteinander verbinden und zugleich durchflossene Landschaften zerteilen, vgl. Rainer GULDIN, Trennender Graben und verbindendes Band. Zur topographischen Ambivalenz von Flüssen, in: Dieter BINDER, Helmut KONRAD u. Eduard G. STAUDINGER (Hg.), Die Erzählung der Landschaft, Wien 2011, S. 19–33.

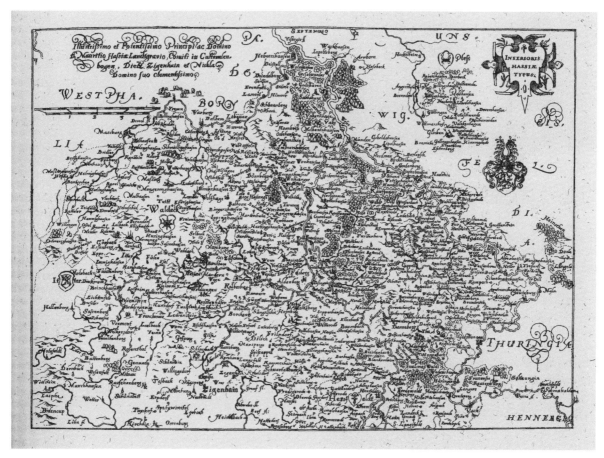

Abb. 4: Wilhelm Dilich, Hessische Chronica, 2 Teile, Kassel 1605, ND hg. v. Wilhelm NIEMEYER, 1961, Karte nach S. 112 zum niederhessischen Territorium unter Landgraf Moritz.

von Landgraf Moritz und dessen Idealvorstellung von einem unter seiner Vorherrschaft vereinten Hessen, dessen Grenzen sich einer angeblich naturgegebenen, durch Berge und Flüsse vorgezeichneten landschaftlichen Identität anpassten.

Vertieft wurde dieser Expansionsanspruch noch durch sieben Spezialtafeln, die die zahlreichen Radierungen mit Stadt- und Landschaftsansichten ergänzten und vor allem die umstrittenen Randgebiete genauer zu erfassen suchten: die beiden Grafschaften Nieder- und Oberkatzenelnbogen in strategischer Lage ganz im Westen am Rhein,[30] die Grafschaft Nassau,[31] Rheingau und Wetterau[32] in Abgrenzung und Konkurrenz zum sogenannten Wetterauer Grafenverein, die Reichsstadt Frankfurt[33] sowie die nordhessischen Gebiete der Abtei Hersfeld,[34] von deren territorialen Rückschlägen die Landgrafschaft nur profitieren konnte.

Für die illustrierte Chronik lagen noch keine eigenständigen Strecken- und Winkelmessungen vor: Die Germanen- und die Niederhessenkarte gehen im Kern auf die Entwürfe von Arnold und Johann Mercator zurück, die kleinen Regionalkarten vermutlich auf kartographische Informationen aus den jeweiligen Landesteilen. Der Landgraf forderte noch exaktere Wiedergaben, um die Zersplitterung zu überwinden und die Voraussetzungen für ein homogenes Staatsgebilde mit zentraler Verwaltung zu schaffen. Die ‚Landtafeln hessischer Ämter' sollten dieses Programm unterstützen und vertiefen. Es galt, die räumlichen Gegebenheiten zu präzisieren, die topogra-

---

[30] Wilhelm Dilich, Hessische Chronica (wie Anm. 25), Karten nach S. 36, S. 40, S. 52 und S. 56. Vgl. STENGEL, Wilhelm Dilichs Landtafeln 1959 (wie Anm. 1), S. 162–164.

[31] Wilhelm Dilich, Hessische Chronica (wie Anm. 25), Karte nach S. 74.

[32] Wilhelm Dilich, Hessische Chronica (wie Anm. 25), Karten nach S. 52.

[33] Wilhelm Dilich, Hessische Chronica (wie Anm. 25), Stadtplan mit Umland nach S. 60.

[34] Wilhelm Dilich, Hessische Chronica (wie Anm. 25), Karte nach S. 112.

phische Genauigkeit zu erhöhen und die Darstellungskonventionen neu zu konzipieren.

2. Zur Chronologie der Landtafeln

Die 1607 begonnene Landesvermessung von Hessen sollte den Sinn für die Zusammengehörigkeit und Eigenständigkeit des politisch formierten Raumes weiter schärfen. Deshalb verzeichnete der Landgraf in 136 Punkten genau seine Wünsche. Er ordnete an, welche Gebiete sein Kartograph in welcher Größe aufzunehmen habe. Angestrebt waren drei kleinmaßstäbliche Generaltafeln des Nieder- und Oberfürstentums Hessen-Kassel mit den Grafschaften Katzenelnbogen und Ziegenhain, acht Generaltafeln der Quartiere an Diemel, Werra, Fulda, Schwalm, Lahn und Eder, in Waldeck und der Niedergrafschaft Katzenelnbogen, zudem etwa 58 Ämter- und Vogteikarten sowie etwa 105 großmaßstäbliche Spezialtafeln.[35] Dilich arbeitete an dieser enormen Herausforderung bis 1625, anfangs intensiv, dann gelegentlich und von 1617 an kaum noch, weil der Historiograph, Zeichner, Kartograph und Baumeister andere Aufträge zur Lebenssicherung vorziehen musste. Letztlich blieben die Landtafeln ein unvollendetes Konvolut, dessen Zusammensetzung nicht einmal klar definiert ist.

In seiner frühen Marburger Zeit hatte Dilich bereits Zeichnungen entworfen, die auf einige Stationen der späteren Landvermessungen vorbereiteten. Ein Beispiel sind zwei Federzeichnungen, die dem auf 1613 datierten Grundriss von Schloss Homberg an der Efze und den beiden zugehörigen Blättern zu dessen Erd- und Obergeschoss vorausgingen. Während der Grundriss dem Konzept der Landtafeln entspricht und in diesem Zusammenhang entstanden sein muss,[36] hatte Dilich schon 1594 Stadt und Schloss Homburg an der Efze einschließlich der Umgebung in der Vogelschau festgehalten.[37] Zudem präsentiert ein auf den 7. Februar 1608 datiertes Blatt mit der Burg oben und der Stadt unten links einen Querschnitt durch den Schlossberg. Der dort eingezeichnete Schacht samt Höhen- und Längenmaßen lässt vermuten, dass der Brunnenbau den konkreten Anlass für die Skizze bildete.[38] Die beiden frühen Zeichnungen werden heute gemeinsam mit den großformatigen Karten Dilichs im Staatsarchiv Marburg aufbewahrt. Wegen des inhaltlichen Bezugs und des heutigen Überlieferungskontexts trafen wir die Entscheidung, die beiden Handzeichnungen in die vorliegende Ausgabe einzubeziehen.

Die erste Phase in den Rhein-Main-Gebieten

Dilichs erster Tätigkeitsbereich für die eigentlichen Landtafeln waren die hessischen Rheingebiete, genauer die ehemalige Grafschaft Katzenelnbogen und einige weiter nördlich und östlich gelegene Exklaven und Erwerbungen. Allein die Entscheidung, mit den prestigeträchtigen Neuerwerbungen an den äußersten Grenzen anstatt mit den Kerngebieten der Landgrafschaft zu beginnen, zeigt die kämpferische Grundhaltung, die hinter den Kartierungen stand. Es galt, die wirtschaftlich reiche Grafschaft Katzenelnbogen in strategischer Position zu sichern. Das Terrain war nach dem Tod Philipps des Älteren 1479 zusammen mit den Burgen Hohenstein und Neukatzenelnbogen in den Besitz der Landgrafen von Hessen, 1567 bei der Aufteilung der Landgrafschaft an Philipp II. den Jüngeren von Hessen-Rheinfels (1567–1583) und nach dessen Tod an Hessen-Kassel übergegangen.

Dilich begann sogleich nach Erhalt seines Mandats vom 1. September 1607 damit, die Gebiete an Rhein und Main sowie die Auf- und Grundrisse der Burgen und Schlösser zu kartieren.[39] Alle landgräflichen Amtsinhaber vor Ort erhielten die Anweisung, ihm tatkräftig beizustehen und für seine Verpflegung aufzukommen. Insbesondere der dem Landgrafen treu ergebene Oberamtmann Otto Wilhelm von Berlepsch, der vom Amtssitz Rheinfels aus das höchst gefährdete Randgebiet der Landgrafschaft verwaltete, scheint ein besonderes Interesse an schriftlichen Sicherungsstrategien entfaltet zu haben, denn er ließ 1607 anlässlich des Wechsels im Amt des Burggrafen auch ein Inventar vom Rheinfelser Mobiliar und Hausrat erstellen. Zu diesem Zeitpunkt waren die Katzenelnboger Liegenschaften zwar seit 1584 im Besitz von Hessen-Kassel, aber Landgraf Moritz musste schon 1623/26 im so genannten Marburger Erbschaftsstreit die gesamte Niedergrafschaft, darunter die beiden Burgen Reichenberg und Rheinfels samt Ämtern, an die kaisertreue Linie Hessen-Darmstadt wieder abtreten.

Zu den ersten Objekten der kartographischen Erfassung gehörte deshalb die mächtige Spornburg Rheinfels, die

---

[35] Marburg, HStAM, Bestand 17 d, Dilich 1, fol. 10r–13v mit dem unvollständig erhaltenen *Verzeichnus derer generall und spezial landttafeln, so unser verordender geographus Wilhelm Dilichius verfertigen soll.* Vgl. STENGEL, Wilhelm Dilichs Landtafeln 1959 (wie Anm. 1), S. 165–168 bzw. S. 501–504.

[36] Vgl. unten Nr. 52–54, Christina POSSELT zu Bl. 3–5; Bl. 3 datiert auf 1613.

[37] Vgl. unten Nr. 50, Olaf WAGENER zu HStAM, Karte P II 1840. Vgl. HEINEMEYER 1986, Taf. 1 zur Datierung.

[38] Vgl. unten Nr. 51, Olaf WAGENER zu HStAM, Karte P II 1839.

[39] BAUMGÄRTNER, Landtafeln hessischer Ämter (wie Anm. 2), S. 77–79, Nr. 3.18 u. 3.18 a–e; vgl. Carl MICHAELIS (Hg.), Rheinische Burgen nach Handzeichnungen Dilichs (1607), mit Beiträgen von C. Krollmann und Bodo Ebhardt, Berlin ca. 1900; STENGEL, Wilhelm Dilichs Landtafeln 1959 (wie Anm. 1), S. 168–170; Karl E. DEMANDT, Rheinfels und andere Katzenelnboger Burgen als Residenzen, Verwaltungszentren und Festungen 1350-1650, Darmstadt 1990, S. 407–411; NIEDER, Wilhelm Dilich (wie Anm. 3), S. 61–63; Eduard SEBALD, Rheinfels in Farben. Wilhelm Dilichs Burgansichten, in: Baudenkmäler in Rheinland-Pfalz 58 (2003), S. 11–16, hier S. 11. Das Mandat oder Patent findet sich in Marburg, HStAM, Best. 17d Dilich Nr. 1.

landgräfliche Hauptfestung am Rhein.⁴⁰ Dilich und seine Mitarbeiter scheinen die gründliche Aufnahme noch im Herbst 1607 begonnen zu haben, auch wenn sie die Messungen vielleicht erst im Laufe des Jahres 1608 auf die Tafeln übertrugen. Erhalten sind ein in Teilen aufklappbarer, unvollendeter Grundriss sowie drei erläuterte Gesamtansichten aus verschiedenen Himmelsrichtungen. Ungefähr zeitgleich müssen die eindrucksvollen Karten zu den Ämtern Reichenberg und Rheinfels mit St. Goarshausen⁴¹ sowie zum Amt Rheinfels mit der linksrheinischen Vogtei Pfalzfeld⁴² entstanden sein. Sie dokumentieren die strategische Bedeutung der Burg samt zugehörigem Amt, die sich sofort nach der ersten Besitznahme durch Hessen-Kassel erkennen ließ. Damals erhielt Arnold Mercator den im Sommer 1584 sogleich realisierten Auftrag, die Beschaffenheit der Niedergrafschaft kartographisch festzuhalten. Seine Karte ist inzwischen zwar verloren, aber sie könnte eine Basis für die neuen Messungen gebildet haben.

Dilichs ertragreicher Arbeitsphase um 1608 lassen sich zudem die Ansichten, Lagepläne und Grundrisse einiger benachbarter Burgen zuordnen. Dazu gehören vor allem Reichenberg,⁴³ Neukatzenelnbogen⁴⁴ und wohl auch Schloss Hohenstein, das entfernt vom Rheintal weiter östlich im Taunus lag.⁴⁵ Dilich scheint Gefallen an dieser gegenüber dem ursprünglichen Plan zusätzlichen Aufgabe gefunden zuhaben. Er erfasste die Befestigungsbauten jeweils auf mehreren Blättern und setzte sich intensiv mit ihrem Aufbau auseinander. Die angewandte Aufklapptechnik erlaubte es, das Innere der Burgen zu präsentieren und sie gleichzeitig in der Landschaft zu verorten.

Zügig in Angriff nahm Dilich auch die Kartierung der linksrheinischen Dorfschaft Hollnich, einer kleinen hessischen Exklave im nordöstlichen Hunsrück,⁴⁶ deren isolierte Randlage das Bemühen erklärt, die Inkorporation kartographisch abzusichern. Dieses Motiv gilt auch für einige weiter im Norden gelegene, politisch umkämpfte Rheingebiete, vor allem die linksrheinische Stadt Rhens.⁴⁷ Denn die 1445 an Philipp von Katzenelnbogen verpfändete, 1479 an Hessen gefallene Siedlung gehörte traditionell zum Erzbistum Köln, an das die Pfandschaft 1629 wieder zurückfiel. Bei Hessen-Kassel verblieb sie also nur für wenige Jahrzehnte. Südöstlich davon schloss sich der Bezirk der rechtsrheinischen Stadt Braubach⁴⁸ mit Marksburg⁴⁹ und Schloss Philippsburg⁵⁰ an, dessen Zugehörigkeit zu Hessen-Kassel ebenfalls zu verteidigen war.

Außerdem waren die Herrschaft Eppstein mit Liederbach⁵¹ sowie Langenschwalbach⁵² abgesonderte Exklaven im Rhein-Main-Gebiet, die Hessen-Kassel im Einflussbereich der Wetterau mit allen Mitteln zu behaupten suchte. Beide scheinen Stil und Inhalt zufolge in verschiedenen Produktionsphasen oder Arbeitszusammenhängen entstanden zu sein. Alle vier Eppstein-Blätter sind, wie einige der Reichenberg-Tafeln, sorgfältig mit aufgemalten Randleisten ausgestattet; der antikisierende Inhalt ähnelt der relativ früh gefertigten Darstellung von Amt Rheinfels. Hingegen ist die vielleicht etwas spätere Kartierung von Langenschwalbach, wie etwa die von Hollnich, Braubach und Rhens, rahmenlos und in anderen Farbtönen gestaltet. Diese stilistischen Unterschiede lassen möglicherweise darauf schließen, dass die kartographischen Niederschriften beider Exklaven und vielleicht auch die Ortsbegehungen im Rhein-Main-Gebiet in verschiedenen Arbeitsphasen erfolgten, wobei Vermessung und Reinzeichnung wiederum zeitlich auseinander liegen konnten. Es scheint offensichtlich, dass Dilich anfangs mit verschiedenartigen Stilen experimentierte, um seine Aufgabe zielorientiert zu erfüllen. Die Herrschaft Eppstein gehörte dabei, wie eine Aufstellung der Zehrkosten belegt, gleichsam in die archäologisch geprägte Anfangsphase.

In dem zweifellos höchst ertragreichen Zeitraum bis Januar 1609 oder allerspätestens bis Frühjahr 1610, falls die Reinzeichnungen erst langsam folgten, erstellte Dilich insgesamt 38 weitgehend maßstabsgerechte Landtafeln zu den exponierten westlichen Grenzregionen. Besonders wertvoll sind die Entwürfe, weil die durch Schildmauer und Bergfried geschützten Höhenburgen damals noch intakt waren und im Zustand vor den Zerstörungen des Dreißigjährigen Krieges in die Landschaft eingebettet sind.

Im Hintergrund dieser emsigen Produktion stand freilich der durch Dilichs ‚Chronica' zugespitzte Konflikt mit den unabhängigen Wetterauer Reichsständen, die auf Anregung des pfälzischen Großhofmeisters Graf Johann Albrecht von Solms-Braunfels den kurpfälzischen Rat Marquard Freher verpflichtet hatten, eine Gegenschrift zu

---

⁴⁰ Vgl. unten Nr. 3-6, Melanie PANSE zu Bl. 22–25. Zur früheren Rheinfels-Darstellung bei Wiegand Gerstenberg vgl. Holger Th. GRÄF, „Hir sal stehin, wy man buwet…". Die Ortsansichten in den Chroniken Wigand Gerstenbergs, in: Ursula BRAASCH-SCHWERSMANN u. Axel HALLE (Hg.), Wigand Gerstenberg von Frankenberg 1457–1522. Die Bilder aus seinen Chroniken Thüringen und Hessen – Stadt Frankenberg, Marburg 2007, S. 137–151, hier S. 146–147. Allgemein zu den Bauten vgl. Ulrich SCHÜTTE, Das Schloss als Wehranlage. Befestigte Schlossbauten der frühen Neuzeit, Darmstadt 1994.
⁴¹ Vgl. unten Nr. 1, Bernd GIESEN zu Bl. 33.
⁴² Vgl. unten Nr. 2, Bettina SCHÖLLER zu Bl. 21.
⁴³ Vgl. unten Nr. 11–16, Vanessa SCHMIDT zu Bl. 27–32.
⁴⁴ Vgl. unten Nr. 7–10, Susanne SCHUL zu Bl. 34–35 u. 50–51.
⁴⁵ Vgl. unten Nr. 29–33, Stefan SCHRÖDER zu Bl. 15–19.
⁴⁶ Vgl. unten Nr. 17, Bernd GIESEN zu Bl. 20.
⁴⁷ Vgl. unten Nr. 18, Bernd GIESEN zu Bl. 46.

⁴⁸ Vgl. unten Nr. 19, Rebekka THISSEN-LORENZ zu Bl. 36.
⁴⁹ Vgl. unten Nr. 20–24, Rebekka THISSEN-LORENZ zu Bl. 41–45.
⁵⁰ Vgl. unten Nr. 25–28, Mareike KOHLS zu Bl. 37–40.
⁵¹ Vgl. unten Nr. 35–38, Ralph A. RUCH zu Bl. 47–49 u. Bl. 13; NIEDER, Wilhelm Dilich (wie Anm. 3), S. 62 nimmt aufgrund der Zehrkosten durchaus begründet an, Dilich hätte in der Herrschaft Eppstein seine Vermessungen begonnen.
⁵² Vgl. unten Nr. 34, Bernd GIESEN zu Bl. 26.

verfassen. Das scharfsinnige Werk erschien nach mehrmaliger Überarbeitung im Frühjahr 1608. Landgraf Moritz setzte seine Kundschafter ein, um die gesamte Auflage aufzukaufen, und drückte gleichzeitig die wenig verbreitete ‚Hessische Chronica', die die geopolitischen Kontroversen zwischen Kassel und Nassau ausgelöst hatte, auf den Markt. Daraus spricht die Entschlossenheit, mit der er sich aus der Defensive befreien wollte und sein politisches Anliegen der Arrondierung verfolgte. Der Zeitpunkt, zu dem er die Landtafeln in Auftrag gab, und die angestrebte Schnelligkeit verraten, dass er anfangs gehofft hatte, seine Dominanz in der mitteldeutschen Region dadurch zu behaupten, dass er die Inbesitznahme exponierter Außenbezirke durch eine gezielte kartographische Aneignung dokumentierte.

Gerade deshalb trieb der ungeduldige Moritz seinen Kartographen zur Eile. Dieser lieferte kurze, als *Memorial* bezeichnete Zwischenberichte und schilderte etwa am 16. Dezember 1608 von Marburg aus die Behinderungen und Fortschritte im Arbeitsalltag, die er in vier Punkten auflistete:[53] Erstens sei die Verköstigung für ihn, seine etwa zehnköpfige Entourage und die zugehörigen Pferde nicht eindeutig durch fürstlichen Befehl geregelt. Die Ämter und Gerichte, in denen die Vermessungen stattfänden, würden diese Schuldigkeit auf die jeweiligen Anwohner abwälzen, denen wiederum landgräfliche Amtsträger mitteilten, dass sie dazu nicht verpflichtet wären. Der Kartograph müsse alles quittieren, obwohl ihm nur das eigene Essen und das seiner wenigen fest zugeordneten Diener zugesichert sei. Er schlage deshalb vor, dass jedes Amt, Gericht und Dorf für die Begehung seiner Grenzen aufkomme und der Fürst darüber einen Spezialbefehl ausstelle, den der Vermessungstrupp zukünftig den Amtsträgern vorlegen könne. Sollte der Fürst die Unkosten jedoch auf die Untertanen abwälzen wollen, so würde er auch diese Anweisung befolgen; nur könnten er und seine Mitarbeiter die Spesen nicht selbst tragen.

Zweitens seien die Vermessungen trotz des schlechten Wetters gut vorangeschritten. Von den 45 geplanten Tafeln zur Grafschaft Katzenelnbogen fehlten nur das Gericht selbst, die Pfandschaft Limburg, Ems und ein geringer Anteil des dreiherrischen Amtes Reichenberg, die er voraussichtlich alle innerhalb eines Monats nachliefern werde. Drittens sei er angesichts der Winterszeit entschlossen, sich nach diesen Reinzeichnungen dem Abriss von Schloss Ziegenhain zu widmen, da Geländevermessungen im Sommer bequemer seien; solle der Fürst wünschen, dass er auch die Festung Ziegenhain erfasse, sei ein entsprechender Spezialerlass notwendig. Viertens bitte er gnädig um neue Kleidung für einen unbezahlt, aber eifrig arbeitenden Gesellen, der sich beim Vermessen an den Hecken und in den Wäldern das Gewand zerrissen hätte.

Zudem lege er dem Auftraggeber den Grund- und Aufriss Reichenbergs zur Prüfung bei, um zu erfahren, ob dieser mit der Ausführung (*mitt solchem modo*) zufrieden sei oder Veränderungen wünsche. Dr. Johannes Eckelius, ein landgräflicher Kammerdiener, überbrachte die Sendung, um die erstrebte Resolution zu erhalten.

Der Landgraf antwortete zehn Tage später von Eschwege aus, indem er kurze Randglossen auf das Blatt setzte: Erstens würde er die Verpflegung auf Kosten der Gerichte gestatten, zweitens wäre es besser gewesen, Dilich hätte sich noch mehr beeilt (*getummelt*), drittens sollte er Ziegenhain übergehen und mit der Kartierung des Oberfürstentums beginnen, viertens gewährte er fünf Ellen Tuch und *bechel* zum Wamst des Gesellen. Zuletzt fügte er hinzu, dass er eine Resolution beilege, die seine Amtsträger, Hofschneider, Landvermesser, Chrono- und Topographen zukünftig zu befolgen hätten.

Diese Korrespondenz offenbart bereits die Streitpunkte im Verhältnis zwischen dem Landgrafen, den örtlichen Amtsleuten und dem Landesvermesser. Moritz beklagte vor allem die Langsamkeit seines Kartographen, dem er später sogar vorwerfen sollte, lediglich in den gemütlichen Rheinburgen gesessen, getrunken und gespeist zu haben. Vermutlich auf Druck der örtlichen Amtsträger widerrief die Kanzlei bald darauf die unlimitierte Verköstigung, die anscheinend zu einem erhöhten Weinkonsum geführt hatte. Zum Ausgleich gewährte man Dilich zusätzlich zur Besoldung von 100 Talern jährlich einen Fixbetrag von 200 Talern, um die Verpflegung und alle Materialkosten der gesamten Vermessungstruppe samt Instrumentenreparatur und Hufschlag abzudecken.[54] Dass damit nur schwer auszukommen war, zeigt eine amtliche Notiz über die Verzehrkosten der Jahre 1607/08 in Eppstein, Reichenberg, Rheinfels, Braubach und Hohenstein, die übrigens auch Rückschlüsse auf die Reihenfolge der Arbeiten im Feld erlaubt.[55] Die Budgetfestlegung des Jahres 1609 wirft also bereits ein Schlaglicht auf spätere Diskussionen um die Besoldung und erklärt zumindest teilweise die Verzögerungen und Unterbrechungen der weiteren Landeserfassung.

Wie brisant die Vermessungen von Außengrenzen sein konnten, zeigt eine Episode vom Februar und März 1609. Dilich war im landesherrlichen Auftrag, vielleicht im Zuge der Landesaufnahme, in die hessische Exklave Auburg ganz im Nordosten der Landgrafschaft gereist. Hessen-Kassel hatte die ehemals zur Lüneburger Grafschaft Diepholz gehörige Amtsvogtei bereits 1585 übernommen. Nun hatte sich dort ein Streit mit Philipp Wil-

---

[53] Marburg HStAM, Bestand 17 d, Dilich 1, fol. 8–9; STENGEL, Wilhelm Dilichs Landtafeln 1927 (wie Anm. 1), S. 22 Nr. 2.

[54] Marburg HStAM, Bestand 17 d, Dilich 1, fol. 18; STENGEL, Wilhelm Dilichs Landtafeln 1927 (wie Anm. 1), S. 23 Nr. 6 vom 15. Juli 1609 mit dem Bericht des Kammermeisters Heinrich Ludwig Scheffer an Landsekretär Eckhard Senger über Dilichs hohe Zehrungskosten; vgl. DEMANDT, Rheinfels (wie Anm. 39), S. 408f.

[55] Marburg HStAM, Bestand 17 d, Dilich 1, fol. 32a; STENGEL, Wilhelm Dilichs Landtafeln 1927 (wie Anm. 1), S. 23 Nr. 5 von 1609.

helm von Cornberg, unehelicher Sohn Landgraf Wilhelms IV. und Leheninhaber von Burg Auburg, um die Gebietshoheit entwickelt. Auf dem Rückweg verhafteten, vermutlich auf dessen Anweisung, Lüneburger Soldaten den Landvermesser wegen Grenzverletzung. Man verdächtigte ihn der Spionage, da er bei den Vermessungsarbeiten die Amtsgrenzen überschritten habe. Um freigelassen zu werden, musste der um sein Leben Fürchtende nicht nur schriftlich erklären, die Ergebnisse seiner Recherchen niemals gegen Lüneburg zu verwenden, sondern wohl auch seine gesamten Aufzeichnungen aushändigen.[56] Die Marburger Dilich-Akten überliefern das demütige Zugeständnis gegenüber Herzog Ernst von Braunschweig-Lüneburg sowie eine an den Landgrafen gerichtete Beschreibung des gesamten Vorfalls, aber wir haben keine entsprechende Landtafel.

Die Kartierungen 1611 bis 1617

Für das Jahr 1610 kennen wir keine Kartierungen hessischer Landesteile. Danach folgten vereinzelte, recht rudimentäre Versuche, die Landesaufnahme an ausgewählten Standorten fortzusetzen. In den zentralen Landstrichen Mittel- und Nordhessens musste der Topograph ohnedies vermessungstechnische Kärrnerarbeit leisten. Dabei verzichtete er weitgehend darauf, Ansichten von Festungsbauten, die nicht den Prunk rheinischer Burgen verspritten, zu skizzieren. Im Jahr 1611 konzentrierte er sich auf zwei osthessische Gebiete, nämlich einerseits Wallenstein und Neuenstein im Bergland des Knüllgebirges und andererseits das davon nicht weit entfernte Ziegenhain in den Schwalmniederungen bei Schwalmstadt.

Aus der Korrespondenz zum Fortgang der Arbeiten wissen wir,[57] dass der Landvermesser im Sommer 1611 in der Grafschaft Ziegenhain arbeiten wollte und den landgräflichen Leibarzt Dr. Hermann Wolff um Unterstützung bat. Dilich ersuchte ihn im Mai, die bereits fertiggestellten Landtafeln wieder zurückzusenden; er wollte sie selbst aufbewahren, um auch künftig Art, Maß und Größe einheitlich zu gestalten. Wolff solle sich beim Fürsten erkundigen, ob er nur die Grafschaft oder auch Schloss und Festung erfassen solle. Letztlich fertigte er einen Grundriss und verschiedene Risse von der Wasserfestung Ziegenhain. Überliefert ist ein einziger, nicht datierter Entwurf

von ursprünglich mindestens sieben geplanten Blättern.[58] Am 14. Juli fragte er wegen des notwendigen Spezialerlasses für die Grenzvermessungen zwischen dem Gericht Oberaula und dem Stift Hersfeld nochmals nach, um innerhalb von acht Tagen beginnen zu können.[59] Erst im August 1611 unterrichtete der Fürst seinen Rat Philipp von Scholley darüber, dass Dilich für die Landtafeln derzeit die Grenzen der Grafschaft zum Stift Hersfeld vermesse. Er beauftragte ihn damit, dem Abreißer Hilfestellung zu leisten und dem Stift über Adel und Amtsträger zu befehlen, alle notwendigen Zuarbeiten zu verrichten, vor allem die Grenzen zu zeigen und zweckdienliche Informationen auszuhändigen.[60]

In diesem Grenzgebiet widmete sich Dilich im selben Jahr dem Gericht Wallenstein, das er zweimal zusammen mit Neuenstein[61] und, ebenso wie Neuenstein, auch allein kartierte.[62] Für die Arbeiten soll sich Dilich in den Jahren 1603 bis 1611 mit Einverständnis Philipp Ludwigs von Wallenstein mehrmals in der Region aufgehalten haben.[63] Die Zeichnungen spiegeln den Machtzuwachs wider, den die hessischen Landgrafen im 16. Jahrhundert erlangten, als sie die traditionellen Ansprüche der Reichsabtei Hersfeld in dieser Region zurückdrängten und das ursprünglich vereinte Gebiet Wallenstein-Neuenstein in zwei Gerichtsbezirke aufteilten. Trotzdem griff der Zeichner die Tradition der territorialen Einheit auf, wenn er in den beiden großen Tafeln die faktische Grenzziehung überspielt. Streitigkeiten zwischen beiden Gerichtsherren zu Beginn des 17. Jahrhunderts könnten der Grund dafür gewesen sein, dass Landgraf Moritz die beiden Gerichtsbezirke erfassen ließ. Vielleicht sollten auf beiden Großkarten die fehlenden Grenzlinien oder herrschaftlichen Differenzierungen noch festgelegt werden. Auf den kleineren Einzelkarten war diese Entscheidung ohnehin nicht zu vermeiden.

Die Kartierungen des Jahres 1613 richteten sich auf verschiedene Territorien, die sich weitläufig über Mittelhessen verteilten. Dabei suchte der Geograph bereits früher besuchte Gebiete auf, um die Vorarbeiten abzurunden. In

---

[56] Marburg HStAM, Bestand 17 d, Dilich 1, fol. 16 u. fol. 17; STENGEL, Wilhelm Dilichs Landtafeln 1927 (wie Anm. 1), S. 22 Nr. 3–4 mit der Erklärung an Herzog Ernst von Braunschweig-Lüneburg vom 13. März 1609 und einem Bericht über die Ereignisse in Diepholz an Landgraf Moritz vom März 1609; vgl. STENGEL, Wilhelm Dilichs Landtafeln 1959 (wie Anm. 1), S. 170f.; NIEDER, Wilhelm Dilich (wie Anm. 3), S. 64.

[57] Marburg HStAM, Bestand 17 d, Dilich 1, fol. 20; STENGEL, Wilhelm Dilichs Landtafeln 1927 (wie Anm. 1), S. 23 Nr. 7 vom 3. Mai 1611. Vgl. Bodo EBHARDT, Die Bedeutung der Aufnahmen Wilhelm Dilichs für die Burgenkunde, in: Carl MICHAELIS (Hg.), Rheinische Burgen nach Handzeichnungen Dilichs (1607), Berlin 1900, S. 65–78, hier S. 7; WOLFF, Kartographen (wie Anm. 15), S. 32–33.

[58] Vgl. unten Nr. 44, Christina POSSELT zu Bl. 1; vgl. BROSZINSKI, Kasseler Handschriftenschätze (wie Anm. 2), S. 99; STENGEL, Wilhelm Dilichs Landtafeln 1959 (wie Anm. 1), S. 171f.; NIEDER, Wilhelm Dilich (wie Anm. 3), S. 64; Cornelia DÖRR, Landgraf Philipp der Großmütige, Schloß Ziegenhain und die Bilderfrage, in: Hessische Heimat 50 (2000), S. 58–69.

[59] Marburg HStAM, Bestand 17 d, Dilich 1, fol. 20a; WOLFF, Kartographen (wie Anm. 15), S. 32–33 mit dem Brief vom 14. Juli 1611.

[60] Marburg HStAM, Bestand 17 d, Dilich 1, fol. 79; STENGEL, Wilhelm Dilichs Landtafeln 1927 (wie Anm. 1), S. 23 Nr. 8 vom 2. August 1611.

[61] Vgl. unten Nr. 39–40, Rebekka THISSEN-LORENZ zu HStAM, Karte P II 15604 und vermisstes Blatt, früher Kassel UB-LMB, Karte A 11 [64].

[62] Vgl. unten Nr. 41–42, Bettina SCHÖLLER zu Bl. 10 u. Bl. 14.

[63] Vgl. Fritz FENNER, Wallenstein in Hessen. Zur Geschichte von Burg und Dorf, Homberg 1973, S. 47.

Fortsetzung alter Detailstudien von 1594 und 1608 beschäftigte er sich mit Schloss Homberg an der Efze, dessen Grundriss auf 1613 datiert ist.[64] Mit dem Bezirk der ehemals ziegenhainischen Stadt Neukirchen setzte er die 1611 durchgeführten Vermessungsarbeiten an der oberen Schwalm fort.[65] Ob er zu diesem Zeitpunkt auch die drei kaum modifizierten Fassungen zum strittigen Grenzgebiet zwischen Ziegenhain und Momberg erstellte, entzieht sich unserer Kenntnis.[66]

In jedem Fall widmete sich Dilich dem am Fuße des Kellerwaldes nordöstlich von Marburg gelegenen Gericht Jesberg,[67] dessen Flur- und Waldflächen bereits Joist Moers 1585 im Zuge der Neuanlage eines Saalbuches für Landgraf Wilhelm IV. auf Pergament kartiert hatte. Die spätere Vermessung verzeichnet zahlreiche Abweichungen und Landschaftsveränderungen, aber auch Flur- und Gehölzbezeichnungen sowie Grenzmale, die bis dahin nur aus dem 28 Jahre vorher erstellten Grenzbegehungsprotokoll zu erfahren waren. Es ist zu vermuten, dass auch die beiden Spezialtafeln des nördlichen und südlichen Amtes Schönstein, gelegen zwischen Schwalm und Wohra in der unmittelbaren Nähe Jesbergs, dieser Zeit zuzuschreiben sind.[68]

Dabei hatte sich Dilichs Gehalt in den zurückliegenden vier Jahren immer weiter reduziert. So beklagte er sich in einem Brief vom 15. Mai 1614 aus Wabern bitterlich, 1611 nur die Hälfte, 1613 überhaupt keine Besoldung erhalten zu haben.[69] Er hätte dies schon mehrmals angemahnt und keine Antwort erhalten. Trotz harter Arbeit ohne Entlohnung müsse er auch noch befürchten, wegen der Zehrungskosten angeklagt zu werden. Er wolle das angefangene Werk vollenden und habe auch dieses Frühjahr sechs Wochen investiert. Ohne Pferd, Verköstigung und Gehalt vermute er jedoch, seines Dienstes entlassen zu sein. In diesem Falle würde er gerne den Grund dafür erfahren. Vor allem aber wolle er wissen, ob er fortfahren oder das aufwändige Unternehmen einstellen solle. Nach 22jährigem treuem Dienst bitte er vor allem um konkrete Anweisungen zum weiteren Vorgehen, denn er sei nicht bereit, die Landtafeln in eigener Regie fortzusetzen. Wir kennen die Antwort nicht, aber es scheint, dass der Landgraf die Lust am Projekt verloren hatte.

Trotzdem betrieb Dilich in den Jahren 1615 und 1616 eine systematische Erfassung des Amtes Melsungen. Fünf, statt der zwei ursprünglich geplanten, Spezialtafeln zeugen von dieser Schwerpunktsetzung; sie veranschaulichen die Bezirke Stadt Melsungen, Breitenau, Röhrenfurth, Malsfeld und Elfershausen.[70] Damit hatte die Landtafelproduktion einen neuen Schub erhalten.

Auf Befehl des Landgrafen sollten im September 1616 auch die Vermessungen in der Herrschaft Plesse, einer Exklave im Braunschweiger Territorium, beginnen. Der dortige Amtmann Barthold Wintherst wandte sich deshalb, aufgeschreckt durch die Ankündigung Dilichs, am 22. September an Kanzlei und Räte in Kassel, um zu erfragen, ob er vor den Grenzbegehungen die Erlaubnis der braunschweigischen Seite einholen solle oder ob man plane, auf ein solches Ersuchen zu verzichten.[71] Es ist offensichtlich, dass er Schwierigkeiten erwartete: Über ein strittiges Gehölz im Grenzgebiet gab es einen Schiedsspruch zu einer neuen Grenzziehung, auf der die Braunschweiger beharrten, während die Hessen Wert darauf legten, die Herrschaft Plesse in der alten Ausdehnung zu vermessen und zu beschreiben. Es war unwahrscheinlich, dass die Braunschweiger in eine Vermessung alter Ansprüche einwilligen würden, und aufwändige Messarbeiten in fremdem Hoheitsgebiet konnten nicht so leicht verborgen werden. Die Lösung des Konflikts ist uns nicht bekannt; eine entsprechende Landtafel hat sich nicht erhalten.

Die Unterstützung Dilichs durch den gereizten Landesherrn wurde immer geringer. Da letzterer selbst Architektur zeichnete,[72] müsste er um die Mühsale solcher Unterfangen gewusst haben. Die fortwährenden Streitigkeiten um das Arbeitstempo und die Besoldung hatten zur Folge, dass das Beschäftigungsverhältnis im Jahre 1617 nur noch dreieinhalb Monate andauerte. Denn der Landgraf, höchst unzufrieden mit dem Ertrag, entließ seinen Kartographen und klagte ihn letztlich sogar vor Gericht an. Dilich konnte diese Entscheidung nicht glauben und fragte ihn am 8. Juli untertänig, ob ihm wirklich die Bestallung und sogar die Zehrung entzogen seien, nach-

---

[64] Vgl. unten Nr. 52–54, Christina POSSELT zu Bl. 3–5; Bl. 3 datiert; zu den Vorarbeiten vgl. unten Nr. 50–51, Olaf WAGENER zu HStAM, Karte P II 1840 von 1594 und zu HStAM, Karte P II 1839 von 1608.

[65] Vgl. unten Nr. 43, Bettina SCHÖLLER zu HStAM, Karte P II 14718; vgl. unten Nr. 44, Christina POSSELT zu Bl 1, dem 1611 erstellten Grundriss von Schloss Ziegenhain.

[66] Vgl. unten Nr. 49, Isabelle DENECKE zu HStAM Karte P II 11036 Karte 1–3.

[67] Vgl. unten Nr. 46, Bernd GIESEN zu Bl. 2, datiert auf 1613. Vgl. Joist Moers, Das Amt Jesberg, Marburg HStAM, Bestand 17e Jesberg Nr. 61; Fritz WOLFF, Der frühneuzeitliche Wald in der Kartographie, in: Andreas HEDWIG (Hg.), „Weil das Holz eine köstliche Ware …". Wald und Forst zwischen Mittelalter und Moderne, Marburg 2006, S. 39–58, hier S. 46–48 (Moers) u. S. 52–54 (Dilich).

[68] Vgl. unten Nr. 47–48, Katharina BECKER zu Bl. 11–12.

[69] Marburg HStAM, Bestand 17 d, Dilich 1, fol. 21; STENGEL, Wilhelm Dilichs Landtafeln 1927 (wie Anm. 1), S. 23 Nr. 9; NIEDER, Wilhelm Dilich (wie Anm. 3), S. 65.

[70] Vgl. unten Nr. 55–59, Bettina SCHÖLLER u. Eva SCHMITT zu Bl. 6–9; STENGEL, Wilhelm Dilichs Landtafeln 1959 (wie Anm. 1), S. 173; NIEDER, Wilhelm Dilich (wie Anm. 3), S. 65.

[71] STENGEL, Wilhelm Dilichs Landtafeln 1927 (wie Anm. 1), S. 23 Nr. 10.

[72] Ulrike HANSCHKE, „… uns ein Bibliothecam Architectonicum zu machen" – Die Architekturzeichnungen des Landgrafen Moritz, in: Heiner BORGGREFE (Hg.), Moritz der Gelehrte. Ein Renaissancefürst in Europa. Begleitpublikation aus Anlass der Ausstellung in Lemgo, Weserrenaissance-Museum Schloss Brake, 19. Oktober 1997–1. Februar 1998 und in Kassel, Staatliche Museen Kassel, Orangerie, 6. März 1998–31. Mai 1998, Eurasburg 1997, S. 265–271; vgl. auch die Handzeichnungen des Landgrafen Moritz unter <http://orka.bibliothek.uni-kassel.de>.

dem er in diesem Jahr immerhin 50 Tafeln liefern könne und das Werk der Perfektion schon so nahe sei.[73] Moritz blieb hart. Am 25. Juli, als ihm das Schreiben in Rheinfels übergeben wurde, befahl er seinen Kasseler Kammerräten sofort, dem Abreißer, der seinen Verpflichtungen nicht nachgekommen wäre, alle Tafeln, Konzepte und Notizen abzufordern und nichts bei ihm zurückzulassen, was er später bei anderen Fürsten verwenden könne. Zudem sei eine Endabrechnung über die bisherigen Ausgaben und Leistungen zu erstellen.[74]

Es ist davon auszugehen, dass Dilich die systematischen Arbeiten an den Landtafeln nach den Differenzen mit Landgraf Moritz und seiner Entlassung aus dem landgräflichen Dienste im Frühjahr oder Sommer 1617 abbrechen musste. Der Landgraf ließ die Arbeitsergebnisse beschlagnahmen, das Gehalt sperren und den Säumigen einkerkern. Dies dürfte ein Grund dafür sein, dass, wie fehlende Beschriftungen, leere Kartuschen und vorgezeichnete Rahmen zeigen, nicht alle erhaltenen Blätter gänzlich ausgeführt wurden. Dilich verbrachte einige Zeit in Haft und versuchte über Monate hinweg, mit genauen Abrechnungen seine Unschuld zu beweisen. Ende 1617 versprach er, die 121 Gulden Zehrungskosten, die ihm die fürstliche Kammer nicht anerkennen wollte, mit der Verfertigung von Landtafeln abzuarbeiten.[75] Er erinnerte an 17 Gulden, die für seine Unkosten in Auberg noch ausstünden, und an 50 Gulden, die für seine Dienstleistungen in den ersten dreieinhalb Monaten des Jahres zu veranschlagen wären. Doch der Auftraggeber änderte seine Meinung nicht.

Selbst im Mai 1618 bat Dilich nochmals um einen unmissverständlichen Bescheid des Landgrafen zu Fortsetzung oder Einstellung der Unternehmens. Er konnte nicht begreifen, dass das weit vorangeschrittene Werk nicht mehr beendet werden sollte und damit alle aufgewendete Mühe umsonst war. Er bot an, bis zum nächsten Osterfest die Aufnahme der bereits begonnenen Ämter abzuschließen. Er rechtfertigte sich, keinen Heller aus Sold oder Zehrung zurückbehalten und in den vergangen acht Jahren sogar 1700 Taler aus seinem eigenen Vermögen beigesteuert zu haben.[76] Zum Beweis legte er nochmals fein säuberlich Rechenschaft ab: Pro Jahr hätte er je nach Witterung von März bis November etwa 246 Tage gearbeitet, an denen mindestens drei, wegen der gleichzeitig laufenden Messungen an zwei Orten aber meist vier Gehilfen im Einsatz waren. Regelmäßig benötigt würden das Essen und Trinken für die Helfer, daneben Stallmiete und Hafer für die Pferde.

Auch auf weitere Ausgaben könne man nicht verzichten: für die Ortsansässigen, die ihm die Grenzen zeigen und erklären würden, für Hufschlag, Papier, Farben und die Reparatur der Instrumente sowie für die Entlohnung eines ausgebildeten Dieners, der die Instrumente versorge. In den letzten drei Jahren hätte er deswegen jährlich etwa 343 Taler 28 Albus für Zehrung sowie 53 Taler 25 Albus für Unkosten ausgegeben. Selbst ein Pferd hätte er sich noch mieten müssen. Die 100 Taler Besoldung und die 200 Taler Verzehrgeld hätten also nicht ausgereicht, um zu verhindern, dass sein Gehalt völlig in den Verbrauch einfloss. Am 28. Juni wurde auch diese Supplik *wegen seines unvleiß* abgelehnt. Die Alternative, die Landtafeln auf eigene Kosten fertigzustellen, war nicht zu realisieren. Das umfassende Projekt einer kartographischen Landesaufnahme musste als gescheitert gelten.

Vor diesem Hintergrund lassen sich die vom Sommer 1617 an erfolgten Kartierungen nicht mehr der Systematik der Landtafeln zuordnen. Der Landvermesser war darauf angewiesen, seine Großfamilie[77] mit zusätzlichen Aufträgen zu ernähren. Außerhalb der landgräflichen Landesaufnahme kartierte er deshalb, der Kartuscheninschrift zufolge im August 1617, den Bezirk Langenschwarz[78] westlich von Hünfeld, der damals nicht zur hessischen Landgrafschaft, sondern zum Einflussbereich von Fulda gehörte. Die Benennung der Tafel orientiert sich an der Siedlung samt Schlösschen, das damals als Fuldaer Lehen an die Herren von Buchenau vergeben war. Es ist Dilichs einzige überlieferte Karte aus diesem verhängnisvollen Jahr, in dem er gerne mehr zu Papier gebracht hätte.

Die Kartierungen 1618 bis 1625

Die Dringlichkeit des Broterwerbs dürfte Dilich dazu geführt haben, zwischen 1618 und 1625 öfters Streitigkeiten und Besitzregistrierungen für den nordhessischen Adel der Kasseler Region zu kartieren. Die Tafel zum strittigen Schachterholz am Lauterborn zwischen Schachten und Meimbressen[79] nordwestlich von Kassel stammt, der Kartuscheninschrift zufolge, aus dem Jahr 1618. Eine der beiden Streitparteien, das Meimbresser Geschlecht Wolff von Gudenberg oder die in landgräflichen Diensten stehenden Herren von Schachten, erteilte und bezahlte den Auftrag.

---

[73] Marburg HStAM, Bestand 17 d, Dilich 1, fol. 23; STENGEL, Wilhelm Dilichs Landtafeln 1927 (wie Anm. 1), S. 23f. Nr. 11.

[74] Marburg HStAM, Bestand 17 d, Dilich 1, fol. 25; STENGEL, Wilhelm Dilichs Landtafeln 1927 (wie Anm. 1), S. 24 Nr. 12.

[75] Marburg HStAM, Bestand 17 d, Dilich 1, fol. 40 vom Jahresende 1617; STENGEL, Wilhelm Dilichs Landtafeln 1927 (wie Anm. 1), S. 24 Nr. 13; vgl. STENGEL, Wilhelm Dilichs Landtafeln 1959 (wie Anm. 1), S. 174; NIEDER, Wilhelm Dilich (wie Anm. 3), S. 65–66.

[76] Marburg HStAM, Bestand 17 d, Dilich 1, fol. 28 vom 21. Mai 1618; STENGEL, Wilhelm Dilichs Landtafeln 1927 (wie Anm. 1), S. 24 Nr. 14; vgl. STENGEL, Wilhelm Dilichs Landtafeln 1959 (wie Anm. 1), S. 174; NIEDER, Wilhelm Dilich (wie Anm. 3), S. 65–66.

[77] Aus der 1594 geschlossenen Ehe gingen mindestens neun Söhne und vier Töchter hervor. Vgl. Karl KNETSCH, Beiträge zur Familiengeschichte Wilhelm Dilichs, in: Hessenland 10 (1896), S. 221 f., hier S. 222; NIEDER, Wilhelm Dilich (wie Anm. 3), S. 15.

[78] Vgl. unten Nr. 45, Katharina BECKER zu HStAM, Karte P II 1326.

[79] Vgl. unten Nr. 60, Isabelle DENECKE zu HStAM, Karte P II 10063.

Eine weitere Gruppe von Karten scheint ihren Ursprung im sozialen Ambiente der Hessischen Ritterschaft und des Stifts Kaufungen zu haben. Bei dem einfachen Blatt zu den Wäldern rund um die Malsburg sind Entstehungszeit und Provenienz nicht bekannt.[80] Trotzdem ist das Blatt wahrscheinlich diesem Milieu zuzuordnen. Als Auftraggeber sind die Herren von der Malsburg zu vermuten, Grundherren im Gebiet zwischen Zierenberg und Breuna. Zu dieser Zeit stellten sie nicht nur den Obervorsteher der hessischen Ritterschaft, sondern sie stritten zwischen 1606 und 1621 mit den Bauern von Niederlistingen vor Gericht um das Recht der Schaftrift, deren Pfade durch die Wälder hier exakt eingetragen sind.

Trotz des tiefen Zerwürfnisses um die Landtafeln erfüllte Dilich von 1618 bis 1620 weiterhin landgräfliche Aufträge. Vermutlich war es der junge Landgraf Wilhelm, Statthalter vor Ort, der ihm einzelne Projekte in der Kasseler Region anvertraute. Der Landgraf verweigerte hingegen Dilich am 9. Oktober 1618 von Vöhl aus die freie Stelle als Landvermesser, weil er nicht *so trew als kunstreich undt so vleisig als sinreich sein wolle oder könne*, also nur kunstreich und scharfsinnig, aber nicht zuverlässig und fleißig sei.[81] Damals wusste der Landgraf auch, dass sein Statthalter den Abreißer während seiner Abwesenheit an sich gezogen hatte und ihm seit Juli ein Zubrot gewährte. Für die Stelle schlug er drei andere Personen vor; sogar der alte Joist Moers, damals etwa 78-jährig, kam ihm noch in den Sinn. Die Kasseler Räte, die alle empfohlenen Anwärter für die Stelle ausgiebig prüften, konnten am 30. Oktober nur vermelden, keinen entsprechend qualifizierten Kandidaten gefunden zu haben. Dilich sei dieser Kunst so mächtig, dass man keinen besseren, ja nicht einmal einen nahezu gleichwertigen Experten finden könne. Ohne sich widersetzen zu wollen, müssten sie eingestehen, keine Alternative anbieten zu können. Letztlich plädierten sie dafür, den langjährigen Diener und Fachmann wenigstens für ein Jahr auf Probe anzustellen.

Bereits 1618 entwarf Dilich mehrere Abrisse zu Streitereien, bei denen die Landgrafschaft als Partei auftrat. Zwei davon haben sich erhalten; zudem sind Skizzen zum Stift Kaufungen und zur Grafschaft Ziegenhain in einem Schreiben vom 31. Dezember erwähnt, in dem der Landvermesser unter Rekurs auf Cicero den Landesherrn höchst eloquent in Latein um den Lohn für seine geleistete Arbeit ersuchte.[83] Die Kanzlei lehnte diese Forderung am 2. Januar 1619 rüde ab: Der Fürst wisse von keiner Arbeit; bezahlen sollte, wer den Auftrag erteilt hätte.

Eines der beiden überlieferten Blätter veranschaulicht die Differenzen zwischen dem landgräflichen Forstamt und dem ritterschaftlichen Stift Kaufungen um ein Waldstück zwischen Oberkaufungen und dem Stiftsdorf Eschenstruth.[84] Es könnte also durchaus mit der im Brief erwähnten Skizze zu identifizieren und in einem Prozess verwendet worden sein. Am rechten Bildrand hat der Kartograph feinsäuberlich Namen und Jahr, aber nicht den Auftraggeber vermerkt.

Das zweite erhaltene Blatt des Jahres 1618 bezeugt die Aufteilung der Nutzungsrechte am Kaufunger Wald, genauer die Weidenutzung im Dreieck zwischen Fulda, Werra, Gelster und Losse.[85] In diesem Gemenge waren die gemeinschaftlichen Hude- oder Weiderechte, bezeichnet als Koppelhude, nicht auf feste Distrikte beschränkt und mit einigen Unsicherheiten behaftet. Verschiedene Dörfer der Landgrafschaft, des Herzogtums Braunschweig und adeliger Herrschaften beanspruchten in den Gemarkungen dieses relativ einheitlichen Rechtsbezirks uneingeschränkte Weiderechte. Andere Orte besaßen nur widerrufliche Huderechte oder allein das Recht zum Holzbezug.

Zur Lösung der Konflikte bestellten die Beteiligten 1618 einvernehmlich eine Kommission: Caspar Drautendey vertrat die Braunschweiger Seite, offizieller Landvermesser der Hessen war Dilich, der die vorliegende Karte der weideberechtigten Orte verfasste und gleichzeitig die Ortsnamen übersichtlich auflistete. In beiden Niederschriften, also Karte und Liste, fehlen deshalb – wie Wilhelm Alfred Eckhardt aufgezeigt hat – die außerhalb des Kartenausschnitts gelegenen Hudeberechtigten. Die Kommission legte erst 1620 ihren Bericht vor. Die topographischen Erhebungen waren nicht zuletzt auch dadurch behindert worden, dass der Hesse im Februar 1619 erneut in Haft kam, wofür ein Delikt seines ältesten Sohnes den Vorwand bildete.[86]

Angesichts des drohenden Krieges benötigte die Landgrafschaft von 1621 an fähige Festungsbaumeister und -vermesser. Es blieb keine andere Wahl, als Dilich dafür einzusetzen. Er sollte die Vermessungen durchführen und helfen, die Bastionen in Marburg, Kirchhain und Wanfried unter hohem finanziellem Aufwand verteidigungs-

---

[80] Vgl. unten Nr. 61, Johannes STEIN zu HStAM, Karte P II 14705.
[81] Marburg HStAM, Bestand 17 d, Dilich 1, fol. 33; STENGEL, Wilhelm Dilichs Landtafeln 1927 (wie Anm. 1), S. 24f. Nr. 15.
[82] Marburg HStAM, Bestand 17 d, Dilich 1, fol. 33 und fol. 34 (Entwurf); STENGEL, Wilhelm Dilichs Landtafeln 1927 (wie Anm. 1), S. 25 Nr. 16.
[83] Marburg HStAM, Bestand 17 d, Dilich 1, fol. 30; STENGEL, Wilhelm Dilichs Landtafeln 1927 (wie Anm. 1), S. 25 Nr. 17.

[84] Vgl. unten Nr. 62, Johannes STEIN zu HStAM, Karte R III 11.
[85] Vgl. unten Nr. 63, Johannes STEIN zu HStAM, Karte P II 1327; zu den Details vgl. Wilhelm A. ECKHARDT, Der Kaufungerwald – Königsforst oder Königswald?, in: Walter HEINEMEYER (Hg.), Hundert Jahre historische Kommission für Hessen 1897–1997, Bd. 1, Marburg 1997, S. 47–58. Zu hessischen Waldkarten des 16. bis 17. Jahrhunderts vgl. WOLFF, Der frühneuzeitliche Wald (wie Anm. 66); zu sächsischen Forstkarten vgl. Wolfgang SCHULZE, Einteilung, Vermessung und kartographische Darstellung sächsischer Wälder vom 16. bis zum 19. Jahrhundert, in: Rainer GEBHARDT (Hg.), Hiob Magdeburg und die Anfänge der Kartographie in Sachsen, Annaberg 1995, S. 29–56.
[86] Marburg HStAM, Bestand 17 d, Dilich 1, fol. 38; STENGEL, Wilhelm Dilichs Landtafeln 1927 (wie Anm. 1), S. 25 Nr. 18; vgl. BERTINCHAMP, Wilhelm Dilich (wie Anm. 3), S. 31.

sicher auszubauen.[87] Bei den Bauarbeiten an der Stadtbefestigung von Wanfried kam es zum endgültigen Bruch mit dem Landgrafen, der den Meister wegen mangelnder Pflichterfüllung und Überschreitung seiner Kompetenzen als Landvermesser erneut gefangen nehmen ließ und in Eschwege inhaftierte. Eine viel zu hohe Geldstrafe von 1.000 Talern führte zur Schuldhaft, mit der Moritz die Halsstarrigkeit seines besten Fachmanns brechen wollte. Der Landgraf persönlich führte das Verhör und schrieb seine Fragen eigenhändig nieder. Die zugehörigen Akten lagern im Hessischen Staatsarchiv in Marburg.[88]

Neben dem Festungsbau widmete sich Dilich weiterhin der Kartographie. Am 15. April 1621 begann er beiläufig, das Anwesen des landgräflichen Geheimen Rats Philipp von Scholley, den Rittersitz Fleckenbühl nahe Schönstadt bei Marburg, samt dem Dorf Reddehausen aufzunehmen.[89] Die Anreise zur Vermessung erfolgte vom nahen Marburg aus. Im März 1622 entstand dann die mehrfenstrige, aufwändige Zeichnung mit Grundriss und Ansicht auf Pergament. Anders als der Landgraf hatte der Rat auf dem traditionellen Beschreibstoff und einer besonders aufwändigen Ausfertigung bestanden.

Die Kriegslage zwang Moritz 1623, aus seinem Land zu flüchten und seinen Sohn Wilhelm als Statthalter einzusetzen. Mit dessen Wissen sei Dilich spätestens 1624 aus dem Kerker entkommen, um im Winter 1624/25 seine letzte Vermessungskampagne in der Kasseler Region zu übernehmen. Ergebnis war die messtechnisch recht genaue Kartierung der Kaufunger Zehntrechte in Niederzwehren.[90]

Im Gegensatz zu den anderen Kartierungen für landständische Auftraggeber sind wir bei dem 1625 ausgestellten Pergament für die hessische Ritterschaft, Rechtsnachfolger des 1527 aufgehobenen Reichsstiftes Kaufungen, recht gut über die Entstehungsumstände informiert. Das Material, wiederum Pergament, könnte zusammen mit dem gedrechselten Holzstab dem Bedürfnis nach ritterlicher Repräsentation entgegengekommen sein. Erhalten sind auch die Vorzeichnung und ein vermutlich ebenfalls 1625 erstelltes, schmuckloses Blatt zum Rengershäuser Zehnt,[91] das die Niederzwehrener Tafel unmittelbar nach Süden fortsetzt. Wegen der Ausrichtung nach Osten schließt sich der linke Bildrand vom Süden her an den ebenfalls linken der gewesteten Niederzwehrener Tafel an.

In diesem Fall hat sich im Stiftsarchiv Kaufungen, dessen Bestand heute im Staatsarchiv Marburg verwahrt wird, einige Korrespondenz zwischen dem Geographen und seinem Klienten erhalten. Demnach begann Dilich im Oktober 1624 mit vier bis fünf Helfern die Vermessung vor Ort und beendete die Arbeit an der großen Karte im Februar 1625, kurz bevor er im März Hessen verließ und sich nach Dresden in sächsische Dienste absetzte. Der *burgermeister* und *stiftssyndico* in Kassel Johannes Beckman, der auch während der Arbeiten meist vermittelte, hatte Dilich für diesen Auftrag gewonnen. Zuständig für die Bezahlung war Anton Becker, Stiftsvogt in Kaufungen. Nur die abschließende Rechnung mit der Bitte um baldige Bezahlung richtete Dilich persönlich an den Obervorsteher der Ritterschaft, Hermann von der Malsburg. Bemerkenswert ist, dass von den gut 89 in Rechnung gestellten Reichstalern nur 66, größtenteils in Naturalien, an den Topographen gezahlt wurden. Offensichtlich hat er sich damit zufrieden gegeben. Der Schriftverkehr deutet auch auf den verwaltungstechnischen Verwendungszweck der Karte, *damit man hinfuro bey der zehendvermalterung sich darnach zu achten hette.*[92]

Am Kurfürstenhof von Sachsen

Die durch die Kriegswirren ermöglichte Flucht an den Dresdner Hof des Kurfürsten Johann Georg I. von Sachsen eröffnete Dilich nach seiner Vereidigung am 31. März 1625 neue Spielräume. Die Jahresbesoldung von immerhin 400 Talern entsprach einem klaren Aufgabenprofil als Festungs- und später Oberlandbaumeister, daneben als Geo- und Kartograph sowie als Vedutenzeichner.[93] Seine Entwürfe zur Einwölbung und Ausgestaltung des prächtigen Riesensaals im Dresdener Schloss mit den Ansichten kursächsischer Städte (1626)[94] fanden besondere Anerkennung. Ausgehend von seiner bereits 1607 publizierten Anleitung zum Kriegshandwerk und dem Lehrbuch des Festungsbaus verfasste er nicht nur weitere militärtechni-

---

[87] Gustav WUSTMANN, Wilhem Dilich, in: Zeitschrift für Bildende Kunst 23 (1888), S. 110–116; NIEDER, Wilhelm Dilich (wie Anm. 3), S. 68–73.

[88] Marburg, HStAM, Bestand 17 d, Dilich 1, fol. 42–44 und fol. 55; STENGEL, Wilhelm Dilichs Landtafeln 1927 (wie Anm. 1), S. 26 Nr. 20 u. Nr. 21 (Ausschnitte); vgl. STENGEL, Wilhelm Dilichs Landtafeln 1959 (wie Anm. 1), S. 176; NIEDER, Wilhelm Dilich (wie Anm. 3), S. 66.

[89] Vgl. unten Nr. 64, Philipp BILLION, zu Hessische Hausstiftung, Schloss Fasanerie, Inventar Nr. FAS H 287.

[90] Vgl. unten Nr. 65-66, Johannes STEIN zu HStAM, Karte 304 R III 1 u. Bl. 52 (Arbeitsexemplar). Vgl. Wilhelm Alfred ECKHARDT, Wilhelm Dillichs Zehntkarte von Niederzwehren, in: Zeitschrift des Vereins für hessische Geschichte und Landeskunde 72 (1961), S. 99–121, hier S. 101–105 mit dem überzeugenden Nachweis, Dilich sei aus hessischer Haft nicht direkt nach Sachsen geflüchtet, sondern vorher entlassen worden, da er die Kaufunger Vermessungen nicht vom Gefängnis aus bewältigen konnte.

[91] Vgl. unten Nr. 67, Johannes STEIN zu HStAM, Karte P II 2615.

[92] ECKHARDT, Wilhelm Dillichs Zehntkarte (wie Anm. 90), S. 116.

[93] NIEDER, Wilhelm Dilich (wie Anm. 3), S. 72–82; vgl. auch GRÄF Art. Dilich (wie Anm. 3), S. 140; BERTINCHAMP, Wilhelm Dilich (wie Anm. 3), S. 31; Eva-Maria SENG, Stadt – Idee und Planung. Neue Ansätze im Städtebau des 16. und 17. Jahrhunderts, Berlin 2003, S. 124.

[94] SENG, Stadt (wie Anm. 93), S. 38–42. Vgl. die Zeichnungen aus späteren Arbeitsphasen bei Wilhelm Dilich, Federzeichnungen kursächsischer und meissnerischer Ortschaften aus den Jahren 1626–1629, hg. v. Paul Emil RICHTER u. Christian KROLLMANN, 3 Bde., Dresden 1907.

Abb. 5: Johann Wilhelm Dilich, Portrait 1636; Kupferstich von Sebastian Furck; aus: NIEDER, Wilhelm Dilich (wie Anm. 3), S. 12.

sche Schriften,[95] sondern baute als Kriegsingenieur und Fortifikationsarchitekt vor allem die neuen Stadtbefestigungen von Wittenberg, Torgau, Dresden und Leipzig. Zudem entwarf er 1627 zusammen mit seinem in Kassel geborenen Sohn Johann Wilhelm die Befestigungspläne für Frankfurt am Main, deren Umsetzung den Sohn bis zum Tod beschäftigte.[96]

Im Jahre 1636 erschien ein von Sebastian Furck gestochenes Porträt (Abb. 5) von Johann Wilhelm Dilich, der sich noch viel prächtiger als früher sein Vater inszenierte, als Baumeister in einem pompösen Rahmen, mit panegyrischer Inschrift und dem universellen Reduktionszirkel des Jost Bürgi in der Rechten auf einem Festungsgrundriss. Sein Vater und er müssen den berühmten Messtechniker Bürgi (1552–1632), der von 1579 bis 1604 und auch spä-

ter immer wieder am Kasseler Hof wirkte, persönlich gekannt und hoch geschätzt haben. Das ins Bild gesetzte Instrument, dessen praktische Anwendung im Festungsbau angedeutet ist, demonstriert deshalb berufliches Fachwissen und Autorität. Ein Jahr später, also 1637, folgte ein Portrait von Wilhelm Dilich selbst,[99] der sich in der Umschrift nach wie vor als Historiker, Geograph und Architekt bezeichnete (Abb. 6) und damit seine vielschichtige Vergangenheit anklingen ließ. Zweifelsohne war der Wandel in der Selbstdarstellung zugleich ein Indiz für den beruflichen Aufstieg und das erworbene Ansehen von Vater und Sohn, die im sächsischen Dienst mehr Anerkennung als in Hessen gefunden hatten. Gestorben ist Wilhelm Dilich hochbetagt in Dresden, wo er am 4. April 1650 begraben wurde.

3. Geograph und Historiker

Historiographische und geographisch-kartographische Darstellung sind seit der Antike eng miteinander verbunden. Dilich scheint sich bewusst in diese Tradition gestellt zu haben. Den Zusammenhang zwischen den gedruckten Büchern, die der humanistisch gebildete Dilich laut Inventar besessen hat, und dem vermittelten Wissen hat Bettina Schleier vorwiegend für den niederdeutschen Raum aufgezeigt.[100] In der hessischen Landeskunde standen damals nur wenige gedruckte Werke zur Verfügung; es überwog noch die handschriftliche Überlieferung, insbesondere bei Chroniken. Dilichs Privatbibliothek war, wie wir aus dem Inventar anlässlich des Konkursverfahrens von 1622 wissen, sein größtes Vermögen, worin auch das väterliche Erbe aufgegangen war. Dort gab es Werke und Schriften der Landeskunde (von Autoren wie Widukind von Corvey, Krantz, Chytraeus, Fabricius, Hamelmann), der Historiographie (etwa Johannes Sleidan) und der Chronologie (wie Rantzaus ‚Calendarium'). Daneben standen die wichtigsten Handbücher wie etwa Ptolemäus, Strabo und Münster zur Geographie, Vitruv und Alberti zur Baukunst sowie Dürers ‚Meßlehre' oder Keplers ‚Harmonia mundi' aus dem Bereich der mathematischen Naturwissenschaften zur Verfügung.[101]

---

[95] R. STECHE, Zu Wilhelm Dilichs Tätigkeit in Sachsen, in: Zeitschrift für Bildende Kunst 24 (1889), S. 316–319; NIEDER, Wilhelm Dilich (wie Anm. 3), S. 80–82.
[96] BERTINCHAMP, Wilhelm Dilich (wie Anm. 3), S. 31; GRÄF, Art. Dilich (wie Anm. 3), S. 140; Reinhard GLASEMANN, Dilichs Instrumente und die Befestigung von Frankfurt am Main: Die Sammlung des Historischen Museums, in: Tanja MICHALSKY, Felicitas SCHMIEDER u. Gisela ENGEL (Hg.), Aufsicht – Ansicht – Einsicht. Neue Perspektiven auf die Kartographie an der Schwelle zur Frühen Neuzeit, Berlin 2009, S. 387–406, hier S. 389–394.

[97] NIEDER, Wilhelm Dilich (wie Anm. 3), S. 12, fälschlich als Portrait von Wilhelm Dilich ausgewiesen.
[98] SCHLEIER, Bremer Chronik (wie Anm. 1), S. 32.
[99] NIEDER, Wilhelm Dilich (wie Anm. 3), S. 86.
[100] Bettina SCHLEIER, Wilhelm Dilichs Bremer Chronik, in: Bremisches Jahrbuch 73 (1994), S. 12–47. Zur Verbindung von Kartographie und Chronistik vgl. etwa Martina STERCKEN, Kartographie und Chronistik. Jos Murers Karte des Zürcher Herrschaftsgebiets von 1566, in: Susanne RAU u. Birgit STUDT (Hg.), Geschichte schreiben. Ein Quellen- und Studienhandhandbuch zur Historiographie (ca. 1350–1750), Berlin 2010, S. 475–487; Martina STERCKEN, Kartographische Repräsentationen von Herrschaft. Jos Murers Karte des Zürcher Gebiets von 1566, in: Ferdinand OPLL (Hg.), Bild und Wahrnehmung der Stadt, Linz 2004, S. 219–240.
[101] RAU, Geschichte und Konfession (wie Anm. 17), S. 107 u. S. 379 Anm. 1021.

Dilich versuchte, dieses breite Wissen in seine Schriften einfließen zu lassen und die Argumentation durch evidente Beweismittel zu verstärken. Er führte in seine Chroniken, etwa für Bremen, den Urkundenbeweis ein und zitierte in seinen Karten den Maßstab als Symbol seiner Genauigkeit. Zudem gehörte er zu den Autoren, die Beschreibung (*descriptio*) und Bild in allen Medien miteinander zu verbinden suchten, nicht zuletzt um dadurch die Argumentation zu veranschaulichen. Deshalb inserierte er Texte und Bildzitate in Karten, er ergänzte die Chroniken mit Veduten und kartographischen Skizzen. Auf diese Weise konnte er seine historiographischen Positionen in die topographischen Studien und in die Kartographie, ja sogar in Grund- und Aufrisse einbringen.

Historische Argumentation

Die Landtafeln zeigen besonders anschaulich eine historische Beweisführung zur Rechtfertigung politischer Konstellationen. Schon die ‚Hessische Chronica' präsentierte eine Geschichtsauffassung zugunsten eines territorialpolitischen Programms.[102] Sie beschreibt etwa die Ausdehnung des Landes bis an den Rhein, den Neckar, den Thüringer Wald und die Weser, die zu Auseinandersetzungen mit der Kurpfalz und den Wetterauer Grafen führen musste. Dabei greift sie auf die Germanen und Chatten zurück, um die Einheit des hessischen Territoriums zu begründen (Abb. 7). Die Landtafeln sollten diese territorialen Ansprüche dokumentieren. Außer den mächtigen Burgen und den reichen Landschaften setzte Dilich dafür Argumente wie das hohe Alter und die historische Größe des Landes ein. Weder in der Chronik noch in den Tafeln durfte Unpassendes, wie etwa der Kampf der Städte um politische Partizipation oder die Abbildung befestigter Städte, dieses glanzvolle Bild fürstlicher Vorherrschaft stören.

Ziel des Landvermessers war es, die Verschränkung von Topographie und Historiographie ins Bild zu setzen. Deshalb baute er die historische Erinnerung in real vermessene Landschaften ein und betonte damit innerhalb des gemeinsamen ‚Vaterlands' der Landgrafschaft auch die räumliche Eigenständigkeit der einzelnen Regionen. Unter dieser Voraussetzung konnten verschiedene Mittel genutzt werden, nämlich erstens Orte von einem besonderen symbolischen Erinnerungswert in die Topographie des Landes einzuzeichnen, zweitens Denkmäler und historische Inschriften in die Gemarkungen und Bauten zu inserieren und drittens Vergrößerungen wie Veduten und großmaßstäbliche Karteneinschübe zu nutzen, um bedeutungsvolle Orte hervorzuheben. Auf diese Weise war es möglich, die identitätsstiftende oder legitimierende Funktion von Geschichte nicht nur in Texten, sondern multi-

Abb. 6: Wilhelm Dilich, Portrait 1637, Kupferstich von Sebastian Furck; aus: NIEDER, Wilhelm Dilich (wie Anm. 3), S. 86.

medial zu inszenieren.[103] Verschiedene Beispiele belegen, welche Techniken Dilich in welcher Weise anwandte.

Zu den Orten von besonderem symbolischem Erinnerungswert gehörte etwa der Königsstuhl, der oberhalb der Stadt Rhens in einem Nussbaumgarten am Rheinufer eingezeichnet und in der unteren rechten Ecke noch einmal herausgezoomt ist.[104] Der monumentalisierte Thron erinnert an den Anspruch der rheinischen Kurfürsten des 13. und 14. Jahrhunderts, den König zu wählen, also an traditionelle Vorrechte der führenden Fürsten im Reich. Dass dieser bedeutsame Ort seit 1479 als Pfandschaft des Erzbistums Köln zu Hessen gehörte, gab der landgräflichen Herrschaft einen überregionalen Glanz. Deshalb

---

[102] Wilhelm Dilich, Hessische Chronica (wie Anm. 25).

[103] Zur Anwendung des Begriffs der Inszenierung auf politische Räume vgl. Achim LANDWEHR, Das Territorium inszenieren. Der politische Raum im frühneuzeitlichen Venedig, in: Andrea VON HÜLSEN-ESCH (Hg.), Inszenierung und Ritual in Mittelalter und Renaissance, Düsseldorf 2005, S. 219–238. Zur Verbindung von Identität und Kartographie vgl. Martina STERCKEN, Regionale Identität im spätmittelalterlichen Europa. Kartographische Zeugnisse, in: Ingrid BAUMGÄRTNER u. Hartmut KUGLER (Hg.), Europa im Weltbild des Mittelalters. Kartographische Konzepte, Berlin 2008, S. 277–300.

[104] Vgl. unten Nr. 18, Bernd GIESEN zu Bl. 46. Vgl. Egon DILLMANN, Rhens mit dem Königsstuhl, Köln 1975.

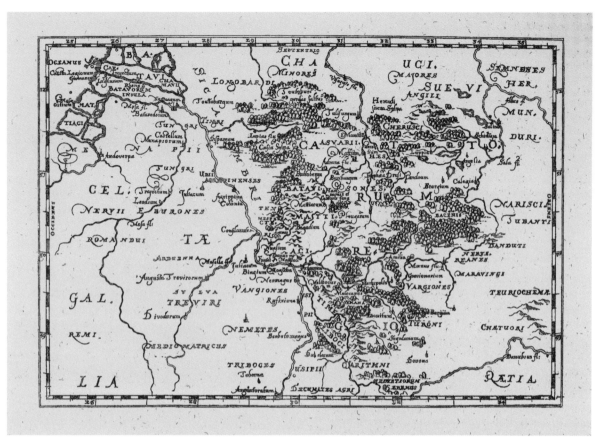

Abb. 7: Wilhelm Dilich, Hessische Chronica, 2 Teile, Kassel 1605, ND hg. v. Wilhelm NIEMEYER, 1961, Karte nach S. 12 zu den römischen Ursprüngen und der Verortung der Chatten.

wird das steinerne achteckige Monument, das zu Beginn des 17. Jahrhunderts schon halb verfallen war, in spätromanischer Pracht und höchster Eleganz wiedergegeben. Mit dem majestätischen Bau des Königsstuhls wurde die Erinnerung an die einstige Größe der Stadt Rhens und die große Macht der Fürsten inszeniert. Er fungierte als Verbindung zu historischer Größe und als Zeichen für die Gegenwart der Vergangenheit. Unterstützt wird dies durch die idyllische Lage der Stadt, die in der rechten oberen Ecke gleichsam als Gegengewicht ins Bild gesetzt wird.

Historische Inschriften und Grabmäler bezeugten in besonderer Weise das Geschichtsbewusstsein und die Kraft der Tradition. In den Karten sind sie vielfach und vielfältig veranschaulicht. Bei der Südostansicht von Burg Rheinfels enthält die letzte Spalte der Legende den lateinischen Text einer Tafel vom ausgehenden 15. Jahrhundert (nach 1479), die über die Geschichte der ehemaligen Besitzer, die fünf Grafen von Katzenelnbogen, informiert.[105] In Form und Anlage einer Grabinschrift nicht unähnlich, akzentuieren die wohlgesetzten Worte die große Vergangenheit der Burg, um sie öffentlich kundzumachen. Sie nennen die Namen der Grafen und schildern große historische Leistungen, etwa die Belagerung durch den rheinischen Städtebund 1255, der Graf Diether angeblich über ein Jahr standhalten konnte. Im Vergleich mit der überlieferten Tafel ist unverkennbar, dass nicht alle Passagen vollständig abgeschrieben wurden, darunter erstaunlicherweise die letzte Inschrift für Philipp d. Ä. von Katzenelnbogen, nach dessen Tod die Herrschaft an Hessen überging.

Noch deutlicher wird die Funktion von Inserten bei der Erfassung der Herrschaft Eppstein.[106] Die Generalkarte präsentiert drei ausgewählte Grabplatten der Grafen von Eppstein-Münzenberg, die in der evangelischen Pfarrkirche von Eppstein heute noch zu sehen sind. Die Flachreliefs in Lebensgröße sind sehr genau wiedergegeben. Auswahl und Anordnung sind bis hin zu den Begleittexten inszeniert. Das Wandgrabmal des jung verstorbenen Engelbrecht von Eppstein-Münzenberg († 1494), links

[105] Vgl. unten Nr. 4, Melanie PANSE zu Bl. 23; vgl. Eberhard J. NIKITSCH, Die Inschriften des Rhein-Hunsrück-Kreises, Bd. 1: Boppard, Oberwesel, St. Goar, Wiesbaden 2004, DI 60/1, Nr. 114, S. 121.

[106] Vgl. unten Nr. 35–37, Ralph A. RUCH zu Bl. 47–49, bes. Nr. 35 Bl. 47. Vgl. NIEDER, Wilhelm Dilich (wie Anm. 3), S. 62.

oben, ist besonders aufwendig, denn mit ihm starb das Grafengeschlecht aus und sein Vater hatte 1492 das Kernland der Herrschaft an Hessen verkauft. Besser konnte der Herrschaftsübergang nicht ins Bild gesetzt werden. In der rechten unteren Ecke ruhen gleichsam die früheren Generationen, der Kleriker Adolf von Eppstein-Münzenberg († 1434), Bischof von Speyer und Großonkel Engelbrechts, und – als Ritter mit Harnisch – dessen Vater Gottfried VII. von Eppstein-Münzenberg († 1437), der die Kirche gestiftet hatte.

Die beigegebene Inschrift erläutert den Grund der Inszenierung, nämlich den 1492 erfolgten Verkauf des in der Karte veranschaulichten Territoriums an Hessen. Wenn dabei geschichtliche Fakten und Personen (wie Gottfried VI., Gottfried VII. und der zum Verkauf genötigte Gottfried IX.) miteinander verwechselt werden, hat dies keine Bedeutung. Es geht nicht um historische Details und deren Fehlerhaftigkeit, sondern um die Präsentation des tragischen Endes einer längst ausgestorbenen Dynastie in Genealogie und Grablege sowie um die Legitimation des hessischen Herrschaftsanspruchs. Verortet sind die Grabmäler sichtbar in der Kirche der am Rande des Terrains gelegenen Ortschaft Epstein. Kirchturm und Kreis markieren den Standort. Die Texterläuterungen spezifizieren den Zusammenhang mit der Landeserfassung.

Historische Monumente

Ein weiteres Mittel, um die Aufmerksamkeit der Betrachter zu lenken, sind inserierte Vergrößerungen, seien es Monumente (wie die Grabplatten), Veduten (wie bei der Stadt Rhens und der Ausschnitt zu St. Goar und Rheinfels auf dem Cover des Bandes) oder großmaßstäbliche Karteneinschübe, die bedeutungsvolle Orte oder Landesteile besonders hervorheben. Historische Monumente, die auf die Vorgeschichte des Landes zurückverweisen, offenbaren auch territoriale Identität und legitimieren den Herrschaftsanspruch, den die Tafeln implizit festhalten. Besonders auffallend in diesem Sinne sind real existierende, vorgeschichtliche oder römische Gedenksteine, wie Dilich sie etwa in die Karten des Amtes Rheinfels samt Vogtei Pfalzfeld und des Gerichtes Liederbach einfügte.[107] Die konkrete Verortung von Geschichte betont das Alter und die kulturelle Vergangenheit des Landes. Die einbezogenen Realien strukturieren nicht nur die Landschaft, sondern erheben auch die nachfolgende Herrscherdynastie.[108]

Die keltische Flammensäule, eingetragen im Amt Rheinfels und heute im Rheinischen Landesmuseum in Bonn, vereinigt diese Elemente in vorbildlicher Weise.[109] Dilich signalisiert durch einen Pfeil, eine Miniatursäule und den Schriftzug Obeliscus neben der Kirche von Pfalzfeld ihren konkreten Stand- bzw. Fundort. Die (wie wir heute wissen) aus dem 5. Jahrhundert v. Chr. stammende Säule war damals gerade wiederentdeckt worden und wurde vermutlich recht allgemein der römischen oder chattischen Vergangenheit zugeschrieben. Gerade hier zeigt sich der in Zielsetzung und Argumentation enge Zusammenhang zur ,Hessischen Chronica', in der Dilich die Chatten-Geschichte, also den Kampf gegen die Römer, instrumentalisierte, um Alter und Einheit des Landes zu untermauern.

In der Tafel zum Gericht Liederbach[110] erkennen wir links oben einen lateinischen Text und darunter einen antiken Steinblock. Beide sind in Schwarzweiß-Optik von dem ansonsten farbig gestalteten Blatt abgesetzt, um die unterschiedlichen Zeitebenen anzudeuten. Der Säulensockel von ehrwürdigem Alter war bei Renovierungsarbeiten in den Mauern der Kirche von Nieder- oder Unterliederbach gefunden worden und dem Begleittext[111] zufolge stark beschädigt. In Erinnerung an die römische Antike wurde er damals in der Vorhalle der Kirche ausgestellt und mit diesem Apeograph versehen. Auf der sog. Jupitersäule, deren Typ im römischen Obergermanien verbreitet war, sind Merkur und ein Gigant als Träger einer Weiheinschrift dargestellt.[112] Ergebnis ist eine mehrfach zeitliche Schichtung: der römische Stein aus dem 2. oder 3. Jahrhundert n. Chr., die Inschrift des Ausstellungsobjekts und die kartographische Verarbeitung in der Vergrößerung, die an die Vorgeschichte der hessischen Landgrafschaft anknüpft.

Die Verbindung von Kartographie und Historiographie erforderte es nicht, die römische und germanisch-chattische Vergangenheit voneinander zu trennen. In der nur wenige Jahre zuvor fertig gestellten ,Hessischen Chronica' hatte Dilich die politischen Vorstellungen der Landgrafen zu Größe und Alter ihres Territoriums untermauert.[113]

---

[107] Vgl. unten Nr. 2, Bettina SCHÖLLER zu Bl. 21; unten Nr. 38, Ralph A. RUCH zu Bl. 13.

[108] Martin OTT, Die Entdeckung des Altertums. Der Umgang mit der römischen Vergangenheit Süddeutschlands im 16. Jahrhundert, Kallmünz/Oberpfalz 2002, S. 247–269.

[109] Vgl. unten Nr. 2, Bettina SCHÖLLER zu Bl. 21; Bonn, Rheinisches Landesmuseum, Inv. Nr. 38.523. Vgl. den Beitrag von Tanja MICHALSKY in diesem Band.

[110] Vgl. unten Nr. 38, Ralph A. RUCH zu Bl. 13; Museum Wiesbaden, Sammlung Nassauischer Altertümer, Inv. Nr. 376. Vgl. Gerhard BAUCHHENSS, Die Iupitersäulen in der römischen Provinz Germania Superior, Köln u. Bonn 1981, Nr. 176; Tanja MICHALSKY in diesem Band.

[111] Zitat unten Nr. 38, Ralph A. RUCH zu Bl. 13; BAUCHHENSS, Iupitersäulen (wie Anm. 110), S. 132: „In sacra aede Inferioris Liederbach lapis vetustate pariter atque incolarum incuria mutilatus, antiquitatis autem Romanae memoria monimentumque in vestibulo visitur, cuius apographum hic habes."

[112] BAUCHHENSS, Iupitersäulen (wie Anm. 110), Nr. 176. Die Inschrift erwähnt die Weihe an Jupiter und Juno sowie den Stifter C. Iunius Secundus, Decurio (also ehrenvolles Ratsmitglied) einer nicht mehr identifizierbaren, wahrscheinlich fiktiven Stadt „c(ivitatis) Itiu […]".

[113] Vgl. Wilhelm Dilich, Hessische Chronica (wie Anm. 25), Teil II, S. 4–25 zu den Gemeinsamkeiten von Chatten und Hessen, S. 26–56 zur Geschichte der Chatten bis zu ihrem Untergang.

Der Anspruch auf einige außerhalb der Landgrafschaft liegende Gebiete, wie die Grafschaft Nassau, oder umstrittene Neuerwerbungen war am besten damit zu begründen, dass die Hessen in ethnischer Kontinuität den germanischen Chatten nachfolgen würden. Folglich konnten die Hessen den Siedlungsraum der Chatten beanspruchen. Selbstverständlich blieben solche Behauptungen nicht unwidersprochen.[114] Aber historische Kontinuität war ein geeignetes Mittel der Legitimation.

Historische Traditionen

An historische Traditionen knüpfen auch andere Tafeln an, wie diejenige etwa zum Gericht Wallenstein (1611).[115] Die Panegyrik von Jacob Thysius (1555–1628), Kasseler Bibliothekar in landgräflichen Diensten und später Professor für Geschichte und Poesie in Marburg, den Dilich um zweckdienliche Verse gebeten haben muss,[116] preist unten links das Geschlecht von Wallenstein. Die Verse führen deren Genealogie auf die Landvergabe unter König Pippin, Vater Karls des Großen, zurück.[117] In der ‚Hessischen Chronica' hatte Dilich bereits die Rolle des Pfalzvogts Pippin bei der Landverteilung hervorgehoben: Er habe im Kampf gegen die westfälischen Sachsen 750 die Hessen unterstützt, den Sachsenkönig Edelhardt erschlagen[118] und somit zur Gründung Hessens beigetragen.

Diese und ähnliche Beispiele zeigen Dilichs Bemühungen, die historischen Argumente für die hessischen Herrschaftsambitionen zu nutzen und bei der kartographischen Erfassung des Territoriums einzusetzen. Kartographie ist in seinem Konzept mehr als nur die Landesvermessung. Er integrierte nicht nur Landschafts- und Städtedarstellungen sowie topographische Zeichnungen in die Geschichtsschreibung, sondern passte auch seine Geschichtsmodelle geschickt in die Landtafeln ein. Die kartographisch markierten Erinnerungspunkte stützten den Adel, insbesondere die landgräfliche Dynastie. Seine eigenen historiographischen Werke wie die ‚Hessische Chronica' lieferten die Informationsbasis für die Rezeptionsvorgänge: Inschriften, Grabmäler und Monumente aktivierten unterschiedliche Zeitstufen; die sich sichtbar in die Landschaft einfügenden Inserte akzentuierten die örtliche Tradition.

Auch wenn solche Wissensstrategien lokal bezogen waren, führten sie zu einer darüber hinausgreifenden landesgeschichtlichen Weltdeutung. Einzelstücke wurden dazu eingesetzt, um nicht nur Wissen festzuhalten, sondern auch offene Identitätsangebote zu entwickeln. Die zugrunde gelegte Geschichtsbetrachtung war nicht geschlossen, auch nicht zugunsten der landgräflichen Dynastie, wenngleich diese Form von bildlicher Geschichtserzählung in die Suche nach einem Wahrheitsanspruch und nach der Größe der Landgrafschaft eingebunden war. Die Landtafeln fungierten als eine Art Publizistik, die politisches Handeln legitimierte und dem Machtanspruch in der Konkurrenz mit den anderen Mächten eine intellektuelle Grundlage verschaffte. Denn mit ihren politischen Ambitionen war die Landgrafschaft nicht allein im Geflecht der deutschen und europäischen Mächte. Geometer und Kartographen anderer Territorien, meist ebenso gebildet und befähigt, verwirklichten längst ähnliche Konzepte einer historisch legitimierten Strukturierung des wissenschaftlich gemessenen Raums.[119]

4. Messen und Kartieren

Das Vermessen der Territorien

Wie die Landgrafen von Hessen gaben auch viele andere frühneuzeitliche Territorialherren des Heiligen Römischen Reiches deutscher Nation Landesvermessungen in Auftrag.[120] Beim Versuch einer geodätischen und kartographischen Herrschaftsdurchdringung waren in der Mitte des 16. Jahrhunderts vor allem die Herzöge von Bayern und die Kurfürsten von Sachsen führend.

Gerade im Herzogtum Bayern wurden visuelle Landesbeschreibungen relativ früh als Grundlage für die Ausbildung eines frühneuzeitlichen Flächenstaates herangezogen.[121] Bereits 1523 legte dort Johann Turmair, genannt Aventinus, die erste, noch rudimentäre Karte im Druck vor.[122] Und 1554 beauftragte Herzog Albrecht V.

---

[114] Vgl. unten Nr. 13, Vanessa SCHMIDT zu Bl. 29. Vgl. MENK, Chronistik (wie Anm. 26), S. 170f.; Thomas FUCHS, Traditionsstiftung und Erinnerungspolitik. Geschichtsschreibung in Hessen in der frühen Neuzeit, Kassel 2002, S. 159–165.

[115] Vgl. unten Nr. 41, Bettina SCHÖLLER zu Bl. 10.

[116] Fritz FENNER, Wallenstein in Hessen. Zur Geschichte von Burg und Dorf, Homberg 1973, S. 48.

[117] Vgl. unten Nr. 41, Bettina SCHÖLLER zu Bl. 10; Georg LANDAU, Die hessischen Ritterburgen und ihre Besitzer, 4 Bde., Cassel 1832–1839, ND 2000, Bd. 2, S. 373–428 zu den Anfängen Hessens, hier S. 380. Die Fortsetzung dieses Gedichts findet sich auf einem Blatt, auf dem Dilich die Genealogie des Hauses weiter ausführt; vgl. STENGEL, Wilhelm Dilichs Landtafeln 1927 (wie Anm. 1), S. 21.

[118] Wilhelm Dilich, Hessische Chronica (wie Anm. 25), Teil II, S. 89 und 97f.

[119] Vgl. dazu den Beitrag von Martina STERCKEN in diesem Band.

[120] Vgl. etwa die 2009 abgeschlossene Thèse pour le doctorat von Axelle CHASSAGNETTE zum geographischen Wissen in deutschen protestantischen Territorien; dazu die Kurzbeschreibung zum Projekt: Axelle CHASSAGNETTE, Mesurer et décrire: savoir géographique et cartographie dans l'espace germanique protestant (des années 1530 aux années 1620), in: Revue de l'Institut français d'histoire en Allemagne 2 (2010), S. 194–200.

[121] Vgl. Von der gemalten Landschaft zum vermessenen Land. Eine Ausstellung des Bayerischen Hauptstaatsarchivs zur Geschichte der handgezeichneten Karte in Bayern (München, 6. Oktober bis 22. Dezember 2006), München 2006.

[122] Faksimile-Ausgabe bei Joseph HARTMANN (Hg.), Aventins Karte von Bayern, MDXXIII, München 1899; vgl. Hans WOLFF (Hg.) mit Beiträgen von Gerfried APPELT u. a., Cartographia Bavariae. Bayern im Bild der Karte, 2., verb. u. verm. Aufl. Weißenhorn 1988, S. 32–36; OTT, Entdeckung des Altertums (wie Anm. 108), S. 248–251. Vgl. auch den Beitrag von Martina STERCKEN in diesem Band S. 49 mit Abb. 9.

den vielseitigen, an landeskundlichen Nachforschungen interessierten Philipp Apian mit den sog. bayerischen Landtafeln.[123] Dieser außergewöhnliche Kartograph entwickelte die Idee, kosmographische, szenarische und topographische Darstellungsweisen miteinander zu verbinden. Ergebnis waren hybride Produkte mit einem differenzierten Zeichensystem.

Einen ganz anderen Charakter besitzen die vom vermessungstechnischen Fortschritt bestimmten Aufnahmen der Besitztümer und Territorien in Kursachsen. Dort erkannte vor allem Kurfürst August (1553–1586) die Rolle des Kartierens bei der Erfassung und Durchdringung des herrschaftlichen Raumes. Er führte höchstpersönlich Vermessungen durch, deren Ergebnisse er in seinem Reißgemach eigenhändig aufzeichnete. In der 1560 gegründeten Kunstkammer sammelte er geodätische Instrumente und kartographische Erzeugnisse aller Art. Das 1587 angelegte Inventar verzeichnete 9.586 Exponate, die wohl auch als Ausgangspunkt für die Organisation und Durchführung von Vermessungen und Kartierungen dienten. Ähnlich wie die überlieferten Instrumente sind auch die aus den Messungen hervorgegangenen Risse, Mappen und Atlanten von hoher wissenschaftlicher, technischer und künstlerischer Qualität.[124] Bei der großen Generalkarte des Hiob Magdeburg von Sachsen und Thüringen (1566) fehlten zwar noch die genauen Maßangaben. Aber vor allem Georg und Matthias Öder konnten ihre Erfahrungen aus Bergwerken auf geodätische Messverfahren übertragen, die Matthias zusammen mit seinem Neffen Balthasar Zimmermann von 1586 an perfektionierte und für administrative Zwecke aufbereitete. Augusts Nachfolger Christian I. (1586–1591), Christian II. (1591–1611) und Johann Georg I. (1611–1656) unterstützten diese Art von Landeserfassung, um dadurch ihre Stellung im Reich zu visualisieren.

Umfangreiche Gesamtaufnahmen entstanden damals auch in anderen Territorien: Jacob van Deventer erfasste die niederländischen Provinzen, Tilemann Stella kartierte Mecklenburg; Heinrich Schweickher schuf den Atlas von Württemberg (1575), Georg Gadner die ‚Chorographia' aller württembergischen Forste (1596) für Herzog Ludwig, Godfried Mascop den Rheinhessischen Atlas (1577) für den Mainzer Erzbischof und Paul Pfinzing einen Atlas mit territorialen Übersichtskarten für die Reichsstadt Nürnberg (1594).[125] Die ersten Kartierungen von Hessen stammen bekanntlich von Johannes Dryander (1500–1560), Joist Moers (um 1540–1625), Arnold und Johann Mercator sowie Heinz Markgraf.[126]

Technisches Wissen und Instrumente

Diese technisch versierten, vielseitig gebildeten Gelehrten bemühten sich, die einschlägigen Territorien entweder für einzelne Karten oder im Zuge von Kampagnen zu vermessen, Grenzkonflikte maßstabsgetreu zu kartieren und Hoheits- wie Besitzansprüche exakt zu dokumentieren. Sie machten es zu ihrer Aufgabe, die Landesgeographie mit Bergen, Flüssen, Nutzflächen, Siedlungen und Einzelbauten zu veranschaulichen und den herrschaftlich besetzten Raum mittels Toponymen zu konkretisieren. In den Maßstabskarten drängten sie nicht nur verweisende Bildelemente aus den territorialen Flächen zurück, sondern setzten sie auch zielbewusst für konkrete Aussagen ein. Sie übernahmen Vermessungen, um Verwaltungsmaßnahmen vorzubereiten oder Ortstermine bei Grenzstreitigkeiten vor Gericht zu ersetzen. Vor allem die Landesaufnahmen in landesherrlichem Auftrag setzten großräumige systematische Vermessungen im Gelände voraus. Die Ergebnisse wurden in Protokollen und Skizzen festgehalten, ehe in einem zweiten Schritt die Originalzeich-

---

[123] Philipp APIAN, Bairische Landtafeln, XXIIII. Darinne das hochlöblich Furstenthumb Obern unnd Nidern Bayern sambt der Obern Pfaltz, Ertz unnd Stifft Saltzburg, Eichstet unnd andern mehrern anstoßenden Herschaffte mit vleiß beschriben und in Druck gegeben durch Philippum Apianum, Ingolstadt 1568, ND München 1966; Philipp APIAN, Bayerische Landtafeln. Reproduktionen nach kolorierten Holzschnitten der Bayerischen Staatsbibliothek München, Faksimile der Ausgabe Ingolstadt 1568, hrsg. vom Bayerischen Landesvermessungsamt München, München 1989. Vgl. Hans WOLFF, Die Bayerischen Landtafeln – das kartographische Meisterwerk Philipp Apians und ihr Nachwirken, in: Hans WOLFF (Red.), Philipp Apian und die Kartographie der Renaissance. Ausstellung, München, Bayerische Staatsbibliothek 15. Juni bis 30. September 1989, Weißenhorn 1989, S. 74–124, hier S. 74; Klaus DIETZ, Philipp Apian. Kartographie der Renaissance. Ausstellung in München, in: Weltkunst 59 (1989), S. 23–63; Hans BRICHZIN, Peter und Philipp Apian – und die verpassten Chancen in der sächsischen Kartographie, in: Karl RÖTTEL (Hg.), Peter Apian. Astronomie, Kosmographie und Mathematik am Beginn der Neuzeit mit Ausstellungskatalog, Buxheim 1995, S. 247–254; Nina FISCHER, „Nit allein Stet, Marckt, Hernsitz und Klöster auch Gebürg, Wald und Wasserflüss …". Der Kartograph Philipp Apianus (1531–1589), München 2002.

[124] Wolfram DOLZ u. Yvonne FRITZ (Hg.), Genau messen = Herrschaft verorten. Das Reißgemach von Kurfürst August, ein Zentrum der Geodäsie und Kartographie. Katalog zur Ausstellung des Mathematisch-Physikalischen Salons, 23. September 2010–23. Januar 2011, Dresden 2010, bes. S. 14–18.

[125] SENG, Stadt (wie Anm. 93), S. 43–54. Zu Nürnberg vgl. etwa Nine MIEDEMA, Die Nürnberger Humanisten und die Germania illustrata. Tradition und Innovation im Bereich der Geographie um 1500, in: Rudolf SUNTRUP u. Jan R. VEENSTRA (Hg.), Tradition and Innovation in an Era of Change. Tradition und Innovation im Übergang zur Frühen Neuzeit, Frankfurt a. M. 2001, S. 51–72 zu den früheren Entwicklungen um 1500; Günter TIGGESBÄUMKER, Zur Geschichte der Kartographie in Nürnberg, in: Günter TIGGESBÄUMKER (Hg.), Die Reichsstadt Nürnberg und ihr Landgebiet im Spiegel alter Karten und Ansichten (Nürnberg 1986), S. 17–31. Zu Süddeutschland vgl. Ruthard OEHME, Die Entwicklung der Kartographie Süddeutschlands in der Renaissance-Zeit, in: Die Renaissance im deutschen Südwesten zwischen Reformation und dreißigjährigem Krieg, Karlsruhe 1986, Bd. 1, S. 63–85.

[126] WOLFF, Kartographen (wie Anm. 15), S. 6–9 zu Dryander, S. 14–17 zu Sohn und Enkel des Gerhard Mercator, S. 24–27 zu Joist Moers und S. 28f. zu Heinz Markgraf; vgl. auch WOLFF u. ENGEL, Hessen im Bild (wie Anm. 9). Vgl. auch den Beitrag von Martina STERCKEN in diesem Band S. 44–45 mit Abb. 6.

nungen entstanden und sogar im Einzelfall drittens die Vervielfältigung im Holzschnitt oder Kupferstich folgte. Dabei wandten die Kartographen ausdrücklich neue Erkenntnisse aus Wissenschaft und Technik an, um differenzierte Vorstellungen von Ausmaß und Beschaffenheit des Terrains zu entfalten. Es gelang ihnen, die Topographie mit innovativen Methoden einzufangen. Im Laufe dieser Jahrzehnte entwickelte sich die Vermessungstechnik zu einem eigenständigen Handwerk. Es galt, nicht nur einfache Mittel wie Zirkel, Peilkompass, Bussole und Messkette zu beherrschen, sondern auch komplizierte Instrumente richtig anzuwenden.

Den technischen Fortschritt belegen zahlreiche, noch erhaltene Messinstrumente zur Höhen- und Entfernungsmessung,[127] seien es Routen- und Winkelmesser, mechanische Wagenwegmesser, geometrischer Quadrant und Reduktionszirkel. Neu war etwa das Triangular, das – selbst wenn der Gebrauchswert des von Jost Bürgi in Kassel entwickelten Instruments in der Forschung umstritten ist – exakte Winkel- und Entfernungsmessungen ermöglicht haben könnte.[128] Auch der neuartige Reduktions- oder Proportionalzirkel half, komplexe Rechenvorgänge durchzuführen und maßstabsgetreu aufzuzeichnen. Der Schweizer Mechaniker Jost Bürgi, der seit 1579 am Kasseler Hof solche Geräte herstellte, soll um 1604 sogar ein Gestell zum perspektivischen Zeichnen entworfen haben. Dabei scheint eine Kompilation am Zeichentisch ebenso üblich gewesen zu sein wie eine eigenständig im zeitraubenden Messverfahren gewonnene Kombination aus Kompasspeilung und Triangulation. Diese Schlussfolgerung ergibt sich zumindest aus der Analyse einer Kurtrierer Kartierung von Jan van Schilde.[129]

Die zunehmend spezialisierten Geräte führten letztlich zu geometrischen Verfahrenstechniken, die für jede Art von Vermessungsarbeiten in Berg- und Wasserbau, im gesamten Militärbereich, in der Garten- und Befestigungsarchitektur wie in der Kartographie von Nutzen waren. Auch der vielseitig begabte Dilich griff sie, soweit möglich, auf: Er verwendete neue Instrumente und Verfahren im Feld, er perfektionierte dadurch seine Berechnungen und übertrug schließlich die Ergebnisse in die Landtafeln.

Der Vorgang des Vermessens

Im Hessischen Staatsarchiv Darmstadt erhalten sind 23 unterschiedlich große Blätter, auf denen Dilich offenbar um 1607/08, als er in der Niedergrafschaft Katzenelnbogen arbeitete, Skizzen und Kalkulationen niederschrieb. Es ist ungewöhnlich, dass alltägliche Schriftstücke dieser Art überhaupt überliefert und nicht nach Fertigstellung der Landtafeln entsorgt wurden. Die Notizen geben folglich wichtige Hinweise auf die damals angewandten Methoden:

Zuerst erfolgte die Bestimmung des Standorts mit Hilfe der Bussole. Danach folgte zweitens die Ermittlung der Entfernungen, sei es mit Hilfe von Messrute und Schrittzähler oder, wenn die Geländebeschaffenheit diese einfachen Verfahren nicht erlaubte, mit diffizilen Dreiecksberechnungen, der Triangulation. Erst wenn die Ortslagen, Wege und Gewässer genau bestimmt und auf kleinen Handzetteln festgehalten waren, konnten drittens die Relationen in einem großformatigen Konzept zusammengefügt werden. In einem weiteren Schritt halfen viertens Punktiernadeln, um die Ergebnisse auf große Tafeln zu übertragen. Zuletzt folgten fünftens die Feinarbeiten an der Reinzeichnung; dazu gehörten die Kolorierungen, um Relief und Vegetation in das Gerüst einzuflechten, die erklärenden Beschriftungen und die Dekorationen.

Eine vermutlich um 1608 entstandene Vermessungsskizze (Abb. 8) zeigt den ersten Schritt der beschriebenen Vorgehensweise unter Einsatz von Bussole oder Kompass.[130] Von unterschiedlichen Standorten aus müssen Dilich und seine Gehilfen das Gelände, ausgehend von einer genau festgelegten Grundlinie, vermessen haben. Der Kartograph verzeichnete die Messpunkte in einer runden (einem Quadranten nachgebildeten) Skala von 360 Grad Umfang, die im äußeren Kreis (Limbus) in 128 Abschnitte, im inneren in 32 Segmente unterteilt war. Weitere Messstriche, die unregelmäßig die Gradeinteilung durchschneiden, bezeichneten die Position zahlreicher Orte, wie etwa der *Lorley*, dem *St. Goar aufgang*, der *Kirch St. Goar* oder einfach der Ecke eines Waldes.

Die Zeichnung, die im Zuge der Kartierung der Ämter Reichenberg und Rheinfels[131] entstand, bildete dann die

---

[127] Vgl. Reinhard GLASEMANN, Erde, Sonne, Mond & Sterne. Globen, Sonnenuhren und astronomische Instrumente im Historischen Museum Frankfurt am Main, Frankfurt a. M. 1999, bes. S. 137–145; GLASEMANN, Dilichs Instrumente (wie Anm. 96), S. 394–397 zu Schattenquadrat und Auftragsbussole; Klaus SCHILLINGER, Zur Entwicklung der Vermessungsinstrumente im 16. Jahrhundert, in: Rainer GEBHARDT (Hg.), Hiob Magdeburg und die Anfänge der Kartographie in Sachsen, Annaberg 1995, S. 71–100.

[128] Vgl. NIEDER, Wilhelm Dilich (wie Anm. 3), S. 58–61. Vgl. DOLZ/FRITZ, Genau messen (wie Anm. 124) mit Abb. der Instrumente. Bei der Tagung ‚Kurfürstliche Koordinaten' am 21.–22. Januar 2011 im Residenzschloss Dresden demonstrierte Karsten Gaulke, dass das angeblich von Wilhelm Dilich eingesetzte Triangular entgegen bisherigen Vermutungen keine genauen Vermessungsergebnisse erzielte; vgl. Karsten GAULKE, Vom Nutzen von Vermessungsinstrumenten um 1600: eine Fallstudie zum Triangulationsinstrument Jost Bürgis, in: Ingrid BAUMGÄRTNER u. a. (Hg.), Kurfürstliche Koordinaten. Landesvermessung und Herrschaftsvisualisierung im frühneuzeitlichen Sachsen, Dresden 2012 (im Druck); vgl. Lena THIEL, Tagungsbericht ‚Kurfürstliche Koordinaten', in: H-Soz-u-Kult vom 07.05.2011, <http://hsozkult.geschichte.hu-berlin.de/tagungsberichte/id=3637>.

[129] MEURER, Trevirensis Episcopatus (wie Anm. 6), S. 293–298, hier 296.

[130] Darmstadt, HStA, P 1 Nr. 791 Bl. 18; NIEDER, Wilhelm Dilich (wie Anm. 3), S. 63; WOLFF, Kartographen (wie Anm. 15), S. 34–35. Es ist nicht nur Zufall, dass dieses Konzeptpapier erhalten ist, sondern auch unklar, wie und warum es ins Staatsarchiv Darmstadt gelangte. Wolff hat angenommen, dass es zu den 1617 bei Wilhelm Dilich konfiszierten Unterlagen gehört haben könnte.

[131] Vgl. unten Nr. 1, Bernd GIESEN zu Bl. 33.

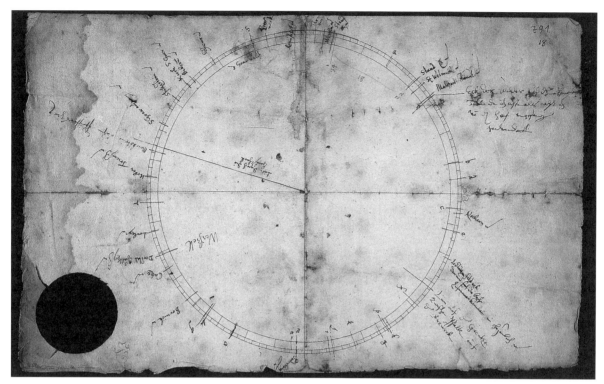

Abb. 8: Darmstadt, HStA, P 1 Nr. 791 Bl. 18.

Grundlage für weitere Vermessungen im Gelände, bei denen der Geometer die tatsächlichen Entfernungen zwischen den Messpunkten erfasste. Dazu dienten etwa die Messkette, die zu Fuß oder zu Pferd zu verwenden war, oder das Triangular, bei dem die sorgsame Winkelmessung die Genauigkeit verbürgte. Die Koordinaten auf dem Kreis lieferten die Vorgaben, um davon ausgehend die Position der einzelnen Orte zu bestimmen. Zusammen mit den Ortschaften, in denen die Kirche mit ihrem weit sichtbaren Turm einen wichtigen Messpunkt darstellte, waren die Wege und Gewässer zu verorten, zuletzt Relief und Vegetation zu registrieren.

Eine präzise Vermessung bedeutete nicht zuletzt, strategisch wichtige Herrschaftsgebiete und wirtschaftlich einträgliche Ämter wie Reichenberg und Rheinfels in Besitz zu nehmen. Holm Graessner hat die Transformationen im Zuge der Geometrisierung beim Kartieren staatlicher Territorien als einen sozialen Prozess beschrieben, bei dem das traditionell juridische Wissen um nichtjuridisch empirische Kenntnisse ergänzt wurde.[132] Spätestens der württembergische Landvermesser Wilhelm Schickhard (1624–1635) habe diese Form der territorialen Aneignung vertreten. Viele dieser Merkmale lassen sich bereits in den Landtafeln Wilhelm Dilichs erkennen, auch wenn dort meist die konkreten Längenangaben fehlen.[133]

Maßstab und beherrschter Raum

Der Maßstab der einzelnen Landtafeln lässt sich jedoch grob errechnen.[134] In der Regel verwendete Dilich die Maßeinheiten Fuß und Werkschuh, verjüngte Ruten, außerdem Acker und Meilen. Bis zur Einführung des metrischen Dezimalsystems im Jahr 1872 konnten die Maße in den verschiedenen Regionen beträchtlich voneinander abweichen. Denken wir nur an den Werkschuh, der nach Kasseler Maß 28,77 cm,[135] in den Rhein-Main-Gebieten in Eppstein 28,4 cm, in den Gerichten Wallen- und Neuenstein etwa 28 cm, aber in anderen Reichsregionen oft nur um 25 cm betrug.[136] Diese regionalen Unterschiede schlugen sich vermutlich sogar innerhalb der Landtafeln zwischen Rhein und Weser nieder, auch wenn

---

[132] Holm GRAESSNER, Punkt für Punkt. Zur Kartographie des staatlichen Territoriums vor und mit der Geometrisierung, in: Jürg GLAUSER u. Christian KIENING (Hg.), Text – Bild – Karte. Kartographien der Vormoderne, Freiburg im Br. 2007, S. 293–316.

[133] Etwa unten Nr. 38, Ralph A. RUCH zu Bl. 13; unten Nr. 52 u. 54, Christina POSSELT zu Bl. 3 u. Bl. 5.

[134] BERTINCHAMP, Wilhelm Dilich (wie Anm. 3), S. 32; STENGEL, Wilhelm Dilichs Landtafeln 1927 (wie Anm. 1) zum Maßstab der Karten.

[135] Vgl. unten Nr. 29, Stefan SCHRÖDER zu Bl. 17.

[136] Vgl. unten Nr. 23, Rebekka THISSEN-LORENZ zu Bl. 44; vgl. STENGEL, Wilhelm Dilichs Landtafeln 1959 (wie Anm. 1), S. 187; Hans-Joachim ALBERTI, Maß und Gewicht. Geschichtliche und tabellarische Darstellungen von den Anfängen bis zur Gegenwart, Berlin 1957; Fritz VERDENHALVEN, Alte Mess- und Währungssysteme aus dem deutschen Sprachgebiet, 2. Aufl. Neustadt 1998.

dies angesichts der abgebildeten Dimensionen nicht genau zu erkennen ist.

Im Lauf der Jahre veränderte Dilich zudem die Länge der verjüngten Rute, die er anfangs zu 14, aber spätestens von 1615 an zu 16 Schuhen kalkulierte. Überhaupt wurden Längen-, Flächen-, Raum- und Gewichtsmaße damals häufig im Duo- und Sedezimalsystem veranschlagt. Zu den geläufigsten Längenmaßen gehörten die Elle, die Rute und die Meile, zu den Flächenmaßen die Quadratrute und der Acker, die alle wiederum in verschiedenen Varianten von klein bis groß realisierbar waren.

Abgebildete Maßvorgaben sollten dem Betrachter suggerieren, die Distanzen in Ruten und Werkschuhen kalkulieren zu können. In der Kartierung des Bezirks Langenschwarz ist unten links und im Südosten jeweils ein Lineal angebracht, nicht ohne auch die Umrechnungsdaten beizugeben.[137] Bei der Burg Reichenberg zieht sich der Maßstab im Vordergrund breit über den Felsen und das integrierte Schriftfeld; seine Stabilität und Konstanz widersetzen sich gleichsam der dynamischen Rollwerkornamentik.[138] Die Präzision des Maßstabs und die häufig beigefügten Entfernungsangaben legten unmissverständlich nahe, dass Topographie und Architektur naturgetreu umgesetzt waren. Tatsächlich waren Dilichs Messungen im Vergleich mit seinen Vorgängern wie Joist Moers von großer Genauigkeit; Edmund Stengel hat durchschnittliche Abweichungen von nur sieben bis acht Prozent (im Gegensatz zu den früheren 23 Prozent) ausgerechnet.[139] Trotzdem ist zu betonen, dass sich die eingefügten Messlatten keineswegs konform zum Maßstab der Karte verhalten und deshalb keine realistische Einschätzung des wiedergegebenen Raumes vermitteln. Sie deuten eher auf die Vermessbarkeit der Welt, auf die Bemühungen um Exaktheit der Darstellung und die damit verbundenen Herrschaftsansprüche, die sich mit der Entstehungsgeschichte, der Leserschaft und den Verwendungsmodi der Kartenwerke verbanden. Die pragmatische Ausrichtung ist in jedem Fall nicht davon zu trennen, dass territoriale Aussagen auch immer als soziale Handlungen zu begreifen sind, bei denen die Bedeutung des Gebiets trotz der sichtbaren Beschreibung verhandelbar bleibt.[140]

Die praktische Geometrie kreierte neue räumliche Steuerungstechnologien, die sich in Navigation, Kriegstechnik und Kartographie niederschlugen. Normierte Instrumente waren die Voraussetzung für normierte Karten, Räume und Bauten. Dabei sind frühneuzeitliche Festungen, Wolfgang Schäffner zufolge, diagrammatische Operationsformen, die den Raum vielschichtig modellieren, indem sie einerseits durch Isolation vor Angriffen schützen, andererseits im Wirken nach außen politische Ordnung etablieren, Infrastrukturen schaffen und lokale Verwaltungsräume organisieren.[141] Diese spatialen Konfigurationen werden auf dem Papier nicht nur sichtbar, sondern auch verwaltbar gemacht. Politik- und Verwaltungsräume werden gleichsam graphisch erzeugt.

Die Evidenz geometrischer Linien machte es möglich, die Zusammenhänge aus der Ferne zu verstehen, also gewissermaßen medial aus einer Entfernung zu regieren. Die Basis dafür schufen die Striche auf dem Papier. Die Grund- und Aufrisse der Burgen wie die Ämterkarten Dilichs beweisen ein großes Geschick, eine solche Wahrnehmung von Räumen zu erzeugen, die aufgrund ihrer raffinierten Ausgestaltung fast belebt wirken. Zusätzliche Kommentare und Textinserte erläuterten die Vermessungsstrategien im beherrschten Raum.

Konzeptualisierung und Ausgestaltung

Nach dem Vermessen wurden die erarbeiteten Positionsbestimmungen und Relationen in einem zweiten Arbeitsschritt zu einem Konzept zusammengefügt. Diese Arbeitsfolge gilt mehr oder weniger für jeden Kartentyp, aber die schwer zu erstellenden kleinmaßstäblichen Übersichtstafeln zu Bezirken, Ämtern und Gerichten profitierten davon noch mehr als die großmaßstäblichen Kartierungen lokaler Fluren. Denn letztere waren nicht nur leichter zu erstellen, sondern sie konnten auch durch einfache Augenscheinkarten ersetzt werden, um bei gerichtsrelevanten Streitigkeiten die Situation vor Augen zu führen.

Dilich vertraute weniger dem Augenschein, sondern vor allem der Messtechnik. In großem Maßstab kartierte er etwa die Grenzziehungen im Schachter Holz (1618, Maßstab 1:2.000) sowie die Wiesen und Waldstücke samt einer Kalkhütte, wegen denen die Dörfer Mengsberg im Amt Ziegenhain und Momberg im oberhessischen Amt Neustadt aneinandergeraten waren (Maßstab 1:3.800).[142] Selbst für diese großformatigen Darstellungen müssen besondere Messpunkte eingeführt worden sein, deren Position er dann in standardisierte Zeichen übertrug. In den kleinmaßstäblichen Produkten sind sie noch auffälliger: Denken wir etwa an den roten, schwarz-

---

137 Vgl. unten Nr. 45, Katharina BECKER zu HStAM, Karte P II 1326: *Maaſtab von 500 verjüngter Ruthen. Verjüngte Dreiviertheil einer Meilen und Lenge eins Werckſchuhes zu 12 Zollen/ und iſt die meile auf 1800 ruthen gerechnet.*

138 Vgl. unten Nr. 13, Vanessa SCHMIDT zu Bl. 29, mit der Maßangabe: *295 Werckſchuh thun 14 eine verjüngte Ruthen.*

139 Vgl. STENGEL, Wilhelm Dilichs Landtafeln 1959 (wie Anm. 1), S. 188.

140 Vgl. Martina STERCKEN, Inszenierung bürgerlichen Selbstverständnisses und städtischer Herrschaft. Jos Murers Darstellung der Stadt Zürich aus dem Jahre 1576, in: Bernd ROECK (Hg.), Stadtbilder der Neuzeit, Sigmaringen 2006, S. 105–122, hier S. 110; Maria SNYDER, Mathematische und militärische Perspektiven im Süddeutschland des 16. Jahrhunderts: Schedel, Münster, Dürer und Specklin, in: GLAUSER u. KIENING, Text – Bild – Karte (wie Anm. 132), S. 275–292.

141 Vgl. Wolfgang SCHÄFFNER, Diagramme der Macht. Festungsbau im 16. und 17. Jahrhundert, in: Cornelia JÖCHNER (Hg), Politische Räume. Stadt und Land in der Frühneuzeit, Berlin 2003, S. 133–165.

142 Vgl. unten Nr. 49 und Nr. 60, Isabelle DENECKE zu HStAM, Karte P II 11036, Karte 1–3, und Karte P II 10063; STENGEL, Wilhelm Dilichs Landtafeln 1927 (wie Anm. 1), S. 21.

umringten Kreis, der bei Kirchtürmen und anderen emporragenden Bauwerken meist einen schwarzen oder goldenen Punkt umgibt. Er hebt den Messpunkt hervor, der dadurch leichter zu finden ist. Rote oder goldene Dreiecke markieren Wüstungen, Grenzsteine und von weitem sichtbare Mühlen. Dazwischen liegen die in der Regel gepunkteten bzw. gestrichelten Grenzlinien, deren genauer Verlauf in der Natur nicht immer leicht zu identifizieren war.

Bei der Übertragung dieses Gerüsts auf die endgültigen Tafeln wurden die Karten nicht einheitlich genordet, sondern in der Ausrichtung meist individuell an die Papierform angepasst. Nur in Ausnahmefällen musste eine Ansicht gestückelt und mit fiktiv angehefteten Kartenteilen ergänzt werden. Kompass und Windrose, vielfach danach in die Karten eingezeichnet, erleichterten die Orientierung.

Dann folgte die Feinarbeit, um die mit messtechnischen Mitteln erzeugte Exaktheit künstlerisch auszugestalten.[143] Zu kolorieren waren Relief und Vegetation, die Dilich in Abschichtungen von Blau, Grün, Beige und Braun in möglichst großer Einheitlichkeit übertrug, um besiedelte und unbesiedelte Flächen kenntlich zu machen, also Dörfer, Felder und Wälder plastisch hervorzuheben. Mit Schattierungen konturierte er (in den späteren Blättern stärker als in den früheren) Wälder, Berggipfel und Höhenlagen.[144] Hinzu kamen individuelle Ergänzungen wie Bäume, Büsche, Kalköfen, Galgen, Brunnen und Quellflüsse, aber auch Ziegel- und Eisenhütten, die die Landschaft unverkennbar prägten. Typographisch differenzierte Schriftzüge dienten einer weitergehenden Ordnung des Terrains: Schriftart, Schriftgrad und Schriftschnitt signalisierten eine hierarchische Kartenstruktur, sei es etwa die Kapitalis für übergeordnete Bergzüge oder Kursivierungen für untergeordnete Teilgebiete.[145]

Ein besonderes Meisterwerk wurden auch die Grund- und Aufrisse der Burgen, die Dilich durch aufgeklebte Schichten zum Leben erweckte. Er schuf Gebäude, bei denen sich einzelne Mauern und Gebäudeteile wegklappen lassen, um die darunter liegenden Strukturen mit Wendeltreppen und weiteren Stockwerken sichtbar zu machen (Abb. 9).[146] Dieses spielerische mediale Element erweiterte die Wahrnehmung und Verwendung um die räumliche Tiefe. Das Mehr an Information entsprang einer gezielten Vermittlungsstrategie. Damit verbunden war ein Überraschungseffekt, der auch noch Unterhaltungswert besaß.

Es ist gut vorstellbar, dass auch weitere Texteinschübe und geplante Bildelemente (Veduten) erst zu diesem Zeitpunkt in die Tafeln kamen, selbst wenn die entsprechenden Flächen vorher angelegt worden sind. Dazu gehören etwa die fiktiv angehefteten, an den Rändern eingerollten Kartenteile im Bezirk Malsfeld,[147] der Ausschnitt mit dem Stadtplan von Langenschwalbach[148] sowie die herausgezoomte, rechts eingefügte Wickermühle im Süden der Herrschaft Epstein.[149] Diese Einschübe sind nicht nur abwechslungsreich; sie vermittelten zusätzliches Wissen und setzen Akzente.

Dilich hat auf etlichen Karten keine Straßen oder Feldwege eingezeichnet, obwohl, wie etwa bei dem linkrheinischen Hollnich, eine auffällige Messlatte die geodätische Verfahrensweise betont. Dort im Hunsrück wird zudem der direkt außerhalb der Exklave liegende Landbesitz der hessischen Landgrafen übergangen, je neun Morgen Felder und Gebüsch *im langen Seyll* sowie 25 Morgen Land *uff Greimell*.[150] Es erstaunt, dass Fahr- wie Fußwege sowie einzelne, an eine abgesonderte Exklave angrenzende Ländereien für die administrativen Zwecke des Regierens nicht notwendig gewesen sein sollen. Aus diesem Beispiel lassen sich deshalb zwei etwas grundsätzlichere Aussagen ableiten: Erstens hat sich Dilich bei seinen Feldmessungen sehr genau an die Grenzen der zu erfassenden Bezirke, Ämter und Gerichte gehalten. Zweitens war die kartographische Darstellung der Wege nicht von so zentraler Bedeutung wie heute, denn die damals verfügbaren listenförmigen Straßenverzeichnisse, Entfernungstabellen und Meilenscheiben scheinen einen allgemein akzeptierten Ersatz geboten zu haben.[151] Die Tatsache, dass in beiden Fällen textuelle Beschreibungen den Ausgleich für die fehlende Inszenierung im Bild schufen, lässt erkennen, dass die Formen der Repräsentation des Territoriums noch in Bewegung waren.

Die Regeln der Kartenproduktion beinhalteten, dass zuletzt Kartuschen und Rahmen ausgemalt und die Freiflächen mit Legenden gefüllt wurden. Aufgabe dieser Zusätze war es, die Messergebnisse zu kontextualisieren. Gerade die dort präsentierten Elemente wie Wappen und

---

[143] Vgl. ausführlicher unten den Beitrag von Tanja MICHALSKY.

[144] Vgl. etwa unten Nr. 46, Bernd GIESEN zu Bl. 2 Gericht Jesberg; unten Nr. 47, Katharina BECKER zu Bl. 11 Amt Schönstein.

[145] Zum Einsatz der Kapitalis vgl. unten Nr. 47–48, Katharina BECKER zu Bl. 11–12 für Bergzüge und Waldgebiete; unten Nr. 38, Ralph A. RUCH zu Bl. 13, sowie unten Nr. 19, Rebekka THISSEN-LORENZ zu Bl. 36, jeweils für den Bezirk oder das Gericht. Vgl. unten Nr. 55–56, Bettina SCHÖLLER u. Eva SCHMITT zu Bl. 6 und Bl. 6 b III mit Kursive für lokale Toponyme.

[146] Vgl. unten Nr. 13, Vanessa SCHMIDT zu Bl. 29 und <http://orka.bibliothek.uni-kassel.de>, dort unter Sammlungen, dann Dilich. Zu Klappbildmechanismen und deren Spielräumen in der Frühen Neuzeit vgl. Jörn MÜNKNER, Eingreifen und Begreifen. Handhabungen und Visualisierungen in Flugblättern der Frühen Neuzeit, Berlin 2008, S. 88–137.

[147] Vgl. unten Nr. 57, Bettina SCHÖLLER u. Eva SCHMITT zu Bl. 9 mit zwei weiteren, fiktiv angehefteten Kartenfragmenten, deren Gebiete sich südlich anschließen würden.

[148] Vgl. unten Nr. 34, Bernd GIESEN zu Bl. 26.

[149] Vgl. unten Nr. 37, Ralph A. RUCH zu Bl. 49.

[150] Vgl. unten Nr. 17, Bernd GIESEN zu Bl. 20.

[151] Vgl. Wolfgang BEHRINGER, Die Visualisierung von Straßenverkehrsnetzen in der frühen Neuzeit, in: Thomas SZABÓ (Hg.), Die Welt der europäischen Straßen. Von der Antike bis in die Frühe Neuzeit, Köln 2009, S. 255–278.

Abb. 9: Aufklappmechanismus. Wilhelm Dilich, Landtafel 12, Burg Reichenberg: Ausschnitt aus Aufriss, Ostansicht, Kassel, UB-LMB, 2° Ms. Hass 679, Bl. 28.

Zuschreibungen waren Ausdruck der Macht über die Festungen, der Herrschaft über das Land. Diese Zeichen propagierten die Inbesitznahme, legitimierten den Besitz und bestätigten die Kontrolle über die Territorien.[152]

5. Zum Schluss

Wilhelm Dilichs ‚Landtafeln hessischer Ämter zwischen Rhein und Weser' sind – so lässt sich zusammenfassend festhalten – ein wunderbares Beispiel, um die Rolle von Historiographie, Kartographie und Geodäsie bei der Erfassung und Durchdringung von herrschaftlich beanspruchtem Raum zu analysieren. Der am landgräflichen Hof angestellte Geograph und Historiker verfasste die Tafeln sukzessive in der Zeit von 1607 bis 1617/1625. Nach der 1605 publizierten ‚Hessischen Chronik' sollten sie den landgräflichen Vorherrschaftsanspruch mit anderen als historiographischen Mitteln veranschaulichen, nämlich das gemessene Land ins Bild setzen.

Dabei lassen sich den verschiedenen Arbeitsphasen zumindest grob bestimmte Vorstellungen und Kartentypen zuordnen: In der produktiven Anfangsphase ging es Dilich darum, die herrschaftliche Erfassung der Ämter durch die rheinischen Burgen aufzuzeigen sowie die landgräflichen Herrschaftsansprüche durch den Einbezug historischer Monumente zu konkretisieren und zu legitimieren. Denn die Landtafeln waren ursprünglich ein aggressives Element der landgräflichen Expansionsbestrebungen. Von 1611 bis 1617 wurden diese Aspekte nicht zuletzt aus politischen Gründen hinter eine messtechnische Inbesitznahme Mittel- und Nordhessens zurückgestellt. Von 1618 an schuf Dilich verstärkt großmaßstäbliche lokale Vermessungskarten für Verwaltungs- oder Gerichtszwecke. Nicht zuletzt dürfte auch der Dreißigjährige Krieg seine Wirkung gezeigt haben.

In den Landtafeln hessischer Ämter erlangten räumlich-geographische Vorstellungsbilder eine große Bedeutung für die Durchsetzung von Macht. Es lässt sich erkennen, wie Landgraf Moritz der Gelehrte von Hessen-Kassel als fürstlicher Territorialherr zu Beginn des 17. Jahrhunderts versuchte, mittels verschiedener Wissenschaften wie Historiographie, Geodäsie und Kartierung seine Hoheitsgebiete zu behaupteten und zu arrondieren. Für ihn und seine Zeitgenossen bedeuteten Landvermessung und Kartographie nicht nur neue Formen der Wissensproduktion, sondern auch ein sich veränderndes Raumverständnis, bei dem der Raum viel stärker als Fläche begriffen und von durchgehenden Grenzlinien umfasst wurde. Ergebnis waren Mechanismen von Inklusion und Exklusion, die Dilich in den klaren Grenzziehungen erst allmählich andeutete, aber in der Realität bereits bis zum Äußersten erlebte. Dass die Vermessung und Kartierung des Territoriums von Hessen-Kassel nicht vollendet wurde, hängt freilich auch mit den Charakteren von Auftraggeber und Auftragnehmer zusammen. Trotzdem stellten die Landtafeln hessischer Ämter einen grundlegenden Beitrag zur Landesvermessung und Herrschaftssicherung in der Landgrafschaft dar.

---

[152] Vgl. Christine M. PETTO, Semblance of Sovereignity: Cartographic Possession in Map Cartouches and Atlas Frontispieces of Early Modern Europe, in: Gary BACKHAUS u. John MURUNGI (Hg.), Symbolic Landscapes, Berlin 2009, S. 227–250, hier S. 233–246 mit zahlreichen Beispielen.

Martina Stercken

Repräsentation, Verortung und Legitimation von Herrschaft.
Karten als politische Medien im Spätmittelalter
und in der Frühen Neuzeit

Es ist eine alltägliche Erfahrung, dass Karten eine Rolle bei der Zurschaustellung von politischen Zielen spielen. Länderkarten und Atlanten definieren Raum und entwerfen ein klares Bild politischer Ordnungen. Kartographische Darstellungen sind in Schulbüchern und Nachschlagewerken ebenso präsent wie bei der Visualisierung von Schauplätzen wichtigen Geschehens in den Massenmedien. Sie sind dann gegenwärtig, wenn es um die Selbstdarstellung von Potentaten oder militärischen Strategen geht, die sich insbesondere in Kriegszeiten vor Karten stehend oder über diese gebückt abbilden lassen, um den Raumbezug ihrer Politik zu kommunizieren. Wie sehr kartographische Darstellungen zum Symbol für Herrschaft über Raum werden können, wird in dem 1940 erschienenen Film von Charlie Chaplin *The Great Dictator* deutlich, der ironisch überspitzt den Anspruch auf Weltherrschaft als Spiel mit der Weltkugel in Szene setzt.

Der Gebrauch von Karten bei der Inszenierung und Verortung von Herrschaft ist zwar im Zeitalter der Massenmedien allgegenwärtig, jedoch kein eigentlich neuzeitliches Phänomen. Seit ihrer Entdeckung als Aufzeichnungssystem von Raum im frühen Mittelalter werden kartographische Darstellungen in ganz unterschiedlicher Hinsicht verwendet, um politische Vorstellungen und Zielsetzungen deutlich zu machen. Aber erst an der Wende vom Mittelalter zur Frühen Neuzeit etablieren sich Karten zu einem gängigen Mittel der Repräsentation von politischem Raum. Dieser Prozess steht in engem Zusammenhang mit der Verfestigung von Herrschaftsformen und Herrschaftsgebieten, der Ausbildung von Territorien als umgrenzbare und zentralisiert verwaltete Einheiten. Er ist gleichzeitig im Kontext eines tiefgreifenden Wandels in der Darstellung von Raum zu verstehen. Denn mit der Wiederentdeckung der koordinatengebundenen Geographie des Claudius Ptolemäus und mit neuen Techniken, räumliche Zusammenhänge verkleinert abzubilden, werden die Grundlagen für nachhaltige Konventionen kartographischer Raumerfassung gelegt.

Die folgende Skizze zur politischen Kartographie wird weniger die technischen Innovationen, die neue Darstellungsweisen ermöglichen, in den Blick nehmen als vielmehr versuchen, die Übergänge zu neuen Formen kartographischer Repräsentation von Herrschaft zwischen Mittelalter und Früher Neuzeit zu beschreiben. Ausgehend vor allem von Beispielen aus den deutschen Landen des Heiligen Römischen Reichs wird den Funktionen nachgegangen, die Karten bei der Ausübung von Herrschaft und der Vermittlung politischer Vorstellungen zugewiesen wurden. Indem nicht nur nach den Kontexten ihrer Herstellung und Präsentation, sondern ebenso nach den Strategien gefragt wird, mit denen die Kartenbilder Verhältnisse zur Schau stellen, werden neuere interdisziplinäre Überlegungen zu kartographischen Darstellungen als historische Quelle und kulturelles Produkt aufgegriffen. Diese haben auf unterschiedliche Formen des Gebrauchs von Karten in verschiedenen gesellschaftlichen Sphären aufmerksam gemacht; sie konnten zeigen, dass die Genauigkeit der Abbildung nicht alleiniges Kriterium der Bewertung kartographischer Darstellung sein kann, sondern diese vielschichtige, auf Schrift- und Bildelementen beruhende bildliche Konstrukte sind; und sie haben vor allem am Beispiel von Karten kolonialer Landnahme und staatlicher Neuordnung begonnen, deren politische Relevanz und Rolle als Instrumente von Herrschaft und Politik zu erschließen.[1]

---

[1] Vgl. z. B. Denis WOOD u. John FELS, The Power of Maps, London 1992; Matthew H. EDNEY, Theory and the History of Cartography, in: Imago Mundi 48 (1996), S. 185–191; David WOODWARD, Reality, Symbolism, Time and Space in Medieval World Maps, in: Annals of the Association of American Geographers 75 (1985), S. 510–521; Ute SCHNEIDER, Die Macht der Karten. Eine Geschichte der Kartographie vom Mittelalter bis heute, Darmstadt 2004; Jürg GLAUSER u. Christian KIENING (Hg.), Text – Bild – Karte. Kartographien der Vormoderne, Freiburg im Br: 2007, darin auch: Jess EDWARDS, Wie liest man eine frühneuzeitliche Karte? Zwischen dem Besonderen und dem Allgemeinen, dem Materiellen und dem Abstrakten, Wörtern und Mathematik, S. 95–130; Tanja MICHALSKY, Felicitas SCHMIEDER u. Giesela ENGEL (Hg.), Aufsicht – Ansicht – Einsicht. Neue Perspektiven auf die Kartographie an der Schwelle zur Frühen Neuzeit, Berlin 2009; Denis COSGROVE (Hg.), Mappings, London 1999; Paul D. A. HARVEY (Hg.), The Hereford World Map. Medieval World Maps and their Context, London 2006; Hartmut KUGLER (Hg.), Die Ebstorfer Weltkarte. Kommentierte Neuausgabe, 2 Bde., Berlin 2007; Scott WESTREM, The Hereford Map. A Transcription and Translation of the Legends With Commentary, Turnhout 2001; John Brian HARLEY, The New Nature of Maps.

Abb. 1: Lambert von St. Omer, ‚Liber Floridus' (Mitte 12. Jahrhundert), Paris, Bibliothèque nationale de France, Lat. 8865, Suppl. 10–2, fol. 24r.

Karten und Herrschaftsausübung im Mittelalter

Lange vor der Entstehung von Herrschaftskarten kam kartographischen Darstellungen eine besondere Rolle bei der Ausübung und Aufzeichnung von Herrschaft zu. Schon im frühen Mittelalter wird die Bedeutung von Karten im Rahmen herrschaftlicher Repräsentation fassbar, dann etwa, wenn in biographischen oder chronikalischen Quellen der Karolingerzeit Weltkarten als Dekoration von Wänden oder Gegenständen in päpstlichen beziehungsweise kaiserlichen Palästen beschrieben werden.[2]

Mit einem Anstieg der Kartenproduktion und einer Diversifizierung von Kartentypen seit dem hohen Mittelalter wurden Karten unterschiedliche politische Funktionen zugewiesen. *Mappae mundi* etwa kam eine immer größere Bedeutung im Rahmen der Ausstattung repräsentativer Räumlichkeiten zu.[3] Waren es zunächst königliche Geschlechter, die Bewohnern und Besuchern ihrer Paläste mit kartographischen Darstellungen in elaborierten Bildprogrammen den Raumbezug von Herrschaft und Regieren räumlich erfahrbar vor Augen führten, so sind es im ausgehenden Mittelalter auch weniger bedeutende adelige Familien und die städtische Führungsschicht.[4]

Wie Darstellungen in historiographischen und enzyklopädischen Handschriften zeigen, beginnen Karten um diese Zeit zum Attribut von Herrschaft zu werden. Beispiel dafür ist eine Miniatur aus einer Abschrift des ‚Liber Floridus' von Lambert von St. Omer, die in die Mitte des 12. Jahrhunderts datiert wird (Abb. 1).[5]

Gleichzeitig treten Herrschaftsträger vermehrt als Auftraggeber in Erscheinung. Im Auftrag Rogers II. von Sizilien etwa entstand um die Mitte des 12. Jahrhunderts die Weltkarte des arabischen Gelehrten al-Idrisi, die augenscheinlich nicht nur technisches Vermögen, wissenschaftliche Kenntnisse und herrschaftliches Wissen zur Schau stellen sollte, sondern wohl auch eine Rolle als neue Form der Aufzeichnung in einer innovativ verwalteten Herr-

---

Essays in the History of Cartography, hg. v. Paul LAXTON, Baltimore 2001; Christof DIPPER u. Ute SCHNEIDER (Hg.), Kartenwelten. Der Raum und seine Repräsentation in der Neuzeit, Darmstadt 2006; David BUISSERET (Hg.), Monarchs, Ministers and Maps, Chicago 1992; Andrew GORDON u. Bernhard KLEIN (Hg.), Literature, Mapping and the Politics of Space in Early Modern Britain, Cambridge 2001; David GUGERLI u. Daniel SPEICH, Topografien der Nation. Politik, kartografische Ordnung und Landschaft im 19. Jahrhundert, Zürich 2002; Dagmar UNVERHAU (Hg.), Geschichtsdeutung auf alten Karten, Wiesbaden 2003; David WOODWARD (Hg.), The History of Cartography III, 1 u. 2, Chicago 2007.

[2] Vgl. zusammenfassend Marcia KUPFER, Medieval World Maps: Embedded Images, Interpretative Frames, in: World & Image 10, 3 (1994), S. 262–288, hier S. 267 f.; Martina STERCKEN, Kartographien von Herrschaft, in: Rheinische Vierteljahrsblätter 70 (2006), S. 1–24; vgl. auch Konrad MILLER, Mappaemundi: Die ältesten Weltkarten, 6 Bde. 1895–1898, hier Bd. 3, S. 151; Anna-Dorothee von den BRINCKEN, Mappae mundi und Chronographia. Studien zur ‚Imago mundi' des abendländischen Mittelalters, in: Deutsches Archiv für Erforschung des Mittelalters 24 (1968), S. 118–186, hier S. 128; Percy Ernst SCHRAMM, Herrschaftszeichen und Staatssymbolik, Stuttgart 1954, S. 334 f.; Jörg-Geerd ARENTZEN, Imago mundi cartographica: Studien zur Bildlichkeit mittelalterlicher Welt- und Oekumenekarten, München 1984, S. 72 f., 243 f.

[3] KUPFER, World Maps (wie Anm. 2), S. 276 f.; Cord MECKSEPER, Wandmalerei im funktionalen Zusammenhang ihres architektonisch-räumlichen Ortes, in: Eckart Conrad LUTZ, Johanna THALI u. René WETZEL (Hg.), Literatur und Wandmalerei I: Erscheinungsformen höfischer Kultur und ihre Träger im Mittelalter, Tübingen 2002, S. 255–282, hier S. 260 f., 276; vgl. auch Anna-Dorothee von den BRINCKEN, Die Ausbildung konventioneller Zeichen und Farbgebung in der Universalkartographie des Mittelalters, in: Archiv für Diplomatik 16 (1970), S. 325–349; Peter JOHANEK, Geschichtsüberlieferung und ihre Medien in der Gesellschaft des späten Mittelalters, in: Christel MEIER, Volker HONEMANN, Hagen KELLER u. Rudolf SUNTRUP (Hg.), Pragmatische Dimensionen mittelalterlicher Schriftkultur, München 2002, S. 339–407, hier S. 348, 350; Horst WENZEL, Höfische Repräsentation. Symbolische Kommunikation und Literatur im Mittelalter, Darmstadt 2005, S. 12, 17, 19; Eckart Conrad LUTZ, Textes et images – éducation et conversation, in: Eckart Conrad LUTZ u. Danielle ROGAUX (Hg.), Paroles de murs. Littérature et histoire au Moyen Age. Sprechende Wände. Wandmalerei, Literatur und Geschichte im Mittelalter, Grenoble 2007, S. 131–145.

[4] KUPFER, World Maps (wie Anm. 2), S. 276 f.; MECKSEPER, Wandmalerei (wie Anm. 3), S. 260 f., 276; vgl. auch BRINCKEN, Ausbildung (wie Anm. 3), S. 325–349; JOHANEK, Geschichtsüberlieferung (wie Anm. 3), S. 348, 350; WENZEL, Repräsentation (wie Anm. 3), S. 12, 17, 19; LUTZ, Textes (wie Anm. 3), S. 131–145.

[5] Lambert von St. Omer, ‚Liber Floridus' (Mitte 12. Jh.), Paris, Bibliothèque nationale de France, Lat. 8865, Suppl. 10–2, fol. 24r; vgl. Suzanne LEWIS, The Art of Matthew Paris in the Chronica Majora, Cambridge 1987; Theo KÖLZER u. Marlis STÄHLI, Liber ad honorem Augusti sive de rebus siculis. Codex 120 II der Burgerbibliothek Bern, Sigmaringen 1994, S. 222, 238 u. 242.

schaftsadministration spielte.⁶ Im 13. Jahrhundert ist das englische Königtum als Auftraggeber von Weltkarten belegt;⁷ und seit dem 14. Jahrhundert förderten die Könige auf der iberischen Halbinsel die Produktion kartographischer Darstellungen.⁸ Sie ließen Portulane, Küsten- und Hafenkarten des Mittelmeerraums, produzieren, denen in erster Linie pragmatischer Nutzen für die Seefahrt und mithin ökonomische Bedeutung zugewiesen wird. Prächtig ausgeführt konnten sie zum Gegenstand politischen Handelns werden; der Katalanische Weltatlas aus dem letzten Viertel des 14. Jahrhunderts war offenbar ein Geschenk Pedros IV. von Aragon an den französischen König Karl V. und mithin Mittel der Außenpolitik.⁹

Seit dem 12. Jahrhundert wurde darüber hinaus der pragmatische Wert von Karten bei der Fixierung und Dokumentation von Rechten und Ansprüchen erkannt und nutzbar gemacht. Dies zeigt sich zunächst im englischen Königreich, wo kartographische Darstellungen in die bereits früh verschriftlichte Verwaltung einbezogen wurden, um komplizierte örtliche Rechtsverhältnisse auf einen Blick erfassbar zu machen. Auf dem Kontinent kamen derartige Abbildungen kleinräumiger Verhältnisse insbesondere im 15. Jahrhundert in Gebrauch und wurden – wie das Beispiel aus dem Kloster Honau zeigt – der linear lesbaren schriftlichen Aufzeichnung im Rahmen von Nutzungs- oder Grenzkonflikten beigeordnet (Abb. 2).¹⁰

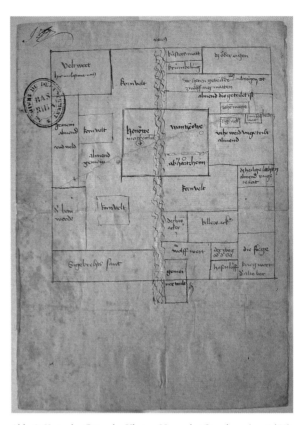

Abb. 2: Karte der Güter des Klosters Honau bei Strassburg (um 1450), Archives Départementales du Bas-Rhin, G 4227/8 (Chapitre de Saint-Pierre-le-Vieux).

---

⁶ Vgl. Konrad MILLER, Weltkarte des Arabers Idrisi vom Jahre 1154, Neudruck der Ausgabe von 1928, Stuttgart 1981, S. 5 f.; S. Maqbul AHMAD, Cartography of al-Sharif al-Idrisi, in: John B. HARLEY u. David WOODWARD (Hg.), The History of Cartography II, 1: Cartography in the Traditional Islamic and South Asian Societies, Chicago 1992, S. 156–174, hier S. 158; Carsten DRECOLL, Idrisi aus Sizilien. Der Einfluss eines arabischen Wissenschaftlers auf die Entwicklung der europäischen Geographie, Egelsbach 2000; Wilhelm HOENERBACH, Deutschland und seine Nachbarländer nach der großen Geographie des Idrisi, Stuttgart 1938.

⁷ Vgl. dazu vor allem Daniel BIRKHOLZ, The King's two Maps. Cartography and Culture in 13th Century England, New York 2004; KUPFER, World Maps (wie Anm. 2); Marcia KUPFER, The Lost Wheel Map of Ambrogio Lorenzetti, in: Art Bulletin 78 (1996), S. 286–310.

⁸ Konrad KRETSCHMER, Die italienischen Portulane des Mittelalters. Ein Beitrag zur Geschichte der Kartographie und Nautik, Berlin 1909, ND Hildesheim 1962, S. 195 ff.; Monique DE LA RONCIÈRE u. Michel MOLLAT DU JOURDIN, Portulane. Seekarten vom 13. bis zum 17. Jahrhundert, München 1984, S. 27, 201; Ute LINDGREN, Portulane aus wissenschaftshistorischer Sicht, in: Ute LINDGREN (Hg.), Kartographie und Staat. Interdisziplinäre Beiträge zur Kartographiegeschichte, München 1990, S. 13–19, hier S. 17; Patrick GAUTIER DALCHÉ, Carte Marine et Portulan au XIIe siècle, Paris 1995.

⁹ Georges GROSJEAN, Mappamundi. The Catalan Atlas of the Year 1375, Zürich 1978, S. 12; Hans-Christian FREIESLEBEN, Der Katalanische Weltatlas vom Jahre 1375, Stuttgart 1977; DE LA RONCIÈRE/MOLLAT DU JOURDIN, Portulane (wie Anm. 8), S. 203; Peter BARBER, Old Encounters New. The Aslake World Map, in: Monique PELLETIER (Hg.), Géographie du monde, Paris 1989, S. 69–88, hier S. 81–87.

¹⁰ Karte der Güter des Klosters Honau bei Strassburg (um 1450), Archives Départementales du Bas-Rhin, G 4227/8 (Chapitre de Saint-Pierre-le-Vieux); vgl. Franz GRENACHER, Current Knowledge of Alsatian Cartography, in: Imago Mundi 18 (1964), S. 60–77; Folker REICHERT, Grenzen in der Kartographie des Mittelalters, in: Andreas GESTRICH u. Marita KRAUSS, Migration und Grenze, Stuttgart 1998, S. 15–39, hier S. 16–19; Patrick GAUTIER DALCHÉ, De la liste à la carte: limite et frontière dans la géographie et la cartographie de l'Occident médiéval, in: Fontière et peuplement dans le monde méditerranéen au Moyen Âge. Actes du colloque d'Erice-Trapani, tenu du 18 au 25 septembre 1988, Rom 1992, S. 99–121; Patrick GAUTIER DALCHÉ, Limite, frontière et organisation de l'espace dans la géographie et la cartographie de la fin du Moyen Age, in: Guy P. MARCHAL (Hg.), Grenzen und Raumvorstellungen (11.–20. Jh.), Zürich 1996, S. 93–122, hier S. 108; Paul D. A. HARVEY, Local and Regional Cartography in Medieval Europe, in: J. B. HARLEY u. David WOODWARD, The History of Cartography Bd. 1, Chicago 1987, S. 464–501; Paul D. A. HARVEY, The History of Topographical Maps. Symbols, Pictures and Surveys, London 1980; Paul D. A. HARVEY, English Estate Records, 1250–1350, in: Richard BRITNELL (Hg.), Pragmatic Literacy, East and West, 1200–1330, Woodbridge 1997, S. 107–118; Raleigh Ashlin SKELTON u. Paul D. A. HARVEY, Local Maps and Plans from Medieval England, Oxford 1986; Ingrid BAUMGÄRTNER, Visualisierte Welträume. Tradition und Innovation in den Weltkarten der Beatustradition des 10. bis 13. Jahrhunderts, in: Hans-Joachim SCHMIDT (Hg.), Tradition, Innovation, Invention. Fortschrittsverweigerung und Fortschrittsbewusstsein im Mittelalter, Berlin 2005, S. 232–276, hier S. 247; Uta KLEINE, Die Ordnung des Landes und die Organisation der Seite. Konstruktion und Repräsentation ländlicher Herrschaftsräume, in: MICHALSKY/SCHMIEDER/ENGEL, Aufsicht (wie Anm.1), S. 229–262.

Abb. 3: Psalterkarte (Mitte 13. Jahrhundert), London, British Library Add. MD 28681, fol. 9.

Kartierungen von raumbezogenen Ansprüchen einzelner Machthaber in größerem Maßstab sind auch im ausgehenden Mittelalter noch Ausnahmeerscheinungen. Zu diesen wird die nach ihrem Finder benannte Gough-Karte aus der zweiten Hälfte des 14. Jahrhunderts gerechnet, die das gesamte englische Inselreich erfasst. Da sie mit verschiedenen Schrift- und Bildelementen auf politisch und historisch legitimierte Ansprüche des Königs verweist, wird sie neuerdings als Inventar und Instrument königlicher Verwaltung in der Tradition des Domesday Books interpretiert.[11] Um diese Zeit ist aber auch der Wert von kartographischen Darstellungen im Rahmen politischer Propaganda und strategischer Planung erkannt. Dies macht etwa die Schrift ‚Liber Secretorum Fidelium Crucis' des Venezianers Marino Sanudo deutlich, die – mit Karten Pietro Vescontes versehen – zu Beginn des 14. Jahrhunderts europäische Herrschaftsträger zu einem neuen Kreuzzug motivieren sollte.[12]

Das zunehmende Wissen um die Möglichkeiten der politischen Instrumentalisierung von Karten lässt sich allerdings nicht nur in der Auseinandersetzung mit den Zusammenhängen ihrer Entstehung, ihrer Präsentation und ihres Gebrauchs als Wandkarte, Atlas, Einzelblatt oder Abbildung in Handschriften, im Rahmen von historiographischer, rechtlicher oder administrativer Überlieferung in öffentlichen oder privaten Kontexten feststellen. Es zeigt sich auch in den je spezifischen Arten und Weisen, in denen Kartenbilder auf Herrschaft verweisen. Während die genannten kleinräumigen Kartierungen überschaubarer Verhältnisse die beschreibende, urkundliche und urbariale Überlieferung graphisch und malerisch veranschaulichen, lassen sich die politischen Implikationen von Weltkarten erst auf den zweiten Blick über die Analyse ihres Kartenbilds beziehungsweise ihres Zeichengefüges beschreiben. Vielfach sind diese so angelegt, dass der Blick des Betrachters auf zentrale Inhalte gerichtet wird. Dies ist etwa der Fall bei den mappae mundi des hohen und späten Mittelalters, die Jerusalem in das Bildzentrum stellen und damit nicht allein Vorstellungen von einem christlichen Leben nach dem Ende der Zeiten aufrufen, sondern auch den Verlust dieser bedeutenden Stadt der Christenheit im Gefolge der Kreuzzüge herausstellen. Die kleinformatige, aber detailreiche und farbige Psalterkarte aus der Mitte des 13. Jahrhunderts lässt dieses nachhaltige Verfahren deutlich werden (Abb. 3).[13]

Weltkarten können ebenso über im Kartenraum situierte Einträge auf politische Verhältnisse aufmerksam machen: Hoheitszeichen wie Wappen und Banner, aber auch Stadtsymbole verweisen auf Weltdarstellungen, Portulanen und regionalen Karten des späten Mittelalters auf Herrschaft über Raum.[14] Zudem deuten den Kartenraum überspannende Schriftzüge auf das Ausmaß von Raumherrschaft hin. Eingelassene Texte, die Herkunftslegenden von Herrschergeschlechtern und Städten aufrufen, fügen Geschichtsschreibung in die geographische Darstellung ein und verschaffen auf diese Weise der kartierten Herr-

---

[11] BIRKHOLZ, The King's two Maps (wie Anm. 7), S. 96, 98, 113 ff., 123; Edward J. S. PARSONS u. B. LITT, The Map of Great Britain ca. A. D. 1360 known as: The Gough Map, 2. Aufl. Oxford 1996; Nick MILLEA, The Gough Map: The Earliest Road Map of Great Britain, Oxford 2005, S. 13 ff.; vgl. auch Catherine DELANO-SMITH u. Roger KAIN, English Maps. A History, London 1999, S. 40–48.

[12] KRETSCHMER, Portulane (wie Anm. 8), S. 195 ff.; Youssouf KEMAL, Monumenta Cartographica Africae et Aegypti Bd. 5, ND Frankfurt a. M. 1987, S. 170.

[13] Psalterkarte (Mitte 13. Jahrhundert), London, British Library Add. MD 28681, fol. 9; vgl. Ingrid BAUMGÄRTNER, Die Wahrnehmung Jerusalems auf mittelalterlichen Weltkarten, in: Dieter BAUER, Klaus HERBERS u. Nikolaus JASPERT (Hg.), Jerusalem im Hoch- und Spätmittelalter, Frankfurt a. M. 2001, S. 271–334, hier S. 294 f., 297, 306; Anna-Dorothee von den BRINCKEN, Jerusalem on Medieval Mappaemundi: A Site both Historical and Eschatological, in: Paul D. A. HARVEY (Hg.), The Hereford World Map. Medieval World Maps and their Context, London 2006, S. 355–380.

[14] Vgl. bes. REICHERT, Grenzen (wie Anm. 10).

schaft historische Legitimation.¹⁵ Während derartige Einträge auf dem europäischen Sektor von Weltkarten oftmals zeitgenössischen Herrschaftsverhältnissen gelten, finden sich auf den weniger bekannten asiatischen und afrikanischen Kontinenten Personifikationen von Herrschaftsträgern oder Legenden, die biblische, mythische oder unbekannte Gebiete ausweisen. Dies führt der Katalanische Weltatlas aus dem späten 14. Jahrhundert vor Augen, der an der nordafrikanischen Küste einen König mit schwarzer Hautfarbe positioniert (Abb. 4).¹⁶ Kartographische Darstellungen, so lassen die vorangegangenen Beobachtungen erkennen, zählen seit dem frühen Mittelalter zum Repertorium der Selbstdarstellung von Machthabern und dienen mit der Diversifizierung von Kartentypen immer mehr auch der Verortung von Ansprüchen und politischen Konzepten. Herrschaftliche Verhältnisse werden jedoch verschiedenartig auf der Basis von Kenntnissen unterschiedlicher Provenienz kartographisch konzipiert und erscheinen je nach Kartentyp graphisch reduziert, malerisch sinnbildlich oder in Legenden und Texten umgesetzt. Dabei wird zwar immer auf die Raumgebundenheit von Herrschaft verwiesen, als klar begrenzbare Fläche erscheint herrschaftlich besetzter Raum aber vor allem auf kleinräumigen Kartierungen.

Politische Kartographie vom 15. bis 17. Jahrhundert

Der große Wandel, der sich vom 15. bis 17. Jahrhundert abspielte, wird allein schon in den Zahlen fassbar. Zwar verändern immer neue Kartenfunde die Vorstellungen von einer zahlenmäßig begrenzten mittelalterlichen Kartographie, sodass man beginnt, deren Stellenwert neu einzuschätzen, aber erst gegen Ende des 15. Jahrhunderts zeichnet sich ein boomartiger Anstieg der Kartenproduktion ab: Zwischen 1400 und 1472, so wird geschätzt, waren einige tausend Karten im Umlauf, zwischen 1472 und 1500 soll die Zahl von Karten, Atlanten und Globen auf 56 000 angestiegen sein und zwischen 1500 und 1600 Millionen erreicht haben.¹⁷ In Europa, vor allem in Italien, im Deutschen Reich, in den Niederlanden, in Frankreich, der Eidgenossenschaft und England entstanden zwischen dem ausgehenden 15. Jahrhundert und der Zeit

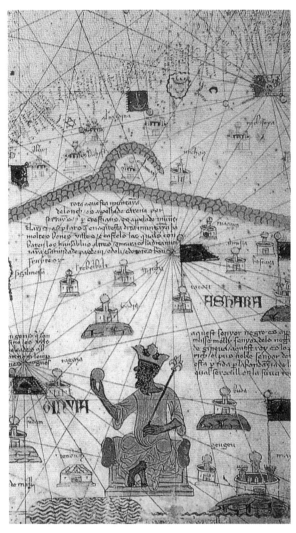

Abb. 4: Katalanischer Weltatlas (um 1375), Ausschnitt, Paris, Bibliothèque nationale de France, ESP 30.

um 1600 neue Zentren der Kartenproduktion und des Kartendrucks.¹⁸
Die Entdeckung von Karten als einem besonderen, auf Bild- und Textelementen basierenden bildlichen Medium politischer Interessen steht im Kontext verschiedener Entwicklungen und Phänomene, die neuartige Formen der Wahrnehmung und Darstellung der Welt hervorbrachten. Eine wesentliche Voraussetzung dafür war die Rezeption der Geographie des Claudius Ptolemäus, die zu Beginn des 15. Jahrhunderts ins Lateinische übersetzt und – im Kontext eines zunehmenden Interesses an mathematischer Systematik als gradnetzorientiertes Verortungssys-

---

¹⁵ BIRKHOLZ, The King's two Maps (wie Anm. 7), S. 96, 134 f.,148; vgl. auch MILLEA, Gough (wie Anm. 11), S. 41–44.
¹⁶ Katalanischer Weltatlas (um 1375), Ausschnitt; Paris, Bibliothèque nationale de France, ESP 30; vgl. GROSJEAN, Mappamundi (wie Anm. 9); FREIESLEBEN, Weltatlas (wie Anm. 9); STERCKEN, Kartographien (wie Anm. 2), S. 150.
¹⁷ David WOODWARD, Cartography and the Renaissance: Continuity and Change, in: WOODWARD, The History of Cartography III, 1 (wie Anm. 1), S. 3–24, hier S. 11.

¹⁸ Robert KARROW, Centers of Map Publishing in Europe, 1472–1600, in: WOODWARD, History of Cartography III, 1 (wie Anm. 1), S. 611–621; Patrick GAUTIER DALCHÉ, Reception of Ptolemy's Geography, in: WOODWARD, History of Cartography III, 1 (wie Anm. 1), S. 285–364, hier S. 285 ff.

tem in Theorie und Anwendung weiterentwickelt – neue und nachhaltige Standards setzte.[19] Die neuen Formen der Repräsentation räumlicher Zusammenhänge lassen sich aber nicht ohne die Entwicklungen in der bildenden Kunst verstehen, die dazu führten, die perspektivische Abbildung zu reflektieren und die Darstellung von Landschaften zu erproben.[20]

Ein wichtiger Faktor für den Kartenboom ist ebenso in den innovativen Drucktechniken seit dem ausgehenden 15. Jahrhundert zu sehen, die nicht nur neuartige und zunehmend standardisierte Darstellungsformen ermöglichten, sondern auch eine Grundlage für die weite Verbreitung von Karten bildeten. Zudem ist der Aufschwung im Kontext eines wachsenden humanistischen Interesses an der systematischen Sammlung von Wissen über räumliche Zusammenhänge zu verstehen, das sich sowohl in übergreifenden Abhandlungen wie eben auch in kartographischen Darstellungen niederschlug.[21] Mit dieser Entwicklung war eine Verlagerung des Herstellungszusammenhangs von Karten verbunden, die zunächst in klösterlichen Skriptorien, nach 1300 vermehrt im Umfeld von Kaufleuten und Seefahrern sowie mit den neuen Techniken seit Ende des 15. Jahrhunderts auch in der weltlichen Sphäre gelehrter oder technisch versierter Laien produziert wurden. Gleichzeitig veränderte sich die Wahrnehmung von Raum mit der Etablierung von Konzepten raumbezogener Herrschaft sowie mit zunehmender Mobilität, mit Entdeckungen und militärischer oder wirtschaftlicher Expansion.[22]

Herstellungs- und Gebrauchskontexte von Karten

Die Möglichkeiten von Karten bei der Zurschaustellung von Herrschaft wurden vor allem im 16. Jahrhundert entdeckt. Dies lässt sich in besonderem Maße im Hinblick auf die Formen herrschaftlicher Selbstinszenierung mit Karten feststellen. Denn ihre Einbettung in das Bildprogramm und die Ausstattung von Palästen, die bereits für das Mittelalter zu beobachten ist, gewinnt in der Frühen Neuzeit eine neue Qualität.[23] Ein besonderes Beispiel für diese Entwicklung ist die Sala delle Carte mit 57 Karten zu Florenz, Italien und den Kontinenten, die der Dominikaner Ignazio Danti, Kartograph Cosimos I. von Medici, nach der Mitte des 16. Jahrhunderts im Palazzo Vecchio in Florenz konzipierte (Abb. 5).[24] In der Sala delle Carte Geografiche im Vatikan von 1580/81 waren Karten und Stadtansichten zu sehen, die als Teil einer Kirchengeschichte funktionierten und Italien zum Mutterland der katholischen Religion stilisierten.[25] Kunstvoll hergestellte Kartenexemplare wurden in die Sammlungen von Büchern, Bildern und Kuriositäten an den Fürstenhöfen integriert und fanden sich gegen Ende des 16. Jahrhunderts vermehrt im Besitz der städtischen Oberschicht.[26]

Über die Zurschaustellung von Gelehrsamkeit, von Herrschaftswissen und Pracht hinaus[27] wurden kartographischen Darstellungen auch andere Funktionen bei der Ausübung von Herrschaft zugewiesen. Sie wurden genutzt im Rahmen der Verwaltung, zur Fixierung und Verbreitung glaubenspolitischer Inhalte im Zeitalter der Reformation, zur Veranschaulichung wichtiger politischer Ereignisse oder bei der Planung von Feld- und Eroberungszügen.[28] Vor allem aber sind es die in großer Anzahl entstehenden kartographischen Aufnahmen von Städten und städti-

---

[19] Laura FEDERZONI, The *Geographia* of Ptolemy between the Middle Ages, the Renaissance and beyond, in: MICHALSKY/SCHMIEDER/ENGEL, Aufsicht (wie Anm.1), S. 93–116; Francesca FIORANI, The Marvel of Maps. Art, Cartography and Politics in Renaissance Italy, New Haven 2005, S. 6 ff.; Uta LINDGREN, Land Surveys, Instruments, and Practitioners in the Renaissance, in: WOODWARD, History of Cartography III, 1 (wie Anm. 1), S. 477–508, hier S. 477 ff.; Catherine DELANO-SMITH, Signs on Printed Topographical Maps ca. 1470 – ca. 1640, in: WOODWARD, History of Cartography III, 1 (wie Anm. 1), S. 528–610, hier S. 528.

[20] Vgl. Svetlana ALPERS, Kunst als Beschreibung. Holländische Malerei des 17. Jahrhunderts, 2. Aufl. Köln 1998, S. 213 ff.; Tanja MICHALSKY, Medien der Beschreibung. Zum Verhältnis von Kartographie, Topographie und Landschaftsmalerei in der Frühen Neuzeit, in: GLAUSER/KIENING, Text – Bild – Karte (wie Anm. 1), S. 319–349; Lucia NUTI, Mapping Places. Chorography and Vision in the Renaissance, in: Denis COSGROVE (Hg.), Mappings, London 1999, S. 90–108, hier S. 90 ff.; Edward CASEY, Ortsbeschreibungen. Landschaftsmalerei und Kartographie (Bild und Text), München 2006.

[21] George TOLIAS, Maps in Renaissance Libraries and Collections, in: WOODWARD, History of Cartography III, 1 (wie Anm. 1), S. 637–660, hier S. 655.

[22] Vgl. Anm. 18; Richard L. KAGAN u. Benjamin SCHMIDT, Maps and the Early Modern State: Official Cartography, in: WOODWARD, History of Cartography III, 1 (wie Anm. 1), S. 661–679, hier S. 662; Peter BARBER, Maps and Monarchs 1550–1800, in: Robert ORESKO, Graham C. GIBBS u. Hamish M. SCOTT (Hg.), Royal and Republican Sovereignty in Early Modern Europe. Essays in Memory of Ragnhild Hatton, Cambridge 1997, S. 75–124, hier S. 75 f.; David BUISSERET, Mapmakers Quest. Depicting New Worlds in Renaissance Europe, Oxford 2003, S. 176–187; Laura FEDERZONI, Marco Antonio Pasi a Ferrara. Cartografia e governo del territorio al crepuscolo del Rinascimento, Florenz 2006.

[23] Pauline MOFFITT WATTS, The European Religious Worldview and its Influence on Mapping, in: WOODWARD, History of Cartography III, 1 (wie Anm. 1), S. 382–400, hier S. 395.

[24] Florenz, Palazzo Vecchio, Guardaroba Nuova, in: FIORANI, The Marvel of Maps (wie Anm. 19), S. 22; vgl. den nachfolgenden Beitrag von Tanja Michalsky; KAGAN/SCHMIDT, Maps (wie Anm. 22), S. 671; vgl. auch FIORANI, Marvel (wie Anm. 19); BARBER, Maps (wie Anm. 22), bes. S. 110–112.

[25] Hilary BALLON u. David FRIEDMAN, Portraying the City in Early Modern Europe: Measurement, Representation, and Planning, in: WOODWARD, History of Cartography III, 1 (wie Anm. 1), S. 680–704, hier S. 680 ff.

[26] TOLIAS, Maps (wie Anm. 21), passim.

[27] TOLIAS, Maps (wie Anm. 21), S. 652; KAGAN/SCHMIDT, Maps (wie Anm. 22), S. 661.

[28] MOFFITT WATTS, Worldview (wie Anm. 23), S. 390; KAGAN/SCHMIDT, Maps (wie Anm. 22), bes. S. 665, 673; FIORANI, Marvel (wie Anm. 19), bes. S. 141–170; Petra SVATEK, Die Geschichtskarten des Wolfgang Lazius – Die Anfänge der thematischen Kartographie in Österreich, in: Cartographia Helvetica 37 (2008), S. 35–43.

Abb. 5: Florenz, Palazzo Vecchio, Guardaroba Nuova, in: FIORANI, Marvel (wie Anm. 19), S. 22.

schen Herrschaftsgebieten, von Territorien adeliger Machthaber und politischer Entitäten, die vom zunehmenden politischen Gebrauch der Kartographie Zeugnis ablegen.

Die Bedeutung kartographischer Darstellungen als neue Form der Aufzeichnung und ihre Rolle im Rahmen von politischem Handeln – bei der Inszenierung, Dokumentation oder Verwaltung von Herrschaft – in den deutschen Territorien, sind für die Frühe Neuzeit noch wenig erforscht.[29] Feststellen kann man jedoch, dass großmaßstäbliche Karten von Herrschaftsgebieten seit dem ausgehenden Mittelalter sukzessive in ganz Europa hergestellt wurden. Im Zuge dieser Entwicklung entstanden seit dem 15. und vor allem im 16. Jahrhundert im adeligen wie im städtischen Kontext kartographische Repräsentationen, die aktuell bestehende politische Entitäten thematisieren. Ihre Bezeichnungen als *Mappa, Typus, Beschreibung* oder *Descriptio, Abkonterfeiung, Chorographie* (Raumbeschreibung), *General-Tafel, Landtafel, Abriss* oder *Delineatio* deuten allerdings darauf hin, dass sich eine terminologische Ordnung erst zu formen begann und dass Texte und Bilder noch als eng miteinander verwandte Formen der Aufzeichnung von Raum begriffen wurden.[30] Im Einzelnen unterschiedlich groß, als Gemälde oder Zeichnung, als Einzelblatt, Atlas oder Wandgemälde, farbig oder schwarz-weiß, gerahmt oder ungerahmt, als gezeichnetes oder gemaltes Unikat, im Holzschnitt oder später im Kupferstich konzipiert, tragen sie dazu bei, Vorstellungen von Städten und Ländern in ihrer Gesamtheit zu verbreiten.

Wenn auch grundsätzlich zu beobachten ist, dass sich zwischen dem ausgehenden 15. Jahrhundert bis um 1600 in

---

[29] Vgl. Peter H. MEURER, Cartography in the German Lands, in: WOODWARD, History of Cartography III, 2 (wie Anm. 1), S. 1172–1245, hier S. 1172 ff.; Nathalie Bouloux hat zuletzt herausgestellt, dass dieser Kartentyp in Italien bis ins 14. Jahrhundert zurückgeht: Nathalie BOULOUX, Cartes territoriales et cartes régionales en Italie au XIVe siècle, in: MICHALSKY/SCHMIEDER/ENGEL, Aufsicht (wie Anm. 1), S. 263–282.

[30] Vgl. die Übersichten bei Ruthardt OEHME, Geschichte der Kartographie des deutschen Südwestens. Arbeiten zum historischen Atlas von Südwestdeutschland, Konstanz 1961, S. 33 ff.; KAGAN/SCHMIDT, Maps (wie Anm. 22), S. 667 ff.; Hans WOLFF, Im Spannungsfeld von Tradition und Fortschritt, Renaissance, Reformation und Gegenreformation, in: Hans WOLFF (Red.), Philipp Apian und die Kartographie der Renaissance, Weißenhorn 1989, S. 9–18; Hans WOLFF, Aufschwung der Renaissance-Kartographie von Ptolemaeus bis Philipp, in: ibid., S. 19–42; Reimer WITT, Die Anfänge von Kartographie und Topographie Schleswig-Holsteins 1475–1652, Heide 1982, S. 34; Fritz BÖNISCH, Hans BRICHZIN u. Klaus SCHILLINGER, Kursächsische Kartographie bis zum Dreißigjährigen Krieg, Bd. 1, Berlin 1990.

verschiedenen europäischen Ländern eine herrschaftsgebundene und zunehmend professionalisierte Kartographie etablierte,³¹ so wird in der Auseinandersetzung mit den individuellen Entstehungskontexten einzelner Kartierungen von Herrschaftsgebieten jedoch deutlich, dass die Frage nach Auftraggebern, Herstellern und Zielsetzungen kartographischer Aufnahmen nicht immer eindeutig zu beantworten ist.

So hat etwa die Untersuchung detaillierter Stadtansichten des 16. Jahrhunderts im deutschsprachigen Raum erwiesen, dass diese einmal mit Erlaubnis, ein anderes Mal im Auftrag beziehungsweise unter Kontrolle des Rats oder aber ganz unabhängig von der Stadtregierung produziert werden konnten.³² Vergleichbares gilt für die seit dem ausgehenden 15. Jahrhundert entstehenden Kartierungen von Ländern, die nicht notwendigerweise Auftragswerke waren. Als Beispiel dafür kann man etwa die ersten Darstellungen der Eidgenossenschaft durch Albrecht von Bonstetten und Konrad Türst anführen, die beide im letzten Viertel des 15. Jahrhunderts angefertigt wurden. Sicher konnte in diesem Falle weder eine Dynastie als Auftraggeber erscheinen noch ein einheitlich beherrschtes Gebiet zur Schau gestellt werden. Die beiden im Rahmen von Landesbeschreibungen entstandenen Kartierungen des Bundesgebiets der eidgenössischen Städte und Länder gehen aber auch nicht auf den Auftrag der Tagsatzung als Organ der Eidgenossenschaft oder auf führende Eidgenossen zurück. Vielmehr sind sie jeweils Werke von politisch gut vernetzten, vielseitig interessierten Gelehrten, eines Mönchs im Kloster Einsiedeln und eines Zürcher Arztes, die mit ihren Landesbeschreibungen bei wichtigen Potentaten für das neue politische System der Eidgenossenschaft warben.³³

Vergleichbare Beobachtungen lassen sich für Territorien des Adels machen, wo zunächst Gelehrte mit breiter Bildung, vor allem in Mathematik, Astronomie und Medizin, aus humanistischem Interesse an systematischer Beschreibung der Geschichte von Land und Leuten Herrschaftsraum kartierten. Bayern etwa, das im Unterschied zur Eidgenossenschaft auf eine lange dynastische Geschichte zurückblicken konnte, wurde zunächst durch den Historiographen Johann Turmair, genannt Aventinus, erfasst; seine Karte erschien 1523 im Druck.³⁴ Bereits 1554 entstand eine neue Landesaufnahme, diesmal im Auftrag Herzog Albrechts V. von Bayern, der Philipp Apian, einen Mathematiker, Astronomen und Arzt, damit beauftragte.³⁵ Apian scheint darüber hinaus ohne herzoglichen Auftrag landeskundliche Informationen zusammengetragen zu haben.³⁶ Eine vergleichbare Entwicklung vollzog sich in Hessen. Dort stellte zunächst der Anatom, Arzt, Mathematiker und Astronom Johannes Dryander (1500–1560) eine Karte des Hessenlandes her, die auch im Druck erschien (Abb. 6). Des Weiteren fertigte Joist Moers in der zweiten Hälfte des 16. Jahrhunderts im Auftrag des hessischen Landgrafen Landesaufnahmen an, und es entstanden um die Wende vom 16. zum 17. Jahrhundert landesherrlich initiierte topographische Aufnahmen Hessens durch Mitglieder der Familie Mercator, bevor zu Beginn des 17. Jahrhunderts Wilhelm Dilich sein Auftragswerk begann.³⁷

Seit der zweiten Hälfte des 16. Jahrhunderts ergriffen Herrschaftsträger vermehrt die Initiative für kartographische Landesaufnahmen. In verschiedenen Regionen des Heiligen Römischen Reiches Deutscher Nation entstanden Darstellungen, die erstmals einen zusammenhängenden Eindruck von Umfang und Beschaffenheit der Territorien vermittelten. Zu den frühen gehören, neben derjenigen Apians von Bayern, die 1557/58 in kurfürstlichem Auftrag durch den Mathematiker Johann Hummel gefertigte Aufnahme Sachsens oder diejenigen von Tilemann Stella für Mecklenburg, Mansfeld und Pfalz-Zweibrücken in den fünfziger und sechziger Jahren des 16. Jahrhunderts.³⁸ Andere Beispiele sind die um 1567 fertiggestellte

---

31 KAGAN/SCHMIDT, Maps (wie Anm. 22), S. 661 f.; BARBER, Maps (wie Anm. 22), S. 75 f.

32 Vgl. Martina STERCKEN, Inszenierung bürgerlichen Selbstverständnisses und städtischer Herrschaft, in: Bernd ROECK (Hg.), Stadtbilder der Neuzeit, Sigmaringen 2006, S. 105–122, hier S. 115 ff.; Martina STERCKEN Kartographische Repräsentation von Herrschaft, in: Ferdinand OPLL (Hg.), Bild und Wahrnehmung der Stadt, Wien 2004, S. 219–240, hier S. 232 f.; Arthur DÜRST, Die Planvedute der Stadt Zürich von Jos Murer, 1576, in: Cartographica Helvetica 15 (1997), S. 23–37, hier S. 24 f.; Thomas BESING, Produktion und Publikum. Aspekte der Herstellung, Verbreitung und Rezeption frühneuzeitlicher Stadtdarstellungen, in: Wolfgang BEHRINGER u. Bernd ROECK (Hg.), Das Bild der Stadt in der Neuzeit 1400–1800, München 1999, S. 94–100, hier S. 95 f.; Maria SNYDER, Mathematische und militärische Perspektiven im Süddeutschland des 16. Jahrhunderts: Schedel, Münster, Dürer und Specklin, in: GLAUSER/KIENING, Text – Bild – Karte (wie Anm. 1), S. 275–292.

33 Martina STERCKEN, Regionale Identität im spätmittelalterlichen Europa. Kartographische Zeugnisse, in: Ingrid BAUMGÄRTNER u. Hartmut KUGLER (Hg.), Europa im Weltbild des Mittelalters: Kartographische Konzepte, Berlin 2008, S. 277–300.

34 WOLFF, Aufschwung (wie Anm. 30), S. 40; WOLFF, Spannungsfeld (wie Anm. 30), bes. S. 13 f.; vgl. auch BÖNISCH/BRICHZIN/SCHILLINGER, Kartographie (wie Anm. 30), S. 81–105.

35 Hans WOLFF, Die Bayerischen Landtafeln – das kartographische Meisterwerk Philipp Apians und ihr Nachwirken, in: WOLFF, Philipp Apian (wie Anm. 30), S. 74–124, hier S. 74.

36 Gertrud STETTER, Philipp Apian, in: WOLFF, Philipp Apian (wie Anm. 30), S. 66–73, hier S. 72; vgl. die Beiträge von Ingrid BAUMGÄRTNER und Tanja MICHALSKY in diesem Band.

37 Zu Dryander vgl. Ursula BRAASCH-SCHWERSMANN u. Axel HALLE (Hg.), Wigand Gerstenberg von Frankenberg 1457–1522. Die Bilder aus seinen Chroniken Thüringen und Hessen, Stadt Frankenberg, Marburg 2007, Vorsatzblatt; zur allgemeinen Entwicklung vgl. MEURER, Cartography (wie Anm. 29), S. 1227; BÖNISCH/BRICHZIN/SCHILLINGER, Kartographie (wie Anm. 30), S. 98; Hessen im Bild alter Landkarten. Ausstellung der hessischen Staatsarchive 1988.

38 MEURER, Cartography (wie Anm. 29), S. 1228; BÖNISCH/BRICHZIN/SCHILLINGER, Kartographie (wie Anm. 30), S. 84; Hans BRICHZIN, Kursachsens älteste Karten, in: Archivmitteilungen 6 (1987), S. 201–206, hier S. 201 f.

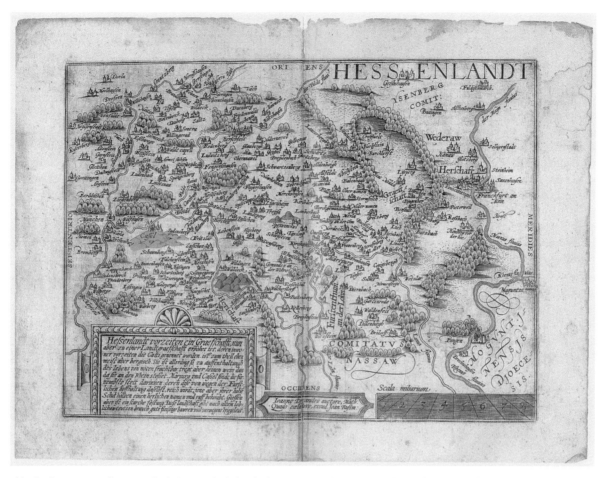

Abb. 6: Johannes Dryander, Hessenlandt (Mitte 16. Jahrhundert), in: BRAASCH-SCHWERSMANN/HALLE (Hg.), Wigand Gerstenberg (wie Anm. 37), Vorsatz.

Darstellung des Trierer Erzstifts, mit der Erzbischof Johann von der Leyen den ältesten Sohn Gerhard Mercators, Arnold, beauftragte, der ‚Rheinhessische Atlas', den Godfried Mascop für den Mainzer Erzbischof 1575 bis 1577 produzierte, und die 1561 fertiggestellte Darstellung der österreichischen Lande des Historiographen und kaiserlichen Hofarztes Wolfgang Lazius.[39] Ebenso entwickelte sich im Herzogtum Württemberg eine intensive kartographische Tätigkeit: 1575 legte Heinrich Schweigher Herzog Ludwig einen Atlas des Herrschaftsgebiets vor; 1596 präsentierte der Rechtsgelehrte, Büchsenmeister, Rentkammerprokurator und herzogliche Oberrat Georg Gadner dem Herzog Friedrich eine weitere in Anlehnung an das Werk Apians konzipierte kartographische Aufnahme.[40] Neben den genannten Kartierungen landesherrlicher und städtischer Herrschaftsgebiete sowie den im bürgerlichen Kontext gefertigten Stadtansichten entstanden auch Darstellungen von Städten, die auf herrschaftliche Initiative zurückgehen. Ein bedeutendes Beispiel dafür sind diejenigen, die der medizinkundige Mathematiker Jakob van Deventer, der auch die niederländischen Provinzen kartierte, im Auftrag König Philipps II. ab 1558 in den spanischen Niederlanden unternahm.[41]

Die Anlässe für die Kartierung von Ländern und Städten lassen sich nicht nur aus dem Trend der Zeit erklären, sondern sind – wie Vorreden, Widmungen oder in die Karte eingelassene Texttafeln erkennen lassen – jeweils individuell aus verschiedenartigen Bedürfnissen herzuleiten. Dazu zählen Kriegs- und Konkurrenzsituationen, Grenzkon-

---

[39] Wolfgang LAZIUS, Austria. Vienna 1561 (Theatrum Orbis Terrarum, 6 Serie, Bd. 2), Amsterdam 1972, Kommentar S. VI ff.; SVATEK, Geschichtskarten (wie Anm. 28); BÖNISCH/BRICHZIN/SCHILLINGER, Kartographie (wie Anm. 30), S. 88; Ingrid KRETSCHMER, Karel KRIZ, Johannes DÖRFLINGER u. Franz WAWRIK (Hg.), Österreichische Kartographie. Von den Anfängen im 15. Jahrhundert bis zum 21. Jahrhundert, Wien 2004, S. 38 f.

[40] OEHME, Kartographie (wie Anm. 30), S. 36; BÖNISCH/BRICHZIN/SCHILLINGER, Kartographie (wie Anm. 30), S. 87.

[41] Cornelis KOEMAN u. John VISSER, De stadsplattegronden van Jacob van Deventer, Map 1. Niederland, Landsmeer 1992; BÖNISCH/BRICHZIN/SCHILLINGER, Kartographie (wie Anm. 30), S. 81, 83.

flikte, Dokumentation von Besitz, Interesse an Wissenschaft und Technik oder eine um diese Zeit wachsende Sammlerleidenschaft für ästhetisch ansprechende und preziöse Gegenstände. Der königliche Auftrag an Jakob von Deventer, niederländische Städte und ihr Umland zu kartieren, erfolgte im Zusammenhang langwieriger Unruhen in diesem Teil des habsburgischen Großreichs offensichtlich aus militärischen Gründen.[42] Die um 1567 fertiggestellte kartographische Darstellung des Trierer Erzstifts diente offenbar der erzbischöflichen Verwaltung nach der Inkorporation des Gebiets der Reichsabtei Prüm,[43] während die Aufnahme Sachsens in den Kontext einer regionalen Tradition und eines dezidierten Interesses und Engagements des Landesherrn an Kartographie gestellt werden kann.[44]

Die Formen der Präsentation verweisen auf unterschiedliche Arten der Rezeption und Grade der Verbreitung derartiger Karten: Wurden sie als Teil der Raumausstattung in Palästen oder Rathäusern gezeigt oder in die herrschaftlichen Sammlungen integriert, so konnten sie gegenüber einem begrenzten, aber vielfach gesellschaftlich bedeutenden Publikum Wirkung entfalten, das diese zirkulierend oder im Gespräch betrachtete. Wurden sie gedruckt und vervielfältigt oder als Vorlage für Länderdarstellungen in übergreifende Atlaswerke aufgenommen, so erreichten die damit konzipierten Vorstellungen über Länder die gelehrte Welt und immer mehr auch eine gebildete Laienschicht, die diese beim Unterricht oder in privater Sphäre studieren konnte. Dienten sie der Verwaltung des Herrschaftsgebiets oder der Dokumentation landesherrlichen Besitzes, so verschwanden sie vielfach in den Archiven oder Bibliotheken der Herrschaft und wurden allenfalls in Situationen konsultiert, in denen man sich der Ausdehnung und Qualität des beherrschten Gebiets versichern wollte.

Kartographische Konzeptionen von Herrschaftsräumen

Vermaßte Herrschaft

Die Darstellungen von Herrschaftsraum in der Frühen Neuzeit vermitteln eine differenzierte Vorstellung von dem Ausmaß, der Vielfalt und den Objekten von Herrschaft und scheinen im Unterschied zu mittelalterlichen Karten, die dem modernen Betrachter vielfach nicht ohne weiteres zugänglich sind, auf den ersten Blick lesbar. Zwar kombinieren auch die frühneuzeitlichen Kartierungen Flächendarstellungen mit Bildelementen, insbesondere mit perspektivisch angelegten Körpern, aber sie lassen sich durch eine größere Individualität der Abbildung geographischer Situationen, topographischer Verhältnisse und Örtlichkeiten auf der Grundlage gradnetzorientierter Darstellung als Abbildung eines verkleinerten, verebneten Terrains erkennen.[45]

Die Karten herrschaftlich besetzten Raums sind seit dem ausgehenden 15. Jahrhundert zunehmend gekennzeichnet durch eine klare Verortung und Bezeichnung sowohl von Bergen, Tälern, Flüssen und Seen als auch von Siedlungen wie Städten, Dörfern sowie von einzelnen Bauten und Nutzflächen, nämlich Waldgebieten, Weide-, Acker- und Rebland. Sind etwa Städte auf mittelalterlichen Karten in der Regel wenig unterschieden und mehrheitlich als Abbreviatur eines befestigten Orts eingefügt, so kennzeichnen sie auf den neuen kartographischen Landesaufnahmen eine Hierarchie im Siedlungsgefüge und eine spezifische bauliche Gestalt. Differenzierte Darstellungsformen werden zwar mit einzelnen Karten, so etwa mit Peter Apians bayrischer Landtafel, entwickelt, aber eine Standardisierung kartographischer Zeichen und mithin der die Karten erschließenden Legenden vollzog sich erst sukzessive. Die oben bereits erwähnte ‚Austriae Chorographia' von Wolfgang Lazius aus dem Jahre 1563, die 1620 in Kupfer gestochen wurde, stellt ein frühes Beispiel für die Systematisierung des kartographischen Zeichensystems durch eine Legende dar (Abb. 7).[46]

Die Karten selbst präsentieren sich als rationalisierte Darstellungen vermessener Herrschaftsgebiete, als präzises Wissen um den beherrschten Raum.[47] Sie verweisen auf den technischen Fortschritt in der Genauigkeit der topographischen Darstellung des Herrschaftsgebiets, die nunmehr nicht nur auf Schätzungen und bereits erfolgten kleinräumigen Kartierungen beruht, sondern auch auf Routenaufnahmen, Winkelmessungen und Peilungen, auf Streckenmessungen zu Fuß und zu Pferd sowie auf neuen Verfahren der Aufzeichnung, zu denen gegen Ende des 16. Jahrhunderts der Messtisch gehört.[48] Auf den

---

[42] Cornelis KOEMAN u. Marco VAN EGMOND, Surveying and Official Mapping in the Low Countries, in: WOODWARD, History of Cartography III, 2 (wie Anm. 1), S. 1246–1295, hier S. 1272.
[43] MEURER, Cartography (wie Anm. 29), S. 1225.
[44] MEURER, Cartography (wie Anm. 29), S. 1228.

[45] Evelyn EDSON, The World Map 1300–1492. The Persistence of Tradition and Transformation, Baltimore 2007, S. 234.
[46] Wolfgang Lazius, Austriae Chorographia, 1563 (im Kupferstich von 1620), in: Ingrid KRETSCHMER u. Karel KRIZ, Österreichische Kartographie (wie Anm. 39), S. 38; vgl. DELANO-SMITH, Signs (wie Anm. 19), S. 528 ff.; zum Prozess kartographischer Semiose vgl. Winfried NÖTH, Kartensemiotik und das kartographische Zeichen, in: Dagmar SCHMAUKS u. Winfried NÖTH (Hg.), Landkarten als synoptisches Medium, Tübingen 1998, S. 25–39, hier S. 53; Winfried NÖTH, Die Karte und ihre Territorien in der Geschichte der Kartographie, in: GLAUSER/KIENING, Text – Bild – Karte (wie Anm. 1), S. 39–93.
[47] Für das 18. und 19. Jahrhundert vgl. Holm GRAESSNER, Punkt für Punkt. Zur Kartographie des staatlichen Territoriums vor und mit der Geometrisierung, in: GLAUSER/KIENING Text – Bild – Karte (wie Anm. 1), S. 293–316, hier S. 313.
[48] OEHME, Kartographie (wie Anm. 30), S. 29 ff.; Hans-Peter HÖHENER, Ein Überblick zur Geschichte der Kartographie in der Schweiz bis 1850, in: Die Ostschweiz im Bild der frühen Kartenmacher, Murten 1994, S. 9 ff.; vgl. auch Reinhard GLASEMANN, Dilichs Instrumente und die Befestigung von Frankfurt am Main: Die Sammlungen des Historischen Museums, in: MICHALSKY/SCHMIEDER/ENGEL, Aufsicht (wie Anm.1), S. 387–406.

Randleisten werden nun zum Teil Koordinaten aufgeführt, die die Möglichkeit eröffnen, jeden einzelnen Ort in seiner Position zu bestimmen. Die Rezeption der neuen geographischen und topographischen Darstellungskonventionen dokumentieren ebenso in die Karten eingelassene Maßstäbe, die es dem Betrachter ermöglichen, selbst Distanzen und das Ausmaß des wiedergegebenen Raums einzuschätzen. Andere Mittel der Orientierung sind Kompasse und Windrosen, die wahrscheinlich aus der Tradition der Seekarten in die Herrschaftskarten übernommen und auf Freiflächen platziert wurden. Zudem erklären zum Teil begleitende oder in das Kartenbild eingelassene Kommentare und zeichenhafte Verweise, wie die kartographische Darstellung als Instrument der Orientierung im Raum korrekt zu verwenden sei.

Grenzen

Grenzen sind bereits Gegenstand der mittelalterlichen Kartographie und charakterisieren in je unterschiedlicher Weise die verschiedenen Kartentypen. Als Linien oder Grenzbereiche, durch Legenden, Herrschaftszeichen oder -personifikationen kennzeichnen sie Erdteile, Provinzen, Reiche, Bistümer und andere Gebiete.[49] Der Vorstellung von Grenzen wurde zudem durch die kartographische Umsetzung der antiken Geographie des Claudius Ptolemäus Vorschub geleistet, die räumliche Einheiten vorgibt.[50] Zwar deuten auch mittelalterliche Karten abgeschlossene Gebiete an, doch verbinden sich mit den Grenzziehungen seit dem 16. Jahrhundert neue Vorstellungen von Herrschaftsausübung und -repräsentation. Sie dokumentieren die Ausbildung räumlich radizierter Hoheit über ein begrenzbares Gebiet und das Interesse an einer Form der Aufzeichnung, die Ausmaß und Qualität der politischen Ordnung auf einen Blick fixiert.

In einer Zeit, die durch Gemengelage von Herrschaftsrechten und Instabilität von Grenzsituationen charakterisiert ist, entwickelten sich Konventionen der Darstellung von Grenzen politischer Räume allerdings erst schrittweise: Natürliche Begrenzungen, wie Flussläufe, Gebirge oder Wälder, dienen vielfach der Kennzeichnung von Herrschaftsgebieten. Grenzsituationen können ferner durch die Angabe von benachbarten Gebieten hergestellt werden. Diese berufen sich zum Teil auf historische Verhältnisse, wie jene Darstellungen politischer Räume seit dem ausgehenden 15. Jahrhundert zeigen, die im humanistischen Interesse an Ursprung und Herkommen und auf der Grundlage ptolemäischer Karten antike Volks-

Abb. 7: Wolfgang Lazius, Austriae Chorographia, 1563 (im Kupferstich von 1620), in: KRETSCHMER/KRIZ/DÖRFLINGER/WAWRIK, Österreichische Kartographie (wie Anm. 39), S. 38.

stämme als Anrainer verorten.[51] Seit dem 16. Jahrhundert werden Herrschaftsgebiete jedoch zunehmend durch Verweise auf aktuelle Herrschaftsträger angrenzender Gebiete in den Randbereichen der Karte ausgezeichnet. Die um diese Zeit ebenfalls erprobten Grenzlinien folgen keinem stabilen System. Sie werden teils über eine farbige Fassung der Säume von Herrschaftsgebieten, teils mit unterschiedlich ausgestalteten farbigen oder schwarz-weißen Linien und teils durch farbig angelegte Flächen markiert.[52] Mehrheitlich sind territoriale Grenzen nicht in Form einer gezogenen Linie angelegt, sondern in unterschiedlicher Intensität und Breite gepünktelt, wie es etwa Jos Murers Karte des Zürcher Herrschaftsgebiets von 1566

---

[49] Vgl. vor allem REICHERT, Grenzen (wie Anm. 10); GAUTIER DALCHÉ, Liste (wie Anm. 10); GAUTIER DALCHÉ, Limite (wie Anm. 10); HARVEY, History (wie Anm. 10).

[50] DELANO-SMITH, Signs (wie Anm. 19), S. 555 ff.

[51] Vgl. STERCKEN, Identität (wie Anm. 33); zur Geschichtsschreibung zusammenfassend vgl. Peter JOHANEK, Weltchronik und regionale Geschichtsschreibung im Spätmittelalter, in: Hans PATZE (Hg.), Geschichtsschreibung und Geschichtsbewusstsein im späten Mittelalter, Sigmaringen 1987, S. 287–330; JOHANEK, Geschichtsüberlieferung (wie Anm. 3), S. 339–407; Klaus GRAF, Reich und Land in der südwestdeutschen Historiographie um 1500, in: Franz BRENDLE, Dieter MERTENS, Anton SCHINDLING u. Walter ZIEGLER (Hg.), Deutsche Landesgeschichtsschreibung im Zeichen des Humanismus, Stuttgart 2001, S. 201–211.

[52] DELANO-SMITH, Signs (wie Anm. 19), S. 528 ff.

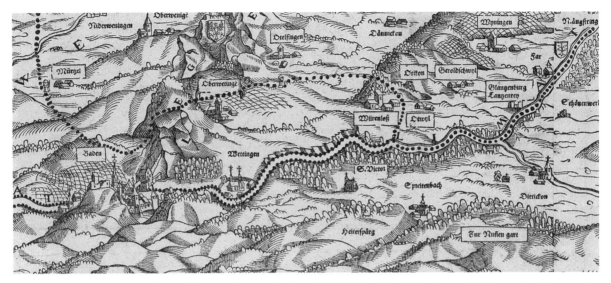

Abb. 8: Jos Murer, Eigendtliche und grundtliche Verzeichnung aller Stetten/Graffschafften/Herrschafften/Landen/Gerichten und gebieten so einer Statt Zürich zu(o)geho(e)rig sind, 1566, 1. bekannte Auflage von 1568, Ausschnitt; Universitätsbibliothek Basel Schw. Ca 1.

oder Apians Karte Bayerns von 1568 dokumentieren (Abb. 8).[53]

Herrschaftszeichen

Wie spätmittelalterliche kartographische Darstellungen werden auch frühneuzeitliche Herrschaftskarten durch eine Vielzahl von Zeichen charakterisiert, die auf Herrschaftsverhältnisse verweisen. Dazu zählen die Städtesignaturen, die nicht nur auf Orte besonderen Rechts hindeuten, sondern auch die Siedlungshierarchie erkennen lassen. Dazu gehören ferner diejenigen Zeichen, die kirchliche Organisation oder konfessionelle Verhältnisse vor Augen führen, und solche Signaturen, die (wie Galgen) auf Gerichtsrechte oder andere Hoheitsrechte hindeuten. Keinesfalls ungewöhnlich sind zudem Einträge, die im humanistischen Interesse an der eigenen Kultur wichtige Orte dynastischer Memoria abbilden oder mit Anspielungen auf vorgeschichtliche oder antike Funde die weit zurückgehende eigene Geschichte in Erinnerung rufen.[54]

Insbesondere aber sind es um diese Zeit Wappendarstellungen, die auf herrschaftliche Verhältnisse aufmerksam machen.[55] Auf der Darstellung Bayerns durch Johannes Aventinus um 1523 etwa stellen Wappen nicht nur den Landesherrn symbolhaft heraus, sondern auch die Städte innerhalb seines Herrschaftsgebiets (Abb. 9).[56] Wappen werden ferner verwendet, um eigenes, in seiner Vielfalt dargestelltes Gebiet von benachbarten Herrschaften abzugrenzen, die in der Regel kartographisch allenfalls in Ansätzen erfasst werden. Dies lässt sich etwa an der Abbildung der Grafschaft Flandern von Pieter van der Berke aus dem Jahre 1538 zeigen, die im Kartenraum selbst die Herrschaftsträger durch Wappen oder Banner präsentiert.[57] In anderer Weise verweist die Landtafel von Stadt und Landschaft Basel, die Sebastian Münster 1538 konzipierte, auf bestehende Verhältnisse. Sie deutet durch Wappenleisten, die den Holzschnitt begrenzen, auf Basels politische Rolle im städtischen Hinterland hin. Während die rechte Leiste Wappen der zur Stadt gehörigen Orte und Vogteien präsentiert und damit die räumliche Herrschaft Basels in Szene setzt, markiert die linke mit Wappen oberrheinischer Orte augenscheinlich das weitere politische Bezugsfeld Basels im österreichischen Herrschaftsgebiet am Oberrhein.[58] In der jüngeren Darstel-

---

53 Jos Murer, Eigendtliche und grundtliche Verzeichnung aller Stetten/Graffschafften/ Herrschafften/Landen/Gerichten und gebieten so einer Statt Zürich zu(o)geho(e)rig sind, 1566, 1. bekannte Auflage von 1568, Ausschnitt, Universitätsbibliothek Basel Schw. Ca 1. Vgl. dazu die Übersicht von DELANO-SMITH, Signs (wie Anm. 19), S. 556; WOLFF, Landtafeln (wie Anm. 35), S. 77 ff., vgl. z. B. Abb. 71, Landtafel 10.
54 Vgl. DELANO-SMITH, Signs (wie Anm. 19), S. 557 ff.
55 Vgl. DELANO-SMITH, Signs (wie Anm. 19), S. 566 f.

56 Johann Turmair, genannt Aventinus, Obern und Nidern Bairn bëy den alten im Latein und Kriechischen Vindelicia ge., 1523, München, Bayerische Staatsbibliothek, Mapp. XI, 24 xbb; vgl. MEURER, Cartography (wie Anm. 29), S. 1199.
57 Vgl. KAGAN/SCHMIDT, Maps (wie Anm. 22), S. 676.
58 Vgl. STERCKEN, Repräsentation (wie Anm. 32), S. 229–232; vgl. auch Frank HIERONYMUS, Sebastian Münster, Conrad Schnitt und ihre Basel-Karte von 1538, in: Speculum Orbis 1, 2 (1985), S. 3–37; Heinz HORAT u. Thomas KLÖTI, Die Luzerner Karte des Hans Heinrich Wägmann und Renwart Cysat 1597–1613, in: Der Geschichtsfreund 139 (1986), S. 47–100; Jean DUBAS u. Hans-Ueli FELDMANN, Typus agri Friburgensis. Die erste Karte des Kantons Freiburg von Wilhelm Techtermann 1578 (Cartographica Helvetica 7), Murten 1994; Wilhelm DANNHEIMER, Die älteste Landkarte des Rothenburger Gebiets, in: Jahrbuch von Alt-Rothenburg 1954/1955, S. 17–42; Günter TIGGESBÄUMKER, Zur Geschichte der Kartographie in Nürnberg: Die Reichsstadt Nürnberg und ihr Landgebiet im Spiegel alter Karten und Ansichten, Nürnberg 1986, S. 17–31; WITT, Anfänge (wie Anm. 30).

Abb. 9: Johann Turmair, genannt Aventinus, Obern und Nidern Bairn bëy den alten im Latein und Kriechischen Vindelicia ge., 1523; München, Bayerische Staatsbibliothek, Mapp. XI, 24 xbb.

lung des Zürcher Herrschaftsgebiets durch Jos Murer von 1566 legitimieren die Stadt- und Reichswappen die Gebietsherrschaft der Stadt im übergeordneten Rahmen des Reichs; durch Größe wie durch Ausstattung werden sie deutlich von den kleineren Wappendarstellungen in der Binnenstruktur der Karte abgesetzt, die auf weniger bedeutende Herrschaftsträger hindeuten.[59] Eine weitere Variante der Herausstellung von Legitimität herrschaftlicher Verhältnisse lässt die sogenannte Pinneberger Landtafel von 1588 anklingen. Diese durch Daniel Frese für Graf Adolf XIV. von Holstein-Schauenburg konzipierte, farbig angelegte Wandtafel der schauenburgischen, holsteinischen, ahlefeldschen, klösterlich-izehoeischen, sächsischen und bremischen Besitzungen am Unterlauf der Elbe verweist mit den Wappen der Ahnen des Auftraggebers auf herrschaftliche Ansprüche, die sich aus alten und weitläufigen Verwandtschaftsbeziehungen ergeben können.[60]

Textelemente

Charakteristisches Element frühneuzeitlicher Herrschaftskartographie sind auch Texte, die teils auf Tafeln in die Kartenbilder aufwändig gerahmt eingelassen, teils den Karten beigefügt sind. In Untersuchungen, die die Exaktheit der topographischen Abbildung des verkleinerten Terrains im Blick haben, wurden diese vielfach als nichtgeographische Information vernachlässigt und nur dann in die Überlegungen einbezogen, wenn sie vermessungstechnische Angaben enthielten.[61] Betrachtet man die viel-

---

[59] STERCKEN, Repräsentation (wie Anm. 32), S. 223.
[60] WITT, Anfänge (wie Anm. 30), Abb. 16.
[61] Vgl. BARBER, Maps (wie Anm. 22), S. 116 f.

fach lediglich in näherer Auseinandersetzung mit dem Kartenbild erfassbaren Texteinträge jedoch als integrativen Bestandteil der kartographischen Darstellung, dann können diese in die Tradition mittelalterlicher *mappae mundi* gestellt und die daran anknüpfenden Überlegungen zu möglichen Funktionen schriftlicher Einträge auf Karten auch für neuzeitliche Beispiele fruchtbar gemacht werden.[62]

Offenbar funktionieren die Textelemente in frühneuzeitlichen Kartenbildern als ein besonderer Layer, der die kartographische Erfassung des Landes in andere, nicht bildlich dargestellte oder darstellbare Kontexte einbettet. Verortet werden in der Regel kleine Formen der Geschichtsschreibung oder des Städte- und Landeslobs.[63] In Kurzform präsentieren die Konzepteure der Karten, die vielfach gleichzeitig als Historiker tätig waren, wesentliche Angaben über das Herkommen und die Eigenschaften der kartierten Gebiete landesherrlicher und städtischer Herrschaft: In der Hessen-Karte aus der ersten Hälfte des 16. Jahrhunderts etwa, die Johannes Dryander seinem Abriss zur hessischen Geschichte beifügt, ist neben dem Verfasser- und Druckereintrag eine gerahmte Tafel eingelassen, die wie andere Beschreibungen frühneuzeitlicher Gebiete Wissenswertes zu einer Art Landeslob zusammenfasst (vgl. Abb. 6). Sie erläutert das Alter der Landgrafschaft, die Sitten des als Vorfahren verstandenen Stamms der Chatten, die begrenzte Fruchtbarkeit der Landschaft, die vornehmsten und reichsten Städte, nämlich die Hochschulstadt Marburg und die Residenz Kassel, die Festung Gießen sowie Bauern und Kriegsleute, die für die hessische Bevölkerung stehen.[64]

Sowohl kartographisch wie auch textuell kombinieren übergreifende Atlaswerke des 16. Jahrhunderts Bildlichkeit mit linear lesbarem Kommentar und tragen mithin auf zwei Ebenen dazu bei, Vorstellungen über Länder festzuschreiben und zu verbreiten. Abraham Ortelius' 1570 erstmals erschienenes und in verschiedenen Sprachen aufgelegtes Werk *Theatrum Orbis Terrarum* bietet Texttafeln innerhalb und außerhalb der kartographischen Darstellung als zusätzliche Ebenen von Information.[65] Er kommentiert auf seinen Karten einzelne Herrschaftsgebiete im Herzen Europas in der Regel sparsam, platziert aber verschiedene Texte und Texttafeln in die Länderdarstellungen weniger bekannter Regionen der Erde.

Zudem sind es beigefügte Erläuterungen, die als gelehrte, sich auf einschlägige Quellen berufende Landesbeschreibungen Angaben ganz unterschiedlicher Art vermitteln. Während etwa der in die Karte inserierte Text zum Königreich Böhmen knappe Angaben zur Größe der Fläche macht, schildert der Begleittext ausführlicher die Lage und die Anrainer böhmischen Gebiets. Er nennt die wesentlichen Flüsse und die wichtigsten Städte, vor allem Prag, kommentiert bedeutende Wirtschaftszweige, etwa die Bergwerke und die Bier- und Weinproduktion, und geht auf die vom fruchtbaren Boden profitierende Landwirtschaft, die Rolle des Adels, die Sprachsituation und die Trunksucht der Bevölkerung ein.

Zwar finden die individuellen, detaillierten Repräsentationen von herrschaftlich besetztem Raum aus dem 16. Jahrhundert offenbar weniger Verbreitung als die zur selben Zeit produzierten Überblickswerke, doch sind gerade erstere im Hinblick auf die Kombination von bildlicher Darstellung und eingefügtem Text zum Teil besonders komplex. Ähnlich wie mittelalterliche Weltkarten, die Welt- und Heilsgeschichte auf verschiedenen Darstellungsebenen bildlich und textuell miteinander verschmelzen, vermitteln die Texttafeln dem präsentierten Raum eine historische Dimension. Dies lässt sich etwa an der Kartierung des Zürcher Herrschaftsgebiets durch Jos Murer von 1566 beobachten, die mit verschieden großen Inserten auf ältere chronikalische Traditionen zurückgreift und das Bestehen der Reichsstadt, der städtischen Herrschaftsträger und des eidgenössischen Orts aus einer bis in biblische Zeiten zurückreichenden Geschichte legitimiert.[66] Erst die Verortung schriftlicher Tradition im kartographischen System ermöglichte es, die Genese des Zürcher Stadtstaats, dessen damaligen Zustand das Kartenbild zeigt, über einen Kommentar auf einer anderen Schicht des Kartenbilds nachzuvollziehen.

Kartenbilder und Tradition

Die Experimentierfreudigkeit der frühneuzeitlichen Kartenkonzepteure, die neue Methoden kartographischer Aufzeichnung auf der Grundlage älterer Formen der Kartenkonzeption erprobten, um Ausmaß und Bedeutung

---

[62] Vgl. Christel MEIER u. Uwe RUBERG (Hg.), Text und Bild. Aspekte des Zusammenwirkens zweier Künste in Mittelalter und früher Neuzeit, Wiesbaden 1980; Wilfried KRINGS, Text und Bild als Informationsträger bei gedruckten Stadtdarstellungen der Frühen Neuzeit, in: Poesis et Pictura. Studien zum Verhältnis von Text und Bild in Handschriften und alten Drucken, Baden-Baden 1989, S. 295–336.

[63] Birgit STUDT, Zwischen historischer Tradition und politischer Propaganda. Zur Rolle der ‚kleinen Formen' in der spätmittelalterlichen Geschichtsüberlieferung, in: Hagen KELLER, Christel MEIER u. Thomas SCHARFF (Hg.), Schriftlichkeit und Lebenspraxis im Mittelalter, München 1999, S. 203–218; Hartmut BOOCKMANN, „Historiae" auf Tafeln, in: Jaroslaw WENTA (Hg.), Die Geschichtsschreibung in Mitteleuropa. Projekte und Forschungsprobleme, Thorn 1999, S. 41–51; Rudolf GAMPER, Repräsentative Chronikeinschriften in der Reformationszeit, in: Katharina KOLLER-WEISS u. Christian SIEBER (Hg.), Aegidius Tschudi und seine Zeit, Basel 2002, S. 269–286.

[64] Fritz WOLFF, Kartographen – Autographen, Marburg 1990, S. 6–9, hier S. 6.

[65] Abraham ORTELIUS, Theatrum orbis terrarum. Gedruckt zu Nuremberg durch Johann Koler Anno MDLXXII, hg. von Ute SCHNEIDER, Darmstadt 2006, S. 60, 142.

[66] Literatur bei STERCKEN, Repräsentation (wie Anm. 32), S. 227–229; STERCKEN, Inszenierung (wie Anm. 32), S. 110–115; Martina STERCKEN, Kartographie und Chronistik, in: Geschichte schreiben. Ein Quellenhandbuch zur Historiographie (1350–1750), hg. von Susanne RAU u. Birgit STUDT, Berlin 2009, S. 475–487.

politischer Räume herauszustellen, lässt sich auch auf der Ebene der Bildlichkeit fassen. Auch in diesem Zusammenhang lässt sich zeigen, dass die technischen Innovationen seit dem ausgehenden 15. Jahrhundert nicht notwendig einen totalen Bruch mit der mittelalterlichen Tradition bedeuteten.

Seit dem ausgehenden Mittelalter wird nämlich das hoch- und spätmittelalterliche Schema der *mappae mundi* mit Jerusalem im Mittelpunkt (vgl. Abb. 3) auf die Darstellung von Stadt- und Herrschaftsräumen übertragen. Beispiel dafür sind die ältesten Darstellungen städtischer Gebiete im Italien des 14. Jahrhunderts, nämlich die Karte des Opicinus de Canistris von Parma und diejenige des Petrus de Guioldis von Mailand.[67] Dies gilt aber auch für Kartographien politischer Räume in einer Zeit, in der die koordinatengebundene ptolemäische Geographie die Herstellung von Kartenbildern bestimmte. Die erste, im Zusammenhang einer Landesbeschreibung angefertigte kartographische Darstellung der Eidgenossenschaft des Einsiedler Dekans Albrecht von Bonstetten aus dem Jahre 1479 orientiert sich etwa an dem Darstellungsschema der *mappae mundi*, indem sie die acht Städte und Länder der Eidgenossenschaft als eigenen Weltenkreis mit dem Berg Rigi als Mittelpunkt darstellt. Ebenso übernimmt Erhard Etzlaub 1492 das Schema für seine Karte der Nürnberger Umgebung, der die bedeutende Handelsstadt inmitten eines kreisförmig konzipierten Umlands positioniert (Abb. 10).[68] Aber auch im 16. Jahrhundert scheinen die Prinzipien mittelalterlicher Weltkarten nachzuwirken, wie Karten bezeugen, die Zentren der Herrschaft in ihren Mittelpunkt setzen.[69]

Die Umsetzungen des *mappa mundi*-Schemas sind einprägsam und enthalten durchaus Elemente der Präzision. So bildet die Darstellung Parmas augenscheinlich die Flussläufe korrekt ab; diejenige von Mailand gibt Distanzen an und die erste Kartierung der Eidgenossenschaft verortet die durch Schriftzüge markierten eidgenössischen Städte und Länder in geographisch korrekter Folge.[70] Der Eindruck von Einfachheit und geringer kartographischer Differenzierung, den diese Karten erwecken, relativiert sich zudem, wenn man sich näher mit ihrer Aussagekraft befasst. Dann wird die hohe Komplexität solcher Abbildungen herrschaftlicher Verhältnisse deutlich; es wird

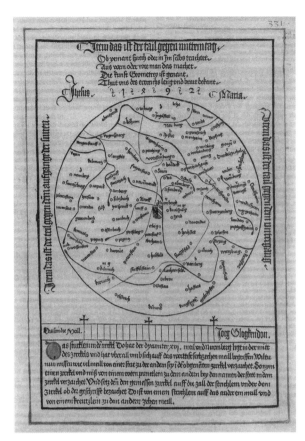

Abb. 10: Erhard Etzlaub, Nürnberger Umgebungskarte (1492), in: Nine MIEDEMA, Erhard Etzlaubs Karten (wie Anm. 68), S. 105.

fassbar, dass sie nicht nur auf überkommenen, mittelalterlichen Darstellungsformen der Welt basieren, sondern auch deren Bedeutungshorizont auf die neuen Karten übertragen. Denn mit der bildlichen Gleichsetzung von Herrschaftsgebiet und Weltenrund, von Herrschaftsmittelpunkt und Jerusalem wird den neuen politischen Entitäten heilsgeschichtliche Bedeutung zugewiesen.

Dass die Präzision ein zwar wesentlicher, aber nicht alleiniger Aspekt von politischer Kartographie ist, wird nicht nur in solchen Formen kartographischen Spiels mit älteren, bedeutungsgeladenen Traditionen der Bildkonzeption deutlich,[71] sondern lässt sich auch an allegorischen Darstellungen beobachten, die im Verlaufe des 16. Jahrhunderts entwickelt werden. Über die topographische Präsentation von Ländern hinaus weisen etwa die Leo Belgicus-Karten. 1583, also circa zwei Jahre nach der Unabhängigkeitserklärung der Niederlande von den spanischen Habsburgern durch Michael Aitzinger entwickelt und vielfach kopiert,[72] wird hier die Figur eines Löwen

---

67 Victoria MORSE, The Role of Maps in Later Medieval Society, in: WOODWARD, History of Cartography III, 1 (wie Anm. 1), S. 25–54, hier S. 48 f.

68 Nine MIEDEMA, Erhard Etzlaubs Karten. Ein Beitrag zur Geschichte der mittelalterlichen Kartographie und des Einblattdrucks, in: Gutenberg-Jahrbuch 1996, S. 99–125, bes. S. 105.

69 Vgl. auch die Karte des Fürstentums Württemberg von Johann Scheubel aus dem Jahre 1559, Otto STOCKDORPH, „... nach kosmographischer Art und Weise" – Philipp Apian am Schnittpunkt der Kartographiegeschichte der Herzogtümer Bayern und Württemberg, in: WOLFF, Apian (wie Anm. 30), S. 125–126, hier S. 127.

70 MORSE, Maps (wie Anm. 67), S. 48; Theophil ISCHER, Die ältesten Karten der Eidgenossenschaft, Bern 1945, S. 15 ff.

71 Zum Problem von Exaktheit und Bildlichkeit in derartigen Darstellungen vgl. NÖTH, Karte (wie Anm. 46), S. 66; MICHALSKY, Medien (wie Anm. 20), S. 333 f.

72 KAGAN/SCHMIDT, Maps (wie Anm. 22), S. 674.

Abb. 11: Jodocus Hondius, ‚Leo Belgicus' (späte 1590er Jahre), Madrid, Bibliotheca Nacional, Estampas y Bellas Artes, E R 2240.

auf eine Karte der Niederlande übertragen. Durch die besondere Formgebung werden den Provinzen, in denen der Unabhängigkeitskampf stattfand, Mut und Herrschaftswille und damit Eigenschaften zugewiesen, die das weit verbreitete Wappentier symbolisiert (Abb. 11).[73]

Modelle raumbezogener Herrschaft

Der kurze Überblick über die Formen herrschaftlicher Kartographie am Übergang vom Mittelalter zur Frühen Neuzeit lässt deutlich werden, dass Karten als räumlichen Repräsentationen abstrakter Sachverhalte vom Beginn ihrer Produktion an eine Rolle bei der Zurschaustellung, Fixierung und Dokumentation von Herrschaft zukam. Besonders seit dem 15. Jahrhundert wandelten sich jedoch die Bedingungen des politischen Gebrauchs. Neuartige Prinzipien und Techniken der Kartierung kamen einem durch Territorialisierung und Expansion veränderten Raumbewusstsein entgegen und ermöglichen Formen der Aufzeichnung, mit denen das gesamte Ausmaß und die Qualität raumbezogener Herrschaft abgebildet und auf einen Blick erfassbar gemacht werden konnten. Stellten zunächst einzelne Gelehrte im Zuge eines humanistischen Interesses am Raumbezug historischer Prozesse derartige Karten her, so wurden Landesaufnahmen im 16. Jahrhundert immer mehr zum systematischen, herrschaftlich gesteuerten Projekt. In Auseinandersetzung mit den Kontexten der Produktion zeigt sich allerdings, dass diese Kartierungen nicht nur als politisches Instrument herrschaftlicher Überwachung betrachtet werden können.[74] Vielmehr lassen sich verschiedene Formen politischen Gebrauchs von Karten feststellen, die hergestellt wurden, um ein Gesamtbild des Herrschaftsraums zu vermitteln, Wissen darüber zu speichern, politische Vorstellungen zu propagieren, Bedürfnissen der Verwaltung entgegenzukommen oder auch um einen Markt zu befriedigen.

Anders als die mittelalterliche Überlieferung erscheinen die zahlreich neu entstehenden kartographischen Darstellungen als differenzierte Abbildungen des Umfangs und der Topographie von Herrschaftsgebieten. Obschon zunehmend nach mathematischen Standards konzipiert, markieren diese jedoch keinen vollständigen Bruch mit älteren Formen kartographischer Repräsentation, sondern lassen Kontinuitäten erkennen.[75] Zwischen topographischer Exaktheit, Bildlichkeit und Textbezug oszillierend bedienen sie sich auf verschiedenen Ebenen älterer Formen kartographischer Sinnstiftung. Dies gilt im Hinblick auf die Kartenbilder, die zum Teil mittelalterliche Kartenkonzeptionen aufgreifen, um politischen Räumen (heils-)geschichtliche Bedeutung zu verleihen. Darauf verweist aber auch das kartographische Zeichensystem, das mit Bild- und Textelementen über die geographisch-räumlichen Verhältnisse hinaus gesellschaftliche Ordnung und Legitimation von Herrschaft in Szene setzt.

---

[73] Jodocus Hondius, Leo Belgicus (späte 1590er Jahre), Madrid, Bibliotheca Nacional, Estampas y Bellas Artes, E R 2240; vgl. den Beitrag von Tanja MICHALSKY in diesem Band.

[74] Vgl. John Brian HARLEY, Maps and the Columbian Encounter, Milwaukee 1990, hier S. 99; dazu HARLEY, Nature (wie Anm. 1); vgl. ebenso die Literatur unter Anm. 1.

[75] WOODWARD, Cartography (wie Anm. 17), S. 7 ff.; vgl. EDSON, World Map (wie Anm. 45), S. 165 ff.; Rudolf SUNTRUP u. Jan R. VEENSTRA (Hg.), Tradition and Innovation in an Era of Change. Tradition und Innovation im Übergang zur frühen Neuzeit, Frankfurt a. M. 2001, bes. der Beitrag von Nine MIEDEMA, Die Nürnberger Humanisten und die Germania illustrata. Tradition und Innovation im Bereich der Geographie um 1500, S. 51–72; Antony GRAFTON, New Worlds, Ancient Texts. The Power of Tradition and the Shock of Discovery, Cambridge/Mass. 1995, bes. S. 13 ff.

Tanja Michalsky

Land und Landschaft in den Tafeln Wilhelm Dilichs

Die Landtafeln Wilhelm Dilichs bestechen nicht nur durch eine sorgfältige kartographische Datenaufnahme und eine detailreiche Darstellung des Landes und seiner Burgen, sondern insbesondere durch eine ungewöhnlich farbenprächtige Ausstattung und wohldurchdachte Inserate von historischen Denkmälern und Landschaftsansichten.[1] Offensichtlich hat Dilich die Tafeln nicht als Vorlage für den Druck eines Buches, wie etwa seine ‚Hessische Chronik' von 1605,[2] oder für den Druck einzelner Karten gedacht, wie sie damals in Italien und den Niederlanden bereits erfolgreich vertrieben wurden,[3] sondern sie waren in erster Linie für den Gebrauch bei Hof bestimmt. Abgesehen von der aufwändigen Kolorierung spricht dafür, dass einige Darstellungen der Burgen mit aufklappbaren Elementen versehen sind, die bei vorsichtigem Gebrauch Einblick in darunter wie dahinter liegende Schichten der Gebäude gewähren. Diese erstaunlich gut erhaltenen fragilen Applikationen wurden augenscheinlich nicht oft bewegt, waren aber dazu gedacht, die komplizierten, meist am Hang auf unterschiedlichen Ebenen errichteten Bauten zu erschließen. Das Vergnügen, diese aufzuklappen, kann das vorliegende Faksimile leider nicht bieten.

Über eine topographische Beschreibung hinausgehend, enthält die Sammlung auch Karten, die konkrete Streitfälle thematisieren, wie zum Beispiel die als einfache Federzeichnung überlieferte Grenzziehung am Schachter Holz (Nr. 60) oder die im üblichen prachtvollen Modus dargestellte Auseinandersetzung zwischen dem Amt Ziegenhain und dem Dorf Momberg um die Kalkhütten (Nr. 49). Derartige Karten können als Rechtsdokumente betrachtet werden, die in der vorliegenden Form die Resultate von Streitigkeiten bieten, eventuell aber in einfacherer Gestaltung in Prozessen verwendet wurden. Andere Blätter bezwecken hingegen die Beschreibung des Landes in seiner natürlichen Erscheinung, denn es war ein Anliegen, landschaftliche Besonderheiten durch die Einbindung von Prospekten hervorzuheben. Dadurch wurde die kartographische Information um einen entscheidenden Aspekt erweitert, nämlich um die ästhetische Qualität der Landschaft und der sich ihr einfügenden Besiedlung.

Mit dieser Verbindung von kartographischer Aufsicht und perspektivisch gegebener Inszenierung der regionalen Landschaft und einzelner bedeutsamer Monumente befinden sich die Darstellungen ganz auf der Höhe einer Zeit, in der Kosmographien und Chorographien, also Beschreibungen der ganzen Welt und einzelner Regionen, großen Absatz fanden, in der der Blick für das eigene Land geschärft wurde und zugleich eine Rhetorik der Landschaftsmalerei entwickelt wurde, die als Komplement der zeitgenössischen Kartographie zu verstehen ist.[4]

---

[1] Zur Entstehungsgeschichte der Ländertafeln vgl. noch immer Edmund STENGEL (Hg.), Wilhelm Dilichs Landtafeln hessischer Ämter zwischen Rhein und Weser, Marburg 1927; Horst NIEDER, Wilhelm Dilich (um 1571–1650). Zeichner, Schriftsteller und Kartograph im höfischen Dienst, Bamberg 2002, S. 55–68, sowie den Beitrag von Ingrid BAUMGÄRTNER, Wilhelm Dilich und die hessische Landeskartographie zu Beginn des 17. Jahrhunderts, im vorliegenden Band.

[2] Vgl. Wilhelm DILICH, Hessische Chronica, 2 Teile, Kassel 1605, ND hg. v. Wilhelm NIEMEYER, Kassel 1961.

[3] Zu Italien vgl. David WOODWARD, Maps as Prints in the Italian Renaissance: Makers, Distributors and Consumers, London 1996; zu den Niederlanden vgl. Henk A. M. van der HEIJDEN, Oude Kaarten der Nederlanden, 1548–1794. Historische beschouwing, kaartbeschrijving, afbeelding, commentaar, Old maps of the Netherlands, 1548–1794, 2 Bde., Alphen aan den Rijn 1998; zu Deutschland: Peter MEURER, Cartography in the German Lands, 1450–1650, in: David WOODWARD (Hg.), The History of Cartography III, 2, Chicago 2007, S. 1172–1245.

[4] Vgl. Svetlana ALPERS, Kunst als Beschreibung. Holländische Malerei des 17. Jahrhunderts, 2. durchg. Auflage, Köln 1998, Kap. 4; Nils BÜTTNER, Die Erfindung der Landschaft. Kosmographie und Landschaftskunst im Zeitalter Bruegels, Göttingen 2000; Edward S. CASEY, Representing Place. Landscape Painting and Maps, Minneapolis 2002; Monique PELLETIER, Representations of Territory by Painters, Engineers, and Land Surveyors in France During the Renaissance, in: David WOODWARD (Hg.), The History of Cartography III, 2, Chicago 2007, S. 1522–1537 auch mit allgemeinen Überlegungen zur Beteiligung von Malern am Herstellungsprozess der Karten; Tanja MICHALSKY, *Hic est mundi punctus et materia gloriae nostrae*. Der Blick auf die Landschaft als Komplement ihrer kartographischen Eroberung, in: Gisela ENGEL, Brita RANG, Klaus REICHERT u. Heide WUNDER (Hg.), Das Geheimnis am Beginn der europäischen Moderne, Frankfurt a. M. 2002, S. 436–453; Tanja MICHALSKY, Projektion und Imagination. Die niederländische Landschaft der Frühen Neuzeit im Diskurs von Geographie und Malerei, München 2011.

Bezeichnend für das Verständnis von Land und Landschaft, das sich auch in Dilichs Bildern und Karten zeigt, ist die Kombination von dem ‚Land' als einem Territorium, auf das ein Herrschaftsanspruch erhoben wird, ‚Landschaft' im Sinne einer Region mit bestimmten topographischen Qualitäten sowie der ‚Landschaft' im Sinne der Darstellung eines Naturausschnittes, die am Beginn des 17. Jahrhunderts insbesondere in der holländischen Malerei zu einem beliebten Genre wurde.[5]

Um die Aussage wie auch die ästhetischen Qualitäten von Dilichs Werk würdigen zu können, soll die Art des Umgangs mit Karten und Ansichten zunächst in den drei größeren kartographie- und kunstgeschichtlichen Zusammenhängen politischer Repräsentation, kosmographisch-topographischer Beschreibung und nationaler oder regionaler Chronistik verortet werden. Erst im Anschluss an diese allgemeine Folie können dann einzelne Tafeln Dilichs in ihrer Spezifik vorgestellt werden.

Karten und Landschaftsbilder als Medien politischer Repräsentation

Wie Martina Stercken in ihrem Beitrag darlegt, ist die kartographische Darstellung von Territorien ein hervorragend geeignetes Medium, um herrschaftliche Ansprüche auf Raum zum Ausdruck zu bringen. Für das hier verfolgte Argument kommt es vor allem darauf an, wie die Territorien dabei landschaftlich näher charakterisiert wurden und in welchem Kontext sie zugänglich waren. Es bedarf keiner langen Erläuterung, um zu verstehen, dass Karten, Stadtansichten und Landschaften, je nachdem, ob sie kleinformatig gezeichnet und gedruckt oder aber großformatig an Palastwänden ausgestellt waren, nicht nur je andere Funktionen hatten, sondern sich auch anderer formaler Mittel bedienten. Obgleich also Dilichs Landtafeln nicht ohne weiteres mit Wandbildern in Verbindung gebracht werden können, sei dennoch an drei berühmte italienische Beispiele erinnert, die schon seit dem 14. Jahrhundert das gut bestellte Land als ein Argument für die Herrschaft oder Regierung verwendeten.

Besonders deutlich wird der Konnex von gemalter Landschaft und politischer Aussage an den Fresken, die Ambrogio Lorenzetti 1338–1340 im Sieneser Palazzo Pubblico ausführte: Die *Sala dei Nove* des Rathauses ist mit einem wandfüllenden politischen Programm versehen, das in allegorischer Weise die gute und die schlechte Regierung gegenüberstellt.[6] Während die Regierungen selbst durch Tugenden und Lasterpersonifikationen repräsentiert werden, kommen die Auswirkungen ihrer Taten in den Darstellungen von Stadt und Land zum Ausdruck, die im ersteren Fall in bester Ordnung sind, während sie unter den Bösen dem Verfall und der Zerstörung anheim gegeben sind. Zwar wird die Sieneser Landschaft immer wieder ob ihrer topographischen Genauigkeit gelobt, es gilt jedoch zu bedenken, dass trotz aller scheinbarer Wiedererkennbarkeit der uns heute so geläufigen toskanischen Hügel samt der Bucht bei Talamone, vor allem die Fruchtbarkeit des Landes in der Obhut eines gut geordneten Staatswesens zum Ausdruck kommen sollte. Sehr viel konkreter sind im Vorraum dieser Sala die zu Beginn des 14. Jahrhunderts eroberten Gemeinden wiedergegeben, die für den modernen Betrachter nur wie

---

[5] Art. Landschaft. Der ästhetisch-philosophische Begriff, in: Historisches Wörterbuch der Philosophie, Bd. 5, Darmstadt 1980, Sp. 15–28, hier Sp. 15 zur Definition von Landschaft als „Darstellung eines Naturausschnittes"; vgl. auch Rainer PIEPMAIER, Das Ende der ästhetischen Kategorie ‚Landschaft'. Zu einem Aspekt neuzeitlichen Naturverhältnisses, in: Westfälische Forschungen 30 (1980), S. 8–46. ‚Landschaft' ist Gegenstand vieler verschiedener Fachdisziplinen – von Geographie bis hin zu Literaturwissenschaft und Philosophie, die je nach Intention unterschiedliche Definitionen verwenden. Zur Wissenschaftsgeschichte sei angemerkt, dass die Beschäftigung mit Landschaft in den 1970er Jahren einen besonderen Aufschwung erlebt hat, der sich mit der damals neu erkannten Bedrohung der Natur bzw. ‚Umwelt' erklären lässt. Während damals die neuzeitliche Entfremdung von der Natur im Vordergrund stand und man nach geschichtlichen Wurzeln für diese Bedrohung suchte, demnach vornehmlich ästhetische und soziologische Modelle anwandte, übernimmt heute die medial strukturierte Generierung von Landschaft und Raum die Hauptrolle als Erklärungsfaktor. Frühe Beiträge dazu sind v. a. in der Kulturgeographie geleistet worden; vgl. Gerhard HARD, Landschaft als wissenschaftlicher Begriff und als gestaltete Umwelt des Menschen, in: Biologie für den Menschen, hg. v. der Senckenbergischen Naturforschenden Gesellschaft in Frankfurt am Main, Frankfurt a. M. 1982, S. 113–146. Ausführlicher zu den Definitionen von Landschaft in Kunstgeschichte und Geographie vgl. Tanja MICHALSKY, *Limes ille Galliarum et Hispaniae, Pirenaeus vertex, inde non cernitur*. Zum Verständnis von Land und Landschaft in verschiedenen Medien des italienischen Spätmittelalters, in: Karl-Heinz SPIESS (Hg.), Landschaft im Mittelalter, Stuttgart 2007, S. 237–266, hier S. 237–241.

[6] Als gut kommentierter Abbildungsband empfiehlt sich: Enrico CASTELNUOVO (Hg.), Ambrogio Lorenzetti: Il Buon governo, Mailand 1995. Die Fresken haben zahlreiche Interpretationen erfahren und wurden nach ihrer Bedeutung für das politische Selbstverständnis wie auch für die Konzeptualisierung von Land befragt. Vgl. Quentin SKINNER, Ambrogio Lorenzetti: The Artist as a Political Philosopher, in: Proceedings of the British Academy 72 (1986), S. 1–56; Quentin SKINNER, Ambrogio Lorenzetti's ‚Buon Governo' Frescoes: Two Old Questions, Two New Answers, in: Journal of the Warburg and Courtauld Institutes 62 (1999), S. 1–28; Randolph STARN, Ambrogio Lorenzetti: The Palazzo Pubblico, New York 1994; Max SEIDEL, Vanagloria. Studien zur Ikonographie der Fresken des Ambrogio Lorenzetti in der ‚Sala della Pace', in: Städel Jahrbuch, Neue Folge 16 (1997), S. 35–90; Max SEIDEL, Dolce vita. Ambrogio Lorenzettis Porträt des Sieneser Staates, Basel 1999; Pierangelo SCHIERA, „Bonum commune" zwischen Mittelalter und Neuzeit, in: Archiv für Kulturgeschichte 81 (1999), S. 283–303; Robert GIBBS, In Search of Ambrogio Lorenzetti's Allegory of Justice. Changes to the Frescoes in the Palazzo Pubblico, in: Apollo 149 (1999), S. 11–16; C. Jean CAMPBELL, The City's New Clothes: Ambrogio Lorenzetti and the Poetics of Peace, in: Art Bulletin 83 (2001), S. 240–258; Diana NORMAN, Painting in Late Medieval and Renaissance Siena (1266–1555), New Haven 2003, S. 98–104; Matthias MÜLLER, Die Landschaft als metaphorischer Ort – Landschaftsmalerei im Kontext spätmittelalterlich-frühneuzeitlicher Herrschaftsallegorese, in: Karl-Heinz SPIESS (Hg.), Landschaft im Mittelalter, Stuttgart 2007, S. 207–235, hier S. 211–214; MICHALSKY, Limes (wie Anm. 5), S. 253–260.

Abbreviationen kleiner Städte erscheinen, aber für den Zeitgenossen sicherlich zu erkennen waren.⁷

Von besonderem Interesse ist dabei, dass sich in direkter Nähe, nämlich in der so genannten *Sala del mappamondo,* ehemals eine drehbare Weltkarte befand, die in zeitgenössischen Dokumenten belegt ist, auch wenn heute nur noch die Schleifspuren erhalten sind.⁸ Hier zeigt sich der Zusammenhang von Geographie, also der Beschreibung der ganzen Welt, mit der Topographie, also der Beschreibung der regionalen Beschaffenheit des eigenen Landes, die die regionale Herrschaft in einen globalen Zusammenhang stellt. Bereits hier wird deutlich, dass Topographien, seien sie sprachlich oder bildlich (im Sinne von Zeichnung oder Kartierung) fixiert, als Teil der Geographie zu verstehen sind, also als Teil eines als wissenschaftlich nobilitierten Beschreibungssystems, in das die regionalen Daten eingefügt werden. Das allegorische Bildprogramm und der konkrete Ort der Landschaften, nämlich der Regierungspalast der Kommune, offenbaren darüber hinaus, dass das Territorium selbst sowohl in der kartographischen als auch in der gleichsam realistischen, perspektivischen Ansicht als Ort und Zeichen von Herrschaft gelesen wurde.⁹

Karten als Wanddekoration im Italien der Frühen Neuzeit

Als Cosimo de Medici 1562 bei dem Mathematiker und Geographen Ignazio Danti zahlreiche Karten und einen ungewöhnlich großen Erdglobus in Auftrag gab, um damit einen Raum des Palazzo Vecchio in Florenz zu schmücken, sollte dort zwar nicht das eigene Territorium gezeigt werden, aber Karten und Globus dienten dennoch der Herrschaftsrepräsentation, die sich in der Demonstration von aktuellem, geographischem Wissen niederschlug.¹⁰ In Florenz handelte es sich lediglich um kolorierte Länderkarten, die sich an der Darstellungsform von Seekarten, sogenannten Portolanen, orientierten. Landschaftsdarstellungen spielten hier keine Rolle. Derselbe Geograph wurde jedoch wenig später, 1580, von Papst Gregor XIII. damit beauftragt, die *Galleria delle Carte geografiche* im Vatikan auszustatten.¹¹ Hier befinden sich an den Wänden eines langen Gangs Länderdarstellungen, die den Karten und Ansichten Dilichs sehr viel näher kommen. Die Darstellung der Regionen aus der Vogelperspektive (Abb. 1) entspricht den kartographischen Ansprüchen der Zeit. Stärker noch als bei Dilich werden Hügel perspektivisch in ihrer Umrissform wiedergegeben, sind die Flussläufe bis zum Meer zu verfolgen. Der Region Latium wird beispielsweise nicht nur eine Kartusche beigegeben, sondern auch ein für die Zeit typischer vogelperspektivischer Plan von Rom, um es so als die wichtigste Stadt herauszuheben.

Für das Programm der gesamten Galerie ist von Belang, dass die einzelnen Kompartimente als Teile eines Kontinuums erscheinen, so dass die Grenzen nicht in der gleichen Weise ins Auge springen wie bei Dilichs Landtafeln. Abgesehen davon handelt es sich um riesige Wandkarten, die die Regionen zwar ‚richtig' beschreiben, aber zugleich der Dekoration eines Ganges dienen, in der die Betrachter die Karten nur dort gut betrachten können, wo sie ihnen überhaupt nahe kommen. Die Fresken sind insofern weniger als Karten für den Gebrauch konzipiert denn als Bilder jener Welt, als dessen geistiges Oberhaupt der Papst sich versteht. Dekoration und politisches Programm konvergieren hier auf andere Weise als in Siena, denn die Regierung wird gar nicht eigens dargestellt. Dennoch ist den Karten der politische Anspruch eingeschrieben und das Land wird in seiner physischen, also orographischen und hydrographischen Beschaffenheit dergestalt gezeigt, dass durch die fein abgestufte Farbigkeit zugleich seine natürliche Schönheit inszeniert wird.

Diese Beispiele zeigen, dass landschaftsbezogene Landkarten, Vogelperspektiven, Stadtansichten und Landschaften zu Zwecken der Herrschaftsrepräsentation seit dem Spätmittelalter in Palästen ausgestellt wurden. Sie zeigen auch, dass Karten und Landschaftsbilder, die einander ergänzten, nicht notwendig auf den Gebrauch als Instrumente zum Verständnis der Länder und Regionen beschränkt waren, sondern vielmehr dazu dienten, Herrschaftswissen und Herrschaftsansprüche zur Schau zu stellen.¹² Selbstredend mussten zunächst große Anstrengungen unternommen werden, um die eigenen oder besetzten Gebiete zu kartieren und die so gewonnenen Informationen für administrative oder militärische Zwecke nutzen zu kön-

---

⁷ Vgl. Uta FELDGES, Landschaft als topographisches Porträt. Der Wiederbeginn der europäischen Landschaftsmalerei in Siena, Bern 1980.

⁸ Marcia B. KUPFER, The Lost Wheel Map of Ambrogio Lorenzetti, in: Art Bulletin 78 (1996), S. 286–310; Thomas de WESSELOW, The Decoration of the West Wall of the Sala del mappamondo in Siena's Palazzo Pubblico, in: Joanna CANNON (Hg.), Art, Politics, and Civic Religion in Central Italy, 1261–1352, London 2000, S. 19–68; Thomas de WESSELOW, Ambrogio Lorenzetti's ‚Mappamondo': A Fourteenth-Century Picture of the World Painted on Cloth, in: Caroline VILLERS (Hg.), The Fabric of Images. European Paintings of Textile Supports in the Fourteenth and Fifteenth Centuries, London 2000, S. 55–65.

⁹ Zur administrativen Aufteilung des Sieneser Landes vgl. Odile REDON, Lo spazio di una città, Rom 1999 (frz. 1994). Zur politischen Landschaft allgemein vgl. Martin WARNKE, Politische Landschaft: Zur Kunstgeschichte der Natur, München 1992; W. J. Thomas MITCHELL, Landscape and Power, Chicago 1994.

¹⁰ Gennarosa LEVI-DONATI (Hg.), Le tavole geografiche della Guardaroba Medicea di Palazzo Vecchio in Firenze ad opera di Padre Egnazio Danti e Don Stefano Buonsignori (Sec. XVI), Florenz 1995; Francesca FIORANI, The Marvel of Maps. Art, Cartography and Politics in Renaissance Italy, New Haven 2005, S. 131–132.

¹¹ Roberto ALMAGIÀ, Le pitture murali delle Gallerie delle Carte Geografiche, Vatikanstaat 1952; Francesca FIORANI, Post-Tridentine ‚Geographia Sacra'. The Galleria delle Carte Geografiche in the Vatican Palace, in: Imago Mundi 48 (1996), S. 124–148; Lucio GAMBI, Marica MILANESI u. Antonio PINELLI, La Galleria delle carte geografiche. Storia e iconografia, 3 Bde., 2. Auflage, Modena 1996.

¹² Vgl. den Beitrag von STERCKEN in diesem Band.

Abb. 1: Vatikan, Galleria delle Carte Geografiche, Latium und Sabina, Ignazio Danti, 1580/81, aus: Carlo PIETRANGELI, Die Gemälde des Vatikan, München 1996, Nr. 413 (ital. Fassung: I dipinti del Vaticano, Udine 1996, S. 434, Nr. 413).

nen.[13] Den Mehrwert gewinnen die Karten und Ansichten jedoch durch die weniger offensichtlichen repräsentativen und symbolischen Funktionen.

Verbreitung in den Niederlanden

Wie sehr sich in der Ausstellung und im Gebrauch frühneuzeitlicher Karten politische Umstände ablesen lassen, zeigen auch – gleichsam als Gegenmodell – die ungewöhnlich zahlreichen Kartenexemplare, die in privaten Haushalten der Niederlande anzutreffen waren. Vor allem in den nördlichen Niederlanden, die sich der spanischen Besatzung widersetzen konnten, spielte die Darstellung des Landes in Bildern und Karten eine große Rolle für das Selbstverständnis der Bürger. So erklärt es sich, dass hier Karten der ehemals vereinten siebzehn Provinzen besonderen Absatz fanden.[14] An zwei herausragenden Typen lässt sich zeigen, wie Karten und Ansichten für das Verständnis des Landes genutzt werden konnten:

Der *Leo Belgicus* (Abb. 2) entstand 1583 als Beilage zu dem gleichnamigen Buch über die Geschichte des Landes. In die heraldische Form des Löwen eingepasst werden die siebzehn Provinzen als mächtige Einheit vorgestellt. Der Löwe, der auch das Wappen von Brabant ziert, erscheint

---

[13] Stellvertretend für solche Karten kann etwa das große Kartenkonvolut stehen, das die spanischen Herrscher Jacob van Deventer bereits ab 1535 von den Niederlanden erstellen ließen. Vgl. Henk A. M. van der HEIJDEN, The Oldest Maps of the Netherlands: An Illustrated and Annotated Carto-bibliography of the 16th Century Maps of the XVII Provinces, Utrecht 1987, S. 23–30; HEIJDEN, Kaarten (wie Anm. 3), S. 18.

[14] Zum zeitgenössischen Zusammenhang von Landschaftsmalerei und *nation building* in den Niederlanden vgl. Tanja MICHALSKY, Natur der Nation. Überlegungen zur Landschaftsmalerei als Ausdruck nationaler Identität, in: Klaus BUSSMANN u. Elke WERNER (Hg.), Europa im 17. Jahrhundert. Ein politischer Mythos und seine Bilder, Stuttgart 2004, S. 333–354.

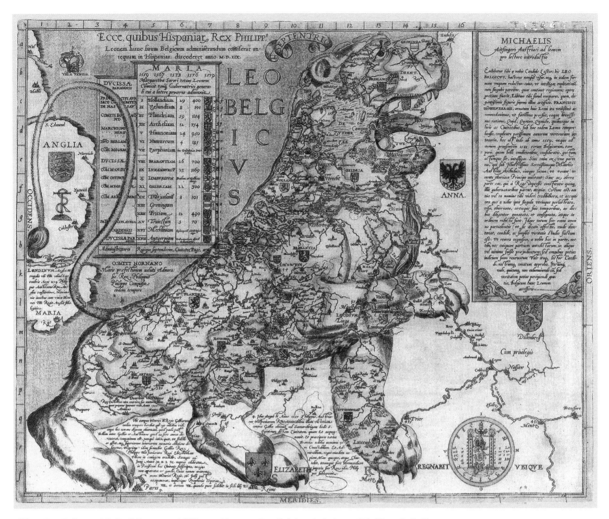

Abb. 2: Leo Belgicus, Michael Aitzinger, 1583, aus: HEIJDEN, Leo Belgicus (wie Anm. 15), Karte 1, S. 21.

als besonders aktives und kräftiges Symbol.[15] Die lange Inschrift unterstreicht die Emphase auf der wahrheitsgetreuen und angeblich unvoreingenommenen Schilderung der Tatsachen, die sich offensichtlich mit der emblematischen Form der Gesamtkarte vereinbaren ließ. Eine weitere Tafel, die sich im Rücken des Löwen befindet, dokumentiert den politischen Status quo von 1559. Hier ist angegeben, wem Philipp II. damals die Regierung seines *Leo Belgicus* übergeben hat. Tabellarisch aufgelistet sind die Namen der Herzöge mit den Namen der Provinzen, der Zahl ihrer Städte und Dörfer sowie den zugehörigen Wappen. Die Zuordnung von Tabelle und Karte wird dadurch erleichtert, dass die Provinzwappen deutlich auf dem jeweiligen Gebiet eingezeichnet sind. Diese Tabelle und die Angaben der Inschrift geben den zeitlichen Rahmen, aus dem die chronologisch angeordneten Ereignisse im Buch geschildert werden. Symbolisch gerahmter Raum und die jüngste Geschichte werden so übereinander geblendet.

Die Karte erlebte viele Auflagen, signifikant verändert ist jene von Claes Jansz Visscher (Abb. 3). Dieser Löwe, der zunächst 1611, dann noch in weiteren, leicht geänderten Fassungen bis 1621 in Amsterdam erschien, sitzt, und

---

[15] Vgl. den Beitrag von STERCKEN in diesem Band. Eine ausführliche Vorstellung der diversen Editionen bietet Henk A. M. van der HEIJDEN, Leo Belgicus. An Illustrated and Annotaded Cartobibliography, Alphen aan den Rijn 1990, sowie die Interpretation von Catherine LEVESQUE, Landscape, Politics, and the Prosperous Peace, in: Reindert FALKENBURG (Hg.), Natuur en landschap in de nederlandse kunst 1500–1850, in: Nederlands Kunsthistorisch Jaarboek 48 (1998), S. 223–257, hier S. 239–247. Zuvor war etwa Europa schon 1539 als Jungfrau dargestellt worden. Auch Abraham Ortelius erwähnt einige Karten in heraldischen Formen; vgl. HEIJDEN, Leo Belgicus (wie Anm. 15), S. 11 f.; Marie-Louise von PLESSEN (Hg.), Idee Europa. Entwürfe zum ‚Ewigen Frieden'. Ordnungen und Utopien für die Gestaltung Europas von der pax romana zur Europäischen Union, Deutsches Historisches Museum, Berlin 2003, Kat. Nr. IV, 16–IV, 17; Wolfgang SCHMALE, Europa, Braut der Fürsten. Die politische Relevanz des Europamythos, in: Klaus BUSSMANN u. Elke Anna WERNER (Hg.), Europa im 17. Jahrhundert. Ein politischer Mythos und seine Bilder, Stuttgart 2004, S. 241–267, hier S. 244–249.

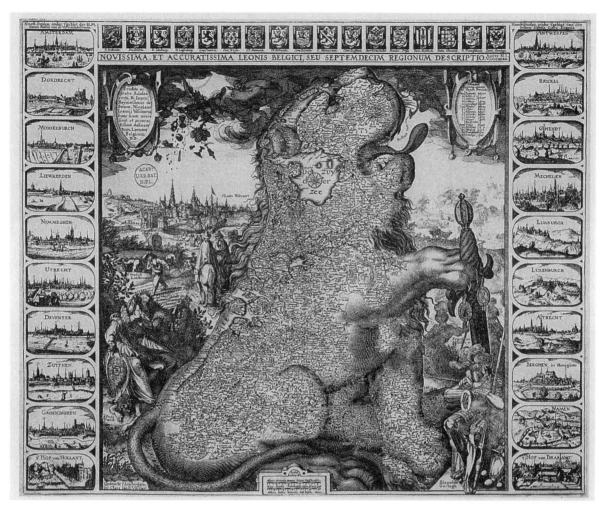

Abb. 3: Leo Belgicus, Claes Jansz Visscher, 1611, aus: HEIJDEN, Leo Belgicus (wie Anm. 15), Karte 5, S. 41.

darin äußert sich bereits die wichtigste Aussagenverschiebung.[16] Im April 1609 war ein Waffenstillstand ausgehandelt worden, der bis 1621 halten sollte. Die niedergelegten Waffen und der Frieden sind das Thema des Blattes. Die Randleisten sind seitlich mit Ansichten von Städten gestaltet, denen links für den Süden Antwerpen vorsteht, während rechts für den Norden Amsterdam die Reihe anführt. Am oberen Rand befinden sich die Provinzwappen. Das, was ehemals eine löwenförmige Karte war, ist nun eine vielgestaltige Landschaft, an deren Horizont die Silhouette von Amsterdam zu sehen ist. Der mit vielen Schraffuren plastisch modellierte Löwe sitzt formatfüllend und behäbig auf dem hügeligen Boden und die kartographischen Kürzel sowie die unzähligen Städtenamen scheinen seinem Fell eingeschrieben. In der rechten unteren Ecke schläft unter der erhobenen Tatze ein gerüsteter Soldat, gleich hinter ihm hält ein anderer die Grenzwache. Links ruht unbehelligt eine weibliche Personifikation der Niederlande an einem schattigen Ort. Unter ihren Füßen lugt die leblose Gestalt des *Oude Twist*, also der ehemaligen Auseinandersetzung, hervor. Soweit das Auge schweifen kann, sieht es eine von Bauern wohl bestellte Landschaft, die sich offensichtlich von den Bedrängnissen des Krieges erholt. Allegorisch unterstrichen wird dies von jenen Wohltaten des Waffenstillstandes, die buchstäblich vom Himmel fallen. Als eine hybride Form zwischen Karte und Bild macht dieser *Leo Belgicus* besonders gut die spezifischen Möglichkeiten von bildlicher und kartographischer Darstellung deutlich.

[16] Vgl. HEIJDEN, Leo Belgicus (wie Anm. 15), Karte 5, S. 37–39; Katalog der Ausstellung in Krefeld 1999: Onder den Oranjeboom. Niederländische Kunst und Kultur im 17. und 18. Jahrhundert an deutschen Fürstenhöfen, Kaiser-Wilhelm-Museum, München 1999, Nr. 3.2; Jana BEIJERMAN-SCHOLS u. Jan Frederik HEIJBROEK (Hg.), Geschiedenis in beeld 1550–2000, nitgegeven ter gelegenheid van de Drie Tentoonstelligen Geschiedenis in Beeld in Amsterdam, Rijksprentenkabinet, Rijksmuseum 8 juli – 15 oktober 2000, Dordrechts Museum aan de Haven 8 juli – 15 oktober 2000, Rotterdam, Historisch Museum 8 juli – 1 oktober 2000, Zwolle 2000, S. 96; PLESSEN, Idee Europa (wie Anm. 15), Kat. Nr. IV, S. 48.

Weniger spektakulär, aber aufgrund ihres Jahrzehnte andauernden Erfolges ebenfalls sehr aussagekräftig ist die Wandkarte der 17 Provinzen von Claes Jansz Visscher, die auf einer Fassung von 1594 basiert und bis weit ins 17. Jahrhundert hinein immer wieder verbessert und neu aufgelegt wurde.[17] Von den bemerkenswert vielen Veränderungen sind, neben den neu erschlossenen Poldern und der Kultivierung von Torfmooren, insbesondere regelmäßige Verkehrsverbindungen auf den Kanälen zu erwähnen.[18] Außerdem trägt das Land deutlich den Stempel des langjährigen Krieges. Visscher veränderte aber nicht nur das kartographische Bild, sondern er fügte auch Namen und administrative Einheiten hinzu und gab der gesamten Karte damit das Aussehen eines reich mit Informationen gefüllten Bildes. Die auffälligste Zugabe zur neunblättrigen Version von Doetecum sind jedoch die Randleisten, die die von Visscher selbst angefertigten Stadtansichten der Provinzhauptstädte zeigen, daneben die Reiterporträts Philipps II., der Regenten der südlichen spanischen Provinzen, der Anführer der Revolte in den nördlichen Provinzen sowie der Prinzen Frederik Hendrik und Ferdinand. Die Zierleisten, die es ermöglichten, an den Rändern zugleich Informationen über Städte und Trachten anzubringen, konnten separat gekauft und hinzugeklebt werden. Sie dienten nicht nur der Dekoration, sondern rundeten die Informationen über das kartierte Land ab. Die Wandkarten leisten so die Vernetzung von historischen und topographischen Daten.

Die Beispiele aus den Niederlanden machen deutlich, dass Vermessung und Kartierung von Territorien nicht nur administrative Zwecke, sondern auch repräsentative Funktionen verfolgen konnten. Landgraf Moritz von Hessen wählte zwar nicht die monumentale Präsentation, aber er entschied sich für die Erstellung eines kunstfertig ausgeführten Kartenwerks, das es ermöglichte, das hessische Land in seiner Erstreckung und in seinen natürlichen und ökonomisch relevanten Ressourcen vor Augen zu führen. Die Landtafeln stehen somit in einer jahrhundertealten Tradition politischer Landschaftsauffassung. Sie offenbaren Anleihen bei zeitgenössischen Großprojekten und verknüpfen damit auch den Anspruch, der mit diesen Werken verbunden war.

Kosmographie, Geographie und Topographie

Die Topographie, also die Beschreibung oder Kartierung von Regionen, ist als Teil der Geo- bzw. Kosmographie zu verstehen, d. h. als Teil einer maßgeblich seit dem 16. Jahrhundert immer weiter verbreiteten Wissenschaft, die sich mit der Beschreibung der Welt befasste. Die Zunahme und Verdichtung des geographischen Wissens muss dabei auf zwei Ebenen betrachtet werden: Zum einen arbeiteten Geometer, meist im Auftrag von Herrscherhäusern, Landesfürsten oder Kommunen, an der konkreten Vermessung des Landes und überführten die Daten in immer neue und bessere Karten. Hierbei handelte es sich verständlicherweise meist um Regionalkarten, deren Daten nur teilweise in Länderkarten, wie die Karten der Niederlande, überführt wurden. Zum anderen wurden immer mehr Karten in Büchern reproduziert oder als zu erwerbende Einzelstücke vertrieben. Deshalb soll der Blick auf die Verbreitung von Karten und Ansichten in verschiedenen Publikationen des 16. Jahrhunderts gelenkt werden, um zu erklären, wie die verschiedenen Bilder, die sich auch in Dilichs Konvolut finden, gelesen und verstanden wurden.

Peter Apian

Peter Apian hat in seinem ‚Cosmographicus liber', der erstmals 1524 in Landshut erschien, unter Rückgriff auf den antiken Geographen Ptolemäus das Verhältnis von Kosmo-, Geo- und Topographie anschaulich erläutert.[19] Die Kosmographie beschäftigt sich mit der Beschreibung des Kosmos, der „durch den äußeren Umkreis des Himmels gehalten wird",[20] die Geographie beschäftigt sich hingegen nur mit der Oberfläche der Erde, die sie möglichst getreu in Kartenbildern zu erfassen sucht, und die Topographie, die bei Apian wie in vielen anderen zeitgenössischen Texten noch Chorographie genannt wird, widmet sich der bildlichen Darstellung kleinerer Teile der Erde beziehungsweise einzelner Orte. Ausdrücklich erwähnt der Autor, dass Erfahrung in der Malerei nötig sei, um solche Ortsansichten ausführen zu können.[21]

Daraus kann man schließen, dass Topographien nicht unbedingt Karten im strengen Sinne maßstäblicher Projektion von räumlichen Daten waren, sondern häufig auch Stadtansichten oder Landschaften, die aus ganz unterschiedlichen Perspektiven gezeichnet oder gemalt sein konnten. Diese Lesart wird von den Illustrationen

---

[17] Die erste Fassung wurde von Johannes van Doetecum angefertigt. Die *editio princeps* hatte ehemals die Maße 103,5 x 145,5 cm. Erhalten sind nur noch drei Blätter von ehemals neun; vgl. Günter SCHILDER, Monumenta Cartographica Neerlandica, (7 Bde. ersch.), Aalphen aan den Rijn 1986 ff., Bd. I, S. 144 f. und Faksimile von drei Blättern (I, 4,1–3). Zur jüngeren Version SCHILDER, Monumenta I (wie Anm. 17), S. 146–165, Faksimile 5, 1–14.

[18] Zu den seit dem 16. Jahrhundert eingerichteten Wasserwegen vgl. Audrey M. LAMBERT, The Making of the Dutch Landscape: An Historical Geography of the Netherlands, London 1971, S. 191; SCHILDER, Monumenta I (wie Anm. 17), S. 160–162.

[19] Peter APIAN, Cosmographicus liber, Landshut 1524; zur Interpretation dieses Textes und der Illustrationen vgl. BÜTTNER, Landschaft (wie Anm. 4), S. 50–54.

[20] APIAN, Cosmographicus liber (wie Anm. 19), fol. 2.

[21] APIAN, Cosmographicus liber (wie Anm. 19), fol. 3: *Finis verò euisdam in effigienda partilius loci similitudine consummabitur: veluti si pictor aliquis aurem tantum aut oculum designaret depingeretque.*

Abb. 4: Peter APIAN, Cosmographicus liber, Antwerpen 1550, fol. 2.

gestützt, die Apian seinem Text hinzugefügt hat (Abb. 4). Der Geographie werden eine kugelrunde Erddarstellung und ein menschlicher Kopf zugestanden, während bei der Topographie eine Stadtansicht mit den Sinnesorganen Auge und Ohr kombiniert wird. Hiermit wird nicht nur eine Hierarchie von beiden Arten der Darstellung eingeführt, sondern durch das Herausheben von Gesicht und Gehör auch ein Akzent auf die besondere Leistung der Topographie gelegt, die Orte in ihrer sinnlichen Erfahrbarkeit wiedergeben kann. Ganz abgesehen von der Unterscheidung der Bildmedien in Geo- und Topographie ist zu betonen, dass unter derartigen Beschreibungen keineswegs nur Bilder verstanden wurden, sondern dass die zahlreichen Graphien, die in der Frühen Neuzeit publiziert wurden, fast immer Texte mit Bildern kombinierten, ähnlich wie es schon beim *Leo Belgicus* angesprochen wurde.

Neben den üppig illustrierten Kosmographien von Hartmann Schedel und Sebastian Münster,[22] die eine Geschichte der Welt seit ihrer Schöpfung bieten wollten, und dies mit einem großen Aufgebot von chronikalischen Daten, Bildern und Karten einzulösen versuchten, sind vor allem die beiden folgenden editorischen Großprojekte

---

[22] Hartmann SCHEDEL, Weltchronik, Nürnberg 1493; Sebastian MÜNSTER, Cosmographey oder beschreibung aller Länder Herrschafften und fürnemesten Stetten des gantzen Erdbodens / samt ihren Gelegenheiten / Eygenschafften / Religion / Gebreuchen / Geschichten und Handthierungen, Basel 1544.

zu erwähnen, die die allgemeine Vorstellung von der Welt, ihren Regionen und Orten für ein breites Publikum am Ende des 16. Jahrhunderts zu definieren vermochten.

Abraham Ortelius

Abraham Ortelius publizierte 1570 mit seinem ‚Theatrum orbis terrarum' den ersten Atlas *avant la lettre*.[23] Dieses Werk bekam sehr bald Konkurrenz von ähnlichen Unternehmungen wie etwa dem Atlas von Gerhard Mercator, und in der Folge entstanden ungezählte Atlanten, deren Geschichte hier nicht nachgezeichnet werden kann.[24] Das ‚Theatrum' von Ortelius kann die neue Gattung von Kartensammlungen verkörpern, denn es zeichnete sich dadurch aus, dass die besten verfügbaren Länderkarten, wenngleich mit unterschiedlichen Maßstäben, auf ein verbindliches Format gebracht wurden, wobei auf den Rückseiten der Karten, die (wie damals üblich) einzeln zu erwerben waren, die wichtigsten geographischen, historischen, ökonomischen und zum Teil auch ethnographischen Angaben abgedruckt waren.

Dieser Atlas hat zahlreiche, ständig verbesserte Auflagen erlebt und wurde schon bald in verschiedenen Taschenformatauflagen, sogenannten *Epitomae*, herausgegeben, so dass er zu einem erschwinglichen Preis seinen Weg in viele Haushalte fand.[25] Er trug nicht nur zur Verbreitung geographischer Daten bei, sondern verband das ‚Gesicht' der Länder mit ihrer Geschichte. Der Atlas war darauf angelegt, in der Zusammenschau von Länderkarten aus der damals bekannten Welt sowie Karten, die die Welt aus antiker Perspektive wiedergaben,[26] eine Vorstellung der ganzen Welt zu bieten, um so die Geschichte besser verstehen zu können. In der Diktion von Ortelius heißt es: Die Geographie ist das Auge der Geschichte.[27] Um nämlich die Geschichte besser verstehen zu können, sei es vonnöten, sich mit Hilfe der Geographie deren Schauplätze zu vergegenwärtigen, wozu sein Sammelwerk dienen solle.[28] Das Gelesene bliebe so – mit den Karten als Spiegel der Realität vor Augen – viel länger im Gedächtnis.[29]

An diesen Aussagen von Ortelius wird klar, wie sehr Karten über die Beschreibung natürlicher Räume hinaus als ein Medium historischer Deutung verstanden wurden, so dass man davon ausgehen kann, dass Benutzer am Anfang des 17. Jahrhunderts die Zeichen der mit Geschichte angereicherten Karten vor einer Folie von breitem Vergleichsmaterial lesen konnten.

Civitates orbis terrarum

Dies gilt insbesondere auch für topographische Karten, denn 1572 bis 1617 hatten Georg Braun und Frans Hogenberg mit den ‚Civitates orbis terrarum' ein sechsbändiges Werk herausgegeben, das, wie der Name schon sagt, die Städte der ganzen Welt vorstellen sollte.[30] Ähn-

---

23 Abraham ORTELIUS, Theatrum orbis terrarum, Antwerpen 1570; Cornelis KOEMAN, The History of Abraham Ortelius and his ‚Theatrum Orbis Terrarum', Sequoia S.A. 1964; Kat. Ausst. Antwerpen 1998: De wereld in de kaart. Abraham Ortelius (1527–1598) en de eerste atlas, Museum Plantin-Moretus; Peter H. MEURER, Fontes Cartographici Orteliani: Das „Theatrum orbis terrarum" von Abraham Ortelius und seine Kartenquellen, Weinheim 1991; Marcel van den BROECKE, Ortelius Atlas Maps. An Illustrated Guide, Tuurdijk 1996.

24 Es würde den Rahmen sprengen, auch nur die Literatur zu den Atlas-Editionen anzugeben. Zu den Niederlanden, zu denen Ortelius und Mercator gezählt werden, vgl. Peter van der KROGT, Koeman's Atlantes neerlandici, 3 Bde., Westrenen 1997–2003; Gerhard MERCATOR, Atlas sive cosmographicae meditationes de fabrica mundi et fabricati figura, Duisburg 1585–1595; vgl. Peter van der KROGT, Erdgloben, Wandkarten, Atlanten – Gerhard Mercator kartiert die Erde, in: Gerhard Mercator, Europa und die Welt, Begleitband zur Ausstellung: Verfolgt, Geachtet, Universal – Gerhard Mercator, Europa und die Welt anlässlich des 400. Todestages von Gerhard Mercator im Kultur- und Stadthistorischen Museum Duisburg vom 4. September 1994 bis zum 31. Januar 1995, Duisburg 1994, S. 81–129, hier S. 103 f.; Rüdiger THIELE, Kosmographie als universale Wissenschaft – Zum Werk Gerhard Mercators, in: ibid., S. 15–36.

25 Zur ersten Taschenausgabe 1577 von Philipps Galle *Spieghel der werelt* vgl. KROGT, Atlantes (wie Anm. 24), Bd. III, S. 268–291; zu den Epitomae vgl. KROGT, Atlantes (wie Anm. 24), Bd. III, S. 292–329. Als Konkurrenzunternehmen druckte Jan van Keerbegen 1601 eine weitere Ausgabe der Epitome, vgl. KROGT Atlantes (wie Anm. 24), Bd. III, S. 330–355.

26 An die Stelle der sonst üblichen Überarbeitung der ptolemäischen Karten trat ein eigenständiger Anhang, in dem die antiken Karten als Parergon versammelt waren, so dass die antike Vorstellung der Welt in ihrer Historizität in deutliche Absetzung von der modernen Kartographie trat.

27 ORTELIUS, Theatrum (wie Anm. 23), Vorrede, o. S.: *Geographia, quae merito a quibusdam historiae oculos appellata est.*

28 ORTELIUS, Theatrum (wie Anm. 23), Vorrede, o. S.: *..., si Tabulis ob oculos propositis liceat quasi praesentem, res gestas, aut loca in quibus gestae sunt, intueri.*

29 ORTELIUS, Theatrum (wie Anm. 23), o. S.: *Atque vbi aliquantulum harum Tabularum vsui adsueuerimus, vel mediocrem etiam Geographiae inde cognitionem adepti, quęcunque leguntur, Tabulis his quasi rerum quibusdam speculis nobis ante oculos collocatis, memoriae multo diutius inhaerent.* Interessanterweise wird *speculis* in der ersten englischen Ausgabe mit *glasses* übersetzt, was der frühneuzeitlichen Verwendung von *speculis* als Brille entsprechen würde. So verführerisch die Annahme ist, die Karten wären von Ortelius als Brille zum Blick auf die Welt konzipiert worden, spricht der Genitiv Plural von *res*, der sich auf *speculis* bezieht, dagegen. Wahrscheinlicher ist daher die hier gegebene Übersetzung als Spiegel der Dinge, womit den Karten immerhin eine höchst genaue Repräsentationsleistung zugesprochen wird. ALPERS, Kunst (wie Anm. 4), S. 270 weist in diesem Zusammenhang auf die Ähnlichkeit in der Bewertung von Karten und Bildern hin, da auch Bilder als Spiegel oder Gläser bezeichnet wurden.

30 Zur Editionsgeschichte und den Mitarbeitern vgl. Georg BRAUN u. Franz HOGENBERG, Civitates orbis terrarum, 6 Bde., Köln 1572–1618, neu hg. und eingel. v. Raleigh Ashlin SKELTON, Amsterdam 1965, S. XIX ff. Vgl. darüber hinaus zu der Gattung der Stadtansichten die Arbeiten von Lucia NUTI, The Mapped Views by Goerg Hoefnagel: The Merchant's Eye, the Humanist's Eye, in: Word & Image 4 (1988), S. 545–570; Lucia NUTI, The Perspective Plan in the Sixteenth Century: The Invention of a Representational Language, in: Art Bulletin 76 (1994), S. 105–128; Lucia NUTI, Mapping Places: Chorography and Vision in the Renaissance, in: Denis E. COSGROVE (Hg.), Mappings, London 1999, S. 90–108.

lich wie Ortelius' Atlas besteht es aus Blättern, die auf einer Seite ein Stadtbild, auf der anderen den zugehörigen Text tragen und somit auch einzeln verkauft werden konnten. Die komplizierte Editionsgeschichte zeigt, dass die Herausgeber zunächst mit Bild- und Textmaterial aus ganz unterschiedlichen Quellen arbeiteten, und erst die große Nachfrage und der wirtschaftliche Erfolg den beachtlichen Umfang der ‚Civitates' bewirkten, die dann im Laufe der Zeit immer mehr originäre Informationen aufnahmen.[31]

Der Herausgeber der Faksimileausgabe, Raleigh Ashlin Skelton, unterscheidet vier Typen von Städtebildern: erstens stereographische Ansichten, bei denen die Perspektive in etwa einem wahrscheinlichen Standpunkt des Betrachters entspricht, zweitens die Vogelschau, drittens lineare Grundrisse und Kartenansichten, die einige Details in schräger Aufsicht zeigen, und viertens die frühen, monumentalen Stadtpläne.[32] Eine funktionale oder inhaltliche Zuordnung von Stadttypen und bestimmten Darstellungsmodi oder auch eine Hierarchie zwischen den Bildtypen ist nicht festzustellen. Vielmehr scheinen die Zeichner je nach ihrer Ausbildung den ihnen geläufigen Modus gewählt zu haben.

An diesem Befund zeigt sich, dass die Stadtansichten zwar nicht normiert waren, dass aber durch das Zusammentragen internationalen Bildmaterials der Versuch unternommen wurde, die bekanntesten Städte in ihrer Form und Lage zu erfassen und sie, mitsamt den schriftlich abgefassten Informationen, näherhin zu charakterisieren. Mit diesem Sammelband war ein Standardwerk vorhanden, an dem sich spätere Topographen orientieren konnten, wenn es darum ging, topographisch exakte Karten oder Ansichten von Städten zu erstellen. Selbstredend standen bei allen topographischen Karten die konkreten Vermessungsdaten im Vordergrund, aber das Layout war verbindlicher geworden.

Descrittioni und Chroniken

Will man den Stellenwert der Topographie in Gestalt von Karten, Bildern und Texten im 16. Jahrhundert ermessen, muss man auch die zahlreichen Publikationen heranziehen, in denen sie zur Darstellung von nationaler oder regionaler Geschichte eingesetzt wurde. Ähnlich wie bei den Atlanten ist es unmöglich, in diesem Rahmen einen Überblick über diese Buchgattung zu geben, aber es muss zumindest erwähnt werden, dass sich die lokale Geschichtsschreibung der Frühen Neuzeit zunehmend visueller Darstellungsmittel bediente. Bei den in vielen Buchtiteln genannten *Descrittioni* handelt es sich um Beschreibungen von Ländern, Regionen oder Städten, die nach geographischen Prinzipien aufgebaut sind. Sie beginnen daher mit einer allgemeinen Beschreibung des gesamten Gebietes und schreiten dann zu detaillierteren Beschreibungen einzelner Regionen voran, wobei etwa bei der Darstellung einzelner Städte gleichwohl historische Daten einfließen und die lokale Geschichte zu ihrem Recht kommt.

Lodovico Guicciardini

Besonders gut erforscht sind die ‚Descrittione di tutti paesi bassi altrimenti detti Germania inferiore' von Lodovico Guicciardini. Sie erschienen erstmals 1567 als Folio-Ausgabe bei Willem Silvius in Antwerpen.[33] Das Werk ist in zwei Teile gegliedert, deren erster die geographische Beschaffenheit des Landes und seine wirtschaftlichen Aktivitäten schildert und deren zweiter der Reihe nach die einzelnen Provinzen vorstellt. Vergleichbar den Texten von Ortelius beginnt auch Guicciardini mit der Lage des Landes und seiner Grenzen und schildert dann in kleineren Kapiteln die Flussverläufe, die schwierige, aber gemeisterte Aufgabe, die die langgezogene und zerklüftete Nordseeküste mit sich bringt, Wiesen und Wälder, Sitten und Gebräuche und die politische Verfassung. Wie Frank Lestringant herausgearbeitet hat,[34] bauen die geographischen Beschreibungen unter anderem auf Caesars ‚De bello gallico' auf: Sie bilden einen Text, den Guicciardini zunächst affirmativ verwendet und im Laufe der späteren Editionen selbstbewusst verbessert. Es zeigt sich hier das Bewusstsein von der historischen Veränderung der geographischen Zustände und von der Notwendigkeit, ihre Beschreibungen – sei es im Text oder in den Karten – zu aktualisieren.

Im zweiten Teil sind den Provinzen jeweils Übersichtskarten vorangestellt. Karten sollen dem besseren Verständnis dienen; außerdem signalisieren sie die der Darstellung zugrunde gelegte räumliche Ordnung. Von einer Gleichbehandlung der Provinzen kann allerdings, abgesehen von ihrer kartographischen Repräsentation, keine Rede sein. Guicciardini, der seit 1542 in Antwerpen ansässig war, widmete dieser Stadt die größte Aufmerksamkeit.[35] Unter

---

31 BRAUN/HOGENBERG, Civitates (wie Anm. 30), S. XXXI ff.
32 BRAUN/HOGENBERG, Civitates (wie Anm. 30), S. IX.

33 In relativ dichter Folge wurde das Werk auch in Französisch, Deutsch und Niederländisch publiziert. Vgl. den Katalog der Editionen in Henk DEYS, Mathieu FRANSSEN u. Vincent van HEZIK (Hg.), Guicciardini illustratus. De kaarten en prenten in Lodovico Guicciardini's ‚Beschrijving van de Nederlanden', Utrecht 2001, S. 25–110, hier S. 25 mit einer tabellarischen Übersicht. Zu Guicciardini und seinen Werken vgl. den Kolloquiumsband von Pierre JODOGNE (Hg.), Lodovico Guicciardini (1521–1589). Actes du Colloque international 28, 29 et 30 mars 1990, Brüssel 1991.
34 Frank LESTRINGANT, Lodovico Guicciardini Chorographe: de la grande à la petite Belgique, in: JODOGNE, Guicciardini (wie Anm. 33), S. 119–134, hier S. 127–129.
35 Zur Vorrangstellung Antwerpens im Text vgl. Fernand HALLYN, Guicciardini et la topique de la topographie, in: JODOGNE, Guicciardini (wie Anm. 33), S. 151–161, hier S. 153–155. Antwerpen entlohnte Guicciardini dafür später mit einer Goldkette im Wert von 200 Florinen; zu den Zahlungen der Städte an Guicciardini vgl. BÜTTNER, Landschaft (wie Anm. 4), S. 112 f.

den Einzelbeschreibungen sticht Antwerpen als wichtigste niederländische Stadt vor der Spaltung hervor; dies betont auch Brabant. Im weiteren Verlauf richtet sich die Reihenfolge nach der kartographischen Ordnung von Norden nach Süden.[36] Besonders aufschlussreich für die Konzeptualisierung eines Landes in seiner Gestalt und historischen Verfasstheit sind die Veränderungen, die das Werk im Laufe seiner diversen Auflagen erlebte. Hier sind nämlich nicht nur ein Zuwachs an Informationen sowie einige Korrekturen zu bemerken, vielmehr änderte sich auch der Tenor, denn die ab den 1580er Jahren deutlich gewandelte politische Situation schlug sich nieder.[37]

In den von 1588 an erhältlichen, reich mit Karten, Stadtplänen und Ansichten einzelner Sehenswürdigkeiten ausgestatteten Ausgaben wurde die Vorstellung eines prosperierenden Landes auch visuell unterstützt. Die Karten der Provinzen wurden in unterschiedlich großen Abständen aktualisiert. Die Herkunft der Darstellungen variiert, und je nach Verlagshaus wurden andere Quellen verwendet. Text und Bilder bezogen sich zwar auf die gleichen Objekte, allerdings fand kein Austausch unter ihnen statt. Die Illustrationen wurden vielmehr, je nach Verfügbarkeit von Vorlagen, dem Text beigegeben und konnten auf ihre Weise zur Aktualisierung beitragen.

Man kann sich demnach nicht darauf verlassen, dass nur aktuelle Ansichten und Pläne verwendet wurden. Weil die Bilder bei Nachfrage als letzter Schritt der Produktion den Texten beigebunden werden konnten, Layout und Reihenfolge dabei deutlich variierten,[38] muss man ihren Status mit Umsicht bewerten. Sie veranschaulichen nur zu einem gewissen Grad das, was der Text beschreibt. Ihre Hauptaufgabe liegt vielmehr in der Ergänzung des Textes. Anders als die Provinzkarten, die die räumlichen Bedingungen der Geschichte zeigen und ein Netz vorgeben, in dem die ökonomischen und statistischen Daten verortet werden können, sind die Ansichten und Pläne ganz den zivilisatorischen und urbanistischen Errungenschaften gewidmet.

Bis weit in das 17. Jahrhundert hinein erschienen in einer großen Variationsbreite zahlreiche Ausgaben der ‚Descrittione'. Die Palette reicht von winzig kleinen Taschenausgaben, die nur mit den entsprechend verkleinerten und kaum noch zu lesenden Provinzkarten und Stadtplänen versehen waren,[39] bis hin zu mehrbändigen, aber nicht notwendig illustrierten Ausgaben, die – zum Teil unter anderem Titel – auf Guicciardinis Text aufbauten, aber in großem Maß jüngere Informationen aller behandelten Sachgebiete berücksichtigten.[40] Die unterschiedlichen Varianten von Guicciardinis Text in zahlreichen Editionen offenbaren nicht nur das Interesse an dem Buch, sondern auch das Eigenleben, das dieser Text innerhalb seiner chronotopischen Ordnung führen konnte. Es ist bezeichnend, dass einige Ausgaben des 17. Jahrhunderts die Bücher nach den südlichen und den nördlichen Provinzen unterteilen.[41] Spricht man von den ‚Descrittioni' Guicciardinis, verweist man (ohne nähere Angaben) weniger auf einen konkreten Text oder ein Buch als auf ein Darstellungs- und Ordnungsmodell der Niederlande, in dem seit 1567 ständig variiert historische Daten in räumlichen Koordinaten vermittelt wurden. Darin liegt die bedeutsame Innovation dieser Beschreibung, deren Folgen auch in den Werken von Dilich noch zu bemerken sind.

Wilhelm Dilich

Auch Wilhelm Dilich hat noch vor den Landtafeln 1605 eine ‚Hessische Chronik' publiziert, die Geographie und Geschichte des Landes zusammenführt.[42] Obgleich der Titel in diesem Fall nahezulegen scheint, dass es sich um eine chronologische Beschreibung der Geschichte des Landes handelt, wählt Dilich eine an den ‚Descrittioni' angelehnte Art der Darstellung, indem er sein Buch in zwei Hälften teilt. Dies erläutert er einführend:

In dem ersten theil wirdt Hessen beydes nach alter unnd jetziger gelegenheit eigentlich beschrieben / die stätte und länder / dero darinnen gedacht wirdt / deliniiret und abgerissen / und was sich daselbst begeben / erzehlet / auch nach gelegenheit der örtter und zeit ettliche Gräffliche Genealogien und wapen mit ingemenget. Das ander theil aber handelt von denen inwohnern deß landes / und meldet also unser vorfahren ankunfft / wie die alten Hessen anfenglich in der welt gezogen und wessen sitten und gewohnheten sie sich gebrauchet / auch die noch biß an heut bey ihnen üblich und im schwang gehen. Darnach werden die vornembste geschichtsachen und verenderungen die sich bey diesem volck von dem 387 jahr vor Christi Geburt hero / insonders aber was von 870 jahren sich biß auff gegenwertige zeit verlauffen und zugetragen / erzehlet / unnd aller Regenten dieses landes contrafacturen / so viel ich von alten monumenten und begrebnussen zuwegen bringen können / mit inverleibet.[43]

---

[36] Darauf verwies zuerst HALLYN, Guicciardini (wie Anm. 34), S. 153.
[37] Vgl. LEVESQUE, Landscape (wie Anm. 15), S. 233.
[38] Im Exemplar einer Ausgabe von 1588 der Österreichischen Nationalbibliothek in Wien (65.N.40) gehen die Abbildungen zum Beispiel dem gesamten Text voraus.
[39] So etwa Guicciardinis ‚Belgicae descriptio generalis', die 1635 in Amsterdam bei Willem Blaeu erschien.
[40] So etwa in der ‚Belgica sive inferioris Germaniae descriptio: Auctore Lvdovico Gvicciardino Nobili Florentino', die 1652 in Amsterdam bei Joh. Janssonius d. J. in drei Oktav-Bänden erschien.
[41] So in der erweiterten Ausgabe der ‚Belgica descriptio' von 1650, in der Bd. I die Generalbeschreibung enthält, Bd. II die spanischen und Bd. III die vereinigten Provinzen. Eingeschoben sind hier zudem eine kurze Ableitung der batavischen Herkunft und das Dekret von 1587; vgl. Bd. III, S. 82–88.
[42] Zugrunde gelegt wird hier die von Wilhelm NIEMEYER herausgegebene Faksimile-Ausgabe: DILICH, Chronica (wie Anm. 2).
[43] DILICH, Chronica (wie Anm. 2), S. 4.

Abb. 5: Ideale hessische Landschaft, aus: DILICH, Chronica (wie Anm. 2), nach S. 24.

Der erste, 179 Seiten umfassende Teil schildert das Land also ausgerichtet am neuen geo- bzw. topographischen System, während der 357 Seiten umfassende zweite Teil sich mit der Geschichte der Hessen beschäftigt. Bezeichnend für diese Buchgattung ist, dass Dilich schon in der Einleitung auf die visuellen Medien verweist, die er dem Text *inverleibet*.[44] Für den topographischen Teil sind es Karten und Zeichnungen, die eigens *deliniieret und abgerissen*[45] wurden, sowie Genealogien und Wappen; im historischen Teil sind es *aller Regenten dieses landes contrafacturen*,[46] also Fürstenporträts, die er in Ermangelung anderer Bildquellen nach Monumenten und Grabmälern anfertigen ließ. Im Einzelnen stellt sich die Verwendung von Karten und Ansichten im ersten Teil folgendermaßen dar: Den Textabschnitt zu den Chatten begleitet eine Karte des Landes zu deren Zeit, in der in lateinischer Beschriftung die damaligen Bevölkerungsgruppen aufgeführt werden.

Text und Karte ergänzen sich gegenseitig, denn die Beschreibung hebt insbesondere die Grenzen des Landes hervor, um die im Laufe der Geschichte immer wieder mit den angrenzenden Bewohnern gekämpft wurde. Dies gilt ebenso für die Beschreibung der aktuellen topographischen Situation, die wiederum mit einer Karte kombiniert ist. Ausführlicher gerät die Benennung der natürlichen Ressourcen, die bei den Steinen und Metallen beginnt und über Nutzpflanzen, Quellen (saure Brunnen) und Thermalbäder bis zur Fauna führt. Über die Aufzählung und Lokalisierung der wichtigsten Vorkommen hinaus, wird hier mit wenigen Worten skizziert, wie Wirtschaft und Handel von den Ressourcen profitieren.

Verdichtet wird diese Beschreibung der *Fruchtbarkeit und besonderen Gaben des Landes Hessen*[47] bezeichnenderweise in einem Landschaftsbild (Abb. 5), das diesmal anstelle einer Karte als visuelles Inserat ausgewählt wurde. Ein eingebundener Stich[48] zeigt eine fiktive Landschaft, in der die wichtigsten Elemente vereint wurden. Hohe Bäume umrahmen im Vordergrund eine Quelle. Dazwischen weitet sich der Blick über mächtige Felsvorsprünge auf

---

[44] DILICH, Chronica (wie Anm. 2), S. 4.
[45] DILICH, Chronica (wie Anm. 2), S. 4.
[46] DILICH, Chronica (wie Anm. 2), S. 4.
[47] DILICH, Chronica (wie Anm. 2), S. 15.
[48] DILICH, Chronica (wie Anm. 2), nach S. 24.

Abb. 6: Ideale hessische Landschaft mit Burgen, aus: DILICH, Chronica (wie Anm. 2), nach S. 28; gen. ‚Burg und Stadt' nach NIEMEYER, Nachwort (wie Anm. 49), hier Bilderverzeichnis S. 23, Nr. 126.

einen gemächlich fließenden großen Fluss, der von hohen Felsen gesäumt wird. In der linken Bildhälfte verweisen einige bewaffnete Soldaten auf den Schutz des Landes, dessen natürliche Schönheit, Ruhe und Fruchtbarkeit noch dadurch unterstrichen wird, dass in Mittel- und Vordergrund kleine Schafe, Rinder und auch Vögel ein friedvolles Dasein führen.

Dieses Bild darf man weder als rein topographische Ansicht noch als rein ideale Landschaft verstehen.[49] Es handelt sich vielmehr um eine wohldurchdachte visuelle Kompilation dessen, was Dilich zuvor sprachlich beschrieben hatte. Die Leistung des Bildes besteht darin, die natürlichen Ressourcen des Landes in einem zeitgemäßen Modus zu visualisieren, und genau dazu bot sich das Landschaftsbild an. Dieses war zur Zeit Dilichs noch nicht mit romantischer Erhabenheit überfrachtet, sondern wurde je nach Kontext trotz kompositorischer Freiheit als Landschaftsaufnahme (im Sinne des von Dilich erwähnten Abrisses) verstanden.

Als Überleitung zu der Beschreibung einzelner Orte dient dementsprechend eine stark besiedelte Landschaft (Abb. 6), die von Burgen beherrscht und von Straßen durchzogen wird, welche von kleinen Gehöften und einer Kirche gesäumt werden. Erneut handelt es sich um eine Kompilation von Orten, die an diejenigen in Hessen gemahnen, aber nicht in konkreten Beispielen festzumachen sind.[50] Die Einleitung zur Chronik bietet in Text und Bild den Rahmen, in den sich die detaillierten Beschreibungen einzelner Regionen einfügen. Im weiteren Verlauf wechseln sich Karten verschiedener Maßstäbe

---

[49] Niemeyer bezeichnet diesen Stich im Nachwort der Faksimile-Ausgabe lediglich als „Landschaft" und macht keine näheren topographischen Angaben; vgl. Wilhelm Niemeyer, Nachwort, in: Dilich, Chronica (wie Anm. 2), S. 3–20, hier S. 13: „Mit dem Frankfurter Maler Adam Elsheimer (1578 bis 1610), von dem die Malerei der idealen Landschaft ihren Ausgang nahm, teilt Dilich den Sinn für die Landschaft, die nun als selbständiger Stoff den Ausdruck menschlichen Erlebens annehmen konnte; beide treten der Landschaft selbständiger und ungebundener gegenüber."; S. 14: „Mit großer Feinfühligkeit und scharfer Beobachtungsgabe vermochte der kaum Zwanzigjährige in seinen Handzeichnungen (sic!) die atmosphärische Stimmung der Landschaft bis zu den duftigsten Tönen der Luftperspektive einzufangen."; S. 16: „Die vielfach gerühmte ‚malerisch Behandlung' landschaftlicher Motive lassen also seine Stiche so gut wie ganz vermissen; dafür stehen die sie aber an historischer Treue den Federzeichnungen nichts nach".

[50] Vgl. ‚Burg und Stadt', in: DILICH, Chronica (wie Anm. 2), nach S. 28; Benennung des Stichs nach NIEMEYER, Nachwort (wie Anm. 49), hier Bilderverzeichnis S. 23, Nr. 126.

mit Ortsansichten ab. Texte und Bilder sind jeweils gut aufeinander abgestimmt, so dass die Gestalt des Landes einerseits zur Erklärung der Geschichte herangezogen wird und andererseits die Erinnerung an die Geschichte wahren hilft.

In der ‚Hessischen Chronik' hat Wilhelm Dilich die bekannten Register der zeitgenössischen Topographie und Geschichtsschreibung gezogen. Hier spiegelt sich der im 17. Jahrhundert besonders hohe Anspruch der Geographie als einer exakt beschreibenden Wissenschaft ebenso wie das politisch-ökonomische Verständnis von Landschaft, die als ein Ausdruck des Gemeinwesens gelesen wurde.

Die Landtafeln Wilhelm Dilichs

Die Landtafeln Dilichs sind nur als Teil des gerade vorgestellten Interesses an geo- und topographischer Beschreibung des Landes zu verstehen, welche zwischen Festschreibung von territorialer Herrschaft, Historiographie und Lob der natürlichen und landschaftlichen Ressourcen des eigenen Landes changiert. Als Konvolut gezeichneter und kolorierter Karten und Ansichten kann es zwar nicht eine solche Wirkung entfalten wie etwa die gemalten Karten der italienischen Paläste, aber zugleich hat es einen höheren repräsentativen Anspruch als die gedruckten Atlanten und *Descrittioni*, die für den überregionalen Buchmarkt produziert wurden. Für den exklusiven Gebrauch am Hof angefertigt, sind die Tafeln entweder als Vergewisserung des status quo oder als Anspruchserklärungen zu verstehen, wobei die zuvor vorgestellten Verfahren der historiographischen und geographischen Beschreibung in besonders anschaulicher Weise angewendet werden.

Das Layout

Zunächst besticht das Werk durch sein einheitliches Layout. Sämtliche vollendeten Darstellungen, seien es Karten oder Ansichten, sind von einem gemalten, profilierten Rahmen umgeben, dessen Farbigkeit auf die Tönung des Blattes abgestimmt ist. Die gesamte Farbgebung wird durch Blau, Grün und Ocker beziehungsweise dunklere Brauntöne geprägt, jene Farben, die noch heute in topographischen Karten genutzt werden, um Wasserstraßen, Wälder, Gebirgszüge und Ortschaften voneinander zu unterscheiden. Dilich verwendet sie allerdings nicht nur für die Karten, sondern ebenfalls für die Aufrisse von Burgen und Ansichten von Befestigungen oder Ortschaften und erreicht so eine große Homogenität aller Darstellungstypen.[51] Bei den Karten der einzelnen Ämter und Gerichte dient die Einfärbung dazu, größere Flächen nicht nur landschaftlich zu charakterisieren, sondern sie auch so deutlich voneinander abzusetzen, dass die besiedelten Gebiete wie Inseln in der auch ökonomisch sinnvoll genutzten Natur erscheinen.[52] Besonders deutlich wird dies etwa bei den ‚Fünfzehn Dörfer(n)' (Nr. 34), deren verstreute Lage an Flussläufen und zwischen kleineren Waldgebieten auf den ersten Blick zu erkennen ist. In einigen Fällen variiert die Farbgebung aber auch innerhalb eines Blattes. So gibt Dilich in der Spezialtafel zu Malsfeld (Nr. 57) das Rockenfeldt auf der Gesamtkarte in Grün an und wechselt in der rechts unten beigefügten Nebenkarte zu Ocker, um die zwei hier auf einem Blatt vereinten Karten voneinander zu unterscheiden.

Darüber hinaus dienen lange vor der Einführung der uns geläufigen Höhenlinien Schattierungen dazu, Höhenlagen und Bergrücken genauer zu konturieren.[53] In bewaldeten Gebieten changiert das Grün ins Blau, ansonsten wird das Ocker abgedunkelt, so dass sich einzelne Bergformationen scheinbar von Licht modelliert und zugleich perspektivisch hintereinander gestaffelt aus der Karte erheben. Diese Kolorierungstechnik macht Anleihen bei der ständig praktizierten, aber nur selten theoretisierten Farbperspektive der Landschaftsmalerei, die verblassendes Blau zur Angabe von Ferne genutzt hat.[54] Besonders auffällig ist dieses Verfahren bei dem Gericht Jesberg (Nr. 46), dem Amt Schönstein (Nr. 47) sowie dem imposant inszenierten Kaufunger Wald (Nr. 63).

Die Typographie der Schriftzüge bietet vielfältige Möglichkeiten, das kartierte Territorium zu ordnen. Nicht nur die Schriftgröße, sondern auch der Verlauf der Beschriftungen ermöglicht es, die einander überlagernden Ordnungen der Karte anzugeben. In Capitalis werden im Amt Schönstein etwa bedeutende Bergzüge wie *Der Keiler, Der Jeus, Der Heimberg* (Nr. 47) und große Waldgebiete wie *Der Gerwigshain* (Nr. 48) angegeben. Die Capitalis kann aber auch ein gesamtes Gebiet hervorheben, wie das *Gericht Liderbach* (Nr. 38) oder den *Bezirck dero Stadt Braubach*, deren angrenzende Bezirke in einer kleineren Type beschriftet sind (Nr. 19). Weniger bedeutende und kleinere Flächen werden in Großbuchstaben angegeben, aber kleiner geschrieben, wie etwa der *Molckenberg* oder *Der Appenhumerberg* (Nr. 48).

---

[51] Peter H. MEURER, Cartography in the German Lands, 1450–1650, in: WOODWARD, History of Cartography III, 2 (wie Anm. 3), S. 1227, spricht in Bezug auf die Karten sogar von realistischen Bildern: „The representation, …, is orthometric, but the skillful coloration still produced a realistic image".

[52] Zur Entwicklung und Nutzung des hessischen Waldes vgl. Hessisches Ministerium für Umwelt, ländlichen Raum und Verbraucherschutz (Hg.), Beiträge zur hessischen Forstgeschichte, Wiesbaden 2005, S. 10–23 Kap. „Die Waldbesitzer".

[53] Zu den Innovationen der Bergdarstellung in der Kartierung der Alpen im 19. Jahrhundert vgl. Daniel SPEICH, Berge von Papier. Die kartographische Vermessung der Schweiz in der Zeit der Bundesstaatsgründung, in: Cornelia JÖCHNER (Hg.), Politische Räume, Berlin 2003, S. 167–183.

[54] Vgl. Janis BELL, Color and Theory in Seicento Art: Zaccolini's ‚Prospettiva del Colore' and the Heritage of Leonardo, PhD Brown University 1983, sowie die gekürzte Darstellung von Janis BELL, Zaccolini's Theory of Color Practice, in: Art Bulletin 75 (1993), S. 92–112.

Die Kursivschrift, die Gerhard Mercator zur Beschriftung von Karten propagiert hat,[55] eignet sich besonders, um zarte Einträge auf ein nicht näher definiertes Gelände aufzubringen und zugleich die Dynamik der Karte zu steigern. Dilich nutzt sie zur Verzeichnung kleinerer Erhebungen und Gebiete und begünstigt etwa bei der Darstellung der Stadt Melsungen (Nr. 55) durch die fast radiale Anordnung der Schriftzüge auf den Bergrücken deren Inszenierung. Ganze Textblöcke können etwa zur Erklärung von Besitzansprüchen eingeführt werden. Darüber hinaus werden in Ermangelung weiterer topographischer Informationen zuweilen ‚Schnörkel' eingesetzt, um freie Flächen mit Ornamenten gefälliger erscheinen zu lassen (etwa Nr. 38 zum Gericht Liederbach).

Nur wenige standardisierte Zeichen finden auf den Karten Verwendung: Ein roter Kreis mit einem zentralen Punkt bezeichnet bei den Besiedlungen meistens einen (Kirch)turm. Hierbei könnte es sich um die Angabe zu denjenigen Punkten handeln, an denen vom bezeichneten Turm aus Messungen des Geländes vorgenommen worden waren. Ein Dreieck mit einem Punkt ist für Wüstungen und Mühlen und in wenigen Fällen auch für Burgen vorgesehen. Kleine rote Punkte, die durch eine gestrichelte Linie miteinander verbunden sind, markieren auf einigen Blättern die Grenzen der Ämter oder Gerichte (Nr. 2, 18–19, 34, 41–42 und 55; Nr. 47–48 in grün). Hier handelt es sich um Markierungen, die nicht auf die Karten beschränkt sind, sondern auch im Land selbst vorgenommen wurden, um die Grenzen zu visualisieren.

In unterschiedlich hohem Grad ist allen Karten gemein, dass sie nur das im Titel bezeichnete Gebiet, sei es Stadt und Umland, einen Bezirk oder einen Amtsbereich zeigen und das angrenzende Land aussparen. Auch im Layout wird so deutlich, dass es sich nicht um Ausschnitte aus einer Generalkarte handelt, sondern um einzeln angefertigte Darstellungen, die auch im Maßstab differieren, der unter anderem aus diesem Grund jeder Karte einzeln in immer neuen Variationen, meist wie ein aufgelegtes Lineal, beigefügt wird. Zugunsten der Homogenität der Blätter wird also der Maßstab dergestalt angepasst, dass das kartierte Gebiet die Fläche großteils ausfüllen kann. Größere verbleibende Flächen werden mit Kartuschen oder Bildinseraten gefüllt, nur selten sind weitere Ortschaften außerhalb der Grenzen verzeichnet, wie etwa beim Gericht Liederbach (Nr. 38).

Generell werden Ortschaften und Städte in schräger Parallelprojektion so wiedergegeben, als könne man sie aus der Vogelperspektive sehen. Farblich bleiben diese miniaturhaften Stadtansichten in der benannten Skala, denn die Gebäude bestehen vornehmlich aus Umrisslinien mit rot oder blau eingefärbten Dächern. Herausgehoben werden insbesondere Kirchen, aber auch weitere charakteristische Gebäude, die als Landmarken fungieren können. Dank der großen Maßstäbe und der damit verbundenen Detailgenauigkeit entsteht der Eindruck, man könne die perspektivisch erfassten Städte in ihrer konkreten Gestalt wiedergeben; dennoch handelt es sich nicht um regelrechte Stadtpläne von der Genauigkeit der Sammlung von Braun und Hogenberg. Die städtebaulichen Charakteristika einiger Städte, wie etwa Melsungen (Nr. 55) oder Bornich im Amt Reichenberg (Nr. 1) werden so genau festgehalten, dass ihre aus dem Mittelalter stammende Anlage gut abzulesen ist.

Aufs Ganze gesehen erweist sich Dilichs Layout als ein gelungenes Amalgam aus maßstabsgerecht eingetragenen Daten und landschaftlichen Besonderheiten, die durch die Kolorierung besonders ins Auge stechen und durch die Schattierungen ansatzweise auch eine dritte Dimension erhalten. Diese Art der Kartierung fällt zwar nicht aus dem Rahmen der am Anfang des 17. Jahrhunderts üblichen Konventionen, aber neben der sorgfältigen Kolorierung sind es die Bildinserate auf den Karten selbst und darüber hinaus die Kombination der Karten mit den mehrere Seiten beanspruchenden Grund- und Aufrissen der Burgen, die Dilichs Landtafeln eine besondere Prägung verleihen.

Legenden und Ausschnittvergrößerungen

Ähnlich wie in aktuellen, interaktiven Karten, in denen die Benutzer per Mausklick weitere Informationen zu einzelnen Punkten der Karte erhalten können, bieten auch die Karten Dilichs, wenngleich in erheblich kleinerem, überschaubaren Rahmen, Zusatzinformationen, die den Karten ostentativ in einem anderen Repräsentationsmodus beigefügt sind. Dies gilt nicht nur für die Maßstäbe, die wie zufällig in immer anderer Ausrichtung auf den Karten zu liegen scheinen, sondern auch für Ausschnittvergrößerungen, Ansichten und historische Denkmäler. Der Karte der ‚Fünfzehn Dörfer' (Nr. 34) ist oben links eine eigens gerahmte, gleichsam gezoomte Aufnahme der zahlreichen Quellen und Brunnen bei Langen-Schwalbach inseriert. Hier weist der angepasste Maßstab in geradezu überdeutlicher Geste dergestalt auf den Fluss und die namentlich eingetragenen Brunnen hin, dass deren wirtschaftliche Bedeutung zum Argument der gesamten Karte aufsteigt.[56] Ähnlich wird die Wicker Mühle auf der

---

[55] Zur Kursivschrift vgl. Gerhard MERCATOR, Literarum latinarum, quas italicas cursoriasque vocant scribendarum ratio, Löwen 1540.

[56] DILICH, Chronica (wie Anm. 2), S. 41: *Langen Schwalbach ist ein schöner und berufener Fleck / wegen der vielen Sawerbrunnen / so daselbsten entspringen / und liegt in dem revier / welches man die Fünffzehen Dörffer nennet.* Es folgt eine lange Beschreibung zur Beschaffenheit der Quellen und ihrer Namen bei Matthaeus MERIAN [der Ältere], Theatrum Europaeum. Oder Ausführliche und Warhafftige Beschreibung aller und jeder denckwürdiger Geschichten so sich hin und wieder in der Welt fürnämlich aber in Europa und Teutschen Landen, so wol im Religion- als Prophan-Wesen vom Jahr Christi 1617–1629 zugetragen, Frankfurt am Main 1635, S. 122 f.

südlichen Hälfte der Herrschaft Eppstein (Nr. 37) vergrößert und mit eigenem Maßstab am rechten Rand ein weiteres Mal dargestellt, wohl um anzudeuten, dass sie, wenngleich extraterritorial, doch zur Herrschaft gehört. Selbst Legenden, wie jene zu den Gebäudeteilen von Schloss Reichenberg (Nr. 13), können als angeheftete Papiere gestaltet und damit belebt werden, so dass ein Lineal sie eigens davon abhalten muss, sich wieder zusammenzurollen.[57]

Erinnerungsorte

Über das Inserat von Karten in größerem Maßstab und über formale Spielereien mit scheinbar angehefteten, der zeichnerischen Virtuosität entspringenden Papieren hinaus zeichnet Dilich auch historische Denkmäler in die Karten ein. Als materielle Zeugnisse der Vergangenheit erinnern sie nicht nur an die Kultur, der sie angehörten, sondern sie visualisieren in ostentativer Dreidimensionalität zugleich eine kommemorative Funktion und können als identitätsstiftende Orte verstanden werden. Auch wenn dafür der von Pierre Nora eingeführte Begriff ‚Erinnerungsort' zunächst zu hoch gegriffen erscheint,[58] so lassen sich die von Dilich ausgewählten Orte und Denkmäler sehr wohl in ihrer symbolischen Bedeutung für Hessen lesen. Darüber hinaus macht die Verzeichnung dieser Orte auf Karten besonders deutlich, wie stark in Dilichs Konzept historische Erinnerung mit konkreten Orten und Denkmälern verknüpft ist und die Topographie auf diese Weise der Geschichtsschreibung zuarbeitet. Die Karte des Gerichtes Liederbach (Nr. 38) zeigt links oben einen, durch die perspektivische Verzerrung höchst monumental anmutenden, antiken Steinblock. Es handelt sich um den Sockel einer Jupitergiganten-Säule, der wegen der üblicherweise vier hier dargestellten Götter auch als Viergötterstein bezeichnet wird. Diese Monumente waren im 2. und 3. Jahrhundert nach Christus in Obergermanien weit verbreitet.[59] Dilich gibt die Seite mit Merkur und jene wieder, auf der von einem Giganten oder einer Nereide die Weiheinschrift des Stifters *C. Iunius Secundus* gehalten wird, wodurch der historische Kontext des Monuments herausgestellt wird.[60] Die zwar moderne, aber dennoch lateinische Schrift über der Zeichnung erklärt, dass dieser Stein, der sowohl durch sein hohes Alter als auch durch die Unachtsamkeit der Bewohner von Niederliederbach nur unvollständig erhalten sei, dennoch die Erinnerung an das römische Altertum bewahre und in der Vorhalle des Tempels zu betrachten sei.[61]

Ob Dilich von der Bedeutung des Jupiterkults in dieser Gegend wusste, ist nicht bekannt. Immerhin monumentalisiert er den im Original nur einen Meter großen Stein in seiner Darstellung sehr stark und macht ihn so zu einem bedeutenden Zeichen einer vergangenen Kultur, die zur Geschichte des Landes gehört. Dies entspricht seiner Geschichtsauffassung, die er im Sinne einer Gründungsgeschichte der hessischen Landgrafschaft in seiner ‚Hessischen Chronik' entfaltet hat.[62] Obgleich er dort die mutigen Chatten im Kampf gegen die Römer herausstellt, scheint ihm hier daran gelegen, ein Denkmal der römischen Kultur herauszustellen.

In ähnlicher Weise präsentiert die Karte des Amtes Rheinfels (Nr. 2) auf einem eigens eingefügten kleinen Rasenstück eine zwar gut, aber nicht vollständig erhaltene keltische Flammensäule aus rötlichem Stein, die, folgt man Dilichs Angaben, ehemals neben der Kirche von Pfalzfeld stand.[63] Dort ist sie in Miniaturformat nochmals eingezeichnet, durch einen Pfeil eigens hervorgehoben und mit dem Schriftzug *Obeliscus* versehen. Das Monument, das erst zu Dilichs Zeit wiederentdeckt wurde, stammt aus dem 5. Jahrhundert vor Christus, wurde aber im 17. Jahrhundert wohl ebenfalls als römisches Denkmal angesehen und konnte wie der Viergötterstein als Hinweis auf die eigene kulturelle Vergangenheit gedeutet werden.

Mit dem Königstuhl wird bei der Stadt Rhens (Nr. 18) hingegen ein dezidiert politisches Monument abgebildet.[64] In der rechten unteren Ecke bekommt er eine

---

57 Eher als Verlegenheitslösung ist das Inserat in der zweiten Spezialtafel zu Malsfeld (Bl. 9) zu verstehen. Hier heftet Dilich an der rechten Seite fiktiv zwei weitere Kartenfragmente an, die sich unten im Süden an das hauptsächlich dargestellte Gebiet anschlössen, wenn das Querformat dies nicht verhindern würde.

58 Pierre NORA, Les lieux de mémoire, Paris 1984, hat mit seiner mehrbändigen Publikation den Begriff ‚Lieu de mémoire' eingeführt, der sich im Deutschen als ‚Erinnerungsort' durchgesetzt hat. Gemeint sind keine topographischen Orte, sondern Topoi, an denen sich die kollektive Erinnerung verdichtet, so dass sie Identität stiftet.

59 Der Stein befindet sich heute im Museum Wiesbaden in der Sammlung Nassauischer Altertümer, Inv. Nr. 376. Vgl. Gerhard BAUCHHENSS, Die Iupitersäulen in der römischen Provinz Germania Superior (Beihefte zum Bonner Jahrbuch 41), Köln 1981, Nr. 176. Ich danke Margot Klee vom Museum Wiesbaden für die Informationen.

60 Vgl. BAUCHHENSS, Iupitersäulen (wie Anm. 59), Nr. 176. Die Inschrift lautet: *I(ovi) O(ptimo) M(aximo) / et Iunin(i) Re[g(inae)] C(aius) Iun(ius) Secu[n(dus) de[(curio)] c(ivitatis) Itiu [---]* und bringt somit die Weihe an Jupiter und Juno zum Ausdruck. Bei dem Stifter handelt es sich um einen Ratsherr einer nicht weiter bekannten *civitas*.

61 BAUCHHENSS, Iupitersäulen (wie Anm. 59), S. 132: *In sacra aede Inferioris Liederbach lapis vetustate pariter atque incolarum incuria mutilatus, antiquitatis autem Romanae memoria monimentumque in vestibulo visitur, cuius apographum hic habes.* Gefunden wurde der Stein vermauert in der Kirche von Unterliederbach.

62 Vgl. DILICH, Chronica (wie Anm. 2), Teil II, S. 4–5 zum Kampf der Chatten gegen die Römer, in dem sie sich als ein *harter eckstein* erwiesen; S. 26–56 zur späteren Geschichte der Chatten. Vgl. die Interpretation von Dilichs Geschichtsverständnis bei Thomas FUCHS, Traditionsstiftung und Erinnerungspolitik. Geschichtsschreibung in Hessen in der Frühen Neuzeit, Kassel 2002, S. 159–165.

63 Die Säule befindet sich heute im Rheinischen Landesmuseum in Bonn, Inv. Nr. 38.523. Ihre Höhe beträgt heute 1,48 m, wahrscheinlich war sie ehemals doppelt so hoch.

64 Vgl. Egon DILLMANN, Rhens mit dem Königstuhl, Köln 1975.

eigene Standfläche und wird, obgleich er im 17. Jahrhundert bereits stark verfallen war, in den ursprünglichen Farben, dem roten Sandstein der Pfeiler und dem weiß verputzten Mauerwerk, wiedergegeben.[65] Ebenso wie die antike Flammensäule ist auch er ein weiteres Mal oberhalb der Stadt Rhens am Rheinufer in der Karte eingezeichnet und mit einer Beischrift eigens benannt. Es handelt sich bei diesem außergewöhnlichen Bau um einen monumentalisierten Thron, der an die Versammlung der rheinischen Kurfürsten erinnert, die sich am 16. Juli 1338 in Rhens getroffen hatten, um ihren Anspruch auf die Wahl des römischen Königs zu formulieren.[66] Als erster König wurde Karl von Böhmen 1346 in Rhens zum König gewählt, zehn Jahre später allerdings ließ dieser Frankfurt zum Ort künftiger Wahlen bestimmen. Nach 1376 entstand im Auftrag Karls IV. auch der monumentale Thron. Durch die Hervorhebung dieses Herrschaftssymbols auf der Karte des 17. Jahrhunderts wird Rhens in seiner überregionalen historischen Bedeutung für die Königswahl inszeniert. Die Funktion des Denkmals selbst ist kaum deutlicher zu kennzeichnen: Der Königstuhl dient als Erinnerungsort für die Königswahl und insbesondere für die Rolle der rheinischen Kurfürsten. Die Karte unterstreicht die Verbindung von historischem Ereignis und Ort durch die Einzeichnung und Bezeichnung des Monuments, das zudem wie ein Signum der Stadt Rhens vorgeführt wird.

Zur Darstellung des hessischen Anrechts auf die Herrschaft Eppstein (Nr. 35–37), die aus einer General- und zwei Spezialkarten besteht, bedient Dilich sich eines raffinierten Kunstgriffes, indem er gleich auf der ersten Seite ausgewählte Gräber des Adelsgeschlechts der Eppstein-Münzenberger in die Karte einfügt.[67] Auswahl und Anordnung der in ihren gestalterischen Qualitäten sehr genau erfassten Monumente, die sich allesamt in der evangelischen Pfarrkirche von Eppstein befinden, dienen hier ganz konkret dem Verweis auf die längst ausgestorbene Linie und den Verkauf ihres Landes.

Links oben ist das Wandgrabmal von Engelbrecht von Eppstein-Münzenberg († 1494) zu sehen, das sich heute im Chorscheitel der evangelischen Pfarrkirche in Eppstein befindet.[68] Weil mit seinem frühen Tod die Linie des Grafengeschlechts zu Ende ging, wurde sein Grab besonders aufwändig inszeniert, indem es die Figur des Verstorbenen fast vollplastisch und lebensgroß zeigt und sie somit von den anderen Grabmonumenten der Kirche absetzt. *Monumentum hoc parieti Epsteinensis templi infectum imaginem habet Ephebi, Domini m Epstein* schreibt Dilich neben das Bild der Grabfigur und unterstreicht damit, dass die Figur des Jünglings farbig gefasst und an der Wand angebracht war. Die Zeichnung setzt den roten Untergrund samt Baldachin deutlich von der grauen Sandsteinfigur ab, die wahrscheinlich von Hans van Düren ausgeführt wurde und damit zu den bedeutendsten Ausstattungsstücken der Kirche gehört.[69] Auch Teile der Grabinschrift sind leserlich angegeben: *MCCC XCIIII den XVII tag starb der wolge / borne Engel / brecht Herr zu Eppstein und zu Catzenellenbogen.*

Unten rechts liegen gleichsam direkt auf der Karte die Grabplatten der vorangegangenen Generationen, nämlich jene des ebenfalls jung verstorbenen Großonkels Engelbrechts, Adolf von Eppstein-Münzenberg († 1434), und dessen Vaters, Gottfried VII. von Eppstein-Münzenberg († 1437), des Stifters der Kirche. Auch sie befanden sich ehemals im Chor, ebenso wie das Grab der Ehefrau Gottfrieds VII., Margarethas von Eppstein-Münzenberg, das allerdings bei Dilich fehlt, weil es für die Andeutung der genealogischen Abfolge unwichtig war.[70] Dilichs Inschrift erläutert eigens, warum er diese Gräber zeigt:

Haec monumenta ante altare ab arenato prominent, quorum alterum imaginem Gotfridi VI., cuius filius Gotfridus partem illam Dynastiae seu territorii Epstein, quam in hac tabula descriptam vides, anno M CCCC XCII vendidit, ostendit.

„Diese Grabmäler ragen vor dem Altar aus dem Boden hervor. Eines zeigt das Bild von Gottfried VI., dessen Sohn Gottfried einen Teil der Dynastie bzw. des Territoriums Eppstein 1492 verkauft hat, dessen Beschreibung Du auf dieser Tafel siehst."

Die Angaben sind fehlerhaft, da doch Gottfried VII. hier begraben ist. Sein Enkel Gottfried IX. war es, der die Herrschaft verkaufen musste. Aber es kommt auf die Darstellungsabsicht an, die sehr gut greifbar wird. Dilich wollte den aktuellen Anspruch Hessens auf die Herrschaft zum Ausdruck bringen und tat dies, indem er mit den Grabmälern der Vorgänger nicht nur deren Geschichte, sondern vor allem deren Ende ins Bild holte. Auf einen Blick sind so Genealogie, Grablege und Territorialansprüche miteinander verknüpft. Die ausführlichen Beischriften zu den Grabmälern offenbaren allerdings, dass zur Wertschätzung der Gräber auch ihre genauen Standorte im Kirchenraum angegeben werden mussten. Da die

---

[65] Matthaeus MERIAN, Topographia Hassiae et Regionum Vicinarum, Frankfurt 1655, ND hg. v. Wilhelm Niemeyer, Kassel 1959, S. 114, beklagt wenige Jahre später bei seinem Absatz zur Stadt Rhens den Zustand des Königstuhls: *Ist etwan ein herlich Gebäw gewesen / aber jetzt sehr zerfallen und verwüstet.*
[66] Vgl. A. SCHMIDT, Rhens (Rheinland-Pfalz, Deutschland), Kurverein (1338), in: Lexikon des Mittelalters 7, München – Zürich 1995, Sp. 785.
[67] Vgl. NIEDER, Dilich (wie Anm. 1), S. 62.
[68] Zu den Grabmälern vgl. Michael NITZ, Simone BALSAM u. Sonja BONIN, Main-Taunus-Kreis (Denkmaltopographie Bundesrepublik Deutschland. Kulturdenkmäler in Hessen 22), Stuttgart 2003, S. 144–147.

[69] Vgl. Bertold PICARD, Eppstein im Taunus. Geschichte der Burg, der Herren und der Stadt, Frankfurt a. M. 1968, S. 77.
[70] PICARD, Eppstein (wie Anm. 69), S. 145–146 mit Abbildungen. Heute befinden sich die Grabplatten an der südlichen Innenwand der Kirche.

Karte dies nicht leisten kann, befand Dilich eine schriftliche Erläuterung der Monumente und ihres Zusammenhangs mit der Karte für nötig, um den historisch weniger Kundigen sein Argument nahe zu bringen. Hier gerät die Evidenz des Mediums offensichtlich an ihre Grenzen.

Da nicht alle geplanten Blätter ausgeführt sind und die vorgestellten Beispiele jeweils Einzelfälle darstellen, lässt sich kein Gesamt-Programm derartiger Inserate postulieren. Festzuhalten ist jedoch, dass Dilich versucht, die Artefakte ganz unterschiedlicher Provenienz so detailgetreu und plastisch wie möglich darzustellen, um die Geschichte des kartierten Landes im wahrsten Sinne des Wortes dingfest zu machen. Weit davon entfernt lediglich Dekor zu sein, verweisen die Monumente auf vergangene historische Epochen, die das Land geformt haben.

Die Burgen

Wie gut Karten und Ansichten auch im Nach- oder Nebeneinander zusammenspielen, wird besonders deutlich, wenn man sich die Präsentation der am Rhein gelegenen Burgen ansieht. Einer Karte von Amt Rheinsfeld, der eine Rheinlandschaft mit Blick auf Burg Rheinfels und St. Goar beigefügt ist, folgen der Grundriss der Burg und drei Ansichten (Nr. 2–6). Auch Schloss Reichenberg wird von einem Grundriss der Gesamtanlage eingeführt, der zwei Ansichten dieser am Hang terrassierten Anlage folgen, ehe noch einmal die Kernburg im Plan eines weiteren Stockwerks samt den zwei fehlenden Ansichten geboten wird (Nr. 11–16). Einer Karte des Amtes Reichsberg wurde eine weitere Burgansicht vom Rhein aus angeheftet, allerdings nun mit dem Blick auf Katzenelnbogen und Goarshausen.

Die Karten bieten das linksrheinisch gelegene Amt Rheinsfeld und das rechtsrheinisch gelegene Amt Reichenberg, wobei der Rhein an den jeweils anderen Rand der Karte rückt, aber seine beiden Ufer samt Besiedelung noch zu sehen sind. Dass beim Amt Rheinsfeld auch die zugehörige Burg abgebildet ist, muss nicht eigens erklärt werden. Umso mehr fällt jedoch auf, dass beim Amt Reichenberg nicht die zuvor in den Grund- und Aufrissen erläuterte Burg Reichenberg in der Miniaturansicht erscheint, sondern vielmehr erneut das steile Rheinufer in den Blick genommen wird, dessen Bergrücken die Burg gerade verdeckt.

Offensichtlich geht es bei diesen Ansichten nicht in erster Linie um das erneute Abbilden der Burgen, die bereits im einzelnen vorgeführt wurden, sondern vielmehr um die Darstellung einer strategisch bedeutsamen Flussschleife, an deren Hängen nicht ohne Grund so viele Burgen stehen, die es erlauben, den Flusslauf zu überblicken. Zwar werden beide Flussufer höchst idyllisch und bei bestem Sonnenschein dargestellt, ihr hauptsächliches Thema ist dennoch die Beherrschung dieser bedeutenden Wasserstraße an beiden Ufern, die sich in der Bebauung ebenso niederschlägt wie in dem Blickregime.

Gerade weil in der Ansicht eines Ufers der Blick vom anderen Ufer enthalten ist, ergänzen sich diese beiden Ansichten besonders gut.[71]

Auch wenn Dilichs Inserate von Landschaftsansichten auf den ersten Blick wie Vorboten der Rheinromantik anmuten, würde man sie grundlegend missverstehen, wenn man sie hier einordnen würde.[72] Seine Darstellungen dienen dazu, die ästhetischen Qualitäten der Verbindung von Burg und Landschaft zu zeigen, wobei er die Höhe der Felsen zwar zeigt, aber keine Dramatisierung von Felsen und Fluss vornimmt, wie sie später in der Ikonographie der Rheinlandschaft immer deutlicher hervortreten wird.[73] Der Anblick der Burgen in ihrer reizvollen Lage ergänzt die Karten um einen real nachvollziehbaren Eindruck der besiedelten Landschaft und betont, ähnlich wie die anderen Bildinserate, die Bedeutung dieser Anlagen als politische Zeichen.

Im Vergleich mit Text und Bildern aus der ‚Hessischen Chronik' zeigt sich erneut, wie Dilich die unterschiedlichen Formate bedient. Dort werden die genannten Burgen in umgekehrter Reihenfolge unter der ‚Niedergraffschaft Catzenelnbogen' abgehandelt:

> … haus Reichenberg … Ist nach asiatischer form und manier / ohne dach / oben zugewelbet / und mit zweyen hohen gleichformigen thürmen gezieret. Liegt auff einem felssen / und ist allenthalben unden unnd oben mit vielen gewelbten gängen versehen. Wie sichs aber ansehen lest / so ist der baw allein halb vollendet / dan auch der Graf darüber verstorben.
>
> Nicht fern davon liegt am ufer des Rheins das stättlein Gewershausen [Goarshausen] / unnd über demselben auff einem hohen felsen das schlos New Catzenelnbogen. [Es folgt eine kurze Beschreibung des hier besonders gefährlichen Rheins und der Loreley.] Gegen Gewershausen aber liegt die Stadt S. Gewer … Undter dieser stadt liegt auff einem hohen berge das Schloß Rheinfels. Solches hat anfenglich Graff Diether der I des Nahmen G.

---

[71] Strukturell vergleichbar ist der Aufbau der Serien zu Katz (Nr. 7–10), Philippsburg (Nr. 25–28) und Marksburg (Nr. 20–24) gestaltet, die ebenfalls in kolorierten An- und Aufsichten erfasst und sowohl kartographisch als auch durch gerahmte Miniaturbilder in der Landschaft verortet werden.

[72] Vgl. Mario KRAMP u. Matthias SCHMANDT (Hg.), Die Loreley. Ein Fels im Rhein, ein deutscher Traum, Mainz 2004; Klaus HONNEF, Klaus WESCHENFELDER u. Irene HABERLAND (Hg.), Vom Zauber des Rheins ergriffen … Zur Entdeckung der Rheinlandschaft vom 17.–19. Jahrhundert, Kat. der Ausstellung im Rheinischen Landesmuseum Bonn, München 1992; Cornelis HOFSTEDE DE GROOT u. Wilhelm SPIES, Die Rheinlandschaften von Lambert Doomer, in: Wallraf Richartz Jahrbuch 3–4 (1926/27), S. 183–198.

[73] Vgl. Herman SAFTLEVEN, Rheinlandschaft mit einer Ansicht von Burg Katzenelnbogen, 1669, Öl auf Kupfer 14,3 x 17,4 cm, vgl. die Angaben in HONNEF/WESCHENFELDER/HABERLAND, Zauber (wie Anm. 72), Kat. Nr. 61; J. M. W. TURNER, St. Goarshausen und Burg Katz, 1817, Aquarell, 19,5 x 31,7 cm, London Courtauld Galleries, vgl. ebd., Kat. Nr. 222.

zu Catzenelenbogen aus einem kloster / Mattenburg geheissen / in anno [1]246 zu einem schloß undd festung gemacht / unnd nach 9 Jahren darauß die vorrüberreisende den zoll zu geben gezwungen. Derowegen es endlich zu einem krieg gerahten / also daß die 60 städt am Rhein umb solchen newen zolls willen / Stadt und Schloß in anno 1255 zum hefftigsten belaegert / unnd ob sie gleich solches mit grossem ernst und fleis ein jahr und vierzehn wochen continuiert und getrieben / dennoch unverrichteter sachen abziehen / unnd dem Graffen den zoll lassen müssen. Nach diesem hat Landgraff Philip der jünger diß Schoß mit schönen gebewen erweitert unnd mit einem Lustgarten gezieret.[74]

Anders als die bildlichen Darstellungen verbindet der Text historische Begebenheiten und Verhältnisse mit der Gestalt und Lage der Burgen. So erfahren wir, dass die merkwürdige Form des Hauses Reichenberg sich aus ihrem unvollendeten Status erklärt, und ebenso, dass Schloss Rheinfels so gut gelegen und gebaut war, dass von hier aus die Wasserstraße zwecks Zolleinnahme kontrolliert werden konnte und die Burg selbst trotz Belagerung nicht aufgegeben werden musste. Abgebildet wird das kuriose Haus Reichenberg von drei Seiten, aber die Rheinlandschaft wird dahingehend verdichtet, dass man vom rechtsrheinischen Ufer mit Burg Katz und St. Goarshausen auf St. Goar und Rheinfels blickt. Man muss wohl davon ausgehen, dass Dilich für die Chronik und die Landtafeln auf ähnliches Material zurückgegriffen hat. Für letztere ist jedoch bezeichnend, dass an die Stelle der historischen Informationen die höhere Dichte an topographischen Daten trat.

Wie viel Sorge in den einzelnen Burgdarstellungen auf die Lage und eine möglichst detailgetreue Ansicht verwendet wurde, macht eine exemplarische Betrachtung der Burg Rheinfels deutlich: Das erste Blatt (Nr. 3) betont neben dem ebenerdigen Grundriss der Burg durch die starken, in Blau gehaltenen Abschattierungen des grünen Geländes deren Hanglage, wobei der gleichsam in einen überdimensionalen Brunnen eingefügte Grundriss die Ausrichtung der Anlage im kartographischen System verortet. Die Ansichten werden in der Reihenfolge von Südost über Nordost nach Nordwest gegeben, entsprechen also der Entfaltung des Gebäudes in einer imaginären Umschreibung, wobei allerdings die vierte, dem Rhein völlig abgelegene Seite vernachlässigt wird.

Die erste Ansicht (Nr. 4) stellt die Hanglage, die zu einer starken Diagonale von links nach rechts führt, dadurch noch weiter heraus, dass die Legende einem Sockel gleich in die untere linke Ecke integriert ist. Dadurch kann das Gelände an der rechten Seite noch ein gutes Stück weiter nach unten verfolgt werden. Entgegen den Konventionen solcher Blätter ragt hier ein Maßstab schräg in die Höhe, der diesmal ganz im Sinne seiner Ausrichtung nicht das Gelände vermisst, sondern die Höhe des dargestellten Baus betont.

Die folgenden Ansichten können auf dieses Element verzichten und sich ganz der Fassadengestaltung der Gebäudetrakte widmen, während das Gelände nur noch als Hochplateau, wenngleich noch immer mit einem Akzent auf der zerklüfteten Struktur, wiedergegeben wird. Erstaunlich ist dabei die Lichtregie der Blätter, denn Dilich hat offensichtlich auf Plausibilität geachtet, wenn er das Licht bei den ersten beiden Ansichten von links (also von Südwesten bzw. Südosten) kommen lässt, während es im letzten Bild von rechts aus Südwesten einfällt. Gerade weil diese Finessen beim ersten Blick auf die Blätter nicht ins Auge fallen, steigern sie den sorgsam herbeigeführten Eindruck, dass es sich bei diesen Burgansichten nicht um Fassadenaufrisse handelt, wie sie zum Plan von Gebäuden genutzt werden, sondern ganz im Gegenteil um vor Ort angefertigte Bauaufnahmen im Gelände. Auf geschickte Weise lässt dieser Umgang mit Licht die Ansichten selbst in dem unvollendeten Zustand, zu dem man sich wohl noch einen kolorierten Himmel vorstellen muss, als besonders wirklichkeitsgetreu erscheinen.

Dass es Dilich tatsächlich darauf ankam, die einzelnen Bauten insbesondere aufgrund ihrer Lage näher zu charakterisieren, zeigt der Vergleich mit der Philippsburg im Bezirk Braubach (Nr. 25–28). Auch hier folgen die Grund- und Aufrisse der Karte (Nr. 19), auf der die rechtsrheinische Lage der Burg direkt am Flussufer gut zu ersehen ist. Auf die Nähe zu Fluss und Hang heben dann auch die topographischen Darstellungen ab. Bereits der Grundriss (Nr. 25) wird in seiner Längenerstreckung noch dadurch betont, dass der Rhein die Hälfte des Blattes einnimmt und der Titel ein weiteres Viertel für sich beansprucht. Auch die Hauptansicht vom Rhein wird zwischen dem das obere Drittel einnehmenden Titel und dem Fluss eingebettet, so dass die rot und blau gehaltenen Felsformationen umso imposanter hinter der Anlage emporsteigen. Die abschließende Ansicht von Südosten (Nr. 28) ermöglicht es, die Lage der Burg visuell noch zu steigern. Denn die aus dieser Perspektive gebotene Diagonale führt von unten links nach oben rechts, so dass sowohl der mächtige Fluss als auch die begrünten und mit Wein bewachsenen Hänge als landschaftliche Besonderheiten erfahren werden können.

Die Burgen, die mit 32 Blättern immerhin fast die Hälfte der Darstellungen ausmachen, sind schon aufgrund ihrer Funktion und Gestalt als politische Zeichen zu verstehen. Im Kontext der Ländertafeln wird jedoch deutlich, wie viel Wert auf die Sichtbarkeit dieser gebauten Herrschaftszeichen gelegt wurde und wie sie zudem als Teil jener Landschaft inszeniert wurden, die ihnen zugehört. Durch die ästhetische Überhöhung des Herrschersitzes im eigenen Territorium wird erneut das Konzept greifbar, konkrete Landesgrenzen, also das Land in seiner messbaren Ausdehnung, und die Landschaft, verstanden als ein

---

[74] DILICH, Chronica (wie Anm. 2), Teil I, S. 44–45.

Landstrich in seinen spezifischen topographischen Qualitäten, in Bild und Karte zu einer komplexen Vorstellung des eigenen Landes verschmelzen zu lassen.

Zusammenfassende Wertung

Die Landtafeln Wilhelm Dilichs verbinden durchaus eigenwillig zeitgenössische Standards aus Kartographie und Landschaftsdarstellung und zeugen mit ihrer spezifischen Behandlung einiger Orte und Regionen von der engen Verbindung von Geographie und Geschichtsschreibung. Sie stellen die hessischen Ämter in Bildern, Karten und Grundrissen, in ihren historisch gewachsenen, politischen, juristischen und ökonomischen Eigenheiten vor, wobei die landschaftliche Schönheit durch den reichen Einsatz von Farben und Farbschattierungen einen besonderen Stellenwert erhält. Aufbauend auf politischen Landschaftsdarstellungen seit dem Spätmittelalter, auf der zeitgenössischen topographischen Literatur, zu der auch die aktuellen gedruckten Karten-Sammlungen zählen, und auf neu erhobenen geo- und topographischen Daten wählte Dilich einen modernen Darstellungsmodus. Dadurch konnte er ganz unterschiedliche Informationen anschaulich vergegenwärtigen und en passant Geschichte und Herrschaftsansprüche im Land verankern. In den Landtafeln wird das, was die beiden Landschaftsbilder der ‚Hessischen Chronik' (Abb. 5–6) über die bildliche Verdichtung zu erreichen suchten, nämlich die Vorstellung eines reichen, gut bestellten und sicheren Landes, mit konkreten geographischen Aussagen zusammengeführt.

Der Objektivitätsanspruch der Karten, der durch das einheitliche Layout mit seinen Maßstäben und konventionalisierten Zeichen herausgestrichen wird, bietet so einen soliden Grund, der sich auf die Aussagen der sorgsam ausgewählten Bildinserate auswirkt. Die gezeichneten Grabsteine aus der Herrschaft Eppstein (Nr. 35) etwa verweisen nicht nur auf die realen Grabstätten, sondern sie werden im Medium der Karte zu einem Argument für den historischen Wandel im Land und machen abgesehen davon deutlich, dass das Land auch durch seine Herrscher definiert wird. Ungewöhnlich ist vor dem Hintergrund der zeitgenössischen topographischen Literatur der Akzent auf den Burgen, der sich wohl nur aus der konkreten Funktion erklären lässt, nämlich jener, dem Auftraggeber nicht nur einen Einblick in das Territorium, sondern auch in die zugehörigen Herrschaftssitze zu ermöglichen.

Ingrid Baumgärtner

Die vorliegende Ausgabe.
Kartenbestand und technisches Vorgehen

1. Bestand und Anordnung

Die ‚Landtafeln hessischer Ämter', die Wilhelm Dilich in Kassel zurücklassen musste, waren unter den Zeitgenossen sehr bekannt, aber sie erfuhren keine große Verbreitung. Als Unikate blieben sie dem persönlichen Gebrauch der Landgrafen vorbehalten, die in den Wirren des Dreißigjährigen Krieges andere Sorgen hatten als sich um dieses unvollständige Werk der Vermessungskunst zu kümmern. Zudem war die politische Relevanz der Tafeln deutlich gesunken, denn Moritz hatte seine Vormachtstellung nicht im erwünschten Maße durchsetzen können, so dass auch die bildliche Darstellung ihren Sinn verlor. Zurück blieb ein unvollendetes Werk der Landesvermessung.

In den Folgejahren interessierte sich ein Vertreter eines anderen Familienzweigs deshalb aus eher wissenschaftlichen Gründen für das Ergebnis der neuen Vermessungstechnik. Der in Astronomie und Mathematik bewanderte Landgraf Philipp III. von Hessen-Butzbach aus der Darmstädter Linie fragte im Mai 1630 nach, ob er sich die Landtafeln von Niederhessen für kurze Zeit ausleihen könne. Landgraf Wilhelm V. konnte den Wunsch nur abschlägig beantworten, da er bei der Suche feststellen musste, dass sie trotz ihres unschätzbaren Wertes und des angeblich großen Erfolgs am Kasseler Hof nicht mehr aufzufinden waren.[1] Ob er das lange geheim gehaltene Werk überhaupt versenden wollte, sei dahingestellt.

Das Schicksal der Tafeln in den nachfolgenden Jahrhunderten ist unklar. Sie wurden vermutlich in Sammlungen integriert und einfach vergessen. Es ist nicht abwegig anzunehmen, dass die Blätter zusammen mit Handschriften, Büchern und mechanischen Instrumenten gegen 1633 in die Kunstkammer im Marstall eingingen. Die Rezeption begann erst wieder 1878, als im Archiv in Marburg fünf Blätter Dilichscher Provenienz entdeckt wurden.[2] Heute kennen wir insgesamt zwölf dieser Karten im Hessischen Staatsarchiv in Marburg.

Einige Jahre später, 1897, fiel in der Wilhelmshöher Schlossbibliothek ein Sammelband mit kolorierten Federzeichnungen auf, der um 1800 gebunden worden war. Die homogene Form und Gestaltung dieser Blätter ließ klar erkennen, dass sie von Anfang an als Gesamtwerk konzipiert waren. Das Konvolut wurde an die Landesbibliothek abgegeben und befindet sich im Besitz der Handschriftenabteilung der heutigen Universitätsbibliothek Kassel, wo die Bindung nach dem zweiten Weltkrieg wieder entfernt wurde. 52 Blätter sind heute lose in einen Kasten einsortiert; nur eine Karte mit Überformat befindet sich in einer gesonderten Mappe. Insgesamt 53 Tafeln blieben also vor Ort in Kassel zurück. Ihre Anordnung und Signierung ist immer noch recht willkürlich und folgt weder dem Produktionsablauf noch der hessischen Topographie.[3]

Es ist offensichtlich, dass der Kern der alten Landtafeln als geschlossenes Korpus in Kassel ruht. Eine Ergänzung bilden weitere Exemplare aus dem Marburger Staatsarchiv, die Wilhelm Dilich in unterschiedlicher Größe und Beschaffenheit für recht verschiedene Auftraggeber entworfen hat. Dies gilt einerseits für die beiden frühen Zeichnungen aus den Jahren 1594 und 1608 zu Homburg an der Efze sowie andererseits vor allem für die Entwürfe in der Produktionsphase nach 1617, als der Landvermesser die engere Landtafelproduktion weitgehend eingestellt hatte und private Aufträge verwirklichte. Eine zusätzliche, immer getrennt gelagerte Kartierung des Rit-

---

[1] Marburg HStAM, Bestand 4c Hessen-Darmstadt Nr. 466 (ehemals Akten Landgraf Wilhelms V., OWS 191); Edmund STENGEL (Hg.), Wilhelm Dilichs Landtafeln hessischer Ämter zwischen Rhein und Weser. Nach den Originalen in der Landesbibliothek in Kassel, im Staatsarchiv zu Marburg und im Landgräflichen Archiv zu Philippsruhe auf 24 meist farbigen Tafeln und Doppeltafeln mit 16 Abbildungen im Text, Marburg 1927, S. 26 Nr. 23 mit einem Schreiben vom 5. Juni 1630 von Landgraf Wilhelm V. an Landgraf Philipp III., der sich die Landtafeln von Niederhessen ausleihen wollte. Vgl. Horst NIEDER, Wilhelm Dilich (um 1571–1650). Zeichner, Schriftsteller und Kartograph im höfischen Dienst, Lemgo 2002, S. 67.

[2] Zum folgenden vgl. Edmund STENGEL, Wilhelm Dilichs Landtafeln hessischer Ämter zwischen Rhein und Weser, in: Zeitschrift für hessische Geschichte und Landeskunde 70 (1959), S. 150–201, hier S. 196–201.

[3] NIEDER, Wilhelm Dilich (wie Anm. 1), S. 67.

tersitzes Fleckenbühl, die der Geograph 1621/22 für den landgräflichen Rat Philipp von Scholley fertigte,[4] befindet sich in der Hessischen Hausstiftung Schloss Fasanerie bei Fulda. In den Besitz des Hessischen Fürstenhauses gelangte sie zusammen mit dem Gut Fleckenbühl.

Soweit wir wissen, ist nur eine einzige, überformatige Karte im Zweiten Weltkrieg verschollen und trotz intensiver Suche bis heute nicht wieder gefunden worden. Eine Vorbemerkung vom 1. Mai 1943 im handschriftlichen Verzeichnis der Karten der Hessischen Sammlungen belegt nur, dass die Karte aus dem brennenden Museum Fridericianum gerettet wurde: „Die geretteten Karten und Pläne, sowie die Neuzugänge seit September 1941 [...] sind im vorliegenden Katalog durch viereckige Umrahmung der Signatur-Zahl in rot kenntlich gemacht [...] Stand am 1. Mai 1943."[5] Danach erfolgten die Auslagerungen in Bergwerke und Forsthäuser, von denen sie nicht zurückgekommen ist. In der vorliegenden Ausgabe beschreiben wir das Kartenbild, ohne es abbilden zu können, nach Edmund Stengel,[6] der anlässlich des Marburger Universitäts-Jubiläums 1927 auch diese Karte kommentierte, aber wohl wegen ihres unhandlichen Formats und des nicht allzu guten Erhaltungszustandes nicht abdruckte.

Die Tafeln, die dem Landgrafen noch 1617 von so hoher politischer und militärischer Brisanz erschienen, dass er auf der vollständigen Herausgabe aller Aufzeichnungen beharrte, wurden später zu Sammelobjekten ohne praktischen Gebrauchswert. Nicht zuletzt deshalb sind sie auch heute noch so gut erhalten.

2. Zum Vorgehen

In der vorliegenden Ausgabe sind die Tafeln neu angeordnet. Die nicht datierbare und ohne Sachkunde erfolgte Blattzählung des Kasseler Dilich-Bestandes bot keine sinnvolle Grundlage für eine wissenschaftliche Beschreibung, da nicht nur zusammengehörige Aufrisse, Grundrisse und Kartierungen voneinander getrennt waren, sondern auch die Bezüge zur Sammlung in Marburg verschleiert wurden. Es war also unumgänglich, eine neue Systematisierung zu suchen. Die gewählte Reihenfolge orientiert sich im Großen und Ganzen an der rekonstruierten Chronologie der Anfertigung der Tafeln und berücksichtigt zugleich topographische Orts- und Sinnzusammenhänge.

Die laufenden Nummern werden von neuen Kurztiteln als Überschriften begleitet. Dort wird die Jahreszahl der Entstehung angegeben, wenn sie auf dem Blatt selbst im Titel oder an anderer Stelle verzeichnet ist. Die Kartuschentitel sind die einzigen Originaltitel. Hinzu kommen, explizit bei fast allen Burgen, die Überschriften der Legenden und die Titel des 19. Jahrhunderts, die in die Legendenflächen eingeschrieben sind. Vermerkt sind auch die rückseitigen Kommentare aus zeitgenössischer Provenienz. Nicht berücksichtigt sind die zahlreichen, häufig rechts unten angebrachten Titel des 19. Jahrhunderts, deren eigenständige Nummerierung teilweise einem früheren Schnitt der Blätter zum Opfer fiel, teilweise nicht mehr lesbar ist.

Die Originalblätter sind zum Teil beschnitten und meistens einmal, manchmal zweimal neu aufgeklebt. Die Messung der Blatt- und Bildgröße erfolgte deshalb jeweils rechts und am unteren Rand. Messungen an anderer Stelle, wie links und am oberen Rand, können zu erheblichen Abweichungen führen, so dass für jedes Blatt mindestens zwei, manchmal drei Blattmaße möglich wären. Wir haben uns entschieden, jeweils das größte Maß zu benennen.

Zahlreiche Burgentafeln sind mit ausklappbaren Schichten versehen, um etwa die Grundrisse der oberen Etagen oder die Außenmauern der Ansichten zu entfernen und die darunter liegenden Schichten sichtbar zu machen. Diese Raffinesse der Blätter, die erstaunliche Einblicke in die Befestigungsbauten erlaubt, kann in dieser Druckausgabe leider nicht dargestellt werden. Wir können nur auf die Abbildungen im Internet unter <http://orka.bibliothek.uni-kassel.de> unter dem Stichwort ‚Sammlungen', dort ‚Dilich', verweisen, bei denen diese Vielfalt veranschaulicht ist und entsprechende Aufnahmen eingestellt sind.

Bei den möglichen Schreibweisen haben wir uns für Originaltreue entschieden. Titel und Zitate sind nach folgenden Editionsgrundsätzen wiedergegeben: Die Schreibungen u/v und i/j sowie die verschiedenen s-Grapheme sind beibehalten. Besonders das s, Sütterlin-s und alle ß-Varianten sind genau festgehalten, obwohl ihr Gebrauch nicht einheitlich gehandhabt ist. Konkret bedeutet dies, dass ge-schwänztes z als z wiedergegeben ist, Schaft-s und geschwänztes z nicht zu ß verschmolzen sind. Auch historische Schreibungen von Orts- und Eigennamen werden aufrechterhalten. Ausnahmen wurden nur bei diakritischen Zeichen gemacht; aber selbst die mit e überschriebenen Vokale sind entsprechend wiedergegeben. Die Abbreviaturen sind allerdings aufgelöst.

Eine Großschreibung mit Majuskeln erfolgt bei Eigennamen, also Personennamen und geographischen Namen, sowie bei Satzanfängen. Getrennt- und Zusammenschreibung ist im Sinne der besseren Verständlichkeit, insbesondere bei unüblichen Trennungen und vereinzelten Getrenntschreibungen innerhalb von Ortsnamen, vorsichtig gebessert. Die Überschriften bzw. Blatttitel aus den Kartuschen und Legendentafeln sowie mittige Einträge von späterer Hand sind nach der Vorlage wiederge-

---

[4] Hessische Hausstiftung, Schloss Fasanerie, Inventar Nr. FAS H 287; vgl. unten Nr. 64, Philipp BILLION.

[5] Zitat aus dem Bandkatalog zu den hessischen Sammlungen, der ohne Rückbeschriftung und Signatur im Hessischen Lesesaal ausliegt.

[6] Vgl. unten Nr. 40, Rebekka THISSEN-LORENZ zu dem vermissten Blatt, früher Kassel UB-LMB, Karte A 11 [64; STENGEL, Wilhelm Dilichs Landtafeln 1927 (wie Anm. 1),

geben. Die Interpunktion ist der gängigen Praxis angepasst, so dass sich die Zeichensetzung, vor allem bei Komma und Halbstrich, an den Regeln der deutschen Gegenwartssprache orientiert.

Primäres Ziel der vorliegenden Ausgabe war es, zu jeder einzelnen Abbildung unmittelbar einen Kommentar mit Beschreibung und Erklärungen hinzuzufügen. Deshalb war es nicht möglich, alle Kartierungen einheitlich zu verkleinern. Die in Form, Größe und Gestaltung homogenen Kasseler Blätter bilden die Grundlage der Faksimilierung, die in all diesen Fällen einheitlichen Vorgaben folgt. Das Kasseler Konvolut gibt jedoch keinen einheitlichen Maßstab vor, sondern die Kartierungen der Territorien bzw. Grundrisse und Ansichten der Burgen wurden nach Bedarf in das genormte Blattformat der vorliegenden Ausgabe eingepasst. Die recht unterschiedliche Größe der weiteren Tafeln, insbesondere der Bestände aus Marburg und der Hausstiftung, musste aus praktischen Gründen an dieses vorgegebene Format angepasst, die Blätter also teils unterschiedlich stark verkleinert werden. Diese selbstverständlich nicht unproblematische Lösung führt in einigen Fällen dazu, dass die Relation der Tafeln untereinander nicht gewahrt bleibt. Angesichts der ohnehin sehr aufwendigen Drucklegung stellte sie jedoch die einzige Möglichkeit dar, um den Aufbau des Bandes beizubehalten und dem vielfältigen Material gerecht zu werden.

Konkordanz der Blattzählungen

Bestand der UB-LMB Kassel in Beziehung zur vorliegenden Ausgabe

2° Ms. Hass. 679

Blatt 1	44	Schloss Ziegenhain
Blatt 2	46	Gericht Jesberg
Blatt 3	52	Schloss Homberg an der Efze, Grundriss
Blatt 4	53	Schloss Homberg, Grundriss, Erdgeschoss
Blatt 5	54	Schloss Homberg, Grundriss, Obergeschoss
Blatt 6	55	Spezialtafel des Amtes Melsungen mit Bezirk der Stadt Melsungen
Blatt 6b	56	Spezialtafel des Amtes Melsungen mit Bezirk Elfershausen
Blatt 7	58	Spezialtafel des Amtes Melsungen mit Bezirk Röhrenfurth
Blatt 8	59	Spezialtafel des Amtes Melsungen mit Bezirk Breitenau
Blatt 9	57	Spezialtafel des Amtes Melsungen mit Bezirk Malsfeld
Blatt 10	41	Gericht Wallenstein
Blatt 11	47	Amt Schönstein, erste Spezialtafel
Blatt 12	48	Amt Schönstein, zweite Spezialtafel
Blatt 13	38	Gericht Liederbach
Blatt 14	42	Gericht Neuenstein
Blatt 15	30	Schloss Hohenstein, Grundriss
Blatt 16	31	Schloss Hohenstein, Aufriss, Nordwestansicht
Blatt 17	29	Schloss Hohenstein, Aufriss, Südwestansicht
Blatt 18	32	Schloss Hohenstein, Aufriss, Südostansicht
Blatt 19	33	Schloss Hohenstein, Aufriss, Nordostansicht
Blatt 20	17	Hollnich im Hunsrück
Blatt 21	2	Amt Rheinfels und Vogtei Pfalzfeld
Blatt 22	3	Schloss Rheinfels, Grundriss
Blatt 23	4	Schloss Rheinfels, Aufriss, Südostansicht
Blatt 24	5	Schloss Rheinfels, Aufriss, Nordostansicht
Blatt 25	6	Schloss Rheinfels, Aufriss, Nordwestansicht
Blatt 26	34	Die fünfzehn Dörfer (Langenschwalbach)
Blatt 27	11	Burg Reichenbach, Grundriss
Blatt 28	12	Burg Reichenbach, Aufriss, Ostansicht
Blatt 29	13	Burg Reichenbach, aufriss, Westansicht
Blatt 30	14	Burg Reichenbach, Grundriss der Kernburg
Blatt 31	15	Burg Reichenbach, Aufriss, Nordansicht
Blatt 32	16	Burg Reichenbach, Aufriss, Südansicht
Blatt 33	1	Amt Reichenberg. Amt Rheinfels und St. Goarshausen
Blatt 34	7	Burg Katz, Grundriss und Baugestaltung
Blatt 35	8	Burg Katz, Aufriss, Nordwestansicht
Blatt 36	19	Bezirk der Stadt Braubach
Blatt 38	25	Philippsburg, Aufriss, Südwestansicht
Blatt 37	26	Philippsburg, Grundriss

Blatt 39	27	Philippsburg, Aufriss, Nordostansicht
Blatt 40	28	Philippsburg, Aufriss, Südostansicht
Blatt 41	20	Marksburg, Grundriss
Blatt 42	21	Marksburg, Südostansicht
Blatt 43	22	Marksburg, Aufriss, Nordostansicht
Blatt 44	23	Marksburg, Aufriss, Nordwestansicht
Blatt 45	24	Marksburg, Aufriss, Südwestansicht
Blatt 46	18	Stadt und Pfandschaft Rhens
Blatt 47	35	Herrschaft Eppstein, Generaltafel
Blatt 48	36	Herrschaft Eppstein, Nördliche Hälfte der Herrschaft
Blatt 49	37	Herrschaft Eppstein, Südliche Hälfte der Herrschaft
Blatt 50	9	Burg Katz, Aufriss, Südostansicht – Standort und Außenanlagen
Blatt 51	10	Burg Katz, Aufriss, Nordost- und Südwestansicht
Blatt 52	66	Kaufunger Zehntrechte in Niederzwehren
Karte A 11 [64	40	ohne Abbildung (Karte verschollen)

Bestand HStA Marburg in Beziehung zur vorliegenden Ausgabe

Karte P II 1326	45	Amt Langenschwarz
Karte P II 1327	63	Kaufunger Wald
Karte P II 1839	51	Brunnenbau in Homberg an der Efze
Karte P II 1840	50	Homberg an der Efze
Karte P II 2615	67	Rengershäuser Zehnt
Karte P II 10063	60	Strittiges Schachterholz zwischen Schachten und Meimbressen
Karte P II 11036	49	Ziegenhain und Momberg
Karte P II 14705	61	Wälder rund um die Malsburg
Karte P II 14718	41	Bezirk der Stadt Neukirchen
Karte P II 15604	39	Gericht Neuenstein und Wallenstein
Karte R II 11	62	Zwischen Hessen und Stift Kaufungen strittiger Ort
Karte 304 R III, 1	65	Kaufunger Zehntrechte in Niederzwehren

Bestand Hessische Hausstiftung, Schloss Fasanerie, in Beziehung zur vorliegenden Ausgabe

FAS H 287	64	Schloss Fleckenbühl und Dorf Reddehausen

Stengel Nr. in Beziehung zur vorliegenden Ausgabe

Stengel 1   35
Stengel 2   36
Stengel 3   38
Stengel 4   37
Stengel 5   1
Stengel 6   2
Stengel 7   17
Stengel 8   34
Stengel 9   19
Stengel 10   18
Stengel 11   41
Stengel 12   42
Stengel 13   43
Stengel 14   46
Stengel 15   47
Stengel 16   48
Stengel 17   55
Stengel 18   58
Stengel 19   59
Stengel 20   57
Stengel 21   56
Stengel 22   63
Stengel 23   64
Stengel 24 a 61
Stengel 24 b 39
Stengel 24 c 60
Stengel 24 d 49
Stengel 24 e 62
Stengel 25 40 (ohne Abbildung, verschollen)
Stengel 26 (ohne Abbildung) 45

Die Landtafeln
Abbildungen und Beschreibungen

I. Rheingebiete 1607–1609

1

Amt Reichenberg, Amt Rheinfels und St. Goarshausen

Kassel, UB-LMB, 2° Ms. Hass. 679, Bl. 33
Papier, Blattmaß 41,7 x 54,1 cm,
Bildmaß 30,1 x 42,9 cm, Federzeichnung, handkoloriert
Stengel Nr. 5

Die um 1608/1609 entstandene, genordete Karte zeigt das östliche Randgebiet des Amtes Rheinfels (St. Goar und St. Goarshausen) sowie das südliche Gebiet des Amtes Reichenberg mit den Bezirken *Dorfschaft Patersberg*, *Burg Elenbogen* und *Friedcatten*. Das Lineal unten rechts verweist auf die angestrebte maßstabsgetreue Darstellung des Territoriums, das 1479 an die Landgrafen von Hessen fiel. In südwestlicher bzw. südlicher Nachbarschaft liegen das Erzbistum Trier und die Pfalzgrafschaft. Die Grenzen zu den Nachbarterritorien werden durch rot gepunktete Linien oder Flussläufe angezeigt; einige rötliche Striche deuten wahrscheinlich auf Grenzsteine hin. Die außerhalb liegenden Wälder sind, wie auf anderen Tafeln auch, zur Betonung des Grenzverlaufs in einem helleren Grünton gehalten. Mit unterschiedlichen Brauntönen bildet Dilich die Bergabhänge entlang des Rheins und der zufließenden Bäche ab. Für sanfte Abhänge verwendet er hellere, für die steilen Bergabstürze dunklere Brauntöne, um dem Betrachter einen plastischen Eindruck von der Geländestruktur zu vermitteln.

In der rechten oberen Ecke ist die katzenelnbogische Gründung St. Goarshausen inmitten einer Landschaftsansicht aus nordwestlicher Perspektive abgebildet. Die Vedute zeigt den Rhein im Vordergrund, im Zentrum St. Goarshausen mit seiner mächtigen Stadtmauer sowie darüber die Burg Katz auf einem Bergsporn an den Hängen des Taunus. Links im Hintergrund lässt sich das auf einem hohen langgestreckten Bergrücken liegende Dorf Patersberg erkennen. In seiner ‚Hessischen Chronica' beschreibt Dilich diese Gegend mit folgenden Worten: *Am ufer des Rheins [liegt] das stättlin Gewershausen / unnd ober demselben auff einem hohen felsen das schlos New Catzenelenbogen / welches von inwohnern die Catz genennet wirdt / und in anno 1393 erbawet worden. Neben diesem hauß / ist der Rhein sehr schmal und tieff / hat auch etliche gefehrliche wirbel / dahero dafur gehalten wird / daß er viel wasser daselbsten verliere. Uber diesem Schloß den rhein auffwartz ligt der Lorley / ein geher fels / gibt einen natürlichen Echo unnd wiederhal / dabey die vorüberreisende mit schieffen und ruffen viel kurtzweil uben* (Dilich 1605/1961, S. 44).

Auf der Karte variiert die Breite des Rheins kaum, während Dilich mit den in den Fluss gesetzten Worten *Der Wirbell* auf die im Zitat beschriebenen gefährlichen Strömungen hinweist und die flussaufwärts liegende Loreley mit *Der Lorley oder Lorenbergh* bezeichnet. Der 825 in den Fuldaer Annalen erstmals erwähnte Loreleyfelsen wurde in der Überlieferung immer wieder genannt, vor allem seit eine Sage aus dem 13. Jahrhundert dort den Nibelungenhort verortete. Weitere Bezeichnungen im Mittelalter und in der Frühen Neuzeit waren Lurlaberch, Lurlinberg oder Lurberg. Das Echo, das Dilich in seiner Chronik erwähnt, war bereits seit dem 15. Jahrhundert bekannt und wurde in allen Rheinbeschreibungen geschildert.

Auf der anderen Rheinseite ist die mit St. Goarshausen eng verbundene Kleinstadt St. Goar zu erkennen, deren Namen auf einen um die Mitte des 6. Jahrhunderts dort lebenden Einsiedler aus Aquitanien zurückgehen soll. Über seinem Grab war später eine Klosteranlage entstanden, der auch die rechtsrheinische Ansiedlung „Husen apud sanctum Goarem" unterstand, die sich am Treffpunkt des Höhenweges von Patersberg mit dem alten Rheinübergang gebildet hatte. Hier errichteten die Grafen von Katzenelnbogen im 13. und 14. Jahrhundert die Burgen Rheinfels und Katz beidseitig des Rheins, die auf weiteren Tafeln (Nr. 3–6 Bl. 22–25, Nr. 7–10 Bl. 34–35 u. 50–51) dargestellt sind.

In der ländlichen Umgebung der Burgen hat Dilich viele Täler, Felder, Äcker, Wälder, Berge, Bäche und Gräben eingetragen und benannt. Entlang des Forstbaches, der von der *Breite[n] Hecke* bis in den Rhein bei St. Goarshausen führt, sind mehrere Mühlen mittels eines roten Dreiecks eingezeichnet, darunter die *Offenthaler mühl*, die *Bornicher Undermühl*, die *Stützelsmühle* und weiter nördlich am Hasenbach die Hasenmühle. Gemahlen wurden dort unter anderem die Eichenrinde aus den Wäldern von Nochern, Auel und Bogel für die Herstellung von Gerberlohe sowie die Lumpen für die Produktion von Büttenpapier. Die Bedeutung der Mühlen, die damals zusammen mit dem Rheinsalmhandel die wirtschaftliche Grundlage für Goarshausen schufen, sank erst im Laufe des 19. Jahrhunderts.

Auffällig ist die kreisförmige Anordnung der Ortschaft Bornich. Um die runde Stadtmauer herum strahlen hellgrüne Linien aus, die am Ende mit einem Kreis verbunden und begrenzt werden. Entlang der Linien sind einige Bäume eingezeichnet. Hierbei handelt es sich möglicherweise um die Darstellung eines Friedkreises, der einen außerhalb der Mauern gelegenen städtischen Rechtsbezirk markiert.

QUELLE: Dilich 1605/1961.
LITERATUR: Bürger 1986 – Custodis/Frein 1981 – Gensicke 1988 – A. Schneider 1989.

BERND GIESEN

Grundriß des Ambts

Rheinfels u. der Vogtey Pfaltzfeld

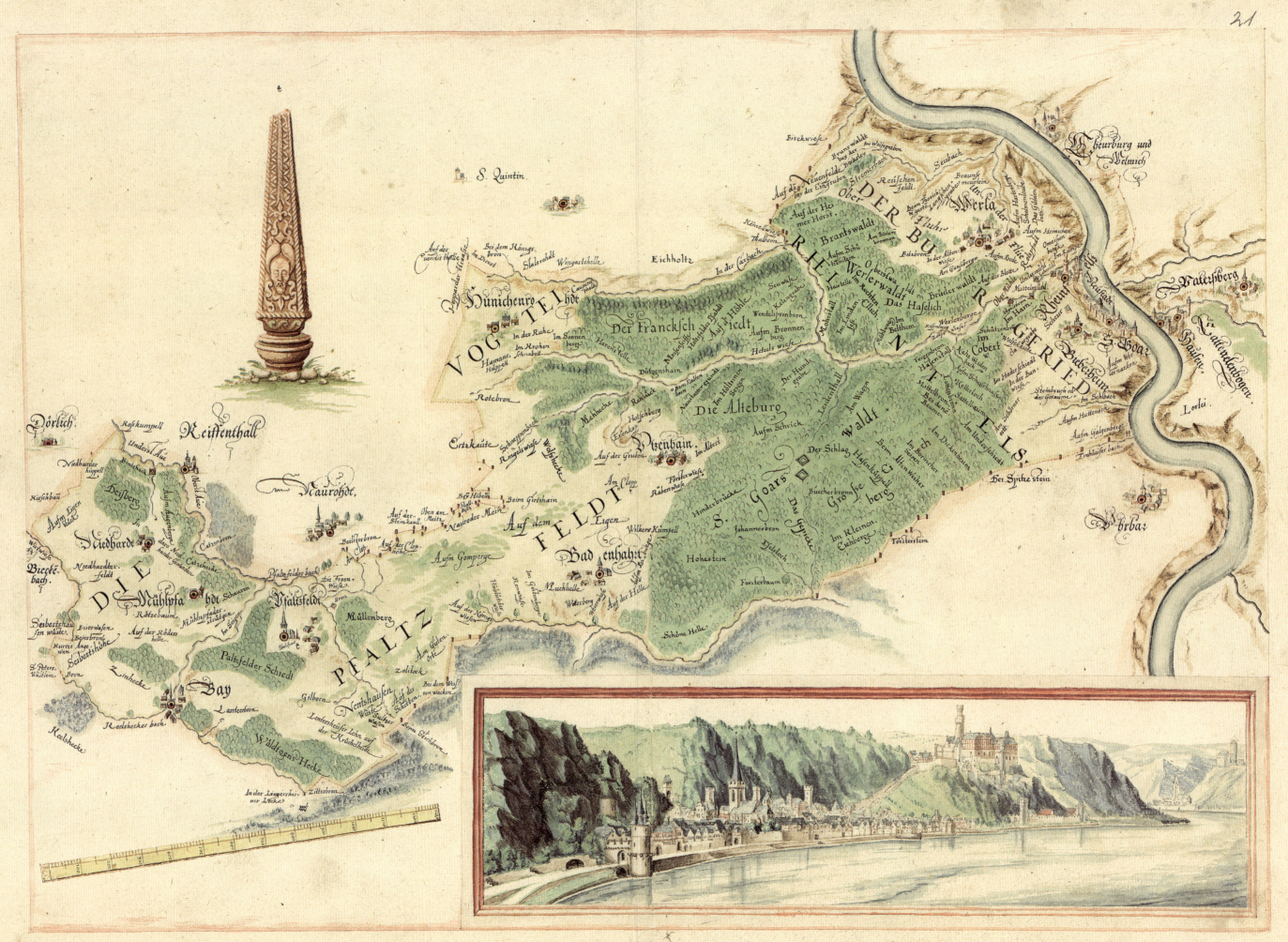

2

Amt Rheinfels und Vogtei Pfalzfeld

Kassel, UB-LMB, 2°Ms. Hass. 679, Bl. 21
Von späterer Hand: *Grundriſs des Amts Rheinfels und der Vogtey Pfaltzfeld*
Papier, Blattmaß 41,5 x 54,1 cm,
Bildmaß 30,1 x 42,9 cm, Federzeichnung, handkoloriert
Stengel Nr. 6

Die Darstellung des Amts Rheinfels und der Vogtei Pfalzfeld erfasst einen linksrheinischen Teil der ehemaligen Niedergrafschaft Katzenelnbogen. Zwei Ansichten, welche die beiden Gebiete charakterisieren, ergänzen die Karte: Pfalzfeld wird repräsentiert durch die sogenannte keltische Flammensäule im linken oberen Bildbereich, Rheinfels durch die gerahmte Stadtansicht von St. Goar rechts unten. Diese Gestaltungsweise macht die Tafel besonders reizvoll. Dilich verwendet sie nur noch bei den Ämtern Reichenberg und Rheinfels (Nr. 1 Bl. 33), um das gegenüberliegende Rheinufer mit St. Goarshausen darzustellen. Der Rahmen des Blattes scheint nur teilweise ausgeführt zu sein, außerdem fehlt eine Beschriftungskartusche. Wahrscheinlich ergänzte eine spätere Hand den Titel unten.

Die hier kartierten Besitzungen sind gemeinsam mit Hollnich (Nr. 17 Bl. 20) und Rhens (Nr. 18 Bl. 46) die einzigen hessischen Territorien westlich des Rheins. Die Karte steht in engem thematischen und territorialen Zusammenhang mit weiteren von Dilich erfassten Katzenelnbogener Besitzungen wie Schloss Rheinfels (Nr. 3–6 Bl. 22–25). Das gesamte Herrschaftsgebiet der Grafen von Katzenelnbogen ging 1479 mit dem Aussterben der Linie in den Machtbereich Hessens über. Die Festung Rheinfels mit ihrer strategisch günstigen Position am Rhein, verbunden mit dem Rheinzoll bei St. Goar, gab Anlass für die in der Folge zwischen den hessischen Dynastien wechselnden Machtverhältnisse. Die bewegte Geschichte des Schlosses Rheinfels zog vor allem während des Dreißigjährigen Krieges auch die Region Pfalzfeld in Mitleidenschaft. Erst die Zuweisung des Gebiets an die Nebenlinie von Hessen-Rotenburg gegen Kriegsende brachte eine Beruhigung der Herrschaftssituation.

Die Lage der Niedergrafschaft Katzenelnbogen als Exklave der hessischen Landgrafschaft manifestiert sich auf der Karte in der klaren Grenzziehung. Wo nicht Bäche das Ende der Herrschaft bilden, sind gepunktete Grenzlinien verzeichnet. Auffällig ist insbesondere die Grenze nordöstlich von Pfalzfeld zum Kurfürstentum Trier, die zusätzlich mit einer Reihe von beschrifteten Grenzsteinen markiert ist. Die ausführliche Kennzeichnung an dieser Stelle ist notwendig, weil die Grenze mitten durch das Kulturland zweier benachbarter Herrschaften verläuft. Wie auf einigen anderen Blättern ist die kartierte Region farblich hervorgehoben, während die Gebiete außerhalb der Grenzen gar nicht oder wie die Waldstücke in einem anderen Ton eingefärbt sind.

Pfalzfeld liegt inmitten eines Siedlungsgefüges, zu dem die Weiler *Niedhardt, Mühlpfahdt, Bay, Badenhahrt, Utzenhain* und *Hunichenrohdt* gehören. Die Kirche Pfalzfelds befindet sich außerhalb der Streusiedlung; rechts daneben hat Dilich als kleines, kaum erkennbares Detail die Flammensäule verortet, vielleicht an ihrem einstigen Aufstellungsort. Um sie erkennbar zu machen, steht unterhalb der Kirche der Schriftzug *Obeliſcus*; zusätzlich zeigt ein geschwungener Pfeil auf die kleine Darstellung. Dieser Pfeil verweist gleichzeitig auf die große Illustration der Flammensäule, über der er ein zweites Mal abgebildet ist. Diese doppelt dargestellte Säule ist eine als Grabmonument oder Kultgegenstand verwendete Stele aus der keltischen Latènezeit um 500–400 v. Chr. Sie wurde zur Zeit Dilichs wiederentdeckt und hier zum ersten Mal detailgetreu erfasst. Heute befindet sie sich im Rheinischen Landesmuseum Bonn und gilt als bedeutendes Objekt der rheinischen Ur- und Frühgeschichte. Der Historiograph Dilich bildete sie wohl deshalb auf der Landtafel ab, weil man in seiner Zeit dachte, dass sie chattischen Ursprungs wäre, und er in seiner ‚Hessischen Chronica' (Dilich 1605/1961, II, S. 4–56) die Chatten als Urväter des hessischen Volkes eingeführt hatte. Deshalb konnte die Säule zur Generierung einer kollektiven Landesidentität beitragen. Eine vergleichbare Referenz an die Chatten findet sich auch auf der Tafel zum Gericht Liederbach (Nr. 38 Bl. 13).

Der zweite Kartenschwerpunkt liegt bei St. Goar und dem Schloss Rheinfels mit den zugehörigen Siedlungen *Werla* und *Bieberheim*. Der Bereich ist von Pfalzfeld getrennt durch den *S. Goarswaldt* auf dem Hunsrück und mit Großbuchstaben als *Der Burgfried Rheinfels* gekennzeichnet. Die Darstellungen von Stadt und Schloss am linken Rheinufer sind St. Goarshausen und der Burg Katz gegenübergestellt. Die Ansicht St. Goars bedient den gängigen Topos der Rheinlandschaft: Wahrscheinlich von einem erhöhten Punkt über St. Goarshausen her aufgenommen, zeigt sie die befestigte Kleinstadt unterhalb der Burg Rheinfels. Auf der gegenüberliegenden Uferseite ist flussabwärts die Burg Maus oder Deuernburg (*Theurburg*) in Wellmich zu erkennen. Zum Zeitpunkt der Aufnahme hatte der ehemalige Wallfahrtsort St. Goar den Höhepunkt seiner Entwicklung bereits überschritten, denn nach dem Übertritt des Amts Rheinfels und der Vogtei Pfalzfeld zur reformierten Kirche 1527 waren die Wallfahrten verboten und das Stift St. Goar aufgegeben worden.

QUELLE: Dilich 1605/1961.
LITERATUR: Großmann 2002a – Petry 1988 – Rettinger 1996 – Unser Dorf im Wandel der Zeiten 1993.

BETTINA SCHÖLLER

3–6
Schloss Rheinfels

Kassel, UB-LMB, 2°Ms. Hass. 679, Bl. 22–25
Papier, Federzeichnungen, handkoloriert, in Teilen aufklappbar

Die Höhenburg Rheinfels liegt auf dem Sporn eines Bergrückens zwischen Rhein- und Gründelbachtal bei St. Goar. Dilichs Pläne dokumentieren den früheren Zustand einer der gewaltigsten und prächtigsten Festungen am Rhein, die im Laufe von fünf Jahrhunderten mehrfach zerstört, aufgebaut und erweitert wurde und seit 1797 endgültig eine Ruine ist. Gegründet von den Grafen von Katzenelnbogen, einem mächtigen Adelsgeschlecht des 13. Jahrhunderts, zeigt Rheinfels anschaulich deren Burgenbaukunst wie auch die Veränderungen zum Schloss- und Festungsbau der Landgrafen von Hessen, die die Anlage erbten. Mit wechselnder Gewichtung beanspruchte Rheinfels in seiner Geschichte eine vierfache Rolle: als Residenz, als Verwaltungssitz, als Kulturzentrum und als Festung.

Graf Diether V. von Katzenelnbogen positionierte die Burg um 1245 strategisch günstig am linken Rheinufer, um den Rheinzoll überwachen zu können. Schrittweise ausgebaut, avancierte Rheinfels bis 1402 zur Hauptresidenz der Niedergrafschaft Katzenelnbogen. Die starke Befestigung half bereits im Jahre 1255/56, die lange Belagerung durch den Rheinischen Städtebund zu überstehen.

Mit Philipp d. Ä. (1444–1479) starben die Regenten der Nieder- und Obergrafschaft Katzenelnbogen aus. Über dessen Tochter Anna, Gattin Heinrichs III. von Hessen, kam der Besitz an die hessischen Landgrafen, die die Burg weiter verstärkten und erweiterten. Philipp II. d. J. von Hessen-Rheinfels (1567–1583), der infolge der testamentarischen Aufteilung der Landgrafschaft durch Philipp den Großmütigen Niederkatzenelnbogen erbte, ließ Rheinfels in seinen Herrschaftsjahren zu einem prächtigen Residenzschloss umbauen. Da er keine Nachkommen hatte, ging die Burg an seinen Bruder Wilhelm IV. von Hessen-Kassel (1567–1592) über, dessen Sohn Moritz Dilich mit der Ausfertigung der Ansichten beauftragte. Die Pläne zeigen Rheinfels nach den Umbauten unter Philipp II. Die verwendete Technik der aufklappbaren Elemente ermöglicht dem Betrachter eine schichtenweise Erschließung der Burgstruktur.

3 – Bl. 22: Grundriss

Von späterer Hand: *Grundriſs vom Schlosse Rheinfels*
Blattmaß 41,2 x 53,5 cm, Bildmaß 31,9 x 43,9 cm

Der Grundriss der Anlage präsentiert den umfangreichen Festungskomplex, der sich aus einem relativ kleinen Kerngebilde entwickelt hat. Die ältesten Elemente der um 1245 errichteten Burganlage sind die Fundamente des Bergfrieds (Legende Bl. 23, *48*) und Teile der Ringmauer. Im zweiten Bauabschnitt wurden der Torturm der Vorburg wie das Tor der Kernburg an den Palas angegliedert. Es folgten die große gekrümmte Mantelmauer, die sich im Südwesten an den Torturm anschließt, eine Ausweitung in nordwestlicher Richtung und ein hoher Keller im Nordbau. Der größte Teil der Anlage gehört in eine Bauphase des 14. Jahrhunderts; der Ausbau zum Residenzschloss erfolgte nach der hessischen Erbteilung im Jahr 1567.

Die ausgedehnten Gärten der Residenzphase sind im Grundriss in leuchtend grüner Farbe ausgeführt. Zeittypisch ist der weitläufige geometrisch geformte Lustgarten *(10)*, der außerhalb des Burgbergringes im Renaissance-Stil angelegt worden war. Der Gärtner bearbeitete nicht nur diesen Lustgarten, das *Gärtlein an der Cantzlei (3)* und einen *Ort auf der mauer vor des Gärtners Loſament darauf die Pomerantzen bäum (8)*, sondern auch die Gartenbeete im trockenen Burggraben sowie den großflächigen Garten *(79 Underst garte)* im Norden. Eine Grünfläche erstreckte sich, wie die nachfolgenden Pläne zeigen, auch in der Mitte der Schlossanlage über dem großen Keller *(28)*. Die nahegelegenen Küchenräume *(50–55)* und die schlosseigene Apotheke *(63)* im dritten Geschoss der westlichen Wohngebäude lassen vermuten, dass die Anbaufläche als Kräuter- und Gemüsegarten genutzt wurde.

Obwohl Rheinfels als erstes Projekt der kartographischen Arbeiten Wilhelm Dilichs 1607/08 begonnen wurde (Demandt 1990, S. 407), ist weder die angedeutete Randgestaltung des Grundrisses ausgeführt noch eine erläuternde Legende angelegt. Die Aufschlüsselung der Anlage und ihrer nummerierten Räumlichkeiten muss daher mit den Legenden der Südost- und Nordwestansicht (Nr. 4 Bl. 23, Nr. 6 Bl. 25) erfolgen. So erscheint es fraglich, ob die Zeichnungen zeitgleich und gänzlich aus eigener Hand entstanden. Der Zustand des unvollendeten Blattes zeigt die Arbeitsschritte bei der Fertigung der Pläne; zuerst wurden die Zeichnungen erstellt und anschließend durch Umrahmung und Legenden vervollständigt. Skizzen und Messungen von 1607/08 wurden möglicherweise zu einem späteren Zeitpunkt auf den überlieferten Plänen festgehalten.

Erklerung des I
Aufrisses des Schlosses
Rheinfels.

1. Die äusserste Pforten.
2. Die Cantzley.
3. Gärtlein an der Cantzley.
4. Weg zum Schloss.
5. Ein ort und Rondell zu grosen stucken.
6. Die Schwemme.
7. Das thor ausser dem Schloss auf der Landstraass.
8. Ein ort auf d' maur vor des Gärtners lofament darauff die Pomerantzen bäum.
9. Des Gärtners wohnung.
10. Der Lustgarte.
11. Das Brauhauss.
12. Ein Kühstall.
13. Ein Cammer vor den Gärtner.
14. Die Mattebädemen.
15. Die Zugbrücke.
16. Schlossgrabe.
17. Die zweite Pforte sampt dem thurm darauf geschütz.
18. Die Portstube.
19. Ein alte Postei.
20. Das Schlachthauß.
21. Thor zu dem Schlachthauß.
22. Hauss darunder das grobe geschütz.
23. Der Zwinger.
24. Die Maur umbs Schloss.
26. Der grosse Keller.
27. Gang und gewölbe und die maur an denen abgebrochenen vondelten.
28. Platz übern Keller.
29. Gang zu dem Keller.
30. Dritte Pforte.
31. Gewölbter gang zum Marstall und Vorwerck.
32. Platz und Miststadt vor dem Vorwerck sampt dem ziehbronnen.
33. Marstall.
35. Bodemen Gemache und Camern über dem Marstall.
37. Eckthurm.
38. Thurm darin der Buchsenmeister Wohnet.
39. Das Waschhauss
40. Die Liechtcammer
42. Silber Cammer
43. Die innerst pfort im Schloss
44. Backhauss und Stube sait dem ofen.
48. Der Hohe thurm
49. Ein Gärtlein
50. Milchcammer
51. Braatküche
54. Küchengemach
55. Die Küche
59. Gesinde Stube
60. Ein Gewölblein
61. Ess saall
63. Die Apoteck
64. Thurm an der Apotheck
65. Maure im Schloss

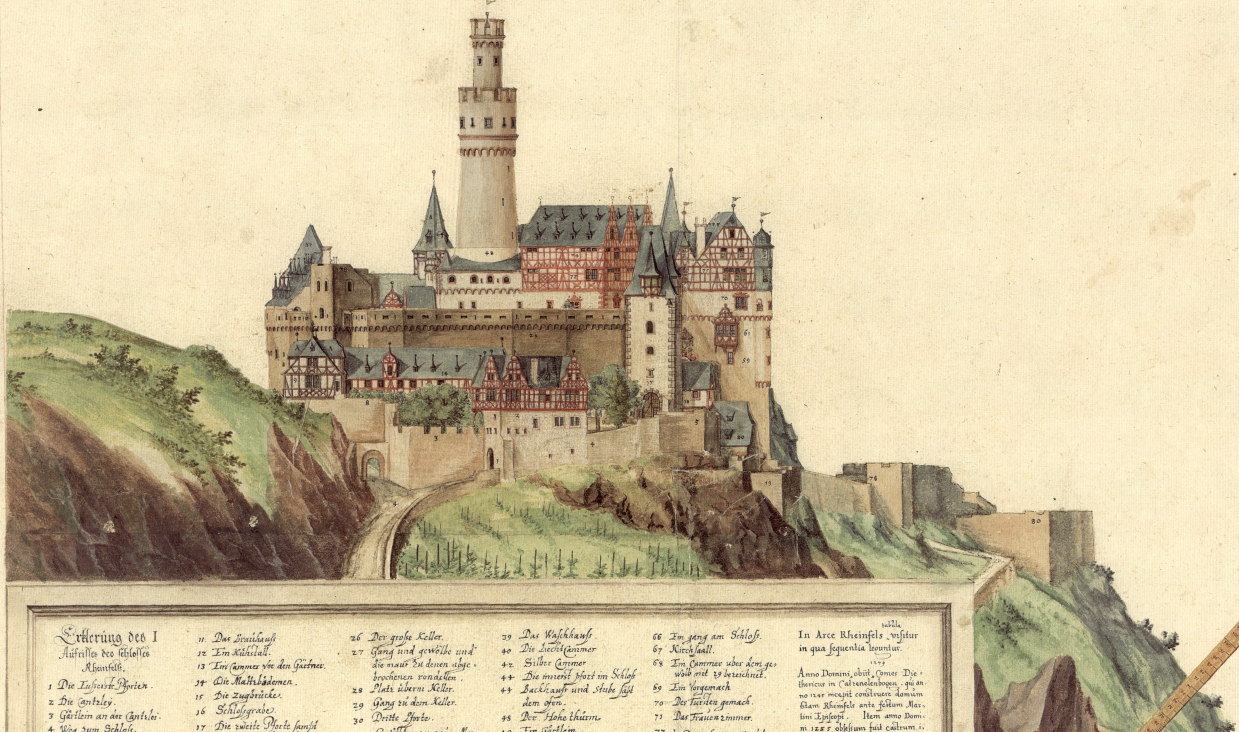

Erklerüng des I
Auffrisses des schlosses Rheinfels.

1. Die Eüsserste Pforten
2. Die Cantzley
3. Gärtlein an der Cantzley
4. Weg zum Schloß
5. Ein ort und Rondell zu großen stücken
6. Die Schwemme
7. Das thor außer dem Schloß auf der Landstraaß
8. Ein ort auf d' maur vor des Gärtners Iosament darauff die Pomerantzen bäum
9. Des Gärtners Wohnüng
10. Der Lustgarte
11. Das Brauhauß
12. Ein Kühstall
13. Ein Kammer vor den Gartner
14. Die Maltzbädemen
15. Die Zugbrücke
16. Schloßgrabe
17. Die Zweite Pforte samst dem thüren darauff gestellt
18. Die Leibstube
19. Ein alte Postei
20. Das Schlachthauß
21. Thor zu dem Schlacht hauß
22. Hauß darunder das groß gewölbe ist
23. Der Zwinger
24. Die Maur umb' Schloß
25. Thurm darin der Buchsenmeister Wohnet
26. Der große Keller
27. Gang und gewölbe und die maur zu denen abgebrochenen rondellen
28. Platz übern Keller
29. Gang zu dem Keller
30. Dritte Pforte
31. Gewölbter gang zum Marstall und vorwerck
32. Platz und Mistadt vor dem vorwerck sampt dem ziehbrunnen
33. Marstall
35. Bodemen Gemache und Camern über dem Marstall
36. Eßsaall
37. Eckthurm
38. Thurm darin der Buchsenmeister Wohnet
39. Das Waschhauß
40. Die Liechtkammer
42. Silber Cammer
44. Die innerst pfort im Schloß
45. Backhauß und Stube sipt dem ofen
48. Der Hohe thurm
49. Ein gärtlein
50. Milchkammer
54. Küchen gemach
55. Die Küche
59. Gesind Stube
60. Ein Gewölblein
61. Eß saall
63. Die Apoteck
64. Thurm an der Apoteck
65. Maure im Schloß
66. Ein gang am Schloß
67. Kirchsaall
68. Ein Cammer über dem gewölb mit 29 bereichnet
69. Ein Vorgemach
70. Des Fürsten gemach
71. Das Frauenzimmer
73. Gimache vor Frembde
74. Herren
75. Junckern gemache
76. Thurn auf dem Frauen zimmer
77. Pforte zu dem understen gärten und denen streich wären
78. Pforte und gang zu der Kreutzstadt
79. Underst garte
80. Alte Streichwehr und Postei.

In Arce Rheinfels visitur in qua sequentia leouniur

Anno Domini obiit Comes Dietricus in Catzenelenbogen, qui anno 1245 incepit construere domum suam Rheinfels ante festum Martini Episcopi. Item anno Domini 1255 obsessum fuit castrum. stud á civitatib) Alemaniæ.

Item anno Do̅i̅ 1278 obiit Wilhelmus comes Iuliacensis et filius suus et multi alii nobiles. Item anno Do̅i̅ obiit Wilhelmus comes in Katzenelenbogen in vigilia B. Elizabeth. Cÿi anno incepit construere castrum Richeberg.

Grundriß vom Schlosse Rheinfels.

4 – Bl. 23: Aufriss, Südostansicht

Legendentitel: *Erklerung des I / Aufriſs des Schloſſes / Rheinfelſz*
Blattmaß 41,1 x 53,8 cm, Bildmaß 30,1 x 43,1 cm

Ein Aufriss zeigt Rheinfels aus südöstlicher Richtung in fünf aufklappbaren Schichten. In der Mitte der Anlage dominiert der zur Butterfassform aufgestockte Bergfried *(48)* die leuchtenden Giebel, Erker, Türmchen und steilen Dächer des Schlosses. Die roten Zierglieder wie die Bogenfriese der beiden Wehrplattformen heben sich deutlich vom weißen Kalkton des Bergfrieds ab und deuten wohl eher auf den Geschmack der Zeit hin als dass sie wehrtechnischen Funktionen gedient hätten. Der insgesamt über 50 m hohe Turm war das Wahrzeichen der Burg; er wurde 1797 gesprengt.

Im Süden war die äußere Vorburg durch zwei Pforten zugänglich. Als direkter Zugang von der Stadt St. Goar fungierte das Tor im Südosten *(1)*, dessen Fachwerkaufbau die zwei Stockwerke der Kanzlei *(2)* beherbergte. An die zweigeschossige Wohnung des Gärtners *(9)* über dem zweiten Tor schlossen sich Malzböden *(14)* über dem Brauhaus *(11)* und ein kleiner Kuhstall *(12)*, verdeckt durch die erste Lage, an. Die Vorburg mit den Fachwerkgebäuden war über eine Zugbrücke mit dem Torturm *(17)* verbunden, dessen verschlossene schwere Bohlentür den Eingang in den eigentlichen Schlosskomplex darstellte. Ausgestattet war der Torturm mit einer Uhr und einer Glocke, die dem Stundenschlag diente, ankommende Gäste ankündigte und die auf dem Rhein fahrenden Schiffe anwies, zur Verzollung in St. Goar anzulegen. Die Nähe zum Rhein ließ potentiellen Angreifern nur wenig Platz vor dem Tor. Mit seinem quadratischen Grundriss war der Torturm, dessen sechs Geschosse ein Turmhelm aus Fachwerk bekrönte, ursprünglich wohl ein zum Burginnenhof offener Schalenturm. Kurz nach 1303 erbaut, wird er der ersten Erweiterung der Burg zugeordnet. An ihn schloss sich die 70 m lange, am Halsgraben verlaufende starke Befestigungsmauer *(24)* der Hauptburg an, die Dilich als *Maur umbs Schloſs* bezeichnet. Sie trennte die innere Vorburg von der äußeren, umgab die zweigeschossige Wohnung des Büchsenmeisters *(38)* und sicherte die Angriffsseite der Burg. Die im 14. Jahrhundert erbaute Mauer wurde im 16. Jahrhundert mit Schießscharten ausgestattet. Den Zugang zum Umgang auf der Mauerkrone ermöglichte eine geschwungene Freitreppe vom Burginnenhof aus. Die Verteidigung im Norden erfolgte durch das große Geschützhaus *(22)* in direkter Nähe zu Mantelmauer und Torturm.

Am Ende der Legende steht die Teilabschrift einer gerahmten, in Latein gehaltenen Tafel, die vermutlich zwischen 1479 und 1493 hergestellt und dem Rheinfelser Inventar von 1607 zufolge in der Silberkammer aufbewahrt wurde (Nikitsch 2004, DI 60/1, Nr. 114, S. 121). Sie liefert prosopographisch-chronikalische Informationen über fünf der Grafen von Katzenelnbogen. Dieses Zeugnis für Geschichtsbewusstsein, das in Form und Anlage den überlieferten Grabinschriften der Grafen entspricht, betonte die Katzenelnbogische Vergangenheit der Burg durch eine öffentliche Präsentation der Inschriften. Eine Schilderung der Belagerungssituation durch den rheinischen Städtebund 1255, die um 1500 auch Wigand Gerstenberg in seiner Landeschronik anführt (Diemar, S. 219), akzentuiert den Festungscharakter der Burg. Diether, der selbst zu den Mitgliedern des 1254 zu Mainz gegründeten Rheinischen Landfriedensbundes zählte, verstieß mit der Erhebung neuer und höherer Zölle zu St. Goar gegen die Abmachungen des Städtebundes, so dass er einer langen Belagerung standhalten musste. Im Kontext der Katzenelnbogischen Herrschaft verwundert zunächst, dass des Todes Wilhelms IV. von Jülich *(comes Juliacenis)* gedacht wird. Dies lässt sich aber damit erklären, dass er der Vater von Diethers zweiter Frau Margareta war.

Bis 1479 befanden sich Kanzlei und Hauptarchiv auf Burg Rheinfels, so dass die zur Herstellung der Inschriften notwendigen historischen Informationen leicht zugänglich waren. Im Vergleich mit dem vollständig überlieferten Text der Tafel zeigt sich, dass Dilichs Fassung nicht nur kleinere Details auslässt, sondern auch die letzte Inschrift für Philipp d. Ä. von Katzenelnbogen, mit dessen Tod das Geschlecht ausstarb, übergeht. Da der Platz durchaus ausgereicht hätte, könnte dies ein weiteres Indiz dafür sein, dass die Pläne nicht vollständig ausgeführt wurden.

5 – Bl. 24: Aufriss, Nordostansicht

Von späterer Hand: *Schloß Rheinfels*
Blattmaß 41,4 x 54,0 cm, Bildmaß 32,0 x 44,1 cm

Die volle Pracht der rot-weißen Wohngebäude im Süd- und Nordbau entfaltet sich an der dem Rhein zugewandten Front- und Schauseite im Nordosten. Die architektonische Gestaltung der Rheinseite war auf Fernwirkung ausgelegt: Die leuchtenden Farben der Fachwerkbauten kennzeichneten eindrucksvoll den Wandel des Landgrafenhofs zur reichen Residenz und lassen den Festungscharakter auf dieser Seite zurücktreten. In der Serie der Landtafeln findet sich eine weitere, ähnliche Ansicht des über St. Goar gelegenen Schlosses: Eine Vedute innerhalb der Karte des Amtes Rheinfels (Nr. 2 Bl. 21) zeigt die besonders eindrucksvolle Lage von Stadt und Burg am Rhein. Unter Philipp II. d. J. von Hessen-Rheinfels wuchs der dort beheimatete Hofstaat auf bis zu 150 Personen an. Drei aufklappbare Lagen spiegeln, ausgehend von Nordosten, die Struktur und die Räumlichkeiten der Burg wider. Die Wohnräume des Gesindes waren Dilich zufolge im Erdgeschoss des Nordflügels *(59)* untergebracht, die herrschaftlichen Räumlichkeiten wie der große Speisesaal *(61)* und die Gemächer der Frauen *(71)*, die über zwei Geschosse mit einer separaten Treppe verbunden waren, befanden sich in den Obergeschossen. Der linke Südbau beherbergte im zweiten Geschoss den großen Kirchensaal *(67)*, den flächenmäßig größten Raum des Hauptbaus, der über eine Galerie begehbar war und über eine gesonderte Verbindung zu den Gemächern des Fürsten *(70)* im zweiten Geschoss des Nordbaus verfügte. Darüber waren, wie die folgende Nordwestansicht erkennen lässt, die Unterkünfte für Gäste *(73–74)* und die Räumlichkeiten für die Junker *(75)* untergebracht. Die ofenbeheizten Stuben und teilweise beheizten Schlafkammern mit Abort stellten recht komfortable Wohnräume in den oberen Geschossen dar.

Dank eines überlieferten Inventars von 1575 ist die reiche Inneneinrichtung des Fürstengemachs zu Lebzeiten Landgraf Philipps II. nachzuvollziehen. Überdies wird die zeittypische fürstlich-ritterliche Leidenschaft für die Jagd deutlich, da die vier privaten Gemächer zusätzlich zur reichen Grundausstattung noch neun Hirschgeweihe, 25 Rehgehörne, fünf Damhirschschaufeln und einen Gamskopf aufbewahrten. Philipp II. d. J. hatte Rheinfels innen wie außen zu einem Schloss umgestaltet.

Die Nordostansicht erlaubt dem Betrachter auch einen Einblick in die innerste Vorburg, den Marstallhof, unter welchem der große Keller *(26)* angelegt war. Dieses 10,80 m hohe Tonnengewölbe mit einer Spannweite von über 15 m wurde im Zusammenhang der Umbaumaßnahmen von 1587 bis 1589 gebaut und war vom Zwinger zwischen Torturm und mittlerem Burgtor zugänglich. Der Keller, der ein großes gemauertes Weinfass aufnehmen sollte, entstand unter Wilhelm IV. für die Burgbesatzung. Vom großen Keller aus gelangte man durch einen schmalen Gang im Fels zu den Wirtschaftsgebäuden des inneren Burghofes.

Die aufklappbaren Lagen der Darstellung ermöglichen den Blick auf etliche dieser Gebäude, die der alltäglichen Versorgung des umfangreichen Hofstaates dienten: Die Schichten des Grundrisses (Nr. 3 Bl. 22) zeigen mehrere Kuhställe, gegenüber der Stallungen ein Backhaus mit Ofen *(45)*, eine Brotkammer *(46)*, eine Milchkammer *(50)*, ein Waschhaus *(39)*, ein Schlachthaus an der nördlichen Schlossseite und im innersten Burghof einen tiefen Ziehbrunnen zur Trinkwasserversorgung. Das Erdgeschoss des südlichen Hauptbaus beherbergte mehrere Küchenräume *(51–55)* mit angegliederter Speisekammer und Hühnerstall. Um den Burginnenhof in westlicher Richtung gruppierten sich die Apotheke *(63)* sowie die Licht- und die Silberkammer, die zu den Erweiterungsbauten des 16. Jahrhunderts unter Landgraf Philipp II. gehörten. Die Lichtkammer *(40)* fungierte als Aufbewahrungsort von Kerzen oder mit Öl gespeisten Laternen, die Silberkammer *(42)* diente als Lager für den Kleinodienschatz, darunter Prunkgeschirr, Edelsteine, Perlen und Schmuckstücke aller Art.

Besonders interessant scheint der Vergleich der Burgansichten Dilichs mit den Darstellungen von Rheinfels in Wigand Gerstenbergs Landeschronik (UB-LMB, 2° Ms. Hass. 115, fol. 270v u. 277r; Abb. in Braasch-Schwersmann/Halle 2007), welche den Zustand der rheinischen Schlüsselfestung um 1500 mit großer Sorgfalt und Detailtreue wiedergeben. Die Abbildungen, die sich von den anderen Ortsansichten in Gerstenbergs Werk abheben, zeigen das Bemühen um Authentizität; sie versuchen die Burg in ihrer topographischen Lage zu erfassen und „sind daher nicht mehr als in der mittelalterlichen Tradition verwurzelt zu sehen, sondern können als paradigmatische Vertreter der Umbruchszeit um 1500 gedeutet werden" (Gräf 2007, S. 147). Sie zeigen Rheinfels vor den umfangreichen Baumaßnahmen, die das Erscheinungsbild prägen, das Dilich etwas mehr als ein Jahrhundert später dokumentiert.

Dritter Auffriß deß Schlosses Rheinfels.

17 Die andere Pforte sampt dem thurm darauf geschütz.
18 Die Portstube.
20 Das Schlachthauß.
21 Thor zum Schlachthauß.
22 Hauß und Stand zu dem grohsse geschütz.
24 Maure umbs das Schloß.
25 Der Hundsstall.
26 Der Grohsse Keller
27 Gang under die Maur zu denen abgebrochenem rondellen.
28 Platz und garte uber dem grohssen Keller.
29 Gang zu dem Keller.
30 Die dritte Pforte
31 Gewölbter gang zu dem Marstall und Vorwerck.
33 Der Marstall.
34 Der Kühstall
35 Bödemen gemach dem Marstall.
36 Gewölbte Cammer
37 Der Eckthurm
38 Thurm darin der wohnung hatt.
39 Das Waschhauß.
40 Lichtcammer
41 Silbercammer
43 Springbronnen
44 Innerste zwo ṕ deren die eine n

und Cammern über	45 Backhauß und Stube sampt dem Ofen.	66 Gang im Schloß.
Eckthurn.	46 Brodcammer.	67 Kuchsaall
	47 Der tieffe Ziehbronn.	68 Cammer über dem gewölb mit 29 bezeichnet.
Büchsenmeister seine	48 Der Hohethurm	69 Vorgemach.
	55 Die Küche	70 Des Fürsten gemach
	56 Die Büttelei	73-74 Gemache vor Frembde Herren
	57 Hüner hauß	75 Junckern gemache
	58 Speisecammer.	76 Thurm am Frawenzimmer
	59 Gesinde saall sampt (60) eine gewölblein	79 Der underst garte
dem Schloßplatz	62 Das Frawen zimmer, wie auch 79	80 Alte Streichwehr und pastey an dem un-
rten an dem schloß	63 Die Apotheck sampt dem thurm 64	dersten garten zu nechst uber der Neustadt
ch dem Vorwerck.	64 Maure und gang.	so an dem Rhein ligt.

Dritter Auffriß deß Schlosses Rheinfels.

17. Die andere Pforte sampt dem thurm darauff geschütz
18. Die Portstube
20. Das Schlachthauß
21. Thor zum Schlachthauß
22. Hauß und Stand zu dem grohsse geschütz
24. Maure umbs das Schloß
25. Der Hunds stall
26. Der Grohsse Keller
27. Gang under die Maur zu denen abgetrochenem rondellen
28. Platz und garte uber dem grohssen Keller
29. Gang zu dem Keller
30. Die dritte Pforte
31. Gewölbter gang zu dem Marstall und Vorwerck
33. Der Marstall
34. Der Kühstall
35. Bödemen, gemache und Cammern über dem Marstall
36. Gewölbte Cammer im Eckthurn
37. Der Eckthurm
38. Thurm darin der Büchsenmeister seine wohnung hatt
39. Das Waschhauß
40. Lichtcammer
42. Silbercammer
43. Springbronnen in dem Schlossplatz
44. Innerste zwo pforten an dem Schloss deren die eine nach dem Vorwerck
45. Backhauß und Stube sampt dem Ofen
46. Brodcammer
47. Der tieffe Ziehbrunn
48. Der Hohethurm
55. Die Küche
56. Die Büttelei
57. Hüner hauß
58. Speisecammer
59. Gesinde saall sampt 60 eine gewölblein
62. Das Frawenzimmer, wie auch 79
63. Die Apotheck sampt dem thurm 64
64. Maure und gang
66. Gang im Schloß
67. Kirchsaall
68. Cammer über dem gewölb mit 29 bezeichnet
69. Vorgemach
70. Des Fürsten gemach
73-74. Gemache vor Frembde Herren
75. Junckern gemache
76. Thurm am Frawenzimmer
79. Der underst garte
80. Alte Streichwehr und pasley an dem understen garten zu nechst uber der Neustadt so an dem Rhein ligt

Schloß Rheinfels

6 – Bl 25: Aufriss, Nordwestansicht

Legendentitel: *Dritter Auffriſz / deſz ſchloſſes Rhein / felſz*
Blattmaß 41,5 x 53,7 cm, Bildmaß 30,8 x 43,2 cm

Ein weiterer Aufriss der Serie präsentiert die wehrhaften Elemente des Schlosses Rheinfels auf der nordwestlichen Bergseite. Hinter dem tiefen Graben erheben sich starke Mauern, die sich durch den schlichten beigen Putz deutlich von der Farbenpracht der Schauseiten absetzen und in Kombination mit den Ecktürmen *(37)* und Wehrgängen *(63* in der Zeichnung, *64* in der Legende) helfen sollten, Feinde abzuwehren. An der Südwestseite beherbergte der zweigeteilte Marstall *(33)* zu beiden Seiten des Mittelgangs je elf Pferdestände, im kleineren Teil fünf und sieben Kuhstände *(34)*. Die Bewohner konnten sich auch bei längeren Belagerungen mit tierischen und pflanzlichen Produkten sowie ausreichend Trinkwasser versorgen, da Rheinfels – wie jede Burg – über eine Vorratshaltung in der Speisekammer *(58)* und über einen tiefen Ziehbrunnen *(47)* auf dem Schlossplatz, sichtbar nach dem Aufklappen der ersten Lage, verfügte.

Vergeblich war etwa die Belagerung im Jahre 1621 durch die Darmstädter, als die Anlage nach Philipps frühem Tod 1583 zum Zankapfel zwischen den Linien Hessen-Kassel und Hessen-Darmstadt geworden war und sich die Auseinandersetzungen besonders blutig im Dreißigjährigen Krieg (1618–1648) auswirkten. Nach einem erneuten Angriff 1626 ließ sich die Festung, obwohl ein Reichsgericht Rheinfels den Darmstädtern zuerkannt hatte, trotz schwerer Schäden nicht einnehmen, bis Landgraf Moritz sie letztlich räumen ließ. Die Zurückeroberung durch die Kasseler erfolgte bereits zwei Jahrzehnte später. Nach einem Vergleich im Jahr 1648 wurde Rheinfels endgültig der Landgrafschaft Hessen-Kassel übertragen. Die nach dem Dreißigjährigen Krieg wiederhergestellte und ausgebaute Festung konnte Ende des 17. Jahrhunderts mehrfach französischen Eroberungsversuchen standhalten. Erst im Siebenjährigen Krieg musste sie angesichts der modernen Feuerwaffen kampflos übergeben werden. 1797 überließ man die Festung den französischen Revolutionstruppen ohne Gegenwehr. Teile der Anlage, wie der mächtige Bergfried *(48)*, wurden gesprengt; die Schlossruine wurde zum Steinbruch.

Aus diesem Grund sind Dilichs Pläne besonders wertvoll; erlaubt doch die faszinierende Technik der aufklappbaren Schichten, einen Einblick in die wehrhafte Residenz des beginnenden 17. Jahrhunderts zu nehmen.

Quelle: Wigand Gerstenberg, Landeschronik, UB-LMB, 2° Ms. Hass. 115, fol. 270v und 277r – Diemar 1989.
Literatur: Böcher 1993, S. 68–72 – Braasch-Schwersmann/Halle 2007 – Dehio 1985, S. 915–917 – Demandt 1990 – Fischer 1993a – L. Fischer 1993b – Gräf 2007, S. 137–149 – Großmann 2002 – Großmann 2005 – Herrmann 1999, S. 164–167 – Herrmann 2003, S. 483–485 – Kunze 1969 – Kunze 1995, S. 151–159 – Michaelis ca. 1900, S. 27–35 – Nieder 2002 – Nikitsch 2004, S. 121–123 – Sebald 2003, S. 11–16 – „Wer will des Stromes Hüter sein?" 2005.

Melanie Panse

7–10
Burg Katz

Kassel, UB-LMB, 2° Ms. Hass. 679, Bl. 34–35 u. 50–51
Papier, Federzeichnungen, handkoloriert,
in Teilen aufklappbar

Die Burg Neukatzenelnbogen oder Katz, wie sie im Volksmund genannt wurde, ist auf einem Bergsporn oberhalb der Stadt St. Goarshausen am Mittelrhein gelegen. Die spätmittelalterliche Burggründung der Grafen von Katzenelnbogen diente gemeinsam mit den Burgen Rheinfels und Reichenberg der Sicherung des Rheinzolls und des Rheinübergangs bei St. Goar sowie der Kontrolle der Handelsstraße vom Hunsrück in den Taunus. Auch wenn das genaue Gründungsdatum der Anlage nicht bekannt ist, lässt sich der Erbauungszeitraum eingrenzen. Da Graf Wilhelm II. von Katzenelnbogen im Jahr 1371 „auf seiner Feste Neukatzenelnbogen im Trierer Bistum in der dortigen Kapelle einen Altar mit einer ewigen Messe" (Regesten der Grafen von Katzenelnbogen 1953–1957, Nr. 1437) stiftete, muss mit dem Bau, der in Anlehnung an den im Taunus liegenden Stammsitz benannt wurde, bald nach 1350 begonnen worden sein. Burg Katz ist, Grundriss und Baugestaltung zufolge, eine auf engstem Raum konzentrierte rheinische Höhenburg und verbindet in ihrer einheitlichen Gesamtkonzeption geschickt geländebedingte Notwendigkeiten mit wehrtechnischen Überlegungen (Urban 1997, S. 54).

7 – Bl. 34: Grundriss und Baugestaltung

Legendentitel: *Erklerung deſz Abriſ / ſes neu Cattenelenbo / gen*
Blattmaß 41,5 x 54,1 cm, Bildmaß 29,9 x 42,9 cm

Die Grund- und Aufrisse der Burg Katz geben in unterschiedlichen, aufklappbaren Ebenen detailliert Aufschluss über die architektonische Außen- und Inneneinteilung der Gebäude. Die Federzeichnungen der Burg sind zusammengesetzt aus einer Reihe von Schnitten, die sich einzeln zurückklappen lassen und angehoben immer neue Blicke in das Innere ermöglichen. Die hinzugefügten Erläuterungen in den Legenden identifizieren die einzelnen Räume und gestatten dem Betrachter, Aufbau und Darstellungsformen einer Burg des beginnenden 17. Jahrhunderts zu erfassen.

Die vier vorliegenden Blätter zählen zu den noch unvollendeten Werken Dilichs, die einen Einblick in die Arbeitsschritte und Gestaltungstechniken der Landtafeln ermöglichen. Die Ausarbeitung der Rahmen wurde noch nicht vorgenommen und in zwei Aufrissen (Nr. 9–10 Bl. 50 u. 51) fehlen die Legenden und Gebäudenummern, obwohl die Legendenflächen im Bild bereits vorgesehen sind. Die nummerischen Kennzeichnungen sollten über die vier Tafeln hinweg identisch sein, so dass die verschiedenen Bauten in ihren unterschiedlichen Ansichten erkennbar blieben. So kann das Fehlen der Beschriftung und der Ausarbeitung der Schmuckelemente als Hinweis gesehen werden, dass deren Anbringung zu den späteren Arbeitsschritten des Künstlers gehörte.

Dilich fängt in seinen Tafeln nicht nur die dominierende Wirkung der Herrschaftsbauten ein, sondern zeigt auch die Vergänglichkeit der mittelalterlichen Burg, deren einzelne Teile seit ihrer Gründung bereits einige Schäden davongetragen haben, wie man am *Zergangene[n] Marstall (2)* und am abgetragenen Turm *darin vor alters ein ſiecher Grafe (29)* beobachten kann. Dennoch ist *neu Cattenelenbogen* nach Dilichs Zeichnungen eine Anlage, die auf kleinstem Raum das zum Leben der Bewohner und zur Abwehr feindlicher Überfälle Notwendige bereitstellt. Dem Grundriss zufolge kennzeichnet ein unregelmäßig sechseckiger Bering *(7)* die kompakte Anlage, eine Wehrmauer, die den inneren Bereich der Burg umschließt. Die zum Berg gelegene, durch Angriffe gefährdete östliche Schmalseite sichert eine im spitzen Winkel anstoßende Schildmauer, die den engen Burghof *(6)* und den anschließenden Wohnbau deckt und in die der gewaltige runde Bergfried *(5)* eingestellt ist (Urban 1997, S. 54). Dieser hatte zur Zeit der Darstellung die auffällige Höhe von ca. 45–50 m, welcher Dilich auf interessante Weise näher zu kommen versucht. Denn er ermöglicht es dem Betrachter, die Ausdehnung des Turms über sechs aufklappbare Stockwerkelemente, die sich leporelloartig zu einem in die Höhe reichenden Bergfried auseinanderziehen lassen, nachzuvollziehen.

Die südwestliche Beringhälfte nimmt ganz der dreistöckige Palas ein, das Hauptwohngebäude der Burg, das durch drei runde Ecktürme *(17)* und durch kräftige Mauern verstärkt wird. In ihm befinden sich die wichtigsten Räumlichkeiten für das Leben auf der Burg, die sich durch Dilichs aufklappbare Darstellungsschichten einzeln betrachten lassen. Neben dem fast lichtlosen Keller *(15)* sind zwei große übereinanderliegende Säle *(21 und 22)* zu nennen und an diese angeschlossen eine Reihe von Stuben und Kammern *(23, 24 und 25)*. Der vornehmste Wohnraum, die Burggrafenstube *(21)*, liegt im Erdgeschoss; von ihr aus sind alle wichtigen Burgelemente schnell zu erreichen (Michaelis ca. 1900, S. 16). Eine gesonderte Treppe führt in den Keller, dessen Eingangspforte dicht am Haupttor gelegen ist; eine Seitentür der Stube öffnet sich unmittelbar auf den Hof, von dem aus die aufsteigenden Treppen *(13 und 16)* sowohl zu den oberen Geschossen des Wohnbaus als auch auf den Wehrgang und den Hauptturm führen.

Im Dachgeschoss des Palas dienten zwei langgestreckte Kammern *(26)*, die von der Hofwand her nur wenig Licht erhalten, der Burgbesatzung als Schlaf- und Wohnräume. Der obere Saal hingegen zeichnet sich, wie man auf den verschiedenen Ansichten Dilichs verfolgen kann, durch große Fenster aus. Hier wurden Gäste empfangen und

Erklerung der zahlen im II Auffriß des Schlosses
Neu Fattenelebogen

1 Die Brücke
2 Zerfallener Marstall
3 Ein kleines gärtlein
4 Das Hinderst thor zu dem Marstall.
5 Der große thurm
6 Schlossplatz
7 Maur und gang umb das schloss.
8 Trappe auf den thurm
9 Backofen
10 Die Küche. 11 Bron
13 Windelstein auß hauß.
14 Ingang auff hauß.
15 Der Keller
16 Trappe auf den saal.
17 Die Eckthurmlein
18 Das innerst thor
19 Rondell, 20 Dz thor Darüber die Capell.
21 Underst saall und gemach 22 Oberst Saall.
23.24.25 Ein gemach und zwo Cammern
26 Schlaffcammeren

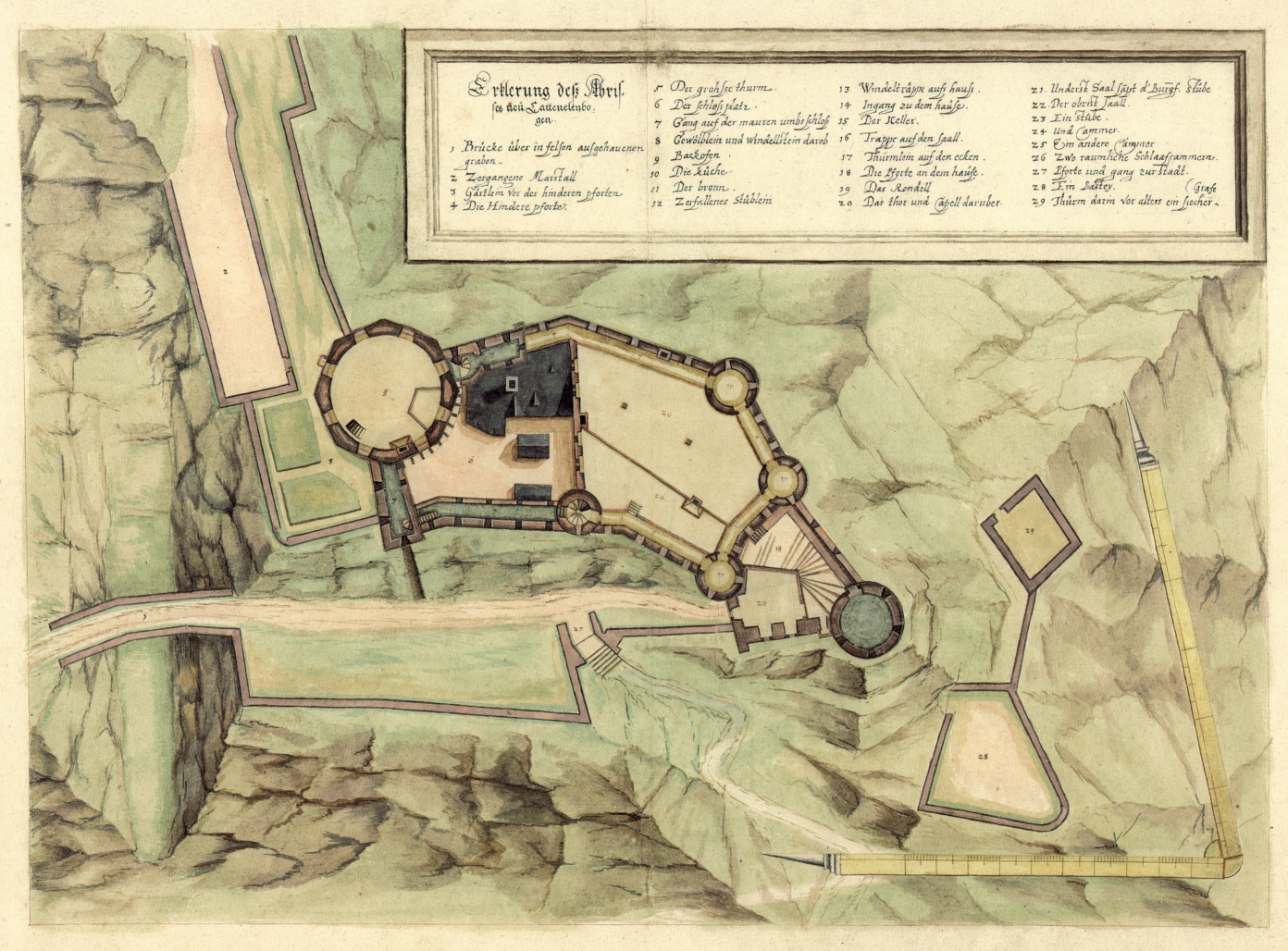

Verhandlungen abgehalten. Da Fensterglas ein sehr kostspieliger Rohstoff war, der vor allem seit dem Spätmittelalter in einem Großteil der Burgen eingesetzt wurde, sind helle Räumlichkeiten ein Zeichen von Wohlstand und Repräsentation. Der untere Saal dagegen zeigt wenige und kleinere Fensteröffnungen. Da die Burg im Winter wie im Sommer gleichermaßen genutzt wurde, dürfte man sich in den kälteren Jahreszeiten in das Untergeschoss, das leichter zu beheizen war, zurückgezogen haben (Zeune 1997, S. 176).

Zwischen den fensterlosen Wänden der Schlafkammern und der Außenmauer läuft ein schmaler Wehrgang unter dem schützenden Hausdach entlang, der in den *Thürmlein auf den ecken (17)* zu kleinen Räumen erweitert ist. Diese ermöglichen einen besseren Ausblick auf die Umgebung und tragen zur Sicherung der Burg bei. Ein vierter Turm, in dem eine *Windeltrǎppe aufs haufs (13)* führt, schließt den Wohnbau optisch ab. Die zum Burghof gewandte, geradlinige Abschlussmauer des Wohnbaus teilt die Kernburg in zwei etwa gleich große Hälften. Der schmale Burghof *(6)* wird von weiteren Bauten, die für das tägliche Leben auf der Burg unentbehrlich waren, zusätzlich verengt. Denn die separate Küche *(10)*, der Backofen *(9)* und ein hölzernes Schutzhaus über dem tiefen *bronn (11)* nehmen viel Raum ein. Diese kleineren Nebengebäude waren größtenteils in Fachwerkkonstruktionen errichtet und zum Schutz an die Innenseite der Ringmauer angelehnt (Michaelis ca. 1900, S. 18). Auch die architektonischen Schmuckelemente der Burg, wie das mehrseitig abgewalmte Steildach des Hauptturms, das vier regelmäßig angeordnete Dachhäuschen trägt, oder die achteckigen Türme des Palas sind aus Fachwerk errichtet und machen die wehrhafte Burganlage zu einer Demonstration adeliger Lebensart (Custodis/Frein 1981, S. 17).

Zugang zur Burg erhält man, Dilichs Zeichnung zufolge, über einen gewundenen Fußpfad, der vom Rhein den Berg hinauf durch eine Nebenpforte *(27)* in den Burgbering führt. Dort verzweigt er sich, indem er zur Linken auf einer gewölbten Brücke über den Halsgraben führt und zur Rechten am Torbau der Burg mit der darüberliegenden Kapelle *(20)* endet. Von hier aus erreicht man über eine Treppe den Eingang des Palas. Die Burgkapelle liegt außerhalb der Kernburg, über dem Zugang zur Burg am Fuß des nördlichen Eckturms, und gehört als Ort der Frömmigkeit zu den wichtigsten Bestandteilen des ritterlich-christlichen Lebens. Sie ist jedoch von außen kaum als Gotteshaus zu erkennen; im Aufriss zeigt der Baukörper lediglich zwei übereinander angeordnete Bogenfriese als Schmuckelemente. Während der obere den Wehrgang abgrenzt, dürfte der untere etwa auf der Fußbodenhöhe der Torkapelle gelegen haben. Durch die Lage der Kapelle über dem Torbau werden Ankömmlinge sofort auf das Zusammenwirken von herrschaftlicher Macht und Religiosität verwiesen (Custodis/Frein 1981, S. 20).

8 – Bl. 35: Aufriss, Nordwestansicht – Symbol der Wehrhaftigkeit

Legendentitel: *Erklerung der zahlen im II Auffrifz des Schloffes / Neu Cattenelebogen*
Blattmaß 41,7 x 53,6 cm, Bildmaß 30,1 x 38,2 cm

Viele Bauelemente rheinischer Burgen besaßen außer ihrem effektiven Nutzwert auch Symbolgehalt. Burgen waren sichtbare Zeichen der Macht, des Anspruchs auf Herrschaft und der Demonstration von Stärke. Diese Dimension des Burgenbaus wird auch an Dilichs Darstellung der Katz sichtbar (Bischoff 1999, S. 52). Das vorliegende Blatt zeigt den vollständigsten der drei Aufrisse der Burg Neukatzenelnbogen und hebt sich durch eine Besonderheit von den anderen Burgenzeichnungen ab. Denn Dilich stellt die Katz nicht etwa als Residenz der Landgrafen dar, sondern zeigt die Burg in ihren Funktionen als Schutzbau und als militärischen Stützpunkt der wichtigsten Katzenelnbogischen Besitzungen am Rhein. Rauchendes Kanonenfeuer dringt aus der Schießscharte des Rondells *(19)*, das an der Spitze der vorgelagerten, dreieckigen Bastion eine Verstärkung bildet, und dient bei der sonst eher geringen Größe der Verteidigungsanlage als Symbol der Wehrhaftigkeit.

Auch der beeindruckende Bergfried *(5)*, der mit seiner enormen Höhe zu den größten der rheinischen Burgen überhaupt gehörte, fungierte, außer als Mittel der Verteidigung, vor allem als ein Zeichen von Stärke und Dominanz (Zeune 1997, S. 41). Gleichzeitig diente er im Angriffsfall als kurzzeitig sichere Zufluchtstätte, da er sich von den anderen Teilen der Burg absonderte und die Verbindung der Turmräume untereinander mehrmals unterbrochen war. Von den im Grundriss dargestellten sechs Stockwerken liegt das unterste, von den darüber liegenden völlig getrennt, in gleicher Höhe mit dem Hof, von dem allein es zu erreichen ist. Das darauf folgende Stockwerk steht zwar mit einem Teil des Wehrgangs auf der Schildmauer durch die Wendeltreppe *(8)* in unmittelbarer Verbindung, vom Hof aus kann man jedoch zu dieser Treppe, deren Eingang sehr hoch liegt, nur mittels einer angelegten Leiter gelangen.

Die vier oberen Turmräume sind unter sich durch eine separate, an gesicherter Stelle in der Mauerdicke ausgesparte Treppe verbunden. Die scheinbar einzige Verbindung zu der *Trappe auf den thurm* ist ein loser Steg, der über die weit ausholenden Kragsteine um den Turm herumführt. Ohne diesen Steg, der wahrscheinlich aus abnehmbaren Bohlen bestand, konnte der Eingang in den Turm leicht verteidigt werden. Die kompakte Burg war somit in der Lage, der Besatzung und einem kleinen Teil der flüchtenden Bevölkerung für einen begrenzten Zeitraum wirksamen Schutz zu gewähren (Michaelis ca. 1900, S. 19).

Zusätzlich zur Schutzfunktion darf die auf Demonstration von Macht angelegte Symbolhaftigkeit des Bergfrieds nicht unterschätzt werden. So wurde keine Schildmauer angelegt, die an der gesamten Angriffsseite eine kostengünstige und sichere Deckung geboten hätte, sondern man baute den traditionellen Hauptturm als Grundbestandteil der Burg aus (Jäger 1987, S. 96f.). Wehrhafte Architekturelemente wurden also bewusst eingesetzt, um mögliche Angreifer durch die scheinbare Übermacht der drei Katzenelnbogischen Rheinburgen Reichenberg, Rheinfels und Neukatzenelnbogen abzuschrecken. Dies wird besonders deutlich, wenn man bedenkt, dass die Zeitgenossen bereits kurze Zeit nach der Errichtung der Katz auf die aufkommenden Feuerwaffen reagierten und die Verteidigungstürme viel niedriger und gedrungener bauten.

Die Baureformen berücksichtigen die Feuerkraft der Kanonen, die den hochragenden Bergfried zum ausgezeichneten Ziel und damit zur tödlichen Gefahr für alle Burgbewohner werden ließ. Um dieser zu entgehen, wurden im 16. Jahrhundert die Bergfriede einiger anderer Burgen auf eine ungefährliche Höhe abgetragen, dies ist für die Katz jedoch nicht nachweisbar (Custodis/Frein 1981, S. 18). Man kann davon ausgehen, dass die Burg, deren Bauweise noch keinerlei Reaktion auf schwere Feuerwaffen zeigt und nur auf leichten Beschuss ausgerichtet war, als ein Höhe- und Endpunkt der reinen Armbrustschützenburg angesehen werden kann. Im Zentrum steht neben dem militärischen Wert des Hauptturmes für den sogenannten „Rheinriegel" somit vor allem die optische Wirkung des „Riesen", denn zusammen mit Halsgraben, Zinnen und Zwinger stellt er ein typisches Zeichen der Wehrhaftigkeit dar. Dilich betont in seiner Darstellung die Funktionalität der Burg, die er durch das Kanonenfeuer zusätzlich hervorhebt (Kunze 1998, S. 40f.).

9 – Bl. 50: Aufriss, Südostansicht – Standort und Außenanlagen

Von späterer Hand: *Schloß Catz*
Blattmaß 41,6 x 53,6 cm, Bildmaß 31,9 x 44,0 cm

Die gute Verteidigungsfähigkeit der Burg Neukatzenelnbogen ergibt sich außerdem aus ihrer erhöhten Lage. Als sogenannte Spornburg unterscheidet sie sich von anderen Burgen durch ihre besondere geographische Position. Sie liegt unterhalb des Berggipfels, aber über dem Tal. Da der Bergsporn nach drei Seiten steil abfällt, gilt es eine nur recht schmale Seite gegen Angreifer zu schützen, die in Dilichs Darstellung durch Schildmauer, Halsgraben und die Bastion mit Rundturm gesichert scheint („Wer will des Stromes Hüter sein?" 2002, S. 102f). Die Felsformation, auf der die Burg errichtet ist, dürfte zur Gründungszeit nur wenig Raum zur Anlage einer Befestigung geboten haben. Deshalb kann man davon ausgehen, dass der überwiegende Teil des Baugrundes wohl erst durch Abtragen des Gesteins und entsprechende Einplanierung geschaffen werden musste.

Hinter der Burg steigt der Bergrücken steil bis zur Höhe des sogenannten Hünerberges an. Von diesem konnte jedoch für die Katz keine Gefahr ausgehen, denn von seinem Plateau aus ist die Burg nicht einsehbar, und auf den Steilhängen konnten Belagerungsmaschinerien nicht postiert werden (Custodis/Frein 1981, S. 16).

Zu Dilichs Zeiten bestand die kompakte Burg Katz im Wesentlichen aus den bisher geschilderten Bauelementen der Kernburg. An sie gliederte sich die tiefer gelegene Vorburg an, die sich lediglich aus einer dreieckig zulaufenden Bastei *(28)*, einem abgetragenen Turm *(29)* und einem unregelmäßig mit Zinnen besetzten Mauerzug zusammensetzte. Dieser war rheinseitig an die Torkapelle und bergseitig an die den Halsgraben überquerende Bogenbrücke angebaut und schützte den Hauptzugangsweg der Burg (Custodis/Frein 1981, S. 20f.). Wie die meisten Zwingeranlagen wurde auch diese der wahrscheinlich älteren Ringmauer nachträglich vorgelegt. Selbst wenn es Angreifern gelang, in den Zwinger einzudringen, war ihr Aktionsradius dort so eingeschränkt, dass die Überquerung der Hauptmauer oder das Aufbrechen des Hauptores äußerst erschwert wurde.

51

Schloß Ca

51

Schloss Catz

Schloß Catz

10 – Bl. 51: Aufriss, Nordost- und Südwestansicht – Burg Katz und ihre Geschichte

Von späterer Hand: *Schlofs Catz*
Blattmaß 41,5 x 53,9 cm, Bildmaß rechts
31,6 x 19,0 cm, links 31,8 x 19,1 cm

Seit 1378 ist Burg Katz als Sitz von Burggrafen und Amtmännern belegt. Die Überlieferung für das ausgehende 14. und 15. Jahrhundert ist jedoch dürftig. Bezeugt ist, dass auch diese Burg nach dem Tod des letzten Grafen von Katzenelnbogen 1479 an die Landgrafen von Hessen gelangte. In den großzügigen Ausbau der Burg Rheinfels scheint die Katz jedoch nicht einbezogen worden zu sein, denn keines der größeren Bauteile ist heute exakt dem 15. oder 16. Jahrhundert zuzuordnen. Zusammen mit Burg Rheinfels war Neukatzenelnbogen von 1583 an Zankapfel im langjährigen Familienstreit zwischen Hessen-Marburg, Hessen-Darmstadt und Hessen-Kassel, in dessen Besitz sie sich zunächst befand.

Aufgrund des 1623 gegen Kassel entschiedenen Marburger Erbfolgestreits fiel Burg Katz zusammen mit der Niedergrafschaft drei Jahre später an Hessen-Darmstadt. Auf Befehl Landgraf Moritz von Hessen-Kassel hatten sich die Besatzungen von Katz und Rheinfels geweigert, die Festungen zu räumen. Die fünfwöchige Belagerung bedeutete eine Bewährungsprobe für die Burganlage. Das Dachwerk des Hauptturmes und der Wohngebäude wurden durch den starken Beschuss und die dadurch ausgelösten Brände zerstört. Gleichzeitig konnte die 80 Mann umfassende Besatzung der Katz, die mit zehn Geschützen ausgerüstet war, zurückschlagen und die auf dem Wackenberg südlich der Burg Rheinfels stationierte Batterie vernichten. Nachdem die Munition, die auf ein Vierteljahr berechnet wurde, jedoch innerhalb von 33 Tagen verbraucht war, erfolgte die Kapitulation (Custodis/Frein 1981, S. 12f.). Aber die Burg blieb nur kurze Zeit im Besitz von Hessen-Darmstadt, denn 1647 gegen Ende des Dreißigjährigen Krieges startete Hessen-Kassel den erfolgreichen Versuch, die Niedergrafschaft zurückzugewinnen. Schon nach dem ersten Beschuss wurde Burg Katz von den Darmstädter Truppen aufgegeben und durch die siegreichen Kasseler in die Blockade gegen Rheinfels einbezogen, das nach einer zweiwöchigen Belagerung ebenfalls kapitulierte. Ein Jahr später schlossen Kassel und Darmstadt einen Vergleich, der Hessen-Kassel im Besitz der Niedergrafschaft bestätigte. Der Landgraf übergab den Besitz seinem Bruder, der dort die sogenannte jüngere Linie Hessen-Rheinfels begründete.

Bereits 1692, also während des Pfälzischen Erbfolgekriegs, musste Burg Katz gemeinsam mit Burg Rheinfels eine erneute und die wohl größte Belagerung ihrer Geschichte bestehen. Mit einem 18.000 Mann starken Eroberungsheer, dessen Größe im Winter desselben Jahres noch um 10.000 Mann erweitert wurde, erschien Ludwig XIV. von Frankreich vor Rheinfels. Doch auch dieser Übermacht stellten sich die Besatzungen der beiden Burgen entgegen und nach erheblichen Verlusten auf französischer Seite wurde die Belagerung Anfang Januar 1693 aufgegeben (Custodis/Frein 1981, S. 13f.).

Nach weiteren Familienkonflikten wurde die Niedergrafschaft und mit ihr die Burg Katz 1754 an die Landgrafen von Hessen-Kassel zurückgegeben. Diese aber vernachlässigten Investitionen in Bautätigkeiten und Ausstattung, so dass die Burg während des Siebenjährigen Krieges 1758 ohne große Gegenwehr in französische Hände fiel. Bis zum Frieden von Hubertusburg 1763 blieben die Katz und Burg Rheinfels von Franzosen besetzt; die Katz verlor bis zum beginnenden 19. Jahrhundert immer mehr an militärischer Bedeutung. 1806 wurde sie auf Geheiß von Napoleon gesprengt. Trotzdem blieben von der Burg die gesamte Umfassungsmauer und die Außenmauern des Palas erhalten. In den darauf folgenden Jahren ging die Burgruine durch verschiedene Hände und wurde 1896 vom damaligen Landrat von St. Goarshausen erworben, der sie zu einem Wohnsitz ausbauen ließ. Im 20. Jahrhundert wurden weitere Ausbauten an der Burg vorgenommen, sie wurde als Hotel und Schulungslager genutzt und ging nach dem Zweiten Weltkrieg in das Eigentum der Bundesrepublik Deutschland über. Sie diente seither unter anderem als Schulungsgebäude des Instituts Hoffmann in St. Goarshausen, als Internat und als Erholungsstätte (Custodis/Frein 1981, S. 15).

Burg Katz ist bis heute wenig erforscht. Es dürfte sich lohnen, ihrer Geschichte gerade im Burgenverbund Rheinfels, Reichenberg und Katz weiter nachzugehen.

LITERATUR: Bischoff 1999 – Custodis/Frein 1981 – Dehio 1985, S. 919 – Jäger 1987 – Kunze 1969 – Kunze 1998 – Laß 2005 – Michaelis ca. 1900, S. 15-19 – Regesten der Grafen von Katzenelnbogen 1953–1957, Nr. 1437 – Urban 1997 – „Wer will des Stromes Hüter sein?" 2002 – Zeune 1997.

SUSANNE SCHUL

11–16
Burg Reichenberg

Kassel, UB-LMB, 2° Ms. Hass. 679, Bl. 27–32
Papier, Federzeichnung, handkoloriert,
in Teilen aufklappbar

Wilhelm Dilich hat die Burg Reichenberg (heute Rhein-Lahn-Kreis, Rheinland-Pfalz), die zu seiner Zeit als *Schloss* bezeichnet wurde, auf sechs Blättern festgehalten. Der Verteidigungsbau entstand von 1319 an im Kontext der Burgenpolitik der Grafen von Katzenelnbogen und bildete zusammen mit der Burg Neukatzenelnbogen die strategische Verbindung des linksrheinischen St. Goar-Rheinfels mit den Herrschaftsgebieten auf dem Einrich. Reichenberg war ständiges Lehen der Trierer Kirche, denn Graf Wilhelm I. von Katzenelnbogen († 1331), dem die Grundherrschaft um St. Goarshausen durch die Heirat mit Irmgard von Isenburg († 1309) zugefallen war, hatte seine Herrschaft dadurch gesichert, dass er im August 1319 ein Bündnis mit Erzbischof Balduin von Luxemburg († 1354) geschlossen hatte, um die Erlaubnis zur Errichtung einer Burg auf dem Reichenberg zu erhalten.

Bereits in der ‚Hessischen Chronica' hielt Wilhelm Dilich jene Besonderheiten der Höhenburg fest, für die sie letztlich bekannt wurde und die in den Landtafeln visualisiert sind: *Ist nach Asiatischer form und manier / ohne dach / oben zugeweldet / und mit zweyen hohen gleichförmigen thürmen gezieret. Ligt auf einem felsen / und ist allenthalben unden unnd oben mit vielen gewelbten gängen versehen. Wie sichs aber ansehen lest / so ist der baw allein halb vollendet / dan auch der Graff darüber verstorben* (Dilich 1605/1961, S. 44).

Die wichtigsten Charakteristika sind die beiden heute nicht mehr stehenden außergewöhnlich hohen und schlanken Türme, an deren rundem Kern je drei halbrunde Treppentürmchen angebaut waren, das Fehlen steiler Dächer und der Wehrbau an der östlichen und südlichen Außenseite. Eine zweistöckig in die Tiefe führende tonnengewölbte Kasematte, die mit Schießscharten für Armbrüste ausgestattet wurde, ist wohl zu den ältesten des rheinischen Burgenbaus zu zählen. Gleichwohl ist die Baugeschichte der Burg schwer zu rekonstruieren. Die ungenutzte Schildmauer, deren eigentliche Außenseite in Folge differenzierter Baumaßnahmen zum Burgvorhof zeigt, ist beispiellos für die Geschichte des Burgenbaus („Wer will des Stromes Hüter sein?" 2005, S. 106). Die Tafeln vermitteln Dilichs Eindrücke vom Zustand der Burg um 1607, als die Grafschaft Katzenelnbogen bereits über ein Jahrhundert zum Besitz der Landgrafen von Hessen gehörte.

11 – Bl. 27: Grundriss

Von späterer Hand: *Grundriſs des Schlosses Reichenberg*
Blattmaß 41,5 x 54,0 cm, Bildmaß 33,2 x 47,1 cm

Der Grundriss der Burg versucht mit Hilfe von fünf Aufklappelementen die Anlage in ihrer Gesamtheit darzustellen. Die ausführliche Legende, welche sich auf der unteren Bildhälfte befindet und sich durch eine blasse Rahmung vom übrigen Bild absetzt, soll das Raumprogramm der Anlage vor Augen führen. Sie korrespondiert sowohl mit den Legenden als auch mit den Ziffern, die innerhalb der Grund- und Aufrisse der Tafeln Nr. 12–14 Bl. 28–30 verzeichnet sind. Gerade die Aussagen der Legenden der Landtafeln stellen einen Mehrwert dar, um die Baubefunde bezüglich der Funktion von Räumen und Bauelementen zu ergänzen.

Auf der oberen linken Bildhälfte befindet sich die Kernanlage der Burg, die durch eine Schildmauer in eine Ost- und Westhälfte geteilt wird. Die Schildmauer wird durch zwei bergfriedartige Rundtürme *(32)* eingefasst und überragt. In der Mitte dieser Mauer liegt ein Tordurchgang *(29)*, über dem sich die Schlosskirche befindet. Zum besonderen Schutz wurde die Kapelle in den wehrhaften Gebäudeteil integriert (Backes 1971, S. 14). Im zweiten Obergeschoss, das Dilich mit Hilfe der bereits beschriebenen Klappelemente visualisiert, befindet sich ein ähnlich gestalteter Wohnraum mit Kamin. Östlich der Schildmauer sind auf der Tafel die dreistöckigen Wehr-, Wohn- und Repräsentationsbauten *(10, 13, 9)* eingezeichnet, was mit heutigen Baubefunden korrespondiert (Frank 1997–2001). Diese Feststellung hat die Burgenforscher verwundert, da die Ostflanke eine Angriffsseite und damit ein recht unsicherer Ort der Burg war.

Im Grundriss wird die Angriffsseite durch den in den Felsen gehauenen Graben *(51)*, die einfachste Form der Fortifikation, angedeutet. Die Forschung erklärte diesen Zustand mit einer zweigeteilten Bauphase: Beim Tod des Grafen Wilhelm I. 1331 hätte lediglich die Schildmauer mit Vorhof bestanden. Diese Bauelemente wurden 1352 bei der Burgenteilung dem ältesten Sohn, Wilhelm II., zugesprochen, der sie fertigstellen sollte. Dem jüngeren Sohn wurde eingeräumt, in dem neu zu errichtenden Burgenteil einen Wohnbau einzurichten. Der neue Burgherr habe die Kosten der Fertigstellung jedoch nicht auf sich nehmen wollen und den bestehenden Vorhof zur eigentlichen Burg ausbauen lassen. In der Konsequenz blieb die Schildmauer der ersten Planung funktionslos an der Talseite bestehen, während die Wohnbauten statt an der Westseite an der Angriffsseite der Burg entstanden (Kunze 1998, S. 10).

Neuere Ergebnisse zur Baugeschichte relativieren diese These und demonstrieren, dass Burgen häufig nur zu verstehen sind, wenn man sie als in Jahrhunderten stetig gewachsene und erneuerte Komplexe charakterisiert. Dendrochronologische Untersuchungen haben gezeigt,

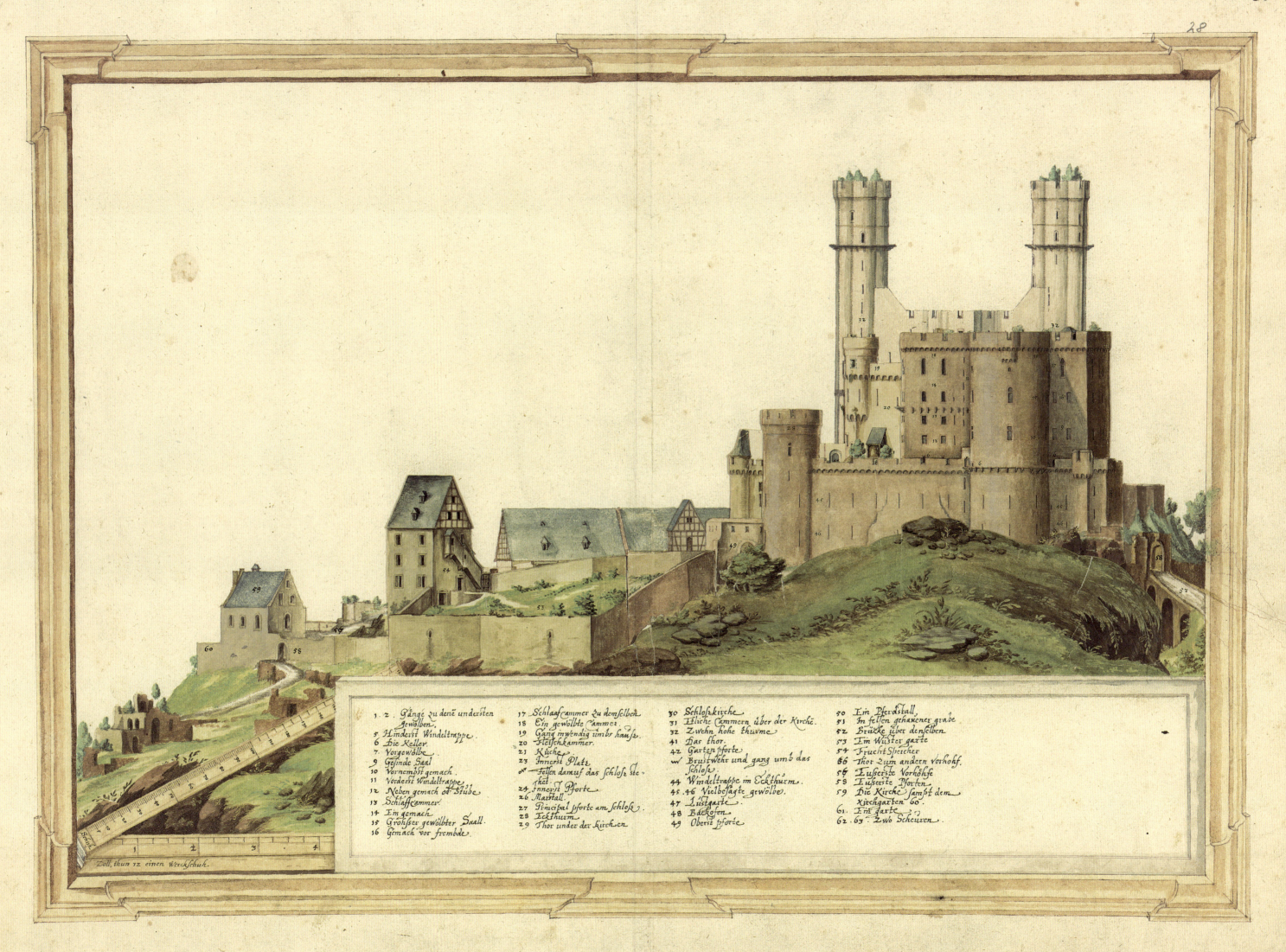

Grundriß des Schlosses Reichenberg

dass die Ursprungsmauer, also die Schild- bzw. Mantelmauer, bereits vom Sommer 1322 an aufgestockt wurde und die Wohnbauten von 1333 an, nicht erst 20 Jahre nach dem Tod Wilhelms I., folgten (Frank 1997–2001, S. 100). Eine Urkunde im Mainzer Stadtarchiv, die unter Vorbehalt mit der Katzenelnbogener Anlage Reichenberg in Verbindung gebracht werden kann, konkretisiert diese Befunde. Demnach ist davon auszugehen, dass die erste Bauphase der Burg durch ihre Zerstörung im Jahr 1322 unterbrochen wurde (Frank 1997–2001, S. 95–100). Es lässt sich festhalten, dass dies den Charakter der ursprünglich geplanten Anlage bereits früh veränderte und die differenzierten Bauphasen nur schwer nachzuzeichnen sind.

Die Osthälfte der Hauptburg wird der Tafel zufolge von einer Wehrmauer eingegrenzt, die, von Dilich als *Brustwehr und gang umb das Schloſz* bezeichnet, einen Eckturm integriert und an deren Südseite sich das *Vornemist thor am Schloſz* anschließt. Neben dem eigentlichen Eingang der Burg, dem *innerst thor (24)*, befinden sich die Kellererwohnung *(22)* und die Küche *(21)*. Ein Durchgang führt zum Lustgarten *(47)*, in dem ein *Springbron* platziert ist. Der innere Garten *(36)* mit dem für die Wasserversorgung notwendigen Brunnen *(35)* liegt, zusammen mit den Stallungen *(34, 39)*, an der westlichsten Seite des Gebäudekomplexes, wo laut Dilich der Neubau *(40)* hätte vollzogen werden sollen. Ein großes Gelände ist der Anlage auf ihrer Südseite vorgelagert. Dort sind Wirtschaftsgebäude und weitere Gärten eingezeichnet, die teils als wüste, teils als geometrische Anlagen charakterisiert sind. An der südlichsten Spitze des Geländes verortet Dilich eine Kirche *(59)*. An dieser Stelle stimmt die Legende nicht, da der Kirchgarten mit der Bezifferung *(60)* irrtümlich als *Thal Reichenberg* benannt ist. Das Versehen wurde auf der Westansicht (Nr. 13 Bl. 29) revidiert.

12 – Bl. 28: Aufriss, Ostansicht

Blattmaß 41,6 x 53,4 cm, Bildmaß 33,3 x 47,2 cm

Die Ostansicht zeigt das Felsengelände, das durch den hinter einem Aufklappelement verborgenen Graben mit Zugbrücke *(52)* in das Burggelände übergeht. Das Fehlen von Dächern als Besonderheit der Wohnbauten fällt bei einer vergleichenden Betrachtung der übrigen Architekturdarstellungen der Landtafeln wegen der blau hervorgehobenen Dächer der Wirtschaftsgebäude, der Stallungen und der Kirche deutlich auf. Dieses Charakteristikum prägt den Eindruck von Monumentalität. Bei der Kennzeichnung dieser Ansicht lassen sich wieder kleine Inkorrektheiten und Verschreibungen feststellen. Die eingezeichneten *Euſserste Vorhöhfe (57)* sind in Bild und Legende mit der Ziffer *(56)* versehen, der Legende zufolge das *Thor zum andern vorhohf*. Visualisiert sind Vorhof und Tor hinter dem Fruchtspeicher *(54)*, der sich nach vorn wegklappen lässt. Die Ziffer *(56)* der Legende ist nicht sauber ausgeführt.

Die Architektur wurde im Gegensatz zu den anderen Aufrissen der Reichenberg-Serie in eine differenzierte Landschaft integriert. Aus der Grünfläche erheben sich unterschiedliche Büsche, Bäume und Gräser, deren Proportionen nicht mit denen des Burgenkomplexes harmonieren. Die Ostseite der Anlage war nicht nur Angriffsseite, sondern bot auch den Zufahrtweg aus dem Dorf Reichenberg. Für die Entstehung dieser Ansiedlung in unmittelbarem Zusammenhang mit der Errichtung der Burg sprechen Indizien wie die Verleihung der Stadtrechte 1324, die Erwähnung einer Talsiedlung im Teilungsvertrag der Grafen von Katzenelnbogen von 1352 sowie die Nennung des Ortes im Burgfriedensvertrag. Weiterhin lassen sich in den Kellereirechnungen der Jahre 1425 bis 1480 Bewohner des Tales ausfindig machen, die beispielsweise als Pförtner bezahlt wurden (Hebel 2000, S. 11–12). Auffällig ist, dass die Verleihung der Stadt- und Marktrechte von 1324 für die Ansiedlung Reichenberg ohne Bedeutung geblieben ist. Die Entwicklung stagnierte. Dies wird zum einen mit der Enge des Tals und zum anderen mit den Erbauseinandersetzungen und der Politik des Grafenhauses erklärt, die dazu geführt haben, dass Reichenberg nie Hauptresidenz des Grafenhauses wurde (Hebel 2000, S. 12–13).

Am 29. Juni 1352 vereinbarten Graf Wilhelm II. von Katzenelnbogen († 1385) und sein Bruder Eberhard V. († 1402), Söhne des 1331 verstorbenen Graf Wilhelm I., urkundlich die Teilung von Reichenberg. Im zusätzlich gelobten Burgfrieden einigten sich die Eigentümer oder Lehnsinhaber von Anteilen gemeinsam auf Friedens- und Rechtsbestimmungen, „die für alle auf der Burg und in einem bestimmten Bezirk um die Burg herum sich aufhaltenden Menschen Gültigkeit haben sollen" (Spiess 1998, S. 184). Sie präzisierten die Verteilungs- und Nutzungsmodalitäten, das Wegerecht, künftig auszuführende Baumaßnahmen an Ringmauer und Wohnungen, die Burgfriedenbezirke sowie den Ehrverlust als Strafmaßnahme für den Fall, dass eine Partei den Frieden bräche. Der Einfluss des Trierer Erzbischofs manifestierte sich in der Bestimmung, dass kein Ganerbe Widersacher des Erzbischofs in die Burggemeinschaft aufnehmen dürfe. Und als zukunftsweisend für Grafschaft wie Burg Reichenberg erwies sich die Klausel, dass Graf Eberhard seine Anteile weder verkaufen noch der Katzenelnbogener Herrschaft entfremden dürfe; dies implizierte die Vereinbarung, dass er den Verlust aller Besitzungen befürchten müsse, wenn er ohne das Einverständnis seiner Brüder heiraten würde (Hebel 2000, S. 189–190).

Dass auch Anteilhaberinnen erheblichen Einfluss auf eine solche Besitzgemeinschaft haben konnten, zeigt eine Auseinandersetzung zwischen den Grafen von Katzenelnbogen und den Grafen von Nassau. Diether VII. von Katzenelnbogen heiratete 1391 die Witwe Anna von Nassau-Hadamar, die ihren Witwensitz, die Hälfte der bei

Wiesbaden gelegenen Burg Sonnenberg, in die Ehe einbrachte. Auf diese Weise war es den Grafen möglich, in den Kern des Gebiets nassauischer Konkurrenz vorzudringen. Die Besitzer der anderen Burgenhälfte, Walram von Nassau-Wiesbaden und Philipp von Nassau-Saarbrücken, mussten trotz ihres Widerstands das Anrecht Annas anerkennen und mit ihrem Ehemann, der die Burg im Namen seiner Frau nutzte, einen Burgfrieden schließen (Spiess 1998, S. 193).

Letztlich erfüllte Wilhelm II. – sei es aus Geldmangel oder aus machtpolitischen Gründen – seinen Auftrag nicht, die Schildmauer um ein westliches Gegenstück zu erweitern. Dies führte dazu, dass sein Bruder auf Reichenberg nicht ansässig werden konnte, obwohl ihm vertraglich ein Wohnbau im neu zu errichtenden Trakt der Burg zugesichert worden war. Ob Eberhard überhaupt an einem Einzug interessiert war, sei dahingestellt, denn er zog in die Burg Schwalbach, die er von 1368 an aus Mitteln seiner Ehefrau Agnes von Dietz errichten ließ, um das nordöstliche Herrschaftsgebiet abzusichern (Lambrich 1959, S. 18). Selbst nach dem Tod Wilhelms II. 1385 war er als Alleinerbe nicht mehr versucht, sich auf Burg Reichenberg stetig niederzulassen.

13 – Bl. 29: Aufriss, Westansicht

Von späterer Hand: *Schloſs Reichenberg*
Blattmaß 41,7 x 54,1 cm, Bildmaß 33,3 x 47,4 cm

Die gerahmte Tafel zeigt die Burganlage auf dem *richenberch*, einem Felsausläufer zwischen dem Reitzenhainer Bach und dem Hasenbach (Bogeler Bach) mit Steilhängen nach Süden, Westen und Osten (Hebel 2000, S. 223). Besonders in Szene gesetzt ist die in der linken Bildhälfte platzierte und durch eine helle Farbgebung markierte Architektur der Schildmauer mit den beiden hohen Türmen. Dieser Gebäudekomplex gewinnt im Bild durch den Einsatz mehrerer Aufklappelemente an räumlicher Tiefe. Die beiden Türme an den Stirnseiten der Schildmauer bildeten eine eigene Verteidigungsanlage, die heute nicht mehr existiert, da der Südturm 1813 und der Nordturm 1971 eingestürzt sind.

Das Blatt verdeutlicht die Besonderheit von Dilichs Architekturaufnahmen, die naturwissenschaftliche Genauigkeit mit künstlerischer Ausgestaltung verbinden. So versuchte der Zeichner auch kleinste architektonische Feinheiten akribisch wiederzugeben – nicht zuletzt auch durch die Möglichkeit, einzelne Bauteile wegzuklappen. Fachwerk, gotische Fenster, Kreuzgratgewölbe und Wendeltreppen wurden in Millimeterarbeit dargestellt. Um auf die Genauigkeit der Vermessung und Wiedergabe zu verweisen, setzt Dilich in allen Reichenberg-Blättern variantenreich Maßstäbe ein.

Bei diesem Blatt wird der Maßstab besonders auffällig in das Bild integriert, da ihn ein aus der Begrünung des Felsens herausragendes Wurzelwerk stützt. Auch die Legende dieser Tafel unterscheidet sich von den anderen der Reichenberg-Serie. Der ‚trompe l'œil'-Effekt des sich an den Rändern einrollenden Blattes konstruiert in der Dynamik des Zusammenrollens einen Moment der Spannung: Man möchte erfahren, was sich darunter verbirgt. Die Genauigkeit des Maßstabes und die Längenangabe *295 Werckſchuh thun 14 eine ver. / jüngte Ruhten* suggerieren ein wahrheitsgemäßes Abbild des real vorgefundenen topographischen und architektonischen Zustands der Burg, auch wenn dies im oberen rechten Teil der Legende dadurch konterkariert wird, dass der abgebildete Maßstab die Schrift überdeckt, so dass dort nicht mehr zu entziffern ist, welche Funktion einige Räume besaßen.

Auf einer weiteren Ebene fungierte der Maßstab zudem als subtiles Werkzeug politischer Argumentation. Denn als Auftraggeber bestimmte Landgraf Moritz von Hessen-Kassel im *Verzeichnis derer Generell und Spezial Landtafeln so unserer verordneter Geographus Wilhelm Dilichius verfertigen soll* (Nieder 2002, Anm. 218) genau, welche Landesteile Dilich zu visualisieren hatte. Bereits in der ‚Hessischen Chronica', die zwischen 1605 und 1617 in vier Auflagen erschien und zur Grundlage eines spezifisch hessischen Geschichtsbildes wurde, hatte Dilich die politischen Ambitionen des Landgrafen umgesetzt und den Einbezug von außerhalb der Landgrafschaft liegenden Territorien wie der Grafschaft Nassau und Hanau legitimiert, indem er die These einer ethnischen Kontinuität zwischen den germanischen Chatten und den Hessen vertrat und damit den von der Landgrafschaft beanspruchten Siedlungsraum erweiterte. Diese Beweisführung brachte dem Historiographen Kritik ein; speziell die Wetterauer Grafen warfen ihm vor, die Geographie falsch zu handhaben (Fuchs 2002, S. 159–167). Im Projekt der Landtafeln könnte er deshalb versucht haben, der potentiellen Kritik, geographische Verhältnisse verzerrt darzustellen, vorab den Boden zu entreißen, indem er den Maßstab als empirische Referenz einsetzte.

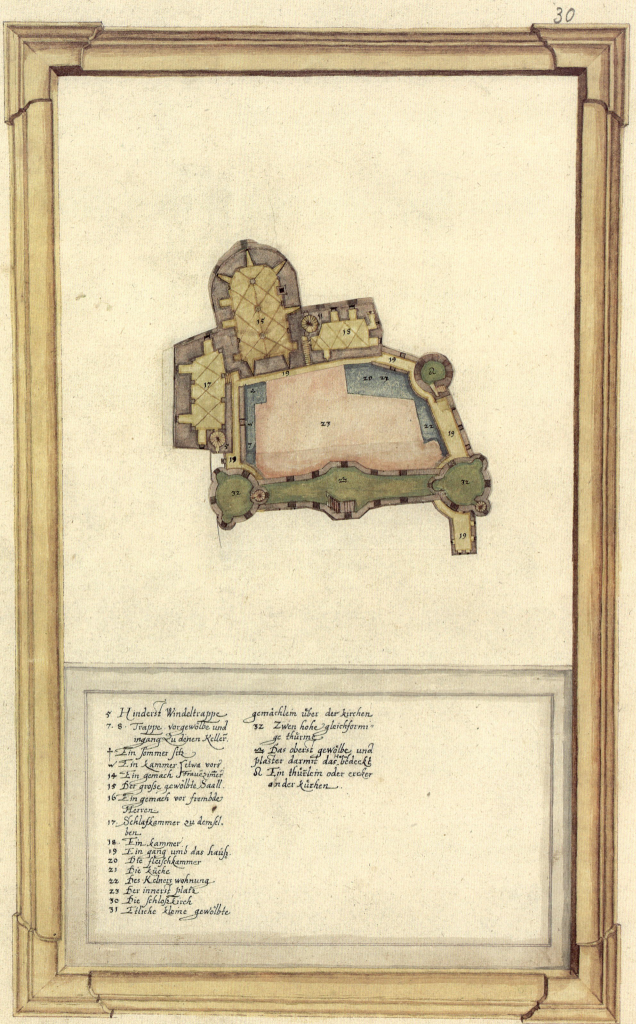

5 Hinderst Windeltrappe
7. 8. Trappe, vorgewölbe und
    ingang zu denen Keller.
† Ein sommer sitz
w Ein kammer Fetwa vors
14 Ein gemach Frauezimer
15 Der grosse gewölbte Saall.
16 Ein gemach vor frembde
   Herren
17 Schlafkammer zu demselben
18. Ein kammer
19 Ein gang umb das hauß.
20 Die fleischkammer
21 Die küche
22 Des Kelners wohnung
23 Der innerst platz
30 Die schloß kirch
31 Etliche kleine gewölbte

gemächlein über der kirchen
32 Zwen hohe gleichformi-
    ge thürme
24 Das oberst gewölbe und
    plaster darmit das bedeckt
SL Ein thürlein oder cracer
    an der kirchen.

Grundriß vom

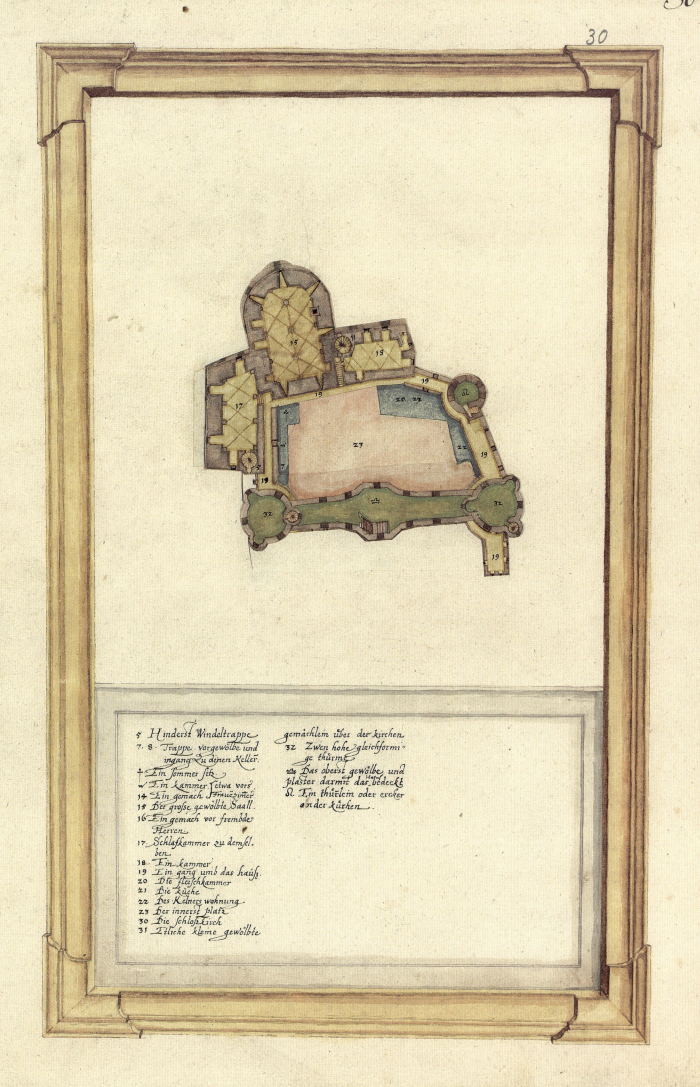

5 Hinderst Windeltrappe
7.8 Trappe, vorgewölbe und
      eingang zu denen Keller
9 Ein sommer sitz
10 Ein Kammer Selwa vors
14 Ein gemach Frauenzimer
15 Der grosse gewölbte Saall
16 Ein gemach vor frembder
     Herren
17 Schlafkammer zu demsel-
     ben
18 Ein kammer
19 Ein gang umb das hauß
20 Die fleischkammer
21 Die Küche
22 Des Kelners wohnung
23 Der innerst platz
30 Die schloß Teich
31 Etliche kleine gewölbte

gemächlein über der kirchen
32 Zwen hohe gleichförmi-
      ge thürm
25 Das oberst gewölbe, und
     plaster darmit das bedeckt
K. Ein thürlein oder eußer
     ander küchen

Grundriß vom

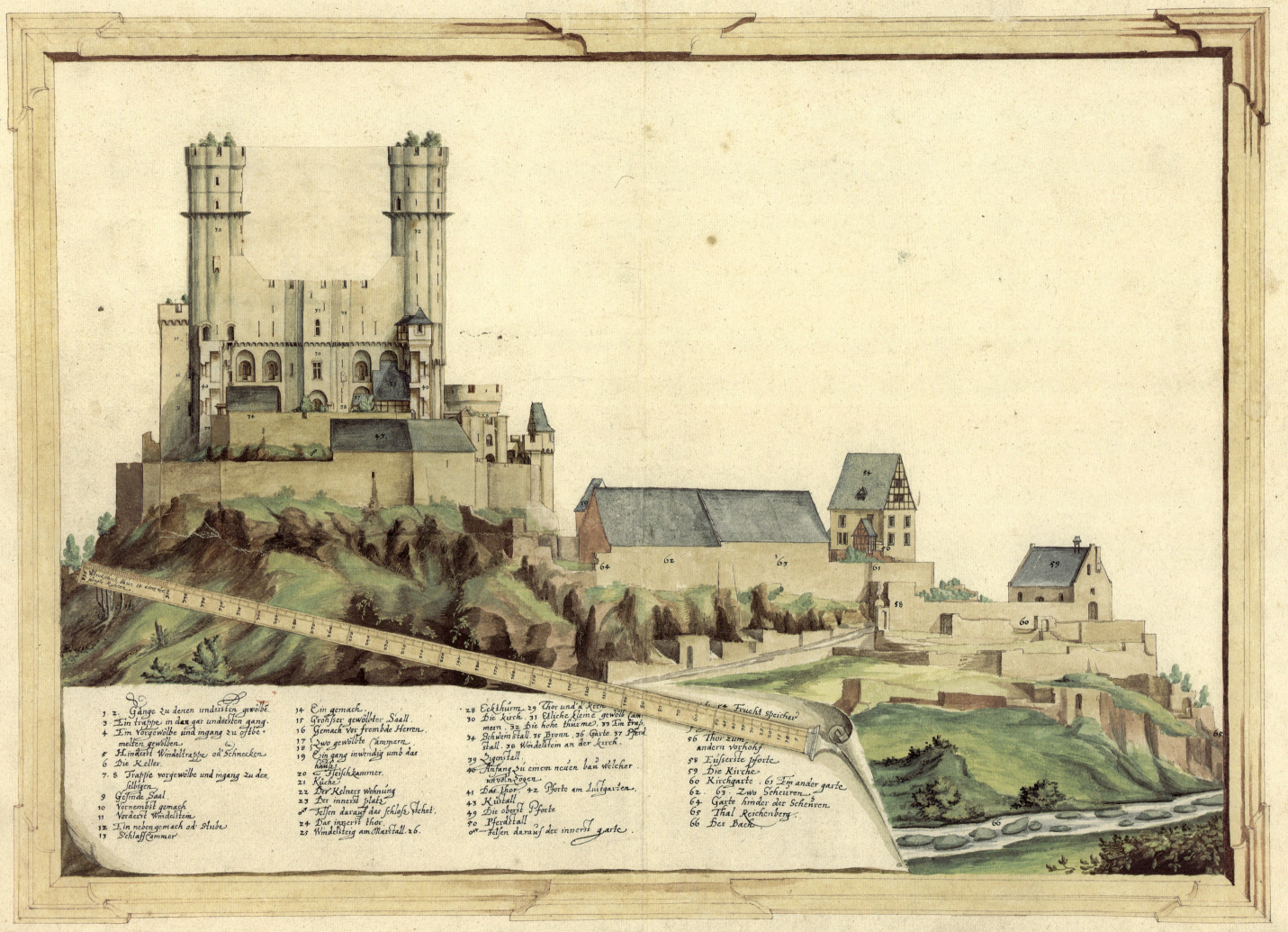

Schloß Reichenberg.

14 – Bl 30: Grundriss der Kernburg

Von späterer Hand: *Grundriſs vom / Schlosse*
Blattmaß 41,7 cm x 54,0 cm, Bildmaß 33,2 x 20,8 cm

Der Grundriss konzentriert sich auf das Raumprogramm der Kernburg, das durch drei Klappelemente gestaltet wird. Mit der vor uns liegenden Ebene des Hauptwohn- und Repräsentationskomplexes, die Dilich mit einer gelben Farbgebung visualisierte, befinden wir uns im obersten Geschoss mit einem Kreuzgewölbe. Vor diesem Flügel erheben sich blau markierte Fachwerkvorbauten. Ihnen werden die Funktionen eines Sommersitzes und eines Frauengemachs zugeschrieben. Der Nordbau birgt die *Schlafkammer* für fremde Herren *(17)*. Ein Stockwerk tiefer platziert Dilich *Ein gemach vor frembde Herren*; die unterste Ebene hält Räumlichkeiten für das Gesinde bereit. Der dreigeschossige und unterkellerte Saalbau mit einem apsisartigen, halbrunden Abschluss dürfte der wichtigste Ort adeliger Repräsentation gewesen sein. Darin befand sich *Der grofse gewölbte Saall*, welcher als Empfangs-, Speise- und Festsaal dienen konnte. Der Südbau hält in allen Stockwerken Kammern und Gemächer bereit, darunter auch *Ein gemach Frauenzimmer*.

Mit dem Begriff *Frauenzimmer* werden die Räume bezeichnet, in denen sich der Hof der Fürstin bzw. Gräfin aufhielt. Sie waren getrennt von den Räumlichkeiten des Herrschers, dienten aber auch als Ort des Empfangs von Gästen beiderlei Geschlechts. Ob diese Gemächer, wie oft behauptet, auch der Burgherrin und ihrem weiblichen Tross als Schlafstätten gedient haben, ist fraglich, auch wenn die moderne Vorstellung von Raumnutzung, die Öffentliches und Privates trennt, nicht einfach in die Vormoderne zu übertragen ist.

Es fällt auf, dass Dilich lediglich auf dieser Legende den Raum *(14)* als *Frauenzimmer* spezifiziert. Auf den Legenden der Ost- und Westansicht (Nr. 12–13 Bl. 28–29) verbirgt sich hinter derselben Ziffer lediglich *Ein gemach*. Aber nicht nur Dilich liefert wenig Anhaltspunkte für Frauen in der Burg. In den letzten Jahren sind weiblich konnotierte Räumlichkeiten zwar in den Fokus der Genderforschung gerückt, aber trotzdem stellen Burgen als soziale und rechtliche Frauenräume ein Forschungsdesiderat dar (Butz 2005, S. 62). Der ehemals enge Forschungsblick auf die Burg als Festungs- und Verteidigungsbau ließ zunächst wenig Platz für die Frage nach den Bewohnerinnen von Burgen, deren Rolle lediglich im Rahmen von Auseinandersetzungen mit dem höfischen Roman diskutiert wurde.

Die Suche nach Frauen auf Burgen gestaltet sich durch die Quellenlage insgesamt schwierig, bedarf es doch bezüglich der dortigen Geschlechterverhältnisse der interdisziplinären Befragung von Schrift- und Bildquellen, Sachgegenständen, archäologischen Funden sowie der Architektur (Butz 2005, S. 60–61). Zu berücksichtigen sind sozialer Stand, Alter und Aufgabenbereiche der Burgbewohnerinnen und -bewohner sowie die Funktion der Burganlage. In jedem Fall oblagen der Burgherrin verschiedene Aufgaben wie die Kontrolle des Haushaltes und des Gesindes, der Gutsverwaltung und der Handarbeit. Die burgsässige adelige Frau übernahm in Abwesenheit des Mannes die Oberaufsicht über alle Verwalter und organisierte bei drohendem Angriff die Verteidigung. Den Mägden kam es zu, das Vieh zu versorgen, Kühe und Ziegen zu melken, den Gemüse- und Kräutergarten zu bestellen sowie in der Tuchherstellung mitzuarbeiten (Butz 2005, S. 61).

Für Reichenberg ist sicher, dass sich zumindest zur Zeit der Grafen von Katzenelnbogen der Alltag abwechslungsreich gestaltete. Die Kellereirechnungen informieren uns über Feste und Jagdgesellschaften, für deren Gäste samt Tross Beherbergung und Versorgung zu organisieren waren. Zur Zeit Dilichs war die Betriebsamkeit bereits vorbei. Die Burg war nun Verwaltungs- und Wohnsitz hessischer Amtmänner, zu deren Aufgaben es gehörte, Kaufverträge zu beurkunden, Grenzstreitigkeiten zu schlichten, Steuer- und Personenlisten anzulegen und die Waldungen zu überwachen. Die Burg als Darstellungsraum adeliger Lebenswelt war nicht mehr zeitgemäß.

15 – Bl. 31: Aufriss, Nordansicht

Von späterer Hand: *Schloſs Reichenberg*
Blattmaß 41,4 x 54,3 cm, Bildmaß 32,0 x 42,7 cm

Die Nordansicht ist ein weiteres Blatt in der Serie der imposanten Darstellungen von Reichenberg, welche dem ungeduldigen Landgrafen offenbar als Probearbeiten vorgelegt werden sollten (Michaelis ca. 1900, S. 6). Mit den Schäden an den Mauern und der Unvollendetheit des beabsichtigten Neubaus korrespondiert die fehlende künstlerische Ausgestaltung der Tafel, die uns ein anderes Reichenberg zeigt als die vorherigen Versionen – nämlich den Verfall.

Als Dilich sich mit Zeichen- und Vermessungsinstrumenten der Burg näherte, war sie nicht mehr ganz intakt. Nicht nur die äußeren Befestigungen und das Mauerwerk hatten Schaden erlitten, wie Abrisskanten an der Nordmauer veranschaulichen, sondern die Burg war auch unvollendet geblieben, was sich in der rechten Bildseite spiegelt. Dies hat Burgenforscher zu Rekonstruktionsversuchen der Endplanung verführt, deren Ergebnisse und damit einhergehenden Wertungen zur Bedeutung der Burg hinsichtlich Architektur und Funktion unterschiedlicher nicht sein könnten. Sie reichen sinngemäß vom großen Wurf des „Reichenberg-Meisters" (Kunze 1998), dem geniale baumeisterliche Fähigkeiten zugesprochen werden, bis zu dessen Negierung und der Betonung der Prozesshaftigkeit der Baugeschichte (Frank 1997–2001).

Allen Spekulationen zum Trotz bleibt das Aussehen der ursprünglich geplanten und womöglich auch angelegten Burg westlich der Schildmauer verborgen. Weder Baubefunde noch die vorliegenden Zeichnungen Dilichs erlauben eine Rekonstruktion.

Dass Burgen unterschiedliche Funktionen besaßen, lässt sich auch für Reichenberg unter Hessischer Herrschaft (1497–1806) demonstrieren. Als nach dem Tod Graf Philipps d. Ä. von Katzenelnbogen die Niedergrafschaft samt Reichenberg an die Erbtochter Anna und deren Ehemann Landgraf Heinrich von Hessen gefallen war, diente Reichenberg zunächst als Stützpunkt zur Sicherung des Gebietes gegen fremde Ansprüche. Kellereiabrechnungen des Jahres 1479 belegen erhöhte Auslagen für Naturalien und die Bezahlung von Wachdiensten (Hebel 2000, S. 201–204). Weiterhin wandelte der Landgraf die Kellereibezirke der Niedergrafschaft in Ämter um, zu deren Verwaltung er Amtmänner einsetzte. Burg Reichenberg wurde Verwaltungssitz dieser hessischen Ämter. In der Forschungsliteratur ist die These zu finden, dass die Burg schon zu Katzenelnbogener Zeit Verwaltungsmittelpunkt für die Besitztümer der rechten Rheinseite gewesen sei.

1534 wollte Landgraf Philipp der Großmütige von Hessen Schloss, Tal (Dorf) und Amt Reichenberg verkaufen, um einen Feldzug gegen Württemberg zu finanzieren (Hebel 2000, S. 226). Aber dieser Handel ist nicht zu Stande gekommen, so dass Reichenberg zur Zeit der Architekturaufnahmen noch der territorialen Macht Landgrafs Moritz von Hessen-Kassel unterstand.

Schloß

eichenberg

Schloß Reichenberg

Schloß Reichenberg

16 – Bl. 32: Aufriss, Südansicht

Von späterer Hand: *Schloſs Reichenberg*
Blattmaß 41,4 x 54,2 cm, Bildmaß 31,8 x 39,4 cm

Die Ansicht der Anlage Reichenbergs von Süden ist unvollendet geblieben. Es fehlen Rahmen und landschaftliche Ausgestaltung. Dass eine Legende vorgesehen war, belegen die schon teilweise blau abgesetzte Leerfläche in der unteren Bildhälfte sowie die Ziffern im Wohn-, Repräsentations- und Wehrbau.

Der Zustand der Anlage wird visualisiert, ehe sie im Dreißigjährigen Krieg (1618–1648) als Zufluchtstätte für die Einwohner des gleichnamigen Dorfes und umliegender Dorfschaften diente. Spätestens von 1626 an gehörte Hessen-Rheinfels, die ehemalige Niedergrafschaft Katzenelnbogen einschließlich der Burg, zum Herrschaftsgebiet der lutherischen Landgrafen von Hessen-Darmstadt, die sich dem kaiserlichen Lager angeschlossen hatten. Moritz von Hessen-Kassel, Anhänger der evangelischen Union, hatte sich zwar der im langwierigen Marburger Erbfolgestreit 1623 gefällten Entscheidung des Reichshofrates noch einige Zeit widersetzt, aber letztlich musste er die Herrschaft Rheinfels als Pfand für die hohen Entschädigungsforderungen an Ludwig von Darmstadt abtreten.

Die Burg beherbergte während des Dreißigjährigen Krieges unter anderem den Miehlener Pfarrer, aus dessen überliefertem Tagebuch wir etwas über die Kriegsgeschehnisse und den Kriegsalltags im näheren Umkreis der Burg erfahren. So hielt er 1636 fest: *In diesen Tagen sind zwei Weiber von Endlichhofen zwischen dem Dörflein und Reichenberg, da sich die arme ausgehungerte und vertriebene Leut ufgehalte, todt antroffen und funden worden* (Hebel 2000, S. 20–21). Die weiteren Ausführungen zu Hunger, Vertreibung und Tod verdeutlichen, dass die Burg bis zu ihrer erneuten Belagerung 1647 Bewohnern und Bewohnerinnen umliegender Ortschaften Zuflucht bot und eine letzte Überlebenschance gewähren konnte. Ihre wehrhafte Ausstrahlung dürfte geholfen haben, die Söldnerheere abzuschrecken. Bis zu diesem Zeitpunkt, als die Landgräfin Amalie von Hessen-Kassel im Hessischen Krieg versuchte, die Niedergrafschaft Katzenelnbogen wieder zurückzuerobern, war Burg Reichenberg fast unversehrt und bewohnt geblieben. Aber nun musste der Pfarrer notieren: *Reichenberg liegt ganz wüste, nicht ein Mensch ist mehr darinnen, die Mauern eingerissen, die Pforten verbrant* (Hebel 2000, S. 213).

Zwar ist Reichenberg zur Ruine geworden, aber es sind in großem Umfang geschlossene, überwölbte Räumlichkeiten erhalten geblieben, die Eindrücke ehemaliger Innenräume vermitteln (Frein 2004, S. 41). Diese Räume versuchte Dilich mit Hilfe der perspektivischen Zeichnung, einer untergliederten Farbgebung und der funktionalen Kennzeichnung zu erfassen. Ob die Blätter die ursprünglichen Farben statt eines logischen Arrangements wiedergeben, ist fraglich.

Die Reichenberg-Entwürfe Dilichs sind ein Puzzleteil, mit dessen Hilfe sich ein mögliches Gesamtbild der Burg erarbeiten lässt. Die Ansichten faszinieren durch eine Genauigkeit, die Reichenberg erfahrbar macht. Trotzdem sind sie nicht in allen Teilen Abbild der Verhältnisse des 16. Jahrhunderts; deshalb können sie auch nicht einfach unkritisch als Vorlage zur Rekonstruktion der Bauten eingesetzt werden. Dies wurde insbesondere 2002 deutlich, als das Dach über dem großen Tor restauriert wurde (Frein 2004, S. 42).

Zahlreiche Hinweise helfen uns heute, die Funktion der Räume und der Außenfassung der Anlage zu konkretisieren. Allein ineinandergreifende Analysen von archäologischen Quellen, Baubefunden, Bild- und Schriftquellen machen es möglich, ein relativ konkretes Wissen über Reichenberg als Bau, als Ort unterschiedlichster historischer Ereignisse und dynastischer Interessen zu erlangen. Vor allem aus dem 15. Jahrhundert sind Abrechnungen der Kellerer überliefert, die Rückschlüsse auf Alltagsleben, Geschlechterverhältnisse und adelige Repräsentation in Burg und Tal Reichenberg zulassen. Aus der Finanzverwaltung der Landgrafen von Hessen sind bis 1517 mehr als 1800 Rechnungen mit einigen tausend Belegen und Quittungen erhalten, die größtenteils noch auszuwerten sind (Volk 2005, S. 20). Diese Archivalien auszuschöpfen, dürfte eine wichtige Forschungsaufgabe für die nächsten Jahre sein.

QUELLE: Dilich 1605/1961.
LITERATUR: Backes 1971 – Butz 2005 – Dehio 1985, S. 846–849 – Frank 1997–2001 – Frein 2004 – Fuchs 2002 – Hebel 2000 – Kunze 1998 – Lambrich 1959 – Bau- und Kunstdenkmäler 1914/1973, S. 114–130 – Michaelis ca. 1900, S. 37–44 – Nieder 2002 – Schwartz 1871 – Spiess 1998 – Volk 2005 – „Wer will des Stromes Hüter sein?" 2005.

VANESSA SCHMIDT

17
Hollnich im Hunsrück

Kassel, UB-LMB, 2° Ms. Hass. 679, Bl. 20
Papier, Blattmaß 41,5 x 54,0 cm,
Bildmaß 30,1 x 42,8 cm, Federzeichnung, handkoloriert
Stengel Nr. 7

Die um 1608/1609 entstandene, annähernd genordete Karte zeigt die linksrheinische *Dorfschaft Holnich*, ein kleines hessisches Territorium im nordöstlichen Hunsrück. Der Texteinschub neben der Karte verweist auf die komplexen historischen Herrschaftsverhältnisse: *Grundt und boden dieſer dorffſchafft iſt heſſiſch, die Inwohner aber Caſtelhalniſche Leibeigene*. Hessen verfügte in diesem Gebiet über die Kriminalgerichtsbarkeit, über Zoll- und Jagdrecht sowie das Recht, die grundherrlichen Abgaben, die nach St. Goar zu entrichten waren, einzuziehen. Dem Grafen von Sponheim, als dessen Amts- bzw. Oberamtsstadt seit dem 15. Jahrhundert Kastellaun fungierte, gehörte die sogenannte niedere Gerichtsbarkeit einschließlich Steuern, Bußgebühren, Besthaupt und einigen Diensten. Die konkurrierende Rechtssituation führte immer wieder zu Spannungen zwischen den beiden Herrschaftsträgern, die erst 1788 vor dem Reichskammergericht rechtsgültig beendet werden konnten.

Dilich deutet links unten mit einem Lineal ohne feinere Maßeinheiten an, dass das kleine Gebiet in einem Maßstab von etwa 1:7000 abgebildet ist. Die Karte bietet dementsprechend eine besonders detaillierte und klare territoriale Übersicht. Etwa in der Bildmitte ist das Dorf Hollnich abgebildet, mit einer durch einen Punkt markierten kleinen Kirche im Zentrum. Um die Kirche herum sind zehn Häuser zu erkennen. Tatsächlich hatte Hollnich im Jahre 1607 zehn steuerpflichtige Haushaltungen. In die Landschaft sind mehrere Toponyme eingeschrieben, die sich vor allem auf Felder, Wiesen und Wälder beziehen und zum Teil Rückschlüsse auf die örtliche Vegetation zulassen: *Auf dem Hecklein, Die Bircken, Im Jungen walde* oder der *Rode Buſch*, der Ende der 1960er Jahre Namensgeber für einen neugegründeten Hollnicher Ortsteil und 1990 Teil des neueingeführten Gemeindewappens wurde. Auch der Dorfname Hollnich, der sich aus dem mittelalterlichen „Holineych" entwickelt hat, weist möglicherweise auf die Entstehung des Ortes „bei der hohlen Eiche" hin. Das leicht hügelige Gelände ist abgesehen von der Unterscheidung zwischen Wald und Feld farblich relativ einheitlich gestaltet. Bräunliche Schraffuren weisen auf kleinere Gefälle im Terrain hin. Dilich hat auf dieser Karte keine Straßen oder Feldwege eingezeichnet; dies fällt aufgrund des großen Maßstabs vor allem in der Umgebung des Dorfes Hollnich besonders stark auf.

Trotzdem dürfte die Karte zur herrschaftlichen Erfassung des Territoriums und für Verwaltungszwecke konzipiert worden sein. Die Abgrenzung des Gebietes erfolgt etwa durch eine rot gepunktete Linie und ein innen anliegendes ockerfarbenes Band. In einer Amtsbeschreibung aus dem Jahr 1614 wird der Verlauf der Grenze mit folgenden Worten dargestellt: *Die grenzt belangendt, fengt sich dieselbe hinder den backhaußstückern bei dem Eichenkopff langst der Nadelßhain ahnn und gehet herab biß auf die Meitzwiese, von derselbenn biß auf die Kirchwiese bei dem düren baum, vonn dannen biß ahn die Roßwiese ahnn einen grosen eichenen baum, fürsters unden den bircken biß ahn das gebick, dannen langst dem landtgraben herauß bis ahn die roten busch, alda man ungefehr ein acker lange ahn die Simmerischen grentzet, Darnach lengst dem Hebbergk ahnn den Laubacher weg, vom selben alß herab biß uff die hinderst ahngewanth uff den anfang gemelten Eychennkopff. Diß ist der bezirck deß dorffs Holonich Heßischenn grundts* (Wagner 1962, S. 5). Die meisten Elemente dieser Grenzbeschreibung findet man im Kartenbild wieder: Der *Eichenkopff*, Ausgangspunkt der wörtlichen Grenzschilderung, ist in der Karte östlich vom Dorf als *Eichbaum* zu erkennen. Die Grenze verläuft gemäß der Beschreibung entlang des *Nadelßhain*, eines wohl in der Karte ohne Namen eingezeichneten Bachs, der seinen Lauf nördlich des *Eichbaums* beginnt. Des Weiteren erwähnt der Text die *Kirchwieſe*, die *Ruhwiese* und *Das Gepick*, die allesamt im oberen Kartenausschnitt zu finden sind. Für den westlichen und südlichen Grenzbereich nennen Text und Kartenbild noch den *Landtgrabe[n]* respektive den *Rode Buſch* und *der Hebbergk* bzw. *Der Hieberich*. Eine indirekte Abgrenzung des kleinen hessischen Territoriums erfolgt zusätzlich durch die farbliche Unterscheidung der Hollnicher von den außerhalb gelegenen Wäldern im Süden und Westen, wie dem *Röderwaldt*.

Neben dem umrandeten Gebiet der Dorfschaft Hollnich gab es, der Amtsbeschreibung von 1614 zufolge, in der Region noch einige weitere Besitzungen der hessischen Landgrafen: *Auser dieſer grentz haben sie (die Landgrafen) noch in Sponheimischer eigenem territorio neun morgen feldts, der Streitacker, deßgleichenn neun morgen heckenn und püsch im langen Seyll genandt, so ebenmesig Heßen zugehörig, ferner ungefehr 25 morgen uff Greimell* (Wagner 1962, S. 5). Diese Besitzungen bleiben in der Karte unberücksichtigt, außer dem nördlich gelegenen *Greimell*, dessen Zugehörigkeit zu Hessen allerdings nicht zu erkennen ist.

LITERATUR: Hebel 1991 – Historisches Ortslexikon des Landes Hessen online – Schellack 1988 – Stengel 1927 – Wagner 1962.

BERND GIESEN

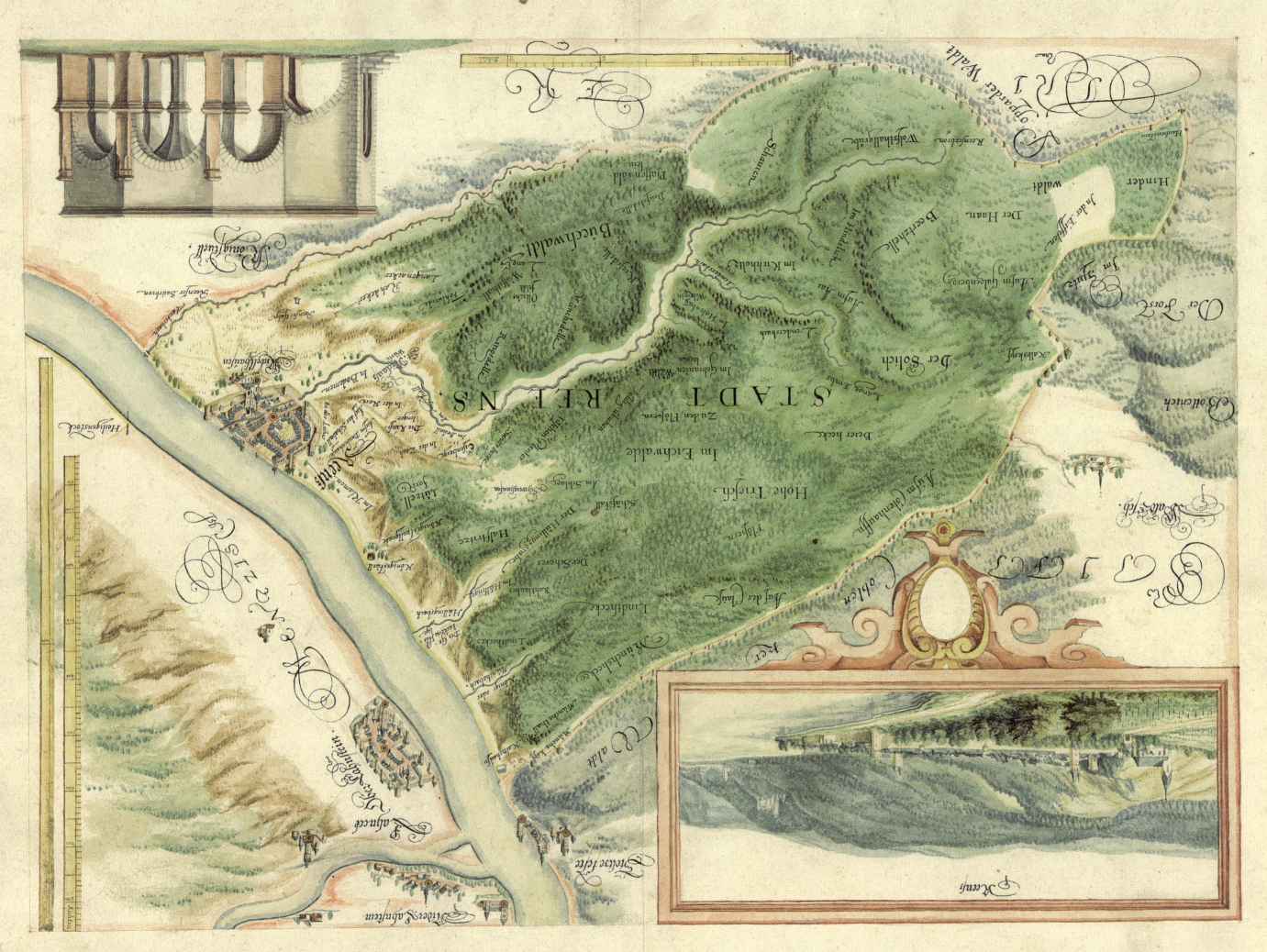

18

Stadt und Pfandschaft Rhens

Von fremder Hand: *Stadt Reenß bei ...*
Kassel, UB-LMB, 2° Ms. Hass. 679, Bl. 46
Papier, Blattmaß 47,1 x 53,9 cm, Bildmaß 30,7 x 43,2 cm, Federzeichnung, handkoloriert
Stengel Nr. 10

Diese um 1608/1609 entstandene genordete Karte zeigt das waldreiche Herrschaftsgebiet der linksrheinischen Stadt Rhens. Am rechten und am unteren Rand unterrichtet Dilich mit mehreren Linealen über den Maßstab von Karte und Königsstuhldarstellung nach den damaligen Maßeinheiten *Ruhten*, etwa ein Meter, und *Schuh[e]*, ungefähr 25 Zentimeter. Rhens gehörte ursprünglich zum Erzbistum Köln und wurde mehrmals verpfändet, zuletzt 1445, als Kurfürst Dietrich das Städtchen für 9.000 oberrheinische Gulden Graf Philipp von Katzenelnbogen überließ. Seit 1479 gehörte Rhens zu Hessen, nachdem sich die Katzenelnbogener Erbtochter Anna mit dem hessischen Landgrafen Heinrich III. vermählt hatte. 1629 fiel die inzwischen protestantische Stadt an den Kurfürsten von Köln zurück.

Der Rhein bildet die nordöstliche Grenze des Rhenser Herrschaftsgebiets. An den anderen Seiten trennt meist eine rot gepunktete Linie das Territorium von den zum Erzbistum Trier gehörenden Nachbargebieten. Im Süden markieren eine Baumreihe und ein Fluss, der Zauberbach, die Grenze. An mehreren Stellen entlang der Trennungslinie sind einzelne (Grenz)Bäume sowie kleine rote Markierungen, wahrscheinlich Grenzsteine, zu sehen. Die an das Rhenser Herrschaftsgebiet angrenzenden Waldgebiete werden zudem begrifflich (*Coblentzer Waldt* bzw. *Popparder Waldt*) und farblich durch einen bläulicheren Grünton von den Rhenser Wäldern unterschieden. Dadurch kann der Betrachter die Ausmaße des Herrschaftsgebiets auf den ersten Blick erkennen.

Das Blatt enthält die ältesten bekannten Abbildungen der Stadt Rhens. Der Grundriss auf der Karte zeigt ca. 100 einzelne Häuser. Bei dem im Zentrum liegenden, mit einem Punkt versehenen Platz dürfte es sich um den Markt handeln. Der Ort wird von einer mächtigen Stadtmauer mit mehreren Toren und Türmen umgeben. Für den rheinabwärts, also in der nordöstlichen Ecke gelegenen Turm der Stadtmauer, der schon vor dem Bau der Eisenbahn 1858–1861 nicht mehr bestanden hat, stellt Dilichs Landtafel das einzige bekannte historische Dokument dar. Die Kirche vor dem südlichen Stadttor ist von einer Kirchmauer umgeben.

Die gerahmte, mit einer Kartusche versehene Bildansicht links oben zeigt die Stadt Rhens aus südwestlicher Perspektive. Aus diesem Blickwinkel ist die Kirche im linken Mittelgrund besonders gut zu identifizieren und der Ort erscheint, eingebettet zwischen Rhein und Hunsrück, als Teil einer größeren Fluss-, Gebirgs- und Burgenlandschaft; im Hintergrund sind Burg und Ort Stolzenfels zu erkennen.

Dilich hebt zwei Besonderheiten der Stadt Rhens mit Abbildungen in den Ecken hervor, nämlich erstens links oben die reizvolle geographische Lage von Rhens in einer idyllischen Landschaft und zweitens rechts unten den Rhenser Königsstuhl, der auf die historische Bedeutung des Ortes verweist. Der damalige Standort des Königsstuhls ist nördlich der Stadt Rhens in einem Nussbaumgarten am Rheinufer vermerkt. Dort fanden sich seit 1273 die Kurfürsten zusammen, um über Angelegenheiten des Reiches, insbesondere die Königswahlen, zu verhandeln. In den Jahren 1346 und 1400 wurden hier die beiden Gegenkönige Karl IV. und Ruprecht von der Pfalz gewählt. Im 15. Jahrhundert bestiegen die deutschen Könige jeweils zwischen der Wahl in Frankfurt und der Krönung in Aachen den Königsstuhl, um symbolisch vom Reich Besitz zu ergreifen. Der steinerne zweistöckige Achteckbau, der einen Thron andeutet, wurde zwischen 1376 und 1398 wahrscheinlich anstelle eines hölzernen Sitzes gebaut. Der alte Königsstuhl wurde 1803 zerstört, 1843 nach alten Vorlagen wieder aufgebaut und 1924 auf die Höhe Schawall versetzt.

In der ländlichen Umgebung der Stadt sind zwei weitere Siedlungen des Rhenser Herrschaftsgebiets eingezeichnet, die durch die großen Seuchen des 16. und ausgehenden 17. Jahrhunderts endgültig zu Wüstungen wurden: die von Dilich selbst bereits als *Wüste* bezeichnete Siedlung St. Niklaus westlich der Stadt Rhens und das südlich der Kirche gelegene *Kirbellhaußen*. Südwestlich des umgrenzten Stadtgebiets ist ein Galgen eingezeichnet, an den heute noch der Straßenname „Auf der Geierslay" erinnert. Auf einen weiteren Galgen weist die Ortsbezeichnung *Aufm Galgenberg* an der westlichen Grenze hin. Die Standorte dieser Galgen zeigen, dass die hohe Gerichtsbarkeit damals außerhalb der Städte ausgeführt wurde.

Ein auffallend umfangreiches Vokabular hilft, das Rhenser Umland topographisch zu gliedern. Dilich benennt mehrere fließende Gewässer (etwa den *Lendersbach* und den *Königs-* oder *Münchebach*) und beschreibt die geographischen Landschaftsformen mit Begriffen wie Ritzen, Gräben, Berge, Dellen und Täler. In Bezeichnungen wie *Im Eichwalde, Buechwaldt* oder auch *Lindthecke* rekurriert er zudem auf die lokale Vegetation.

LITERATUR: Alberti 1957 – Dillmann 1975 – Ritter 2002 – Schmidt 1988.

BERND GIESEN

19
Bezirk der Stadt Braubach

Kassel, UB-LMB, 2° Ms. Hass. 679, Bl. 36
Von späterer Hand: *Bezirk der Stadt Braubach*
Papier, Blattmaß 41,6 x 54,1 cm,
Bildmaß 30,7 x 43,2 cm, Federzeichnung, handkoloriert
Stengel Nr. 9

Rechts des Mittelrheins unweit der Lahnmündung erstreckt sich der einstige *Bezirck dero Stadt Braubach*. Mit fruchtbaren Ufern, ausgedehnten Waldungen, guter Wasserversorgung und seit jeher bekannten Erz- und Silbervorkommen bot das Terrain um Braubach stets gute Lebens- und Siedlungsbedingungen. Dilich präsentiert die waldreiche, durch Flüsse und Berge gegliederte Topographie inmitten der politischen Grenzen von 1600, deren Verlauf nicht nur die unterschiedliche Farbintensität, sondern auch rote Grenzsteine und eine rote Punktierung signalisieren. Den Bezirk umschließen im Norden die *Mentzische Grentze* zum Erzstift Mainz, im Nordosten die *Nassauische Gren[tze]* zur Grafschaft Nassau, im Südosten *zweiherrisch[es]* Gebiet unter dem Einfluss von Nassau und Hessen sowie im Süden das reichsunmittelbare Liebenstein (*Liewensteinisch*); im Westen bildet der Rhein die Scheidelinie zum Erzbistum Trier. Eine quer eingezeichnete Messleiste in *Ruhten* mit einer Bezifferung von Null bis 800 deutet auf die ungefähre Ausdehnung des Bezirkes. Ein errechneter Maßstab von 1:19900 ergibt eine durchschnittliche Abweichung von 9,8 % zu den realen Ausmaßen (Stengel 1927, Nr. 9).

Im Ort *Briubach*, der urkundlich seit dem 7. Jahrhundert bezeugt ist, bewirtschafteten Klöster wie Prüm, Seligenstadt und Eberbach, die Stifte in Wetzlar und Koblenz sowie der Deutsche Orden Weinberge und Gärten. Zwischen 1117 und 1171 besaßen Edelfreie von Braubach den Ort nachweislich als pfalzgräfliches Lehen. Ihre ‚Alte Burg' zu Braubach lag vermutlich auf dem Bergrücken oberhalb der Ortschaft. Gerhard I. von Braubach aus dem mächtigen rheinischen Adelsgeschlecht der Eppsteiner, der erst 1219 urkundlich bezeugt ist, gilt als Begründer der neuen, auf dem Schieferkegel über der Stadt thronenden Burg, die im ausgehenden Mittelalter den Namen Marksburg erhielt (Nr. 20–24 Bl. 41–45). Unter Eppsteiner Herrschaft entwickelte sich Braubach zu einem lokalen Verwaltungszentrum mit zeitweiliger Zollstation, dem Rudolf I. von Habsburg 1276 sogar die Stadtrechte verlieh (Menzel/Sauer 1886, Nr. 911). Als die Herren 1283 Ort und Burg an Graf Eberhard I. von Katzenelnbogen verkaufen mussten, wurde Braubach als Kellerei in die wirtschaftliche und politische Verwaltungsstruktur der Grafschaft eingebunden; rege Bautätigkeiten gaben damals der über der Stadt aufragenden Burg ihr unverkennbares Aussehen. Beim Erlöschen des Grafenhauses fiel das gesamte Erbe an Landgraf Heinrich III. von Hessen-Marburg (Demandt 1962, S. 94f.). Mit der Aufteilung der hessischen Landgrafschaft in die Linien Kassel, Marburg, Darmstadt und Rheinfels 1567 fiel Braubach an Hessen-Rheinfels unter Philipp II. d. J., der dort von 1568 bis 1571 Schloss Philippsburg (Nr. 25–28 Bl. 37–40) errichten ließ. Nach dem Übergang Braubachs 1602 an die noch bestehenden drei Linien konnte sich Landgraf Moritz von Hessen-Kassel durch Tausch die Herrschaft sichern.

Intensive Farben und Schattierungen inszenieren die Landschaft des Bezirks, der sich vom rechten Rheinufer im Westen bis zu den Quellbächen des *Kelbach[s]* und der Landmarke *Heißen beumichen* im Osten erstreckt. Entlang des Rheinufers umfasst das Gebiet die Hügelkette vom nördlichen *Spiegelberg* bis zur *Dünckholler mühl*, der Mühle am Dinkholder Bach, im Süden rund um die Stadt Braubach und die sie umgebenden Berghöhen (Gensicke 1976, S. 182). Dem Bezirk gehören Schloss *Philippßburg*, die *Marksburg* und *S. Martin* bei Braubach, das Dorf *Dachßenhaußen* im Osten sowie die Weiler *Hinderwaldt* und *Falckenborn* an. Ortschaften, Weiler und Mühlen sind bis in Einzelheiten aus der Vogelperspektive erfasst und durch rotgoldene Kreise oder Dreiecke markiert. Akribisch benannt sind Berge und Täler der Gemarkung, aber auch Flurstücke wie Äcker, Wiesen, Weinberge, gehegte Wälder und Hecken. *Die Teutsche Herren Hecke* im Südwesten, die *Falckenborn* und *Dünckholler mühl* einrahmen, dürfte etwa ehemals im Besitz des Deutschen Ordens gewesen sein. Auch Quellen und Brunnen sind geographisch verortet, darunter die am Rand von Dachsenhausen gelegenen Brunnen *Trinckbor* und *Der Niderbron* oder der natürliche *Saltzbron* am südlichen Mühlbach im *Saltzbronnen grundt*.

Der zweiarmige Mühlbach, der im Norden aus Zollbach und Hinterwalderbach entsteht und in dessen südlichen Lauf der *Dietzitter bach* mündet, durchzieht mit seinen waldfreien Uferstreifen in zwei tiefen Tälern das gesamte in sattem grün gezeichnete hügelige Waldgebiet. Beschriftet sind selbst die außerhalb des Bezirkes am linken Rheinufer liegenden Trierer Ortschaften Brey und das dreiteilige Spey. Alle diese Elemente spiegeln die Intention des Kartographen wider, politische Besitzverhältnisse wie individuelle Nutzflächen möglichst genau festzuhalten.

QUELLEN: Menzel/Sauer 1886, ND 1969, Nr. 911 – Rheinisches Urkundenbuch 1972, Nr. 46.
LITERATUR: Demandt 1962, S. 94–97 – Gensicke 1976 – Kunze 1969 – Michaelis ca. 1900 – Schäfer 2000 – Stengel 1927.

REBEKKA THISSEN-LORENZ

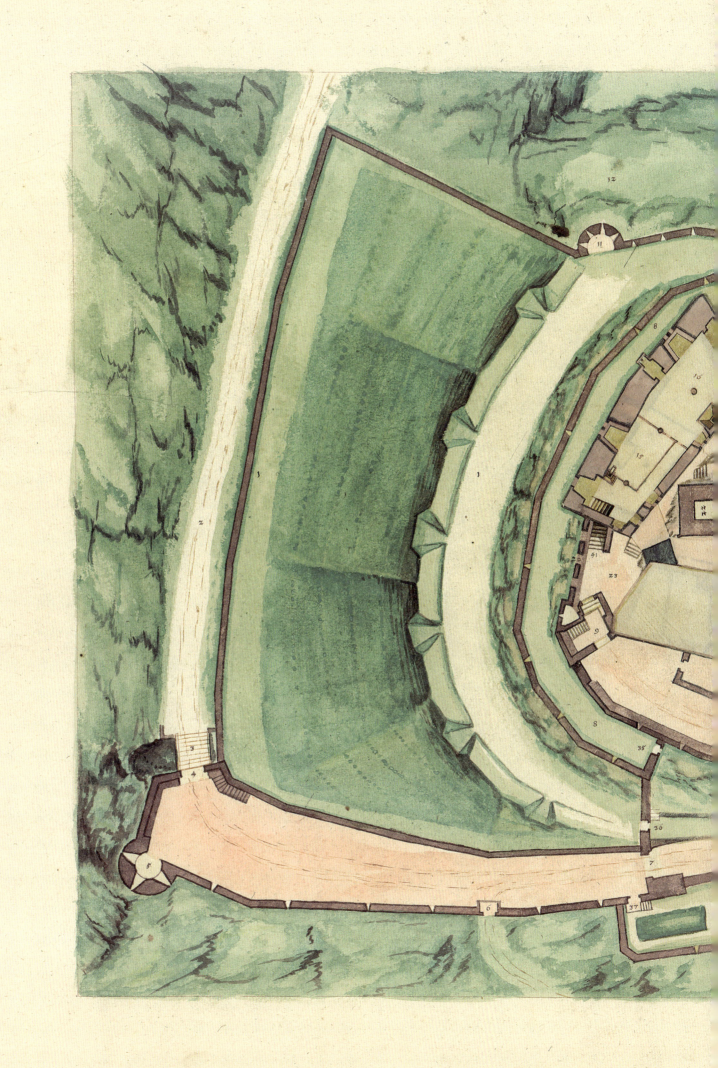

Erklerüng des gegen über gesetzen Grundtrisses dero Marpburg.

1. Der Wall, ist nicht geschutt, sonder ein natührlicher berg und felsen mit einer geschütten brustwehr so nuhmer aber sehr zerfallen. Sint vor alters, alß der von Beuren zu Caroli Quinti zeiten ins land gefallen schantzkörbe darauf gestellet, wie auch sonstet der wall und brustwer erneüert worden. 2. Der Fahrweg aufs schloss. 3 Brücke. 4 Das eusserst thor und (5) der wachtthurm darbei. 6 Ein kleines pförtlein dardurch man den felsen hienab zu der stadt gehet. 7. Ander thor. 8. Der innere zwinger. 9. Die innere pforten, deren die letzte mitt einem eisenen star gätter verschlossen und derowegen die Eisern pforte genennet wirt. 19. Dritte thor, darauf der Burggraf sein wohnung.

11. Sint die Rondell und thürme umbs Schloß. 12 Der schlossgrabe, so in einen felsen gehauen. 13. 13 Ein Küche und (14) gemach oder speisecammer daran. 15. Ein fürnem gemach und (16.) Saall darbei 17. Gefengnus. 18. Backofen. 19. Backstübe. 20 Maure und gang umbs Schloß. 21. Gefengnus und Wachtthurm. 22. Hoher thurm in Schlossplatz. 23. Undere schlossplatz. 24. der obere platz. 25 Der Marstall. 26 Die Rüstcammer. 27. Ein baadstüblein. 28. Feürcammer. 29. Schlaafcammer. 30. Ein gemach. 31. Vorgemach und kleine küche. 32. Ein kleiner thurm, darauf anites pülver. 33. Standt und hauß zum groben geschütz. 34. Der bronn. 35. Thür zu dem inneren zwinger. 36 Thür auf den wall. 37. Thür zu eussersten zwinger. 38. Der eüsere zwinger. 39. Bodem auf den vorderen bau. 40. Ein kleines stüblein auf demselben in einem erker. 41. Keller. 42. Keller od. gewölbe underm geschutz.

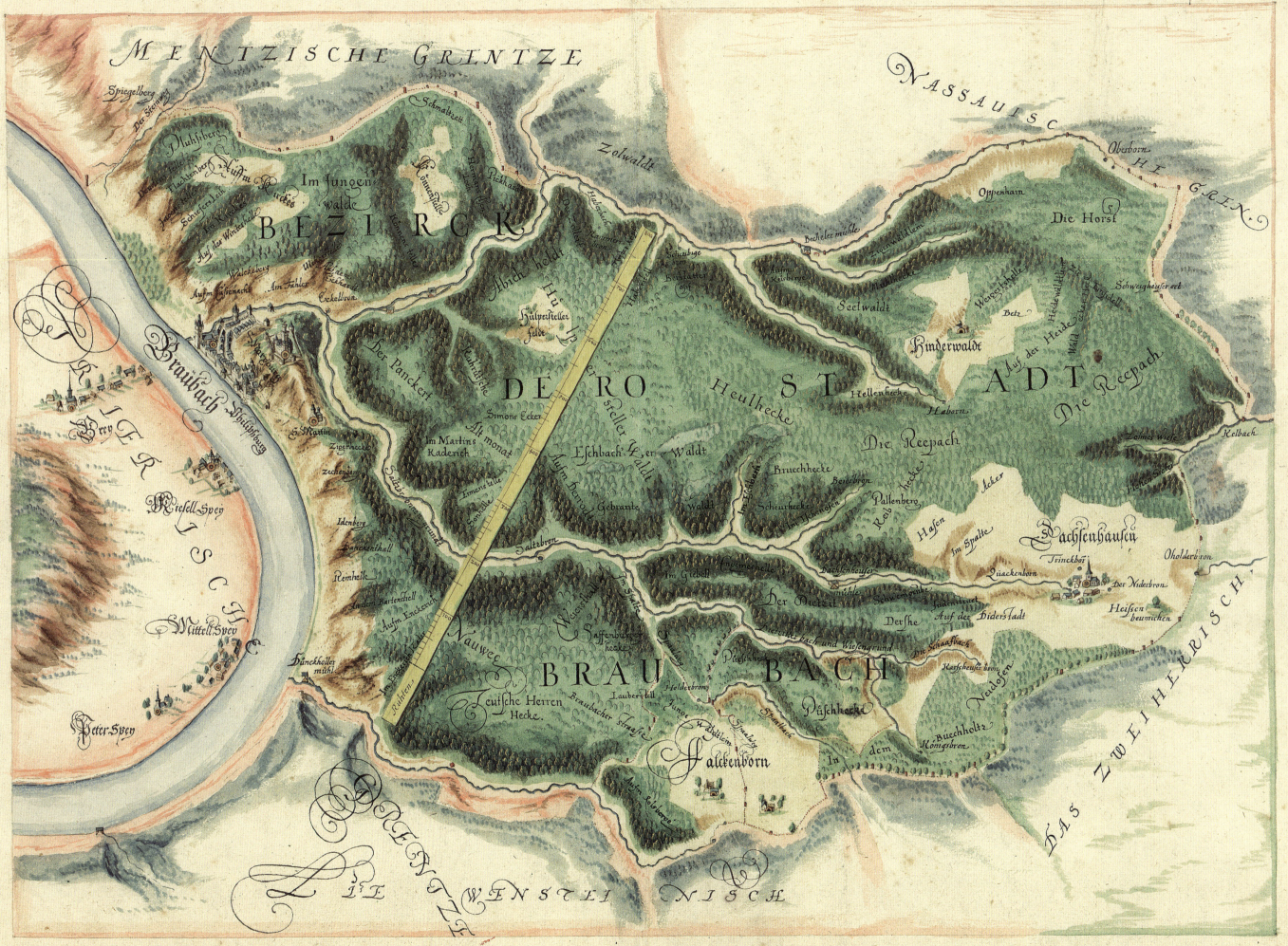

Bezirk der Stadt Braubach

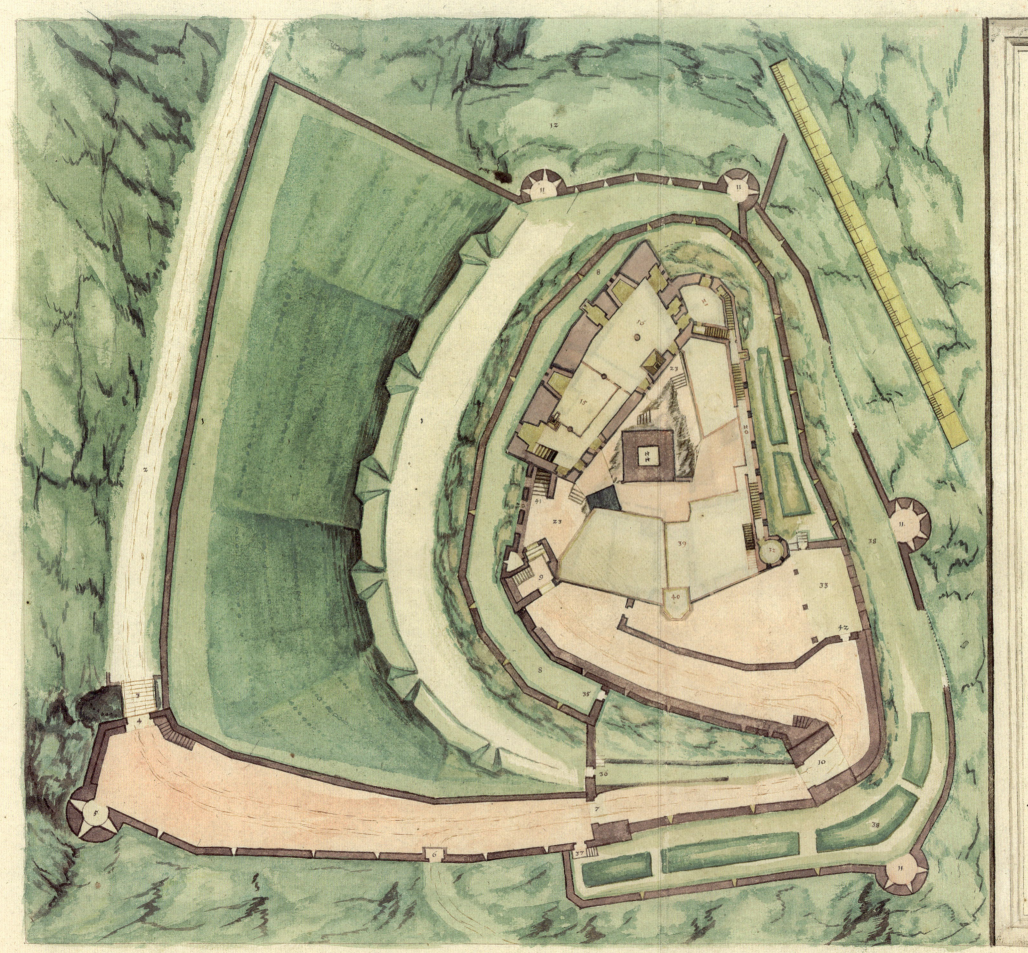

Erklerüng des gegen über gesetzten Grundrisses dero Marxburg

1. Der Wall, ist nicht geschutt, sonder ein natührlicher berg und felsen mit einer geschütten brustwehr so nuhmer aber sehr zerfallen. Sint vor alters, alß die von Beuren zu Caroli Quinti zeiten ins land gefallen schantzkörbe darauf gestellet, wie auch sonst der Wall und brustwer erneuiert worden. 2. Der Fahrweg aufs schloß. 3. Brücke. 4. Das Eußerst thor und (5) der wachtthurm darbei. 6. Ein kleines pförtlein dardurch man den felsen hinab zu der stadt gehet. 7. Ander thor. 8. Der innere zwinger. 9. Die innere pforten, deren die letzte mitt einen star gäter verschlossen und derowegen die Eisern pforte genennet wirt. 10. Dritte thor, darauf der Burggraf sein wohnung.

11. Sint die Rondell und thürme umbs Schloß. 12. Der schloßgrabe, so in einen felsen gehauen. 13. Ein Küche und (14) gemach oder speisecammer daran. 15. Ein finem gemach und (16) Saall darbei. 17. Gefengnüs. 18. Backofen. 19. Backstube. 20. Maure und gang umbs Schloß. 21. Gefengnus und Wachtthurm. 22. Hoher thurm in Schloßplatz. 23. Undere schloßplatz. 24. der obere platz. 25. Der Marstall. 26. Die Rüstcammer. 27. Ein badstüblein. 28. Feürscammer. 29. Schlaafcammer. 30. Ein gemach. 31. Vorgemach und kleine küche. 32. Ein kleiner thurm, darauf anites pülver. 33. Standt und hauß zum groben geschütz. 34. Der bronn. 35. Thür zu dem inneren Zwinger. 36. Thür auf den wall. 37. Thür zu eüsserstenn zwinger. 38. Der eüsere zwinger. 39. Bodem auf dem vorderen bau. 40. Ein kleines stublein auf demselben in einem ecker. 41. Keller. 42. Keller od gewölbe undern geschütz.

20–24
Marksburg

Kassel, UB-LMB, 2° Ms. Hass. 679, Bl. 41–45
Papier, Federzeichnungen, handkoloriert,
in Teilen aufklappbar

Seit 2002 gehört die mittelrheinische Kulturlandschaft zum UNESCO-Weltkulturerbe. Im geschützten Flusstal des oberen Mittelrheins liegt die Marksburg, die auf einem steilen Felskegel oberhalb der Stadt Braubach thront. Die heute nahezu unzerstörte und bestens erhaltene Höhenburg aus dem 14. Jahrhundert stellt ein imponierendes Zeugnis aus dem Mittelalter dar. Ihr im Wesentlichen unbeschädigtes Bestehen verdankt sie dem einzigartigen und schwer zugänglichen Standort auf einem 188 m hohen Burgberg.

Die vor allem gotische Wehranlage besteht seit dem Mittelalter aus einer kompakten Kernburg, deren Zentrum der quadratische Bergfried bildet. Die Außenbefestigung staffelt sich mit mehrfacher Ummauerung, Zwingern und Flankentürmen in markanter Lage auf einem zum Rhein und zum Dachshausener Tal steil abfallenden Schieferfels. Gesichert wurde die Burg über natürliche Gegebenheiten; im Westen durch den Rhein, im Osten und Norden durch die tiefen Täler des Mühlbachs sowie im Süden durch Berghöhen. An weniger steilen Hangabschnitten der Festung verhinderte ein Befestigungssystem mit Hindernissen die freie Annäherung an die Burg. Lediglich ein steil ansteigender Fahrweg *(2)* zur Festung sowie ein kleiner Pfad *(6)*, der sich noch heute im Nordhang des Burgberges von der Stadt Braubach aus hoch windet, ermöglichten den Zugang zur äußeren Festungsanlage.

Die fünf Zeichnungen von Wilhelm Dilich veranschaulichen die architektonische Vielseitigkeit der Festung durch einen Grundriss sowie Ansichten aus vier Himmelsrichtungen. Dank der Klapptafeln sind die Zeichnungen Ansicht und Aufriss zugleich, sodass sie einen besonders detaillierten Einblick in das Innere der Burg im frühen 17. Jahrhundert ermöglichen.

20 – Bl. 41: Grundriss

Legendentitel: *Erklerung des gegen /über geſetzten Grundtriſses / dero Marxburg*
Blattmaß 41,7 x 53,5 cm, Bildmaß 30,1 x 42,9 cm

Der Grundriss, der sich aus mehreren Klappschichten zusammensetzt, stellt die viereckige Verteidigungsanlage in ihrer Gesamtheit vom Kellerraum bis zum Dachboden, von der Kernburg bis zur Befestigungsanlage dar. Eine schräg im rechten oberen Bildviertel platzierte Maßstabsleiste suggeriert trotz fehlender Beschriftung die angestrebte Maßstabstreue. Ziffern von eins bis 42 erklären, übertragbar auf die übrigen Marksburgblätter, das Raumprogramm der Gesamtanlage, sodass der nicht genordete Grundriss als Ausgangspunkt für die folgenden Ansichtsbeschreibungen dienen kann. Die Legende befindet sich in einer schlichten Umrahmung auf der rechten Blatthälfte; dort zeigt eine in blassen Farben gehaltene Kompassrose die Südsüdost-Orientierung der Zeichnung an.

Die im Grundriss dargestellte Marksburg konzentriert sich auf Kernburg und Festungsanlage. Letztere teilt sich, umgeben von einer Außenmauer mit Rondellen *(11)*, in einen schmalen äußeren *(38)* und inneren *(8)* Zwinger, einen südöstlich gelegenen Burggraben *(12)* sowie einen im Osten anschließenden natürlichen Wall *(1)*. Das im Nordosten der Anlage mit Zugbrücke *(3)* und Wachturm *(5)* ausgestattete äußerste Tor *(4)* sichert zusammen mit der zweiten Pforte *(7)* den nördlichen ummauerten Zuweg zur Vorburg. Abgeschirmt durch das massive dritte Torhaus *(10)*, führt der leicht aufsteigende Fahrweg von hier aus entlang einer stabilen Wehrmauer bis in die Vorburg hinein. An deren westlicher Flanke sichern *Standt und hauſs zum groben geſchütz (33)* die Rheinseite. Die sich anschließende Kernburg, zugänglich über eine letzte Pforte mit eisernem Tor *(9)*, zeigt sich als dreiflügelige Randhausanlage. Der an höchster Stelle mittig im dreieckigen Innenhof errichtete Bergfried *(22)* ist umgeben von dem südöstlichen, der Hauptangriffsseite zugewandten Saalbaukomplex *(13–16)*. Dessen nischenreiche schildmauerartig verstärkte Außenmauer endet in einer nach Südosten scharf hervorstechenden Ecke, an die sich der mehreckige Gefängnis- und Wachturm anfügt *(21)*. Rheinseitig wird der Burghof mit Backhaus, Backofen und Brunnen *(18, 19, 34)* durch die Mantelmauer *(20)* geschlossen. Sie verbindet über einen Wehrgang den südlichen Wachturm mit dem an die Vorburg heranreichenden runden Pulverturm. Daran schließt sich der mehrstöckige Palasbau an, in dessen unteren Geschossen sich Marstall *(25)* und Rüstkammer *(26)* befanden. In den oberen Stockwerken lagen hingegen einfache Wohnräume *(27, 29, 30, 40)* sowie hauswirtschaftliche Nutzräume, wie Küche *(31)*, Feuerkammer *(28)* und Dachboden *(39)*. An die Vorburg grenzte der Palas als nördlicher Abschluss der Kernburg.

Die Geschichte der Kernburg kann anhand bauhistorischer Untersuchungen in unterschiedliche Bauphasen untergliedert werden. Schriftliche Überlieferungen zur Besitzgeschichte vor allem in Lehns- und Rechnungsbüchern bestätigen die Ergebnisse der Bauforschung. Die Historie der Marksburg konkretisiert sich unter der Herrschaft der Eppsteiner. Über Erbansprüche konnten die freiadligen Herren von Eppstein das Gebiet Braubach, weitab von ihrem Kernbesitz, gegen Ende des 12. Jahrhunderts erwerben. Indizien für die Existenz einer Burg fehlen anfangs; erst 1231 wird ein *castrensis*, einer der so genannten Burgmänner (Rossel 1862, Nr. 276; Menzel/Sauer 1885, Nr. 437), erwähnt, woraus sich Rückschlüsse auf eine erfolgte Burggründung ziehen lassen. Dass Teile der Kernanlage der Marksburg bereits in romanischer

Zeit, also zu Beginn der Eppsteiner Herrschaft, vorhanden waren, bestätigen dendrochronologische und restauratorische Analysen. Anhand von Baufunden können der nördliche Palas, Abschnitte der rheinseitigen Ringmauer, Teile des südlichen Anlagenbereichs sowie die Untergeschosse des auf der höchsten Stelle des Felsens stehenden Bergfrieds in das Jahr 1239 datiert werden.

In weiteren Bauphasen erhielten Ringmauer, Bergfried sowie nördlicher Palas zahlreiche Veränderungen und Ausbauten, sodass die folgenden Ansichten den romanischen Zustand nicht mehr erkennen lassen. Die bauliche Entwicklung der Burg vollzog sich parallel zur wirtschaftlichen Entfaltung von Braubach (Menzel/Sauer 1886, Nr. 911) sowie zum Anspruch der mächtigen Eppsteiner, die im 13. Jahrhundert vier Mainzer Erzbischöfe stellten, sich mit dem stattlichen Ausbau der Burg würdig zu repräsentieren.

21 – Bl. 42: Aufriss Südostansicht

Legendentitel: *Erklerung dero zahlen / des I Auffriſſes deſz ſchloſſes / Marxburg*
Blattmaß 41,1 x 53,7 cm, Bildmaß 30,8 x 43,2 cm

Der Aufriss aus Südosten zeigt die auf einer öden Felskuppe emporragende Marksburg. Diese eher leicht zugängliche Burgseite ist sowohl durch den in Fels gehauenen Graben *(12)* als auch durch eine das gesamte Burgareal umschließende Ringmauer gesichert. Vier rondellartige Schalentürme *(11)*, von denen drei aus südöstlicher Perpektive erkennbar sind, boten die Möglichkeit, das unmittelbare Vorgelände zu flankieren. Die dahinter liegenden schmalen Zwinger *(8, 38)* schließen die äußere Fortifikation ab. Im Zentrum der Ansicht steht der polygonale *Wachtthurn (21)* mit *Gefegnus (17)*, der sich auf einem zurücktretenden Felsen in robuster Bauweise erhebt. Eine auf groben Kragsteinen in Rundbogenfriesoptik sitzende Wehrplattform mit umlaufendem Zinnenkranz sowie vier hervorspringende Ecktürmchen, die das Turmdach abschließen, gewährten von hier aus einen weiten Blick über das Terrain. Der durch seine ungewöhnlich flache Dachausbildung gedrungen wirkende Geschützturm unterstreicht den wehrhaften Charakter der Burg.

Der Ausbau des Südturms im 14. Jahrhundert unter Verwendung eines noch aus romanischer Zeit stammenden Vorgängerbaus sowie weitere Burgumbauten fielen in die Herrschaftszeit der Grafen von Katzenelnbogen. Als die Eppsteiner in Braubach gegen Ende des 13. Jahrhunderts mit Hinscheiden von Gerhard IV. ausgestorben waren, erwarb Graf Eberhard I. von Katzenelnbogen Stadt und Burg als pfälzisches Lehen (Menzel/Sauer 1886, Nr. 1016/1017). Die Katzenelnbogener entwickelten sich in jener Zeit zu einem mächtigen Adelsgeschlecht im Reich. Ihre territoriale Basis war verhältnismäßig schmal, aber ihr politischer und wirtschaftlicher Einflussbereich erstreckte sich über das gesamte Mittelrheingebiet.

Mittelpunkte im uneinheitlichen Herrschaftsgebiet der Grafschaft bildeten die Burgen, denen eine wesentliche Rolle im Rahmen der politischen, rechtlichen und wirtschaftlichen Verwaltung zukam. Aufgrund der engen Verbindung von Territorial- und Zollverwaltung unterstand Braubach, das für die Administration der lokalen Abgaben und Einkünfte zuständig war, als Kellerei dem Landschreibereibezirk Einrich mit Sitz in Hohenstein. Die Talsiedlung Braubach erlangte nur geringe Bedeutung, während die kühn wirkenden Burgen als Symbole der Macht in der gesamten Grafschaft ausgebaut wurden (Demandt 1962, S. 95).

Auch die Marksburg profitierte von der regen Bautätigkeit der Katzenelnbogener. Heute gilt sie geradezu als Muster einer gotischen Rheinburg (Gensicke 1976, S. 32), obwohl das damalige Kastell zu Braubach strategisch unbedeutend war und zu keiner Zeit eine Residenzfunktion inne hatte (Laß 2005, S. 86). Die jüngere, von Eberhard I. begründete Katzenelnbogener Linie nutzte sie äußerst selten, sodass sie bis Mitte des 14. Jahrhunderts architektonisch nahezu unverändert blieb. Eine erneute bauliche Erweiterung der Kernburg nach Mitte des 14. Jahrhunderts ist vermutlich dem Engagement Graf Diethers VIII. († 1402) zu verdanken, der sich während seiner letzten Lebensjahre öfter in Braubach aufhielt. Die letzte bauliche Ergänzung erhielt die Burg erst während der Regentschaften Johanns VI. († 1444) und Philipps d. Ä. († 1479), als die Katzenelnbogener nach der Wiedervereinigung der älteren mit der jüngeren Linie zu einem angesehenen Grafengeschlecht im Reich wurden. Als wichtige Burgenbauer am Mittelrhein nahm die Familie Anfang des 15. Jahrhunderts enormen Einfluss auf die weitere Ausgestaltung der Marksburg. Die Datierungen, die sich vor allem auf dendrochronologische Untersuchungen stützten, werden durch Braubacher Kellereirechnungen des 15. Jahrhunderts zu Handwerksarbeiten an verschiedenen Räumlichkeiten bestätigt (Friedhoff 2007, S. 18).

Erklerung dero zahlen des I Auffrisses deß schlosses Nauwburg.	4 Das Eusserst thor	12 Schloß grabe	18 Der Backofens	23 Der Undere Schloßplatz	30 Ein Gemach
	5 Thurm bey demselben	13 Die Küche	19 Die Backstube	24 Der Obere platz	31 Ein Vorgemach und Küche
	8 Der Zwinger	14 Speise Cammer	20 Gang umbs schloß auf der mauren	25 Der Marstall	32 Der Pulverthurm
1 Eusserste Maur und Wall	9 Das Eisern oder innerst thor	15 Vornemist gemach und	21 Die Obere Gefengnis auf dem Wacht	26 Ein Baadestüblein	33 Hauß und Stand zu Geschüts
2 Der Fahrweg	10 Das dritte thor	16 Cammer daran	thurn	28 Eine Frau Cammer	38 Der Eusserst Zwinger
3 Die Brücke	11 Die Rundell am schloß	17 Gefengnis	22 Thurm im schloß platz	29 Die Rüstcammer	39 Ein bodem

Erklerung dero zahlenn im II Auffriß des schlosses Marpurgh.	5 Thurm bey derselben	12 Schloßgraben	21 Wachtthurm	32 Der Pulverthurm	39 Ein Bodem
	6 Fueßpfaadt aufs schloß	13 Die Küche	22 Thurm im schloßplatz	33 Standt zu dem Groben geschütz	40 Ein Klein gemach in einem Ercker
1 Wall sampt der Eussersten Mauren	7 Die zeitte Pforte	14 Speißcammer	23 Schloßplatz	34 Der Bron	
2 Fahrweg aufs schloß	8 Der Zwinger	15·16 Vornemst gemach und Cammer	25 Der Marstall	36 Ein pfortlein auf den wall	
3 Die Schloßbrück	9 Fünfte und sexte od: Eisne Pforte	17 Gefengnis	26 Die Rüstcammer	37 Pfortlein zu dem Eusserlein 2. Zwinger	
4 Die Eußerst porte	10 Die dritte porte	18·19 Backhauß	27 Baadstüblein	38 Der Eusserst Zwinger	
	11 Die Rondele am schloß	20 Gang umbs Schloß auf der Maure	31 Vorgemach und Küche		

22 – Bl. 43: Aufriss Nordostansicht

Legendentitel: *Erklerung dero zahlenn / im II Auffrisz des ſchloſſes Marx / burgk*
Blattmaß 41,6 x 54,0 cm, Bildmaß 30,1 x 43,2 cm

Der Aufriss aus nordöstlicher Richtung visualisiert die im 15. Jahrhundert unter den Katzenelnbogenern vollzogenen Umbauten. Die Ansicht lenkt den Blick des Betrachters auf den stattlichen Saalbaukomplex. Zusammen mit dem dahinter emporragenden Bergfried wurde der in gotische Zeit datierte Saalbau (Frank 2002, S. 223–226) den architektonischen Bedürfnissen des 15. Jahrhunderts entsprechend erneuert und aufgestockt. Vier zierliche polygonale Tourellen umlaufen das vermutlich einst schiefergedeckte hohe gotische Walmdach. Der Bau mit glatter Fassade ohne Bogenfriesverzierung, aber mit mehreren Fenstern, einem Aborterker sowie mehreren Schornsteinen lässt vor allem auf wohnlich genutzte Räumlichkeiten schließen. Wilhelm Dilich zufolge befanden sich im Untergeschoss eine Küche *(13)* samt *Speiſe Cammer (14)* und im Obergeschoss zwei Räume, die in der Legende zu Bl. 41 (Nr. 20) als *Ein funem gemach (15)* und *Saall darbei (16)* bezeichnet werden. Jeweils ausgestattet mit einem Kamin, dienten diese Räume vermutlich herrschaftlicher Repräsentation.

Auch die Erhöhung des Bergfrieds um das oberste Wehrgangsgeschoss und um den Butterfassaufsatz, der gemäß den rheinisch-hessischen Baugewohnheiten jener Zeit die elegante und schlanke Gestalt des Turmes betonte, ließ die Festung am Rhein fortan imposant hervorragen. Auf der Zeichnung türmt sich mittig der quadratische Bergfried *(22)* beeindruckend auf. Seine Höhe von rund 38 m lässt sich anhand einer Maßstabsleiste am rechten äußeren Bildrand, die, von Null bis 150 beziffert der Maßeinheit *Werckſchúhe* folgt, nur überschlägig ermessen. In der Mitte eines felsigen und unebenen Burghofes (Nr. 20 Bl. 41: *23, 24*) überragt der Turm in beherrschender Manier die eng umbaute Kernburg; dies verstärkt die Wirkung der ohnehin trutzigen Lage. Auf dem letzten Geschoss des rechteckigen Grundturms, das über einem Rundbogenfries vorkragt und durch eine Wehrplattform mit Zinnen abschließt, erhebt sich ein runder Aufsatz. Auch wenn der Butterfassturm erst gegen Mitte des 15. Jahrhunderts entstand, haben Grundriss und untere Geschosse des Bergfrieds vermutlich einen romanischen Ursprung (Backes 2006b, S. 78). Die durch die gegebene Felsformation begrenzte Grundfläche dürfte die Ursache dafür sein, dass der für rheinische vorgotische Bergfriede ungewöhnlich bescheidene Umfang des Turms auch in späteren Bauphasen nicht erweitert werden konnte. Die ranke Gestalt wird durch die rot gezeichnete Fahne des Turmabschlusses sowie rote Umrahmungen an Zinnen, Fenstern und Dekorationselementen akzentuiert, um den hell verputzten Bergfried gegen die dunklen graublauen Hausdächer hervorstechen zu lassen. Aus der Ferne bildet der Butterfassturm das charakteristische Merkmal der Marksburg.

Im Vordergrund der Burganlage steht die weitläufige Fortifikation. Der *Wall ſampt der Euſsersten Mauren (1)*, welche die großzügige Verteidigungsanlage komplett umfassen, reicht bis an den grob befestigten Fahrweg *(2)*, der bis an die erste Pforte *(4)* langt. Ausgestattet mit hölzernen Toren und einer auf einem Rundbogenfries vorkragenden Brustwehr (Friedhoff 2007, S. 24) sind diesem neuralgischen Punkt der Befestigungsanlage weitere Wehrelemente angeschlossen: Tor, Zugbrücke *(3)* und ein flankierender Wachturm *(5)* bilden eine funktionale Verteidigungseinheit, die erst im 15. Jahrhundert der Befestigung angeschlossen wurde. Der zur Straße vorgelagerte, mit Buschwerk bewachsene Wall, dessen Feldbefestigung *zu Caroli Quinti zeiten* (Nr. 20 Bl. 41, *1*) mit Schanzkörben verstärkt wurde, als sich die Marksburg während des Schmalkaldischen Kriegs vorsorglich gegen die Truppen Kaiser Karls V. rüstete, reicht bis an den inneren Zwinger *(8)*. Diese doppelte Wehrmaueranlage wurde ebenfalls erst durch die Grafen von Katzenelnbogen der Burg beigefügt.

Die von den Grafen von Katzenelnbogen erbaute Burg wurde in der Frühen Neuzeit als Marxburg bezeichnet. Im Jahr 1437 ist das Patrozinium des heiligen Markus, von der sich die Benennung ableitet, erstmalig für die Kapelle bezeugt. Das Ende der Katzenelnbogener Herrschaft bedeutete schließlich einen Wendepunkt in der Geschichte des Reiches und der Marksburg. Als 1479 das Adelsgeschlecht in männlicher Linie ausstarb, ging die Grafschaft samt Marksburg an Landgraf Heinrich III. von Hessen über. Nach dieser Besitzübernahme sind auf der Marksburg nur noch kleinere bauliche Neuerungen zu verzeichnen, denn Burgen wurden fortan als altmodische Herrschaftsstützpunkte betrachtet.

23 – Bl. 44: Aufriss Nordwestansicht

Legendentitel: *Erklerung dero zah / len im III Auffrifs der / Marxburg*
Blattmaß 41,5 x 54,0 cm, Bildmaß 30,9 x 43,1 cm

Auch die auf der Ansicht aus Nordwesten farbig illustrierten Gebäude der Marksburg sind Baumaßnahmen früherer Zeit zu verdanken. Insbesondere das Aussehen des hinter den Mauern der Vorburganlage mittig platzierten Palasbaus ist ebenso wie der daneben stehende *Pulverthúrm* (Legende Nr. 22 Bl. 43, *32*) Resultat der Renovierungsmaßnahmen Graf Diethers VIII. von Katzenelnbogen.

Die ebenfalls dargestellten inneren Befestigungen der Burg spiegeln das enge Zusammenspiel von Wohn- und Wehrfunktion wider. Beispielhaft dafür ist die räumliche Nähe von Palasbau und *Pulverthúrm* (Legende Nr. 22 Bl. 43, *32*), die sich an der Schnittstelle von Kern- und Vorburg befinden. Die bauliche Schlichtheit des nördlichen, aus romanischer Zeit stammenden Palas (Frank 2002, S. 223) akzentuiert dessen wirtschaftliche Funktion. Marstall *(25)*, *Rúst Cammer (26)*, *Baadstúblein* (Legende Nr. 22 Bl. 43, *27*), mehrere Kammern *(28, 29, 30)* und eine Küche *(31)* bestätigen, dass der ehemalige Palas später auch einer Bewirtschaftung der Burg diente. An der westlichsten Ecke des Palas tritt das Pulverdepot als schlanker *thurm darinnen itzo púlver (32)* hervor. Das zierliche Fachwerkgeschoss wird optisch durch das feingliedrige Gesims getragen und mit einem spitzen Turmhelm abgeschlossen. Im Gegensatz dazu verleiht das rondellartige Untergeschoss dem Turm einen militärischen Anstrich.

Ähnliche Assoziationen ruft die *Dritte Pforte (10)* hinter einem Zwischentor mit Ecktürmchen *(7)* hervor. Das Torhaus trennt den von Mauern eingefassten Torweg von der eigentlichen Burganlage. Zusätzlich zu einem hochgewölbten Gang durch das Haus verfügt das dritte Tor über einen umfangreichen Dachaufbau, in welchem sich die Wohnung des Burgvogts befand. Diese Verbindung von Wehranlage und Wohnturm vermittelt den Eindruck eines baulichen Gegensatzes: Ein auf vorkragenden Konsolsteinen sitzender Steinerker als Geschützpunkt kontrastiert mit dem in der Nutzung divergierenden Obergeschoss, dessen Wohnlichkeit die rot gefärbten Fachwerkzusätze an Giebelseiten und Ausbauten des Kopfwalmdaches ebenso wie ein auf dem First sitzender zierlicher Turmaufsatz mit Glöckchen nahelegen.

Der Kontrast zwischen wehrhaften Bauelementen und Wohnarchitektur sowie die gleichzeitige Synthese beider Bauformen ist spezifisch für das Erscheinungsbild der Marksburg. Dies wird insbesondere durch den Randhauscharakter der Burg verdeutlicht. Wohn-, Wirtschafts- und Wehrgebäude sind gleichermaßen innen an die Ringmauer angebaut und werden durch Zwischenmauern mit Wehrgängen *(20)* zu einer kompakten Verteidigungsanlage verbunden.

Erklerüng dero zahlen im III Außriß der Marxburg.

1. Wall: Ist nuhmer sehr zerfallen, und sint oben auf zwischen denen scharten vor alters Schenkhkörbe gestanden
4. Die eusserst und erste Pforte
5. Der thurm bey deselben
6. Pförtlein und fueßpfaadt zu der Stadt
7. Die zweite Pforte
8. Der innere Zwinger
9. Vierte und fünfte Pforte
10. Die dritte Pforte, darauf des Burggrafen losament
11. Rondell
13. Die Küche
14. Speise Cammer
15. Vornemst gemach
16. Die Cammer und saal daran
19. Die Backstube
20. Gang umbs Schloß auf der Mauren
21. Wachtthurm und gefengnüs
22. Hoher thurm im schloßplatz
23. Undere schloßplatz
24. Der obere schloßplatz
25. Der Marstall
26. Die Rüstcammer
29. Ein andere Cammer
30. Ein Gemach
31. Vorgemach und Küche
32. Thurm darinnen ihr pulver
33. Stand zum groben geschüz
34. Der Bronn
35. Pförtlein zu dem inneren Zwinger
36. Pförtlein zu dem Wall
37. Pförtlein zu dem eussere Zwinger und Rondellen
38. Der eussere Zwinger
39. Ein boden
40. Ein kleine stube in eine ecker
41. Der Keller

Erklerung der zahlenn in dem IV Auffriß deren Marxburgs.

1. Der Wall und eüsserst maur
8. Der innere Zwinger
9. Die innere und letzte Zwo Thor
ten zu dem Schloßplatz.
10. Die dritte Pforte
11. Die Rondelle an dem Schloß
12. Der Schloßgrabe
13. Die Küche
14. Speiß Cammer
15. Vornembst gemach
16. Cammer und Saall darann zu sampt einem Vorgemach
17. Das undere gesimbs
19. Das Backhauß, stube, und ofen
20. Bedeckter gang umbs Schloß oben auf der inneren Maure
21. Die Obere gefegnüße auf dem Wacht thurm
22. Der Hohe thurm mitten im Schloßplatz
23. Der midige platz im Schloß
24. Der höhere platz vor dem Vorderen gemach und Saalstüblei
25. Der Marstall
26. Rüstcammer
27. Die Badstube
28. Feur Cammer
29. Gemach oder stube im Vordere gebeü
31. Vorgemach und Küche
32. Thürnlein darin ihro Pulver
33. Standt und hauß zu geschutz
38. Der Eussere Zwinger
39. Boden in dem Vorderen gebeü
40. Ein klein stüblein daselbsten in dem ercker.

24 – Bl. 45: Aufriss Südwestansicht

Legendentitel: *Erklerung der zahlenn / in dem IV Auffriſz dero / Marxburgk.*
Blattmaß 41,7 x 54,0 cm, Bildmaß 30,7 x 43,1 cm

Der Wehrcharakter der Burg wird auf der Südwestansicht nochmals besonders deutlich: Die Außenbefestigung zeigt diverse Ummauerungen samt Scharten und Gusserkern, Zwingeranlagen *(8, 38)*, Flankentürmen *(11)* und dem südlich in Fels gehauenen Schlossgraben *(12)*. Der solide südliche Geschützturm sowie die hohe rheinseitige Außenmauer *(20)* mit überdachtem Wehrgang samt parallel laufendem Bogenfries ergänzen das Bild. Die in Katzenelnbogener Herrschaftszeit mehrfach aufgestockte rheinseitige Mantelmauer *(20)* verbindet die Südwestecke der Burg mit dem *Pulverthúrm* (Legende Nr. 22 Bl. 43, *32)*. Das nordwestliche Torhaus *(10)* ist aus dieser Ansicht nur rückseitig dargestellt; erkennbar wird aber die absichernde Lage am Rande der Kernburg. Zugleich markiert der hinter der rheinseitigen Mauer emporragende Schornstein die Position einiger Wirtschaftsgebäude wie der steinernen *Backstúbe* (Legende Nr. 20 Bl. 41, *19)* samt *Backofen* (Legende Nr. 20 Bl. 41, *18)* an der Innenseite der Mauer. Gleichzeitig bietet die Südwestansicht einen Blick auf den rheinseitigen Geschützstand *(33)*, wodurch die Verteidigungsbereitschaft der Festung betont wird. Die prunklose Außenmauer des Geschützhauses verfügt über drei Schießöffnungen, aus denen drei Kanonen in gold-grauer Farbgebung herausragen.

Mit diesen Details sind die verschiedenen Nutzungsmöglichkeiten der Burg akzentuiert, nämlich ihre Funktionen im Rahmen von Verteidigen, Repräsentieren und Verwalten, Wohnen und Wirtschaften. Umgeben vom kargen Felsenterrain lässt die Marksburg zudem in hohem Maße den Eindruck entstehen, dass ihr Inneres Schutz und Obhut gewährte. Die Trutzigkeit der Burg potenziert sich in der Enge des vorhandenen Raumes und den spitzen Geschütztürmchen; im Kontrast dazu stehen die verzierten Dachflächen mit filigranen Ausbauten sowie die schlanke, imponierende Gestalt des Bergfrieds. Es entsteht eine Bauform, die gleichermaßen Wehrhaftigkeit und Erhabenheit suggeriert.

Die Burg, die vor allem als Symbol von Macht und Obrigkeit diente, verlor unter hessischer Herrschaft auch diese Funktion. Im Zuge der religiösen Umorientierung Hessens unter Philipp I. dem Großmütigen fiel die Kapelle der Säkularisierung zum Opfer und die gesamte Burg wurde in die konfessionellen Streitigkeiten während des Schmalkaldischen Krieges 1546/47 involviert.

Nach dem Ableben Philipps des Großmütigen und der Vierteilung Hessens fiel die Marksburg als Teil der ehemaligen Niedergrafschaft Katzenelnbogen an Philipp II. d. J. von Hessen-Rheinfels. Während der ersten Inspektion seines Erbes konnte der junge Landgraf 1567 in keiner der dortigen Burgen eine standesgemäße Unterkunft finden. Da die Marksburg seit Ende der Katzenelnbogener Herrschaft nur noch als Wohnquartier für Amtleute samt Gesinde sowie Wachmannschaften diente, verfügte sie kaum über Inventar. Der schlechte Zustand seiner Schlösser und Burgen veranlasste den Landgrafen zu umfangreichen baulichen Aktivitäten, die sich jedoch hauptsächlich auf die alte Katzenelnbogener Residenz Schloss Rheinfels über St. Goar (Nr. 3–6 Bl. 22–25) beschränkten. Zusätzlich ließ Philipp d. J. von 1568 bis 1571 Schloss Philippsburg in Braubach (Nr. 25–28 Bl. 37–40) als Witwensitz für seine Gemahlin Anna Elisabeth erbauen (Demandt 1990, S. 247f.). Die imposante Renaissanceanlage hob sich deutlich von der mittelalterlichen Burganlage ab, die spätestens von diesem Zeitpunkt an zur Unterscheidung als *Marxburg* bezeichnet wurde (Friedhoff 2008, S. 19).

Im Jahr 1602, also 20 Jahre nach dem Tod Philipps II., fiel Braubach mit der Marksburg an die drei hessischen Linien Darmstadt, Marburg und Kassel, wobei es Landgraf Moritz von Hessen-Kassel durch Tausch gelang, Braubach für sich zu beanspruchen. Er veranlasste schließlich Wilhelm Dilich, Bauzeichnungen der spätgotischen *Marxburg* anzufertigen, die immerhin so detailliert waren, dass sie im 20. Jahrhundert als Vorlage für umfangreiche restauratorische Maßnahmen dienen konnten. War die Burg im Mittelalter von peripherem Interesse und später von überholtem Baugeschmack, so gilt die Marksburg heute als eindrucksvolles Zeugnis mittelalterlichen Burgenbaus.

QUELLEN: Menzel/Sauer 1885-1886, ND 1969, Nr. 437, 911, 1016 u. 1017 – Rossel 1862, Nr. 276.
LITERATUR: Backes 2006a – Backes 2006b, S. 77–84 – Dehio 1985, S. 151–154 – Demandt 1962 – Demandt 1964 – Demandt 1990 – Fischer 2005 – Frank 2002 – Frank 2008a – Frank 2008b – Frank/Friedhoff 2008 – Friedhoff 2007 – Friedhoff 2008a – Friedhoff 2008b – Friedrich 2008 – Gensicke 1976 – Kunze 1969 – Lachmann 1979 – Laß 2005 – Michaelis ca. 1900, S. 45–54 – Regesten der Grafen von Katzenelenbogen 1953-1957, Nr. 654, 1960 u. 2073 – Schäfer 2000 – Schütte 1994 – Urban 1997.

REBEKKA THISSEN-LORENZ

25–28
Philippsburg

Kassel, UB-LMB, 2° Ms. Hass. 679, Bl. 37–40
Papier, Federzeichnungen, handkoloriert,
in Teilen aufklappbar

Blickt man heute auf das Rheinufer bei Braubach, zeugen nur noch einige wenige Bauteile, wie Innenhof und Tordurchfahrten, sowie einzelne architektonische Details von der aufwendigen Schlossanlage der Renaissance, die Landgraf Philipp II. d. J. von Hessen-Rheinfels zwischen 1568 und 1571 an diesem Ort realisieren ließ. Umso wertvoller für die Bau- und Landesgeschichte Hessens ist die einen Grundriss und drei Aufrisse aus verschiedenen Ansichten umfassende Serie Wilhelm Dilichs, welche die imponierende bauliche Gestalt der im Tal liegenden Philippsburg zu Beginn des 17. Jahrhunderts wiedergibt.

25 – Bl. 38: Aufriss, Südwestansicht

Blattmaß 41,7 x 54,0 cm, Bildmaß 29,9 x 43,0 cm

Aus der linksrheinischen Perspektive zeigt diese Hauptansicht der Serie die dem Rhein zugewandte Schaufassade des sich am Fuße des Marksburgberges erhebenden Schlosses. Auffälliges Merkmal von Dilichs Landtafeln sind die Bemühungen, das Bauwerk in seiner Einbettung in die naturräumliche Landschaft darzustellen, an dem mit Steinen und blühenden Pflanzen versehenen Ufer des breiten Flusses vor dem markanten Relief des in blauvioletten Tönen abgesetzten Berges. Eine unbeschriftete, in das Flussbett gezeichnete Maßstabsleiste verdeutlicht zudem Lage und Umfang des sich am Rhein entlang erstreckenden Schlossareals.
Begrenzt wird das Bauwerk zum Rheinufer hin durch eine lang gestreckte, hell verputzte, mit zahlreichen Scharten versehene Befestigungsmauer. Die beiden Rundtürme mit ihren blauen Dächern rahmen den zentral dahinterliegenden Hauptbau der Philippsburg optisch ein. Während der Unterbau des mehrstöckigen Wohnhauses und die Begrenzungsmauer hell verputzt sind, sind die oberen Stockwerke mit aufwendigen, rotleuchtenden Fachwerkelementen geschmückt. Einen farblichen Kontrast zu den reich verzierten Obergeschossen und Fachwerkzwerchhäusern bildet das weit hinabreichende mit blauem Schiefer eingedeckte Dach. In dem detailreichen Aufriss stellt Dilich auch die teilweise geschlossenen, hellgrünen Fensterläden an den Gebäuden dar. Das so entstehende Farbenspiel gibt dem Schlossbau eine gewisse Leichtigkeit und vermittelt einen Gesamteindruck von Heiterkeit, der wohl durchaus die Persönlichkeit des Bauherrn widerspiegeln könnte (Demandt 1990, S. 251f.).
Die Errichtung der nach ihrem Auftraggeber benannten Philippsburg war das ambitionierteste Bauprojekt des jungen Landgrafen, der 1567 die Herrschaft in der Landgrafschaft Hessen-Rheinfels übernommen hatte. Der Tod seines Vaters, des hessischen Landgrafen Philipp des Großmütigen, hatte eine ungewöhnliche politische Situation geschaffen: Die Vergabe hessischer Ämter an die Söhne aus einer Nebenehe ging mit dem Verzicht auf die Primogenitur einher, um die vier ehelichen Söhne, unter denen das Herrschaftsgebiet aufgeteilt wurde, zu beschwichtigen. Während die älteren Söhne die beiden größeren Herrschaftsgebiete Niederhessen mit der Residenz Kassel und Oberhessen mit Marburg erhielten, teilten sich die jüngeren Söhne die Grafschaft Katzenelnbogen. Die rheinischen Gebiete der Niedergrafschaft mit den Ämtern St. Goar, Reichenberg, Hohenstein und Braubach fielen an den 1541 geborenen, jüngsten ehelichen Sohn Philipp II. d. J. Trotz der territorialen Aufteilung blieb die Landgrafschaft jedoch ein zusammenhängendes politisches Gebilde mit einer einheitlichen kirchlichen Verwaltung und zentralen Institutionen, wie der Universität oder dem Samtgerichtshof (Grossmann 1979, S. 138; Demandt 1972, S. 238–242).
Die Teilung des Herrschaftsgebietes und das offensichtliche Desinteresse der Brüder an einer gemeinsamen Herrschaftsausübung führten in allen Teilgrafschaften zur Errichtung neuer Residenzen, die den Herrschaftsanspruch auf das jeweilige Gebiet architektonisch zur Geltung bringen sollten (Großmann 1979, S. 138). Im Gegensatz zu seinen Brüdern in Kassel, Marburg und Darmstadt fehlte in Philipps Herrschaftsgebiet ein größeres Residenzschloss. Während die Brüder sich bereits mit Planungen zum Ausbau von verschiedenen Nebenresidenzen wie etwa der Schlösser Rothenburg an der Fulda und Lichtenberg befassten, kehrte Philipp nach der ersten Besichtigung des Territoriums enttäuscht an den Kasseler Hof seines Bruders Wilhelm IV. zurück. Der erst 26jährige Landgraf hatte feststellen müssen, dass sich keines der bestehenden Katzenelnbogener Bauwerke als Residenz eignete.
Überdies wurden die für die Landschaft charakteristischen mittelalterlichen Höhenburgen unter den Landgrafen von Hessen schon seit längerer Zeit nur noch von Verwaltungsbeamten und deren Gesinde bewohnt, da sie den Ansprüchen an standesgemäßes Wohnen in der zweiten Hälfte des 16. Jahrhunderts kaum mehr genügten (Demandt 1990, S. 247f.; Gensicke 1976, S. 41). Selbst in seinem Testament hob Philipp noch hervor, er habe „bei seinem Regierungsantritt in seiner Herrschaft nicht ein einziges Schloss in gutem Zustand vorgefunden" (Demandt 1960, S. 109), so dass er sich gezwungen sah, umgehend umfangreiche und daher kostspielige Bau- und Instandsetzungsmaßnahmen einzuleiten.
Von Kassel aus beauftragte Philipp die von seinem Bruder Wilhelm zur Verfügung gestellten Hofhandwerkermeister mit der Planung und Ausführung eines vollkommen neuen, selbstständigen Schlossbaus unterhalb der Marksburg in Braubach. Das Renaissance-Schloss in Tallage sollte seiner Gemahlin Anna-Elisabeth, geborene von der

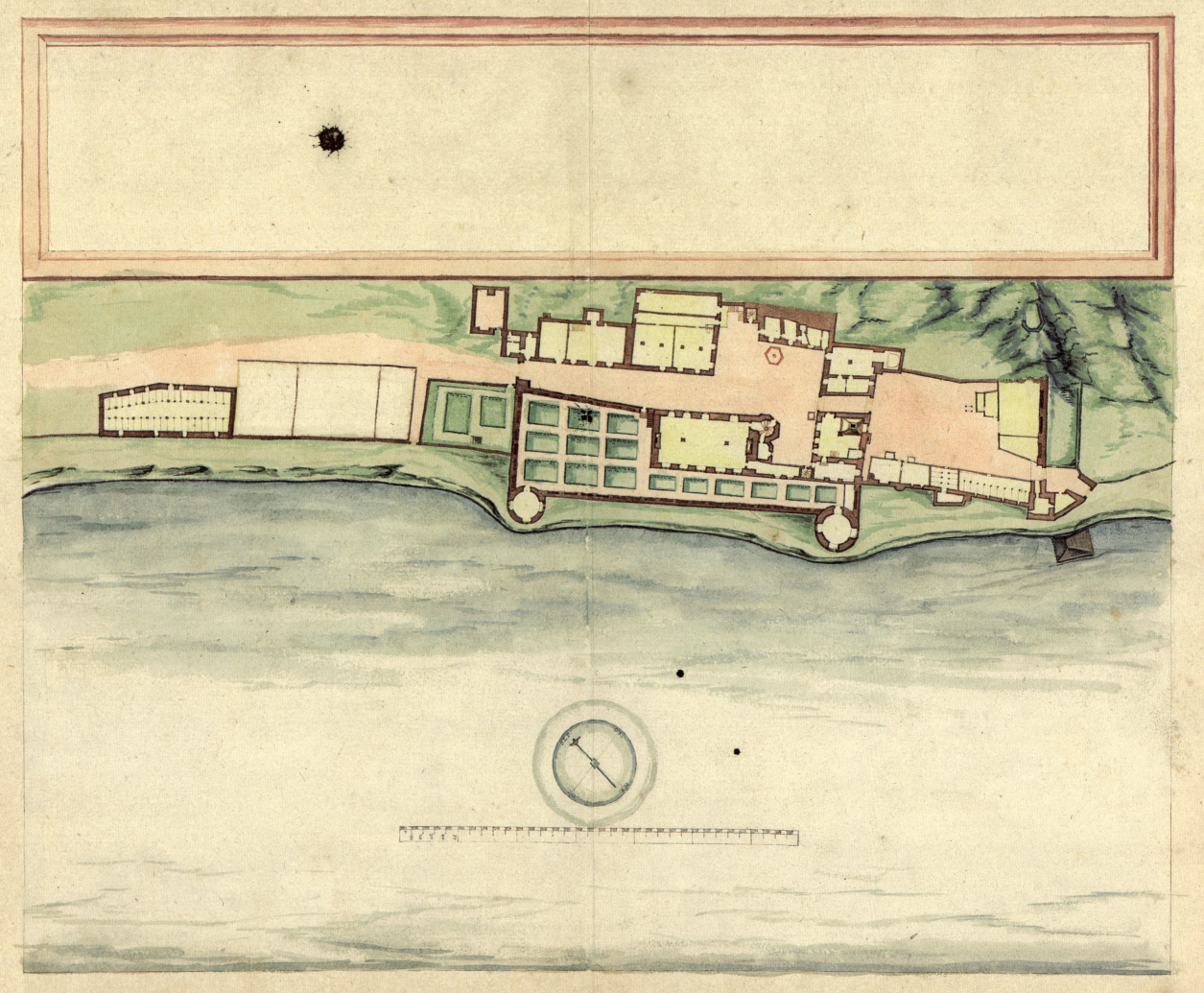

Pfalz-Simmern, als standesgemäßer Wittumssitz dienen, während Rheinfels als Residenz den Vorzug erhielt.

Bereits im November 1567 begannen die Baumaßnahmen mit dem Abbruch von zuvor angekauften Bürgerhäusern auf dem Gelände am Rheinufer. Unter Leitung des Baumeisters Anton Dauer und des Werkmeisters Jost waren aus dem Rheingebiet stammende Handwerker mit dem Bau des Schlosses, das im Bereich des Nordostflügels auf Resten der älteren Braubacher Kellerei errichtet wurde, befasst. Als Baumaterial wurden neben örtlichem Gestein Sandstein aus Heidelberg sowie Schiefer aus Kaub für das Dach verwendet. Das Holz für das Fachwerk wurde über Straßburg aus den Vogesen sowie aus dem Schwarzwald herantransportiert. Erst nach Fertigstellung der ersten Bauabschnitte der Philippsburg schritten auch die Umgestaltungen der Burg und Festung Rheinfels voran.

Während die Arbeiten an der Philippsburg im ersten Halbjahr nach Baubeginn vom Brechen des Steinmaterials bis zum Legen des Fundaments und der Errichtung der Begrenzungsmauer zügig voranschritten, geriet das Vorhaben Mitte des Jahres 1568 aufgrund finanzieller Schwierigkeiten ins Stocken. Die von den Landständen Anfang 1568 als Zuschuss zur Verfügung gestellten 12.000 Gulden deckten nur einen kleinen Teil der Baukosten für die Neuerrichtung der Philippsburg und den Umbau weiterer Katzenelnbogener Burgen ab. Bereits im September 1568 sah Philipp sich gezwungen, den Erlös aus dem Verkauf der Güter des aufgehobenen Klosters Bärbach aufzuwenden, um einen Stillstand des Bauvorhabens zu verhindern. Ein Jahr später musste Philipp sogar Anleihen bei seinem Personal tätigen. Somit konnten die Arbeiten am Haupthaus erst 1570 abgeschlossen werden. Die Baumaßnahmen an den Nebengebäuden zogen sich gar bis 1571 hin (Demandt 1990, S. 248–250; Gensicke 1979, S. 41).

26 – Bl. 37: Grundriss

Blattmaß 41,7 x 54,0 cm, Bildmaß 31,9 x 39,6 cm

Der künstlerisch begabte Landgraf entwickelte selbst Ideen für die architektonische Gestaltung des Neubaus, die er auf einer eigenhändigen Skizze festhielt (Ansichtsskizze von der Hand Philipps d. J., Demandt 1990, Abb. 8). In den wesentlichen Elementen wurden die Vorgaben Philipps realisiert, wie ein Vergleich mit dem hier vorliegenden Grundriss zeigt. Philipp hatte zentrale Komponenten des Bauwerks wie den hohen, dem Rhein zugewandten Wohnbau und die niedrige Begrenzungsmauer mit den Ecktürmen vorgegeben. Der in der Skizze vorgesehene mittlere Turm wurde in der baulichen Umsetzung jedoch zugunsten eines freien Blicks auf die Wohngebäude nicht mehr ausgeführt.

Dem Grundriss und den Ansichten zur Philippsburg fehlt eine Legende der einzelnen Gebäude, wie sie auf anderen Tafeln Dilichs zu finden ist. Der freigelassene Raum über den Darstellungen war hierfür vorgesehen und ist lediglich auf der Südwestansicht (Nr. 25 Bl. 38) mit einer mittig platzierten Kartusche mit zentralem Beschlagwerkornament in Form eines Puttenkopfes als Schmuck ausgestaltet. Dass die Legende unvollendet blieb, belegen auch die teilweise bereits eingezeichneten Ziffern, die beispielsweise auf den Ecktürmen gut zu erkennen sind. Eine Zuordnung der dargestellten Gebäude zu ihrer Funktion fällt somit schwer.

Der Grundriss der Philippsburg, auf dem eine schmucklose Windrose die Himmelsrichtungen angibt, erhält seine charakteristische Gestalt durch die regelmäßige, nahezu rechteckige äußere Begrenzungsmauer mit den markanten halbhohen Ecktürmen. Im Nordwesten und im Südosten befinden sich jeweils ebenfalls mit Fachwerk versehene Torgebäude, wobei das südliche Tor als Durchfahrt zum Rheinufer genutzt wurde. Der Hauptbau mit der zum Rhein gewandten Schaufassade liegt zentral im Schlossgelände. Nach Nordosten erheben sich vor dem steilen Hang des Berges weitere Nebengebäude mit Wirtschaftshäusern und dem Amtshaus, das bereits die Grafen von Katzenelnbogen an dieser Stelle errichtet hatten. Südöstlich schließt sich ein weiterer Flügel an, so dass eine, wenn auch nicht kompakte, so doch dreiflügelig ausgerichtete Anlage entsteht. Im Zentrum des Areals lässt die Anordnung der Gebäude einen Innenhof frei, in dem nahe beim Nordostflügel ein Brunnen verzeichnet ist. Zwischen Hauptbau und der Begrenzungsmauer am Rheinufer liegen die zwischen 1576 und 1577 angelegten Renaissancegärten in ihrer typischen streng geometrischen Form. Rheinaufwärts gliedert sich an den Südostflügel ein von einer Wehrmauer mit hohem Turm abgegrenzter Hof mit weiteren Wirtschaftsgebäuden an. Außerhalb der Schlossanlage befinden sich rheinabwärts niedrige Stallungen, ein Nutzgarten und ein zweistöckiger aus Stein erbauter Marstall.

Im Gegensatz zu den anderen fünf mittelrheinischen Burgen sind die Blätter zur Philippsburg weit weniger aufwendig ausgeführt. Beim Grundriss verzichtet Dilich gänzlich auf die räumliche Ausgestaltung der oberen Stockwerke mit Hilfe der Klapptafeln (Michaelis ca. 1900, S. 55) und zeigt lediglich das untere Geschoss des vierstufigen Hauptbaus, das hell verputzt und mit fünf Fensterfassungen versehen ist. Als Detail zeichnet er im Hauptbau einen Kamin ein, der vermutlich die Gemächer des Landgrafen beheizte (Demandt 1990, S. 253 u. 400).

27 – Bl. 39: Aufriss, Nordostansicht

Blattmaß 41,7 x 54,2 cm, Bildmaß 32,1 x 40,2 cm

Diese Ansicht von Nordosten versetzt den Betrachter in eine ungewöhnliche Perspektive. Dilich trägt hier gewissermaßen den in dunkelblauem Gestein gehaltenen Marksburgberg ab, um einen freien Blick auf die Nordostflanke der Schlossanlage zu eröffnen. Die für die Legende vorgesehene, unvollendete Fläche wird vom blauen Gestein umschlossen und vermittelt so dennoch den räumlichen Eindruck des sich aus der Tiefe erhebenden Berges. Die Nordostansicht präsentiert noch einmal die symmetrische Gesamtanlage des Schlosses mit den Tor- und Wirtschaftsgebäuden rheinauf und -abwärts sowie der Flügelanordnung der Hauptgebäude. Die kürzere der beiden schlichten Maßstabsleisten grenzt den Hauptbaukomplex des Bauwerks zudem von den Nebengebäuden ab. Auch wenn die Flügel des Schlosses keinen einheitlichen, zusammenhängenden Baukomplex bilden, wie es im Laufe des 17. und im 18. Jahrhundert zu den Konventionen des Schlossbaues gehörte (Großmann 1979, S. 170–179), ist doch offensichtlich, dass die Gebäude hierarchisch gegliedert und in der Gestaltung vollkommen aufeinander abgestimmt sind. Dies gelingt vor allem durch die einheitliche Verwendung des hellen Putzes in der ersten Stufe der Gebäude in Verbindung mit dem charakteristischen Fachwerk in den Obergeschossen und den dunkelblauen Schieferdächern. Auch bei den anderen Baumaßnahmen Philipps, beispielsweise beim Ausbau von Rheinfels (Nr. 3–6 Bl. 22–25) oder dem neuen Saalbau in Rhens, kamen diese für die Philippsburg charakteristischen Merkmale zum Einsatz (Demandt 1960, S. 69 u. 72).

Die Philippsburg repräsentiert einen Bautypus des 16. Jahrhunderts im Übergang von der mittelalterlichen Höhenburg, die häufig einen unregelmäßigen Grundriss besaß und sich aus verstreuten Einzelgebäuden zusammensetzte, zum frühneuzeitlichen Schloss – die Schlossanlage der Renaissance (Großmann 1979, S. 38f.). Neben dekorativen Elementen war das Renaissance-Schloss vor allem durch eine Vereinheitlichung des Baus gekennzeichnet, der seiner Funktion entsprechend komfortables Wohnen gestattete. Anders als spätere Schlossbauten dieses Typs weist die Philippsburg aufgrund der mit Schießscharten versehenen Begrenzungsmauer jedoch auch im 17. Jahrhundert noch immer Wehrcharakter auf („Wer will des Stromes Hüter sein?" 2002, S. 86; Schütte 1994, S. 171–251) und macht somit Übergänge zwischen den Bauformen deutlich. Es entspricht jedoch dem „Lebensgefühl der Renaissance" (Demandt 1960, S. 71), dass sich Philipp II. d. J. mit der Philippsburg für die angenehmere Wohnform als Wittumssitz für seine Gemahlin entschloss und nicht eine andere der zahlreichen Katzenelnbogener Höhenburgen für diesen Zweck umbauen ließ.

Somit ließ Philipp d. J. einen der ersten Schlossbauten der Renaissance am Mittelrhein errichten. Der Verweis auf diese Architektursprache diente darüber hinaus auch konkreten Zielen der Herrschaftslegitimation (Großmann 1979, S. 138). Sowohl gegenüber anderen Landgrafschaften als auch gegenüber den eigenen Untertanen und den konkurrierenden Brüdern zeugten Philipps Baumaßnahmen, allen voran die Errichtung der Philippsburg, von der veränderten politischen Situation in der selbstständigen Teilgrafschaft und repräsentierten die Person des neuen Herrschers.

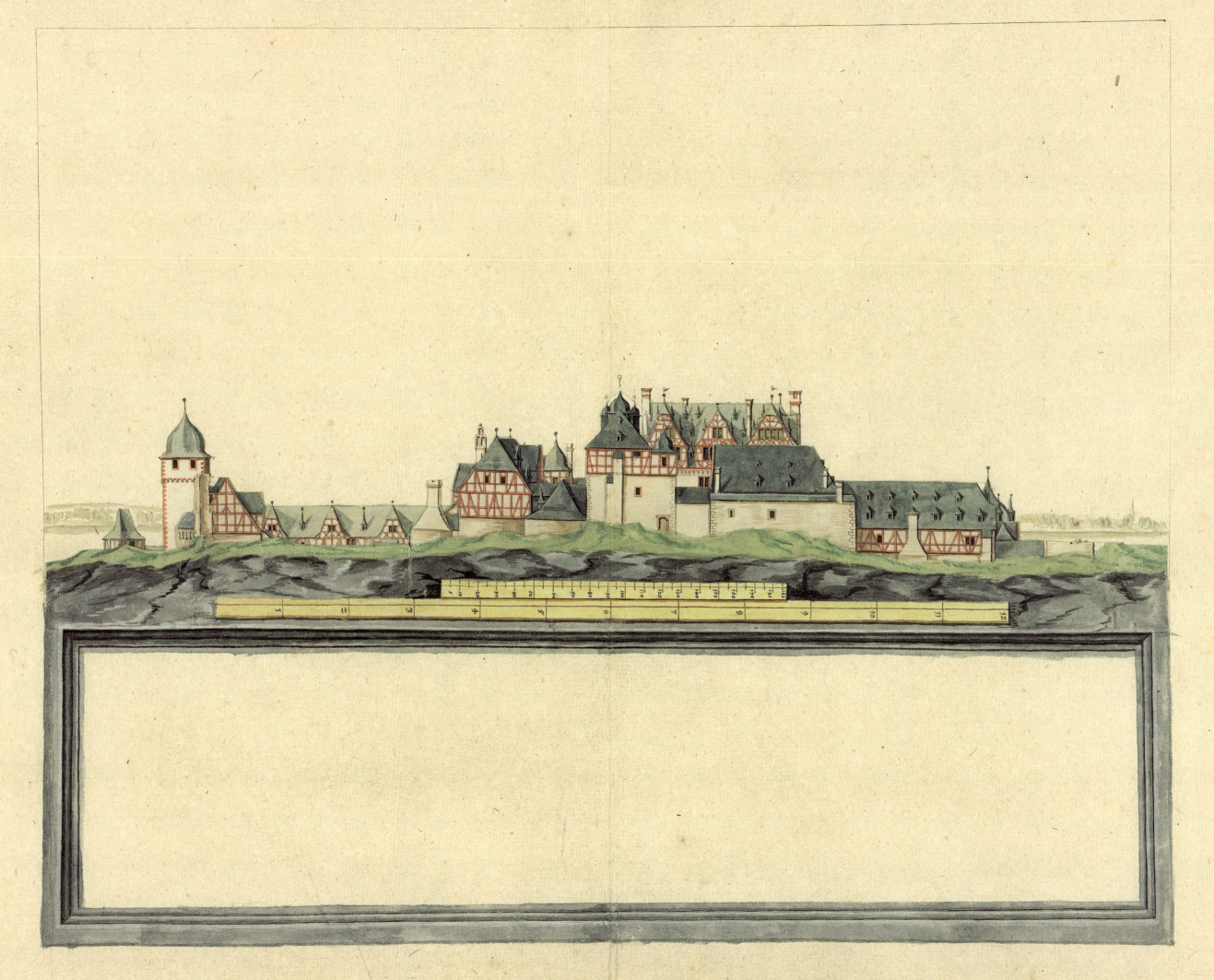

28 – Bl. 40: Aufriss, Südostansicht

Blattmaß 41,7 x 53,7 cm, Bildmaß 31,8 x 40,3 cm

Philipp d. J. diente das Schloss von der Fertigstellung 1571 bis zu seinem Lebensende im Jahre 1583 als Nebenresidenz und Amtssitz. Nach dem Tod des kinderlos gebliebenen Landgrafen wurde Hessen-Rheinfels Wilhelm IV. zugeschlagen, der somit seinen politischen Einfluss gegenüber den Brüdern ausweiten konnte. Die Ämter Braubach mit Stadt und Schloss sowie Rhens blieben jedoch Wittumssitz. Wie von Philipp vorgesehen, residierte Anna-Elisabeth nach seinem Ableben fast zwanzig Jahre in der Philippsburg. Auch nachdem sie 1599 eine zweite Ehe mit Pfalzgraf Johann August von Lützelstein geschlossen hatte, erlaubte ihr Landgraf Moritz von Hessen-Kassel, weiterhin die Philippsburg zu bewohnen, denn die Pfalzgräfin hing wohl sehr an dem gediegenen Schloss am Ufer des Rheins (Demandt 1990, S. 317 u. 396; Gensicke 1976, S. 42).

Die landschaftlich reizvolle Lage gibt vor allem das vorliegende Blatt wieder, das als Abschluss der Serie zur Philippsburg gelten kann. Die Südostansicht lebt von der Einordnung des Bauwerks in die Landschaft. In seiner anmutig wirkenden farblichen Gestaltung hebt sich das Schloss von den umliegenden sattgrünen Hängen ab, in die die hinteren Teile des Schlosses förmlich eingebettet sind. Zum Teil durch Goldtinte hervorgehobene Weinreben wachsen auf den Berghängen im Vordergrund der Darstellung und verweisen auf die Bedeutung des Weinanbaus für die fürstlichen Schlossbewohner. Eines der Gebäude des nordöstlichen Flügels beherbergte wohl auch einen Weinkeller (Backes 2006a, S. 27).

Den Fluchtpunkt der Ansicht bildet der weiß leuchtende, mit hellroten Schmucksteinen versehene und mit einer Schiefer-Haube bedeckte Muckenturm, der sich auf Resten der südlichen Braubacher Stadtmauer direkt über dem Torgebäude erhebt (Gensicke 1976, S. 42) und den Blick des Betrachters auf den am Rheinufer entlang führenden Weg lenkt. Die Philippsburg schmiegt sich in der Darstellung eng an den Flusslauf des Rheins an. Im Hintergrund deutet Dilich in blassgrauen Farbtönen die Ortschaft Braubach mit dem markanten Befestigungsturm sowie die Berghänge des gegenüberliegenden Ufers nahe Brey an. Aus der seitlichen Ansicht wird zudem das Ensemble der aufeinander abgestimmten Gebäudeteile offensichtlich, die in einzelnen Lagen abgehoben werden können. Hinter dem Torgebäude und den Außenmauern der niedrigen Nebengebäude des Wirtschaftshofes erhebt sich der Südostflügel des Wohnhauses, der seinerseits vom Südwestflügel des Hauptbaus mit seinem lang gezogenen Schieferdach überragt wird.

Nach einem kurzen Intermezzo als Residenz des Landgrafen Johann des Streitbaren von Hessen-Braubach und seiner Gemahlin gegen Ende des Dreißigjährigen Krieges (1618–1648) war die weitere Geschichte des einst so eindrucksvollen Renaissance-Schlosses vom Verfall geprägt. Erste Abbrucharbeiten an der beschädigten Bausubstanz wurden bereits Anfang des 19. Jahrhunderts durchgeführt. Insbesondere die auf das Dach des Haupthauses aufgesetzten Fachwerkzwerchhäuser und die dem Rhein zugewandten prachtvollen Fachwerkobergeschosse, die in Dilichs Hauptansicht dargestellt sind, gingen dabei verloren. Weitere Teile der frühneuzeitlichen Anlage mussten letztlich beim Bau der Eisenbahnlinie 1861 weichen. Vor allem die der Rheinseite zugewandte Wehrmauer mit den beiden Rundtürmen, die die Schaufassade des Bauwerks prägten, sowie die Bauten des Wirtschaftshofs mit dem markanten Wehrturm an der Südflanke des Areals, den Dilich auf der Südostansicht hervorhebt, wurden abgebrochen (Backes 2006a, S. 26–27; Lass 2005, S. 88). Als 1998 ein Feuer auf den Marstall der Philippsburg übergriff, brannte das Gebäude vollkommen aus, konnte jedoch vor dem Abriss bewahrt werden (Fischer 2002, S. 111).

Damit sind bauhistorische Untersuchungen, wie sie etwa bei der Marksburg durchgeführt wurden, problematisch geworden. Hinzu kommt, dass auch die archivalische Überlieferung bislang noch kaum ausgewertet wurde. Die noch zu schreibende Geschichte der Philippsburg wird diesem Umstand Rechnung tragen müssen.

LITERATUR: Backes 2006a, S. 24–28 – Biller/Großmann 2002 – Dehio 1985, S. 154 – Demandt 1960 – Demandt 1972 – Demandt 1990 – Fischer 2002 – Gensicke 1976, S. 40–43 – Großmann 1979 – Laß 2005, S. 88 – Michaelis ca. 1900, S. 55–58 – „Wer will des Stromes Hüter sein?" 2002.

MAREIKE KOHLS

29–33
Schloss Hohenstein

Kassel, UB-LMB, 2° Ms. Hass 679, Bl. 15–19
Papier, Federzeichnungen, handkoloriert,
in Teilen aufklappbar

Die heutige Burgruine Hohenstein im Taunus an der Aar zählt mit Altkatzenelnbogen und Rheinfels zu den ältesten und bedeutendsten Wehranlagen der Grafen von Katzenelnbogen. Die vermutlich gegen Ende des 12. oder zu Beginn des 13. Jahrhunderts erbaute Höhenburg sollte die östliche Einflussgrenze in der Niedergrafschaft gegenüber den rivalisierenden Grafen von Nassau abstecken. Über Hohenstein, dessen Name erstmals in einem Güterverzeichnis des Klosters Prüm aus dem Jahre 1222 erwähnt wird, liegen aufgrund ausstehender archivalischer und baugeschichtlicher Untersuchungen nur wenige gesicherte Erkenntnisse vor. Die Federzeichnungen Wilhelm Dilichs stellen daher ein umso wertvolleres Zeugnis zur Geschichte Hohensteins dar. Analog zu den übrigen Katzenelnbogener Burgen fertigte Dilich eine Grundriss-Zeichnung und Aufrisse an, die Hohenstein aus den verschiedenen Himmelsrichtungen abbilden. Alle Blätter enthalten aufklappbare Elemente, durch die der Betrachter nicht nur eine Außenansicht, sondern auch einen detaillierten Einblick in die ehemals hinter den Festungsmauern befindlichen Bauten erhält.

29 – Bl. 17: Aufriss, Südwestansicht

Legendentitel: *Ander Auffriſz des Schloſ / ſes Hohnstein*
Blattmaß 41,4 x 54,1 cm, Bildmaß 30,1 x 43,1 cm

Als einzige Zeichnung zu Hohenstein weist diese Südwestansicht eine Legende auf. Insgesamt 34 Einträge, beginnend mit den beiden äußeren Toren und der Brücke der Vorburg *(1)* bis zu dem *In Felſen auſsgehauener grabe (53)*, erläutern die Abbildung und lassen in Teilen Rückschlüsse auf die Nutzung der aus dieser Perspektive sichtbaren Gebäude zu. Der Titel der Legende verdeutlicht, dass dieses Blatt wohl nicht den Hauptaufriss zu Hohenstein bilden sollte. Wie bei den übrigen Zeichnungen zu Schloss Hohenstein ist der Rahmen nicht ausgeführt, sondern lediglich durch feine Striche vorgezeichnet. Einzig die Aufhängung, an der kunstvoll ein Maßstab angebracht ist, weist auf das geplante ornamentale Beiwerk hin. Eine ähnliche Halterung ist wahrscheinlich auch für den Maßstab in einem Aufriss der Marksburg (Nr. 22 Bl. 43) geplant gewesen, wurde dort aber nicht umgesetzt. Die Ansicht aus südwestlicher Richtung rückt insbesondere die etwa zweieinhalb Meter starke Schildmauer der Kernburg und den von Dilich als *Grohſe[n] gefangenthurm* bezeichneten Bergfried *(44)* in den Bildmittelpunkt. Den mächtigen Eindruck verdanken Mauer und der aus Bruchstein erbaute Hauptturm jedoch erst dem annähernd zehn Meter hohen Schieferfelsgrat, auf dem sie errichtet wurden und der den höchsten Punkt des Geländes bildet. Die dreieckige Kernburg stellt somit eine typisch mittelalterliche Spornburg dar. Sie erhebt sich auf einem Felsen, der in nordwestlicher und nordöstlicher Richtung steil abfällt. Die südwestliche Flanke wurde durch die mächtige Schildmauer und den mehrgeschossigen Bergfried geschützt, die die im Inneren gelegenen Saalbauten, den Palas und die Kapelle gegen potentielle Angreifer abschirmte. Auch das westliche Ende der Mauer grenzte an einen mehrgeschossigen Turm *(12)*, an dem offenbar eine mit brauner Tinte auf gelblichem Grund gezeichnete Uhr wiedergegeben ist. Schon für das 15. Jahrhundert sind Rechnungen für Reparaturarbeiten an einer Uhr für Hohenstein belegt, doch fehlen Angaben über den genauen Standort (Demandt 1990, S. 117; Regesten der Grafen von Katzenelnbogen, Nr. 6100-14). Der am linken Bildrand platzierte Maßstab zeigt ausgehend von dem Felsgrat, auf dem die Schildmauer steht, die Höhe der Kernburg an. Allerdings fehlt die Maßeinheit für die bis 110 reichende Zählung. Analog zu vielen anderen Blättern dürfte es sich um den Werkschuh handeln, einem je nach Region unterschiedlich definierten Längenmaß, das nach dem alten Kasseler Fuß etwa 29 cm betrug. Der Maßstab betont die Höhe des Bergfrieds, von dessen Turmkern das gesamte Aartal eingesehen werden konnte. Zugleich erweckt Dilich den Eindruck, die Burg auf der Basis von aufwendigen und exakten Messungen realitätsgetreu ins Bild gesetzt zu haben.

Um die Mitte des 14. Jahrhunderts erweiterte Graf Wilhelm II. von Katzenelnbogen Hohenstein durch eine großzügig angelegte Vorburg. Der bedeutendste Abschnitt dieser Erweiterung stellte eine zweite Schildmauer dar, die den rechten Bildraum ausfüllt. Diese mächtige zusätzliche Wehrmauer sicherte die südöstliche Burgseite ab. Sie wurde offenbar nach dem Vorbild der zwischen 1320 und 1324 errichteten Schildmauer von Schloss Reichenberg erbaut und gleicht den ungefähr zur selben Zeit entstandenen Mauern der Burg Rheinfels und Schönburg. Im Bildvordergrund lassen sich neben der Wohnung des Wirtschaftsverwalters *(10)* die Ober- und Dachgeschosse des Kornspeichers *(4 und 5)*, des Kuhstalles *(6)* und des Marstalls mit darüberliegendem Kornboden *(48 und 49)* sowie ein weiterer Fruchtspeicher *(46)* identifizieren.

Die Untergeschosse der Gebäude der Vorburg werden sichtbar, wenn die erste von insgesamt drei beweglichen Lagen mit den Außenmauern der Vorburg aufgeklappt wird. Die zweite Lage gibt den Blick auf den Schieferfelsgrat, auf dem die Schildmauer steht, sowie den Aufgang zur Kernburg frei, die nur durch eine kleine *Dritte Pforte (13)* betreten werden kann. Die unterste Ebene schließlich zeigt eine Innenansicht des Schlosshofes der Kernburg. Der Betrachter kann auf diese Weise den Aufbau der Burg von den äußeren Verteidigungswerken bis zum inneren Kern nachvollziehen.

Ander Aufriß des Schloß ses Hohnstein.

1 Die zwo Eußerste Pforten und Brucke.
3 Magte thurm.
4.5 Kornspeicher
6 Kühstall
7 Mittelst pforte
8 Pforthauß
9 Ingang zum schloße
10 Des Kelners Wohnung
11 Das gartlein darbei.
12 Ein thurm
13 Dritte Pforte
14 Die inere maure
14–16 Furstengemach.
17 Thurlein an demselben
21 Eß saall
23 Keller
24 Trappe auf den saall
29 Frauenzimmer.
33 Ein Grohsser saall.
36 Die Capell.
38 Ein grohse stube.
39 Ein grohsser Keller.
40 Der Hinderer Schlossplatz.
41 Die Küche
42 Neben cammer
43 Der obere Schlossplatz. u. innere pfort.
44 Grohse gefangen thurm
45 Kühstall
46 Fruchtspeicher daruber.
47 Mittelstadt.
48 Der Marstall
49 Kornboden uber demselben
50 Ein gute, 51. und thurm darbei.
52 Die Eusere maure
53 In Felsen ausgehauener grabe.

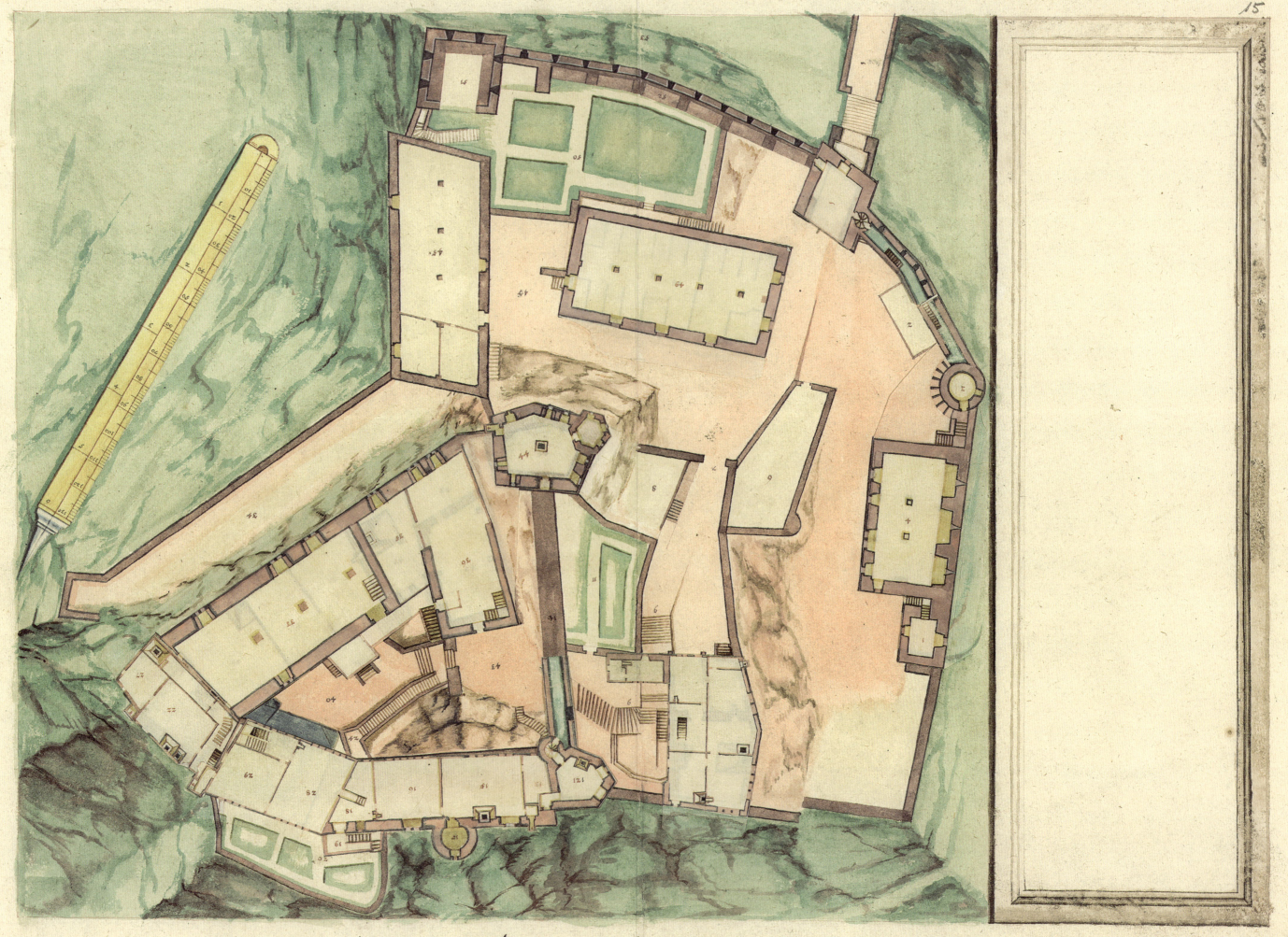

Grundriß des Schlosses Hohenstein

30 – Bl. 15: Grundriss

Von späterer Hand: *Grundriſs des Schlosses Hohenstein*
Blattmaß 41,4 x 53,8 cm, Bildmaß 30,0 x 42,8 cm

Der Grundriss verdeutlicht, welch großen Raum die Wirtschaftsgebäude in der Vorburg einnehmen. Zur Einschätzung der Größe dient ein Maßstab mit zwei unterschiedlichen, wiederum nicht definierten Längeneinheiten. Die zweistöckigen Gebäude sind jeweils mit aufklappbaren Täfelchen versehen, die die Raumaufteilung der darunter liegenden Erdgeschosse zeigen. Im Untergeschoss mit einer großen Feuerstelle war *Des Kelners Wohnung* (Legende Nr. 29 Bl. 17, *10*), also des Kellerers, dessen Aufgaben die Verwaltung der Naturalleistungen der Untertanen im Bezirk Hohenstein und die Entlohnung des Burggesindes umfassten (Demandt 1938, S. 59).

An Hohenstein zeigt sich die im Verlauf des Spätmittelalters zunehmende Bedeutung von Burgen als Wirtschaftszentren. Die Funktion Hohensteins für die Katzenelnbogener bestand nicht allein in der Sicherung der östlichen Grenzen. Vielmehr war die Burg Sitz des obersten Amtmannes im niederrheinischen Teil der Grafschaft. Er war für die Erhebung der Einkünfte und die Friedenswahrung zuständig. Zudem oblag ihm die Aufsicht über mehr als 17 umliegende Ortschaften sowie der Hohenstein unterstellten Domänen, zu denen als wichtige Wirtschaftsbetriebe auch drei Mühlen gehörten. Die Bedeutung als Hauptverwaltungszentrum für den Bezirk Einrich spiegelt auch der Botenbereich wider, der überwiegend die innere Grafschaft abdeckte. Die diplomatischen Kontakte zu den umliegenden Herrschaftssitzen wurden hingegen vorwiegend über Rheinfels und das Darmstädter Schloss abgewickelt (Kunze 1969, S. 57; Demandt 1990, S. 114f. u. 129).

Sowohl die Verwaltungs- als auch die Sicherungsaufgaben erforderten ein entsprechend großes Burggesinde. In der Mitte des 15. Jahrhunderts war neben dem Amtmann der Landschreiber auf der Burg ansässig, der in erster Linie die Ein- und Ausgaben verwaltete. Nach überlieferten Lohnabrechnungen des Landschreibers Konrad Letsche aus der Mitte des 15. Jahrhunderts waren darüber hinaus ein Kellerer, ein Wagenmeister, ein Bäcker, ein Koch und ein Küfner mit ihren Gesellen, Mägden und Knechten sowie wenigstens zwei Pförtner und Turmknechte auf der Burg ansässig (Regesten der Grafen von Katzenelnbogen, Nr. 6098-15, 6099-12, 6100-11; Demandt 1990, S. 117 u. 124). Ein vergleichbares Personal hat sich vermutlich auch zu Beginn des 16. Jahrhunderts ständig auf Hohenstein aufgehalten. Der 1506 ernannte Oberamtmann Hermann von Reckenrode wurde vom hessischen Landgrafen Wilhelm III. verpflichtet, auf Hohenstein jeweils einen Burggrafen, Kaplan, Kellerer, Bäcker, Koch und Pförtner sowie mehrere Turmhüter in Kost zu halten (Regesten der Landgrafen von Hessen 2,1, 1990, Nr. 1664; online Nr. 5136). Bis auf das Haus des für die Wirtschaftsverwaltung zuständigen Kellerers samt seinem Nutzgarten (*10* und *11*) geben Dilichs Zeichnungen jedoch keinen Aufschluss, wo die Burgbewohner ihre Behausungen hatten. Woher der *Mågte thürm* (Legende Nr. 29 Bl. 17, *3*), dessen unterirdisches Gewölbe als Verlies genutzt worden sein soll, seinen Namen erhielt, ist nicht bekannt (Bonte 1904, S. 42; Bau- und Kunstdenkmäler 1914/1973, S. 178).

Während für die zweistöckigen Wirtschaftsgebäude der Vorburg nur ein aufklappbares Element erforderlich war, um das Untergeschoss darzustellen, gestaltete sich die Wiedergabe der mehrgeschossigen Häuser in der Kernburg bedeutend aufwendiger. Im Fall des ursprünglichen Palas waren gar vier Lagen zur Ansicht der verschiedenen Ebenen notwendig. Trotz der Schwierigkeit der Aufgabe ist Dilichs Arbeit von hoher Präzision. Die Zeichnungen auf den aufklappbaren Elementen sind jeweils exakt an die umgebende Linienführung angepasst. Aufgrund fehlender Erläuterungen kann die mögliche Nutzung der Räume allerdings nur in wenigen Fällen anhand der Legende auf der Südwestansicht (Nr. 29 Bl. 17) erschlossen werden.

So war das *Frauenzimmer* (*29*) wohl den Damen der gräflichen Residenz vorbehalten, auch wenn es in seiner Funktion nicht näher zu spezifizieren ist. Unterhalb dieses Stockwerkes befand sich ein großer Speisesaal (*Eſs ſaall, 21*), darunter schließlich ein Kellergewölbe (*23*). Die einzelnen Etagen des mehrgeschossigen Bergfrieds (*44*) wurden hingegen nicht durch aufklappbare Lagen wiedergegeben. Abgesehen von dem untersten Geschoss nahm Dilich nur die oberhalb der Schildmauer gelegene Etage mit dem einzigen Zugang zum Bergfried auf, der im Fall einer Belagerung den letzten Rückzugsort bildete.

31 – Bl. 16: Aufriss, Nordwestansicht

Von späterer Hand, in Legendenfläche: *Schloſs Hohenstein*
Verso: *Hauptriß deß fürstlichen Schloſſes / Hohenstein In der Nidergraffschafftt / Catzenelenbogen*
Blattmaß 41,5 x 54,2 cm, Bildmaß 32,0 x 44,1 cm

Die Vorderseite dieses Blattes bietet eine Perspektive Schloss Hohensteins aus nordwestlicher Richtung. Am rechten Bildrand deuten Gebäudeumrisse das benachbarte Dorf Hohenstein an. Im Mittelpunkt steht die Schauseite der herrschaftlichen Gebäude der Kernburg, deren Fachwerkbauten im Vergleich zu jenen der Vorburg durch leuchtend rote Farbe hervorgehoben sind. Vielleicht liegt hierin der Grund, dass eine unbekannte Hand auf der Rückseite die Ansicht als *Haupt riß deß fürstlichen Schlosses Hohenstein In der Niedergraffschafftt Catzenelenbogen* betitelt hat. Im oberen Geschoss des Fachwerkbaus befanden sich laut der Legende der Südwestansicht (Nr. 29 Bl. 17) die herrschaftlichen Räume, unterteilt in ein *Frauenzimmer (29)* und die dem Fürsten vorbehaltenen Gemächer *(14–16)* mit einem *Thurlein (17)* als Zimmerflucht. Seitlich des vorgesetzten und ebenfalls im Fachwerkstil erbauten Erkers führte eine Treppe auf einen vermutlich in Katzenelnbogener Zeit errichteten Zwinger, der im 16. Jahrhundert nur mehr als „Lustgarten" genutzt worden sein soll (Bonte 1904, S. 20).

Diese veränderte Nutzung weist darauf hin, dass Hohenstein bereits im Verlauf des 16. Jahrhunderts seine Funktion als Wehranlage wenigstens in Teilen einbüßte. Die militärische Bedeutung der mittelalterlichen Höhenburgen war infolge der Entwicklung von mauerbrechenden Feuerwaffen immer weniger von Belang. Ein Umbau Hohensteins gemäß den neuen Bedingungen hätte eine vollkommen neue Festungsarchitektur verlangt und wäre infolge der beschränkten finanziellen und räumlichen Möglichkeiten wohl kaum realisierbar gewesen. Der Bau dieses und eines weiteren Zwingers auf der nordöstlichen Seite der Kernburg stellen die wenigen Anpassungen dar, die die Katzenelnbogener Grafen gegen Ende ihrer Herrschaft ergriffen, um den nötigen Raum für den Einsatz von eigenen Feuerwaffen zu erhalten (Kunze 1969, S. 49f. und 57).

Der Eindruck einer verminderten Bedeutung Hohensteins als Festung verstärkt sich noch, wenn die obere aufklappbare Lage abgehoben wird. Darunter verbirgt sich die rückwärtige Ansicht der ausgenischten zweiten Schildmauer. Im linken Bildraum ist der Turm an deren nordöstlichem Ende erkennbar. Dessen offene Wehrplatte ist als vollkommen mit Büschen oder kleinen Bäumen überwachsen dargestellt. Darüber hinaus gibt es in Dilichs Zeichnungen kaum ein weiteres Anzeichen, das auf Verfall oder Niedergang deuten würde. Lediglich am rechten Bildrand werden im Bereich der Vorburg die Überreste eines Hauses wiedergegeben, von dem nur noch der freistehende Giebel Zeugnis ablegt. Vielmehr bildet Dilich die Burg in einem bemerkenswert guten Zustand ab. Es muss offen bleiben, ob dies Folge einer idealisierten Darstellung ist, deren leuchtende Farbgebung und feine Linienführung die Gebäude der Kernburg besonders zur Geltung bringen, oder tatsächlich das Ergebnis einiger Um- und Ausbaumaßnahmen, die Jahre zuvor durchgeführt wurden. Im Vergleich zu anderen Burgen der ehemaligen Katzenelnbogener Grafschaft sind die baugeschichtlichen Veränderungen des 15. bis 17. Jahrhunderts noch wenig erforscht.

Als relativ gesichert dürfte gelten, dass Dilichs Zeichnungen nur bedingt den Bauzustand der Katzenelnbogischen Zeit widerspiegeln. Allerdings sind zumindest für das Jahr 1448 größere Umbauten belegt, während derer zehn Maurer und acht Zimmerleute mit zahlreichen Gehilfen auf Hohenstein beschäftigt waren. Karl Demandt schließt daraus, dass in jenen Jahren durch den Bau großzügiger Vorratsgebäude die Wandlung von einer Vorburg, die vornehmlich zur Unterbringung der Burgmannen diente, zu einem Wirtschaftszentrum vollzogen wurde (Demandt 1990, S. 116).

Die in hessischer Zeit vorgenommenen Veränderungen sind dagegen weit schwieriger zu greifen. Mit der Grafschaft Katzenelnbogen ging auch Hohenstein nach dem Tod Philipps d. Ä. von Katzenelnbogen 1479 in den Besitz der Landgrafschaft Hessen über. Ohne genauere zeitliche Eingrenzungen datiert Rainer Kunze die Fachwerkbauten der Vor- und Kernburg in die hessische Zeit, in der die katzenelnbogener Burgen ihre Bedeutung als Festungsbau zunehmend verloren und zu „gut brennbaren Fachwerkschlössern" umgebaut wurden (Kunze 1969, S. 56).

In Teilen der älteren Forschungsliteratur werden die Umbauten direkt Landgraf Moritz dem Gelehrten zugeschrieben (Michaelis ca. 1900, S. 67; Wagner 1926, S. 57). Bonte zufolge habe Moritz zweifelsfrei den Bau der großen Freitreppe *(24)* im inneren Schlosshof *(43)* veranlasst, da er den Wert eines repräsentativen und direkten Zugangs zu den Fürstengemächern erkannt habe. Es sei das Verdienst von Moritz, „aus dem mittelalterlich düsteren Wehrbau ein heiteres Renaissanceschloß" geschaffen zu haben, dessen „zeitgemäß ausgestattete Räumlichkeiten nunmehr auch dem Landesherrn und seinem Reisegefolge behagliche Unterkunft zu bieten vermochte" (Bonte 1904, S. 20 und 42).

Während die Überhöhung der architektonischen Leistungen des Landgrafen einen Gegensatz zwischen einem als rückständig empfundenen Mittelalter und einer fortschrittlichen Renaissance- bzw. Barockzeit konstruiert, wurde zuletzt vermutet, dass die Um- und Erweiterungsbauten bereits in der Regierungszeit von Philipp II. d. J. von Hessen-Rheinfels (1567–1583) vorgenommen wurden. Bei der Aufteilung der hessischen Landgrafschaft unter den Söhnen Philipps des Großmütigen im Jahr 1567 war Hohenstein zusammen mit den rheinischen

Schloß Hohenstein

Schloß Hohenstein

Gebieten der Niedergrafschaft an Philipp d. J. gefallen. Unter der Leitung des hessischen Hofbaumeisters Anton Dauer sei Hohenstein in den 1570er Jahren parallel zu Rheinfels umgebaut worden (Friedhoff 2004b, S. 73). Allerdings fällt in diese Zeit auch der Bau der Philippsburg, die Philipp als standesgemäßen Witwensitz für seine Gemahlin errichten ließ (Nr. 25–28 Bl. 37–40). Angesichts des großen finanziellen Aufwandes für die Philippsburg standen wohl nicht genügend Mittel zur Verfügung, um außer in Rheinfels auch noch in Hohenstein umfangreiche Änderungen durchzuführen. Zwar moniert Philipp noch in seinem Testament den bei seinem Regierungsantritt vorgefundenen schlechten Zustand der Katzenelnbogischen Burgen, der kostspielige Bau- und Sanierungsmaßnahmen erfordert hätte, aber die auf Hohenstein getätigten Investitionen scheinen in einem überschaubaren Rahmen geblieben zu sein (Demandt 1960, S. 109; Demandt 1990, S. 231f.).

32 – Bl. 18: Aufriss, Südostansicht

Von späterer Hand: *Schloß Hohenſtein*
Blattmaß 41,1 x 53,8 cm, Bildmaß 32,0 x 43,9 cm,

Der dritte Aufriss Dilichs zu Hohenstein zeigt die Südostseite des Schlosses. Im Hintergrund eines fiktiv in die Landschaft gesetzten Felsens, der Platz für den Titel gewährt, erhebt sich die mächtige Schildmauer der Vorburg, die zu linker Seite vom sechsgeschossigen Torturm, zur anderen Seite vom Turm mit offener Wehrplatte begrenzt wird. Die in den archivalischen Quellen gelegentlich greifbare Benennung *Blide* deutet darauf hin, dass der Vorbau im Mittelalter vermutlich als Geschützturm für ein Katapult oder einen Tribock diente. Die Schildmauer weist zwei Reihen mit Schießscharten auf. Aus dieser Perspektive wird ersichtlich, dass die bei der Erweiterung des 14. Jahrhunderts erbaute Schildmauer nicht nur die Vorburg schützte, sondern auch die Ostseite der Kernburg absicherte (Kunze 1969, S. 56; Demandt 1990, S. 116).

Wie die Nordwestansicht (Nr. 31 Bl. 16) weist auch die Südostansicht drei aufklappbare Lagen auf, durch die Dilich dem Betrachter wiederum einen Blick in die inneren Strukturen der Burganlage ermöglicht. So verbergen sich hinter dem am linken Bildrand gezeichneten Felsmassiv der künstliche Halsgraben als ein erstes Verteidigungswerk sowie das durch eine Zugbrücke gesicherte Schlosstor. Die folgende Ebene zeigt den Innenhof der Vorburg mit dem *Pforthauſe* (Legende Nr. 29 Bl. 17, *8*) und dem Haus des Kellerers *(10)*, an dessen Hauswand eine Glocke befestigt ist. Zwischen beiden Gebäuden erstreckt sich der durch die *Mittelſt pforte (7)* gesicherte Torzwinger, der im Fall eines Angriffes erst hätte erklommen werden müssen, um zur *Dritte[n] Pforte (13)*, dem einzigen Zugang zur Kernburg, zu gelangen. Die unterste Ebene nach dem Umklappen der östlichen Gebäude zeigt schließlich den inneren Schlosshof mit der auf den Speisesaal zuführenden Freitreppe *(24)*.

Trotz der mächtigen Bollwerke wurde Hohenstein im Dreißigjährigen Krieg stark beschädigt. Zwar ließ Landgraf Moritz die Verteidigungswerke Hohensteins und anderer Burgen um 1619 instand setzen, doch blieb die personelle Ausstattung und Bewaffnung den wenigen Quellen zufolge während des ganzen Krieges mangelhaft. So sollen die Burgbewohner im Jahr 1627 ohne Waffen und Munition gewesen sein, um die Verwüstungen und Plünderungen der Region durch holsteinische Verbände zu verhindern. Erst anschließend seien dem Amtsverweser 18 Musketen und eine kleine Wachmannschaft zugeteilt worden, doch waren bereits 1629 nur noch sieben Musketen vorhanden, von denen lediglich eine einzige funktionstüchtig gewesen sei (Wagner 1926, S. 57f.).

Zu dieser Zeit unterstand Hohenstein allerdings nicht mehr der Herrschaft des Landgrafen Moritz. Dieser hatte infolge der Entscheidung des Reichshofrates im sogenannten Marburger Erbstreit bereits 1626 die gesamte Niedergrafschaft Katzenelnbogen an die kaisertreue Linie Hessen-Darmstadt abtreten müssen. Amalie Elisabeth von Hessen-Kassel (1602–1651), die Ehefrau des früh verstorbenen Landgrafen Wilhelm V. und Schwiegertochter von Moritz, versuchte gegen Ende des Krieges, die verlorenen Besitzungen für ihren minderjährigen Sohn Wilhelm VI. auf militärischem Wege zurückzugewinnen. Im Jahre 1647 wurde Hohenstein von Truppen unter der Führung von Carl von Rabenhaupt und Kaspar Kornelius Mortaigne belagert. Dem Bombardement durch Geschütze, deren Reichweite und Feuerkraft einen Beschuss unter Umgehung der Schildmauern erlaubte, konnte Hohenstein nicht standhalten. Bereits nach kurzer Zeit musste die Besatzung kapitulieren (Bau- und Kunstdenkmäler 1914/1973, S. 175).

33 – Bl. 19: Aufriss, Nordostansicht

Von späterer Hand, in Legendenfläche: *Schloſs Hohenstein*
Blattmaß 41,3 x 54,1 cm, Bildmaß 31,9 x 44,0 cm

Mit den Zerstörungen während des Dreißigjährigen Krieges setzte der Verfall von Hohenstein ein. Nach dem Westfälischen Frieden gelangte die Burg in den Besitz der Dynastie um den Landgrafen Ernst von Hessen-Rheinfels-Rotenburg (1623–1698). Nur notdürftig instand gesetzt, diente sie als Quartier für Invaliden und war bis 1729 Verwaltungssitz des für den Bezirk Einrich zuständigen Amtmannes. Doch wurden kaum noch Maßnahmen ergriffen, um der zunehmenden Baufälligkeit entgegenzuwirken. Im 18. Jahrhundert ist in den Quellen bereits von einem ruinösen Zustand die Rede, einzelne Bauten stürzten ein oder mussten aus Einsturzgefahr abgetragen werden. Die schlimmsten Folgen hatte jedoch ein Felsrutsch im März 1864, bei dem die nordöstlichen Bauten der Kernburg vollkommen zerstört wurden.

So sind die prachtvollen Gebäude der Kernburg, die Dilich gerade in der vierten Aufrisszeichnung ins Zentrum rückt, bis auf einige Grundmauern verloren. Die Ansicht aus nordöstlicher Richtung zeigt neben dem in der Vorburg gelegenen Kuhstall mit Kornboden (Legende Nr. 29 Bl. 17, *45* und *49*) vor allem die an die Fachwerkbauten mit den fürstlichen Gemächern angrenzenden Gebäude. Neben der Kapelle *(36)* und der Küche *(41)* befand sich hier ein größeres Steinhaus, das im oberen Geschoss einen *Grohſse[n] ſaall (33)* beherbergte.

Ein Vergleich mit dem Grundriss (Nr. 30 Bl. 15) offenbart jedoch Unstimmigkeiten, die die scheinbare Präzision von Dilichs Zeichnungen zumindest in kleinen Details in Frage stellen. Im Grundriss sind für die Kapelle zwei, für den benachbarten und über der Küche gelegenen Raum eine und für den langgestreckten, durch drei Mittelsäulen gestützten Saal drei Fensteröffnungen eingetragen. In der Aufrisszeichnung, die jenen Abschnitt der Kernburg vollständig zeigt, weist die Frontseite des *Grohſse[n] ſaall[es]* jedoch vier Fenster, der angrenzende Zwischenraum zwei Fenster auf. Nur dieser Zwischenraum ist durch eine Nummer ausgewiesen *(35)*. Die Kapelle wird dagegen übergangen. Gleiches gilt für die Fensteröffnungen im unteren Geschoss, die in Auf- und Grundriss ebenfalls nicht übereinstimmen. Zudem verweist die eingezeichnete Nummer *(43)* irrtümlicherweise nicht auf die Küche, sondern steht laut Legende der Südwestansicht (Nr. 29 Bl. 17) für den *obere[n] Schloſsplatz* der Kernburg.

Diese geringen Divergenzen sollen aber die Leistung Dilichs und seiner Mitarbeiter, ein faszinierendes Bild der Burg Hohenstein geschaffen zu haben, nicht schmälern. Auch die letzte Aufrisszeichnung ermöglicht einen Anblick auf zwei Ebenen. Klappt man die obere Lage mit den äußeren Frontseiten der nordöstlichen Gebäude der Kernburg auf, zeigt die untere Ebene einen Blick in den inneren Schlosshof mit der Innenseite der ersten Schildmauer. Durch die Technik der aufklappbaren Lagen ermöglicht Dilich eine virtuelle Reise durch ein bedeutendes Zeugnis mittelalterlicher Wehrarchitektur, auf der dem Betrachter die Komplexität und planvolle Anlage der Burg in allen Einzelheiten vor Augen geführt wird.

LITERATUR: Backes 1970 – Bau- und Kunstdenkmäler 1914/1973 – Biller 2008 – Bonte 1904 – Dehio II 2008, S. 466f. – Demandt 1938 – Demandt 1960 – Demandt 1990 – Friedhoff 2004b – Karrasch 1990 – Kunze 1969 – Michaelis ca. 1900, S. 20–26 – Regesten der Grafen von Katzenelnbogen 1953–1957 – Regesten der Landgrafen von Hessen 1909–1991 – Wagner 1926 – Weckmüller 1990 – Weinberger 2001.

STEFAN SCHRÖDER

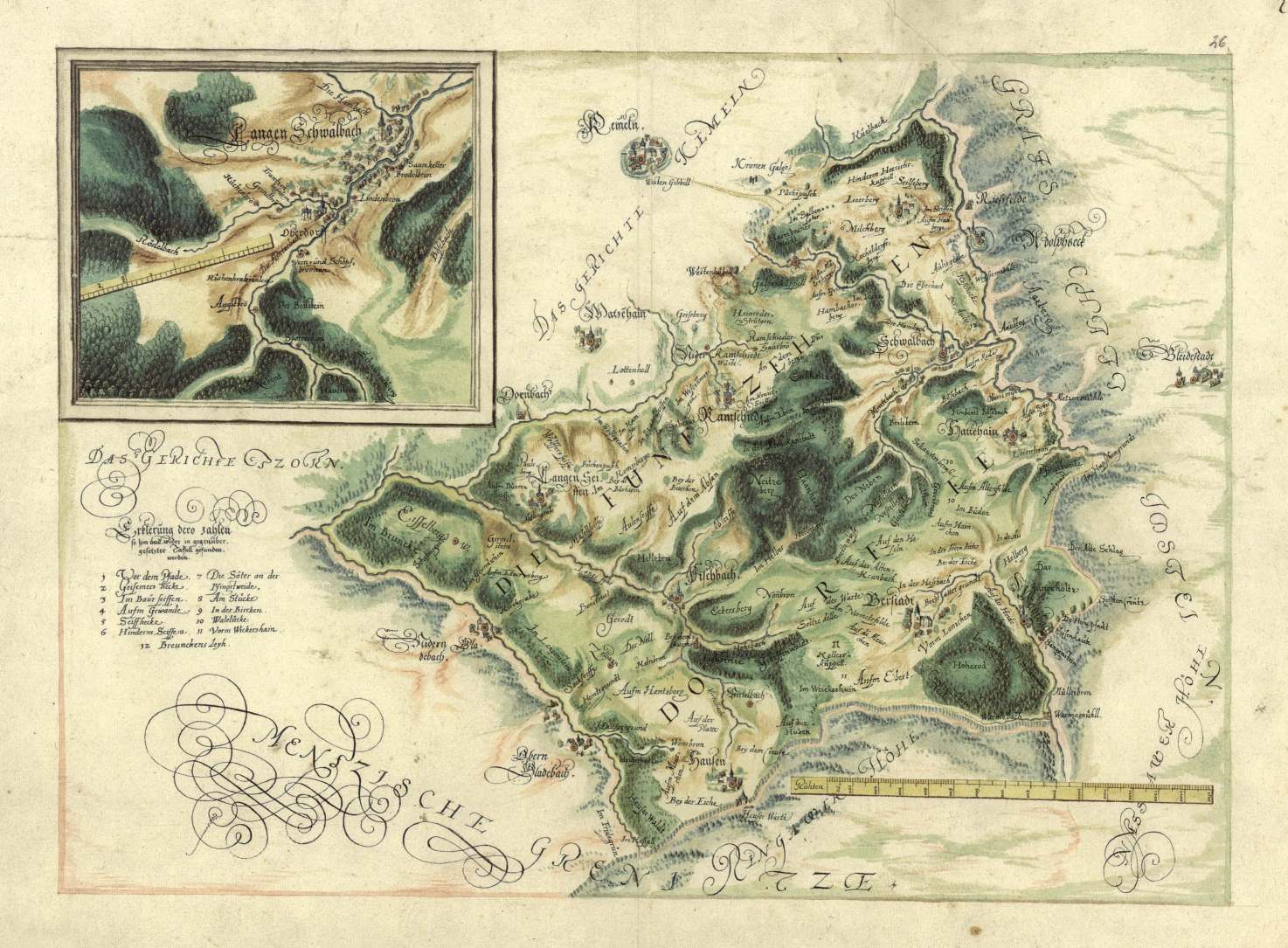

34
Die fünfzehn Dörfer (Langenschwalbach)

Kassel, UB-LMB, 2° Ms. Hass. 679, Bl. 26
Papier, Blattmaß 41,5 x 54,0 cm,
Bildmaß 30,1 x 42,9 cm, Federzeichnung, handkoloriert
Stengel Nr. 8

Die um 1608/1609 entstandene, genordete Abbildung zeigt das Territorium der fünfzehn Dörfer im westlichen Hintertaunus links der Aar. Der Name rekurriert auf die einst unter Mainzer Hoheit stehenden, sogenannten fünfzehn überhöhischen Dörfer des Rheingaus, von denen über die Hälfte 1479 mit der Grafschaft Katzenelnbogen an die Landgrafen von Hessen fiel. In der linken oberen Ecke ist zudem eine vergrößerte Ansicht von Langenschwalbach, dem heutigen Bad Schwalbach, eingefügt. Unten rechts gibt ein Lineal den Maßstab in *Rûhten* an.
Die Grenze des hessischen Gerichts verläuft zumeist entlang von natürlichen Gegebenheiten, vor allem entlang von Flussläufen wie der Aar im Osten, dem Gladbach im Südwesten und dem Dornbach im Nordwesten. Ein langgezogener roter Streifen mit Hecken und einer Baumreihe markiert die Grenzlinie an der Rheingauer Höhe gegenüber dem Mainzer Territorium im Süden sowie an der Nassauer Höhe bis hin zur Aar gegenüber der Grafschaft Idstein im Osten; eine rot gepunktete Linie kennzeichnet im Nordwesten den Übergang zum Gericht Kemeln. Die Umgrenzung wird dadurch hervorgehoben, dass sich die zum hessischen Teil der fünfzehn Dörfer gehörenden Ländereien und Wälder durch eine leuchtend warme Grün- und Braunfärbung von den matt gefärbten, bläulichen Nachbarterritorien unterscheiden.
Eine Besonderheit stellt die im Norden auf einer Erhebung liegende und befestigte Exklave Kemeln dar, die durch einen schmalen Korridor mit dem restlichen Herrschaftsgebiet verbunden ist. Das gleichnamige Gericht, in dem auch Watzelhain zu erkennen ist, war Teil der auf der Karte nicht genannten hessischen Niedergrafschaft im Amt Hohenstein. Außerhalb des hessisch kartierten Gebiets ganz im Südwesten liegen Nieder- und Obergladbach am Gladbach, ganz im Osten liegt Bleidenstadt am linken Ufer der Aar, die hier nicht mehr zu sehen ist, weiter im Norden befindet sich die nassauische Burgsiedlung Adolfseck auf einem Felsrücken oberhalb der Aar. Alle diese mit Punkten gekennzeichneten Dörfer in Randlage, also Kemeln, Watzelhain, Ober- und Niedergladbach, Bleidenstadt und Adolfseck, waren Teil der fünfzehn Dörfer; zu denen innerhalb der hessischen Fläche außer Schwalbach noch Lindschied, Heimbach, Ramschied, Langenseifen, Fischbach, Hausen vor der Höhe, Bärstadt und Hattenhain gehörten.
Die Landschaft der fünfzehn Dörfer ist kleinräumig. Kleine Bäche und deren Zuflüsse, Berge wie der *Eiffelberg*, der *Eckersberg* und der *Neitzeberg* sowie namentlich genannte Gruben und Gräben, Dellen und Kuppeln, Wälder, Haine, Hecken und Weiden prägen das Bild. Toponyme wie etwa *Auf der Heide*, *In der Bircken* oder *Eichholtz* verweisen auf die örtliche Vegetation. Sie alle gliedern den abwechslungsreichen Naturraum. Dilich erfasste zudem mehrere Mühlen, die die wirtschaftliche Bedeutung des Gebiets zum Ausdruck bringen. Da der Platz offenbar nicht für die Benennung aller Lokalitäten ausreichte, erfolgten Markierungen mit Zahlen, deren Bedeutung auf der linken Seite erklärt ist. Nur am Nordrand der fünfzehn Dörfer blieben zwei Orte ohne Bezeichnung, das zwischen der *Galgenküppell* und dem *Haimbacher Waldt* gelegene Heimbach und die nordwestlich von Adolfseck gelegene Siedlung Lindschied.
Der Ort Schwalbach, bis 1875 Langenschwalbach, war schon damals für seine Mineralquellen und den Badebetrieb bekannt. Der Wormser Stadtarzt Jakob Theodor beschrieb erstmals die vielen Anwendungsbereiche dieses Wassers, nicht zuletzt zur Bekämpfung schwerer Krankheiten wie Krebs oder Gicht (Theodorus 1581). Das Bad wurde seit dem 16. Jahrhundert von adeliger Klientel, 1628 bereits von 439 Kurgästen aufgesucht. Der berühmte Frankfurter Kupferstecher Matthäus Merian d. Ä. widmete dem Ort die sogenannte Schwalbacher Reise, eine eigene Druckfolge von 26 Radierungen, welche die lokale Atmosphäre des frühen 17. Jahrhunderts wiedergeben. Für Dilich stellten die kohlensäurehaltigen Sauerbrunnen und der Badebetrieb das wichtigste Merkmal Schwalbachs dar. In seiner ‚Hessischen Chronica' beschreibt er etwa den Weinbrunnen: *Langen Schwalbach ist ein schöner und beruffener fleck / wegen der vielen Sawerbrunnen / so daselbsten entspringen / und liegt in dem revier / welches man die Funffzehen Dörffer nennet. Der edlest / allerbest unnd heilsambst unter allen Saurbrunnen liegt bey diesem Flecken im Muntzebach / einem lustigen wiesengrunde / unnd entspringt daselbsten mit einem siedenden getöß und auffwallen / von farben schön / hell und durchsichtig, wie ein Cristall / im sommer sehr kalt / im winter aber laulecht. Ist lieblich und anmuthig / und gibt im drincken ein geschmack eines saurlichen neuvejarnen weins. Derowegen auch der weinbron gepflegt genent zu werden. [...] Weil dan dieser bronnen sehr beruffen / wird er heuffig aus allen Lande / auch von vielen Fürsten / Grafen / Herren / Edlen unnd Ehrbahrn leuten besucht. Seine Wirckung ist von etlichen Medicis in vielen stücken in truck gefertiget* (Dilich 1605/1961, S. 41–43). Links oben, in einem vergrößerten Ausschnitt der Tafel mit eigenem Maßstab inszeniert Dilich die Verteilung der Quellen auf Stadt und Umgebung. Etwa mittig ist der geschilderte Weinbrunnen platziert, während Ortskern und Kirche in die rechte obere Ecke verschoben sind.

QUELLEN: Dilich 1605/1961 – Theodorus 1581.
LITERATUR: Diefenbacher 2002 – Geisthard 1976 – Historisches Ortslexikon des Landes Hessen online – Knappe 1994, S. 481.

BERND GIESEN

35–37
Herrschaft Eppstein

Kassel, UB-LMB, 2° Ms. Hass. 679, Bl. 47–49
Papier, Federzeichnungen, handkoloriert
Stengel Nr. 1, 2, 4

Auf insgesamt vier Landtafeln kartiert Wilhelm Dilich die Herrschaft Eppstein einschließlich des zugehörigen Gerichts Liederbach (Nr. 38 Bl. 13). Die heutige Gemeinde Hofheim im Main-Taunus-Kreis entspricht einem großen Teil der damaligen Herrschaft. Im 12. Jahrhundert war die Burg Eppstein, die zwei gut passierbare Übergänge im südlichen Taunuskamm kontrollierte, zur einen Hälfte vom Kaiser als Reichslehen, zur anderen Hälfte vom Erzbischof als Mainzer Lehen an die Herren von Eppstein verliehen worden. Das Geschlecht erlebte im 13. Jahrhundert seine Blütezeit, als vier Eppsteiner Erzbischöfe in Mainz amtierten. Nach der Erbteilung 1433 begannen die Herren von Eppstein, ihr zerstreutes Herrschaftsgebiet aufgrund großer Schuldenlast stückweise zu verpfänden. Sie verkauften das Kernland der Herrschaft 1492 zusammen mit der einen Hälfte der Burg, dem Reichslehen, an den Landgrafen von Hessen.

Im Raum zwischen Rhein, Main und Taunus überschnitten sich seit je die territorialen Interessen unterschiedlicher Parteien: des Erzstifts Mainz, der Reichsstadt Frankfurt, der Grafschaft Nassau und der Landgrafschaft Hessen, um nur die wichtigsten zu nennen. Aus dieser Kumulierung von Herrschaftsinteressen resultierten immer wieder Konflikte um Herrschaftsrechte. In Folge der hessischen Erbteilung 1567 fiel die Herrschaft Eppstein an Landgraf Ludwig IV. von Hessen-Marburg, der 1604 ohne Erben verstarb. So geriet Eppstein in den Besitz der Landgrafschaft Hessen-Kassel, bevor es im Zuge des Dreißigjährigen Krieges 1624 schließlich an Hessen-Darmstadt fiel.

35 – Bl. 47: Generaltafel

Kartusche im Rahmen: *Herſchafft Epſtein*
Blattmaß 41,5 x 54,0 cm, Bildmaß 33,7 x 48,1 cm

Auf der Generaltafel ist das Eppsteiner Kernland dargestellt: das Landgericht Häusels mit Stadt und Burg Eppstein im Norden, das Landgericht Mechtildshausen südlich von Eppstein sowie die Exklave des Gerichts Liederbach im Osten. Die Karte wird durch einen blauen Rahmen begrenzt, der oben mittig in Zierschrift den Titel *Herſchafft Epſtein* trägt und auf dem die Himmelsrichtungen mit *Septen[trio]* für Norden und *Merid[ies]* für Süden angegeben sind. Alle vier Landtafeln zur Herrschaft sind gerahmt. Neben dem ästhetischen Effekt tragen die Einfassungen auch dazu bei, Herrschaftsansprüche zu inszenieren. Gerade im Terrain um Eppstein, in dem die Machthaber vergleichsweise oft wechselten, scheint das Bedürfnis nach kartographischer Fixierung des Herrschaftsgebiets besonders stark gewesen zu sein.

Auf der Karte ist die Herrschaft Eppstein farblich von den angrenzenden Territorien (Diözese Mainz, Grafschaft Königstein, Nassau und Idstein) abgehoben. Die große Fläche des Landgerichts Mechtildshausen ist entsprechend der Topographie und Vegetation hellbraun und grün koloriert, während das Gericht Liederbach keine Grünflächen aufweist. Außerhalb der Herrschaft sind die Flächen größtenteils unkoloriert belassen. Hier sind es Schriftzüge, Dörfer, Flüsse und Gebäude wie Mühlen oder Warten (Türme), die den Kartenraum prägen.

Außer der Einfärbung des Herrschaftsgebiets sind weitere eingefügte Bildelemente von Bedeutung: drei Grabplatten mit Darstellungen von Eppsteiner Würdenträgern sowie in der rechten oberen Ecke das Wappen der Herrschaft Eppstein unter einem mit Pfauenfedern verzierten Helm. Das Wappen als Herrschaftssymbol identifiziert den kartierten Raum eindeutig mit dem Geschlecht der Eppsteiner. Noch heute sind die drei roten Winkel auf weißem Hintergrund Bestandteile der Wappen des Main-Taunus-Kreises sowie der Stadt Eppstein.

Auf den Grabplatten sind von links nach rechts der Jüngling Engelbrecht von Eppstein-Münzenberg († 1494), Adolf von Eppstein-Münzenberg als Kleriker (Bischof zu Speyer, † 1434) mit der Heiligen Schrift in der Hand auf zwei Löwen stehend sowie der geharnischte Gottfried VII. von Eppstein-Münzenberg († 1437) dargestellt. Engelbrecht war der im Kindsalter verstorbene Erbe Gottfrieds IX., welcher das Kernland der Herrschaft Eppstein 1492 an Hessen verkaufte. Alle drei Grabplatten, Flachreliefs in Lebensgröße, befinden sich in der evangelischen Pfarrkirche in Eppstein. Die lateinischen Legenden Dilichs verweisen darauf, dass die Grabplatte des jungen Engelbrecht immer schon an der Wand der Kirche angebracht war, während die beiden anderen direkt vor einem Altar lagen. Dilich bezieht sich damit auf die Geschichte der Herrschaft: *Haec monumenta ante altare ab avenato prominent, quorum alterum imaginem Gotfridi VI., cuius filius Gotfridius partem illam Dynastiae seu territorii Epstein, quam in hac tabula descriptam vides, anno M CCCC XCII vendidit, ostendit.* („Diese Grabmäler sind vor dem Altar unmittelbar beim Eingang platziert, von denen das eine ein Bild von Gottfried VI. zeigt, dessen Sohn Gottfried einen Teil der Dynastie oder des Territoriums Eppstein, dessen Beschreibung du auf dieser Tafel siehst, im Jahre 1492 verkauft hat.") Der Text verweist auf den Übergang der Herrschaft Eppstein an Hessen. Entgegen der Inschrift handelt es sich bei der dargestellten Person nicht um Gottfried VI., sondern um Gottfried VII., dessen Enkel (nicht Sohn) Gottfried IX. sich zum Verkauf der Herrschaft genötigt sah. Indem Dilich die Eppsteiner in der kartographischen Darstellung verortet, fixiert er den Anspruch Hessens auf die Herrschaft und erklärt den Verkauf von 1492 sowie die Nachfolgeschaft Hessens für rechtmäßig. Mit der Präsenz geschichtlichen Wissens im kartographischen Raum versucht Dilich also die hessische Herrschaft zu festigen.

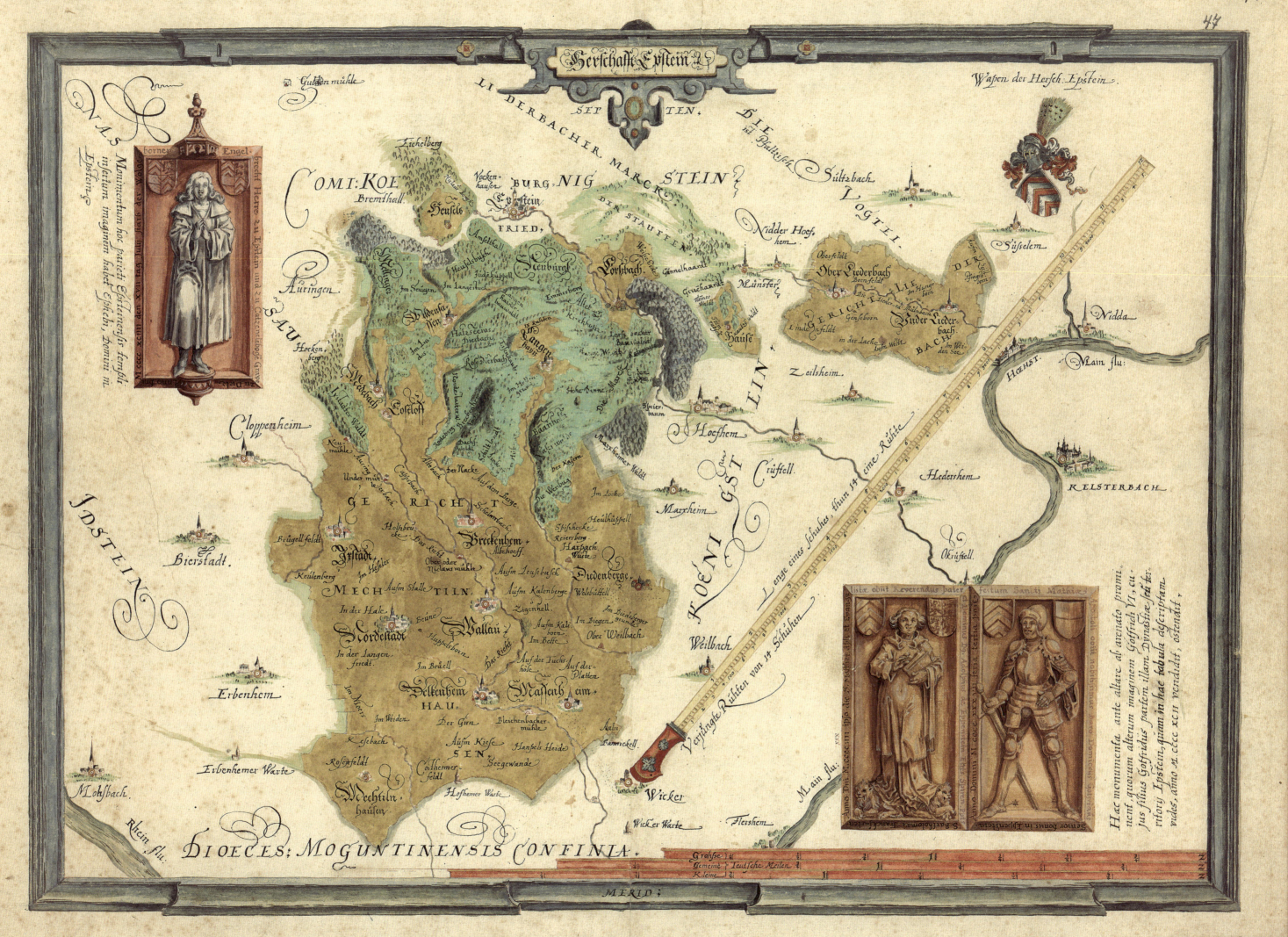

Abriss der Herrschaft Epstein

36 – Bl. 48: Nördliche Hälfte der Herrschaft

Von späterer Hand: *Abriſs der Herrschaft Epstein*
Blattmaß 41,5 x 53,8 cm, Bildmaß 34,0 x 49,8 cm

Die zweite Landtafel zeigt im orangenen Rahmen den nördlichen Teil des Landgerichts Mechtildshausen, den *Burgfriede* Eppstein sowie einen Teil des Landgerichts Häusels. In einem differenzierten Grün sind die bewaldeten Südausläufer des Taunus dargestellt. Durch unterschiedliche Farbintensitäten wirkt die hügelige Landschaft auf dem Kartenbild dreidimensional. Neben den umfangreichen Waldflächen sind auch Rodungsgebiete zu erkennen. Das Dorf Langenhain, wo sich über lange Zeit der Sitz des eppsteinischen Forstmeisters befand, hat seinen Ursprung in den Rodungsaktivitäten der Eppsteiner Ende des 13. Jahrhunderts. Burg und Stadt Eppstein nehmen eine dominante Stellung ein und sind dennoch als eigenständige Einheit ausgewiesen: Eppstein scheint nicht eindeutig ins kartierte Territorium eingebunden zu sein, wie dies auch die Generaltafel der Herrschaft Eppstein vermittelt (Nr. 35 Bl. 47). Begründet werden kann dies damit, dass der Landgraf von Hessen 1492 nur den Westteil der Burg erworben hatte, der Ostteil aber Lehen des Erzbischofs von Mainz blieb. 1581 zog der Erzbischof dieses Lehen gewaltsam ein. Burg und Stadt gehörten somit zu Beginn des 17. Jahrhunderts zu unterschiedlichen Herrschaftsgebieten.

Der charakteristische Bergfried und die Befestigungsanlagen weisen Eppstein als wehrhafte Stadt aus. 1492 hatte Landgraf Wilhelm von Hessen Gottfried IX. von Eppstein auch Teile des Landgerichts Häusels im Norden abgekauft. Zu diesem Teil des Gerichts gehörten der Hof Häusels, Lorsbach, Teile der Stadt Eppstein sowie Hausen vor der Sonne und ganz Liederbach (beide östlich von Eppstein, außerhalb des Kartenbildes). Der im Wald nördlich des Hofes Häusels eingezeichnete Galgen symbolisiert die Zuständigkeit für die hohe Gerichtsbarkeit sowie die Stellung des Hofes als Zentrum des Blutbannkreises.

Sämtliche Dörfer sind individuell wiedergegeben. Die unterschiedlichen Größenverhältnisse und Ausdehnungen richten sich nach den Einwohnerzahlen und der ökonomischen Bedeutung der einzelnen Dörfer. Im Zentrum der meisten Dörfer steht eine gut sichtbare Kirche. Auch die Größe der Kirchen, besonders die Höhe und die Ausgestaltung der Kirchtürme, weisen auf die Stellung des Dorfes innerhalb der Herrschaft hin. Auffallend sind die kreisförmigen Zeichen, die in jedem Dorf auf oder neben der Kirche platziert sind. Die unterschiedlichen Färbungen lassen ein hierarchisches System vermuten. Bei den Zeichen könnte es sich um eine Ausdifferenzierung von Zugehörigkeiten zu einem Zehntbezirk, einer Pfarrei oder einem Dorfgericht handeln. Das Dorf Wildsachsen (*Wildenſaſſen*) verfügte seit 1412 über ein eigenes Dorfgericht, das auch für das benachbarte Medenbach zuständig war. Nach der Reformation ging die Dorfgerichtsbarkeit an Medenbach über, Wildsachsen war also um 1608 dem Dorfgericht Medenbach unterstellt. Dies würde den nur halb ausgefüllten Kreis auf der Kirche Wildsachsen erklären.

1592 gab es am Schwarzbach bei Lorsbach, südöstlich von Eppstein, von den steilen Ausläufern des Taunus umgeben, insgesamt vier Wassermühlen. Die bedeutendste war die vor 1492 errichtete Getreidemühle im Dorf, wo das Getreide mehrerer umliegender Dörfer gemahlen wurde. Auch auf der Karte sind die vier Mühlen eingezeichnet und beschriftet. Zusätzlich zeigt ein rotes Dreieck den Standort einer Mühle an und kennzeichnet die Mühle als Objekt, an das auch Herrschaftsrechte gebunden waren. Das für seinen Weinbau bekannte Lorsbach erlebte um 1600 mit einer Anbaufläche von etwa 100 Morgen seine Blütezeit. Die Weinberge befanden sich an den sonnigen Hängen am linken Ufer des Schwarzbachs nördlich von Lorsbach.

Die Grenzen des Herrschaftsgebiets sind mit fein gepunkteten Linien eingetragen. Eindeutiger werden Grenzen aber über die farbliche Gestaltung wahrgenommen. Wie auf den übrigen Tafeln stellt Dilich die Landschaft außerhalb des Herrschaftsgebiets in einem anderen Farbton dar, um so eine klare visuelle Abgrenzung zu schaffen. Hier aber hat er bewusst auch Flächen, besonders Wälder, die außerhalb der Grenzlinien liegen, im selben Farbton wie innerhalb des Herrschaftsgebiets dargestellt. Es sind dies vor allem strittige Territorien wie der *Cloppenhemer waldt* und der *Hockenberg* im Grenzgebiet zur Grafschaft Nassau im Westen sowie der Wald nördlich von Häusels. Zusätzlich sind diese Gebiete jeweils mit einem roten *V* markiert, so dass die Grenzen noch nicht definitiv fixiert erscheinen. Es ist also begründet anzunehmen, dass Dilich den Anspruch auf die Ausdehnung der Herrschaftsgrenzen über die farbliche Gestaltung visualisierte.

37 – Bl. 49: Südliche Hälfte der Herrschaft

Blattmaß 41,3 x 53,6 cm, Bildmaß 33,5 x 49,4 cm

Der *Abriſs uber Mechtels haůſen gelegene flecken* zeigt die südliche Hälfte des Landgerichts Mechtildshausen. Anders als in der nördlichen Hälfte des Landgerichts dominiert im Süden die Farbe braun, welche Ackerland und Weideflächen veranschaulicht. In der Ebene zwischen Main und Rhein findet das nördliche bewaldete Hügelland sein Ende. Die Landschaft ist geprägt durch die im Südtaunus entspringenden und von Baumreihen flankierten Bäche, die dem Main zufließen.

Um 1195 hatte der Erzbischof von Mainz den Blutbann über das Gericht Mechtildshausen an Gottfried I. von Eppstein verliehen. Das Landgericht umfasste bis ins Spätmittelalter auch Gebiete westlich von Mechtildshausen bis nach Wiesbaden, bevor nach ständigen Konflikten mit den Grafen von Nassau eine Teilung des Landgerichts vereinbart wurde und Nassau die westliche Hälfte des Landgerichts erhielt. Rechtsbrüche innerhalb der einzelnen Dorfmarken unterlagen dem Schultheiß des jeweiligen Dorfes, außerhalb waren sie Angelegenheit des Landgerichts. Über schlimmere Vergehen musste in jedem Fall vor dem Landgericht geurteilt werden, dessen Vorsitz der von den Eppsteinern eingesetzte Landgerichtsvogt hatte. Viele Herrschaftsrechte in den Dörfern, in denen auch andere Machthaber über Grundbesitz und Rechte verfügten, hatten die Eppsteiner von ganz unterschiedlichen Herren zu Lehen bekommen.

Vom 13. Jahrhundert an versuchten die Herren von Eppstein, über Käufe Herrschaftsrechte und Grundbesitz in ihren Händen zu bündeln. Im Rahmen dieser Güterarrondierung erhoben sie Delkenheim am Wickerbach um 1300 zur Stadt, wobei es seinen dörflichen Charakter behielt. Ihre Herrschaftsrechte verliehen die Herren von Eppstein wieder an ansässige Amtleute wie die Ritter von Delkenheim. Auch in Wallau ist von 1282 an eine Ritterfamilie urkundlich belegt, die als Lehensmänner der Eppsteiner fungierten. Das außerhalb des Eppsteiner Herrschaftsgebiets gelegene Wicker, südöstlich von Delkenheim, gehörte bis 1581 ins Landgericht Mechtildshausen, als es von Kurmainz erworben und rekatholisiert wurde. Einzig die Wickermühle scheint 1608 noch zu Eppstein gehört zu haben. Am rechten unteren Rand ist eine vergrößerte Detailansicht der Mühle mit separatem Maßstab ins Kartenbild eingefügt. Sie zeigt die Mühle in einer Gabelung des Wickerbachs, zwei weitere Gebäude, einen Grenzzaun sowie zwei Äcker.

Das Dorf Diedenbergen an der Ostgrenze des Landgerichts liegt an einem Hang, was im Kartenbild durch ein dunkleres, mit roten Punkten versetztes Braun dargestellt wird. 1591 ist erstmals eine Kirche zu Diedenbergen belegt. Es handelte sich um eine Filialkirche der Mutterkirche Marxheim und weist deshalb wie die Kirche zu Wildsachsen nur ein halb ausgefülltes Kreissymbol auf. Gerade die Grenze zwischen Diedenbergen und Marxheim mitten durch die Pfarrei war umstritten, was Dilich sowohl schriftlich als auch mit einem Verweiszeichen (*V*) im Kartenbild festhält. Wie in der nördlichen Hälfte der Herrschaft Eppstein gibt es auch im Süden Wüstungen, gekennzeichnet durch ein rötliches Dreieck mit gelbem Punkt in der Mitte. Es fällt auf, dass sich besonders viele und ausgedehnte Wüstungen am Har- und Weilbach östlich von Wallau befinden (*Kafern Wůste, Harbach Wůste, Ober Weilbach*).

Während in der nördlichen Hälfte das Territorium teilweise als noch nicht eindeutig abgegrenzt wahrgenommen werden kann, ist es im südlichen Teil der Herrschaft Eppstein klarer definiert. Diesen Eindruck erwecken nicht nur eine strengere Linienziehung, sondern auch die kartierten Grenzmarkierungen. Entlang der Grenze sind zahlreiche rötliche Grenzsteine oder Grenzpfähle verzeichnet. In der Regel sind sie mit *Haſenstock* beschriftet, gelegentlich tauchen aber auch Bezeichnungen wie *Heilgenstock* oder *Zollstock* auf. Durch diese in der Landschaft gut sichtbaren Pfähle treten die Grenzen des Gerichts und die damit verbundenen herrschaftlichen Kompetenzen materiell in den Raum und werden auf diese Weise den Bewohnern jederzeit und unmittelbar in Erinnerung gerufen. Am südlichsten Punkt der Herrschaft Eppstein befindet sich die Richtstätte des Landgerichts Mechtildshausen (*Mechtilhäuſer Gerichte*) mit einem Galgen. Am Übergang zu *Hochhem* steht die einzige Grenzbefestigung der Herrschaft Eppstein, die *Hochheimer Warte*. Der befestigte Wehrturm diente wohl auch als Zollstation, bei der die wichtigsten nach Süden in Richtung Hochheim und Mainz verlaufenden Straßen und Wege (*Lochweg, Steinſtraaſſe* oder *Meintzer Landtſtraaſſe*) zusammenkamen.

Die Landtafeln der Herrschaft Eppstein nehmen innerhalb Dilichs Corpus der Landtafeln hessischer Ämter eine besondere Stellung ein. Eine sorgfältige Ausgestaltung der Karten sowie Verweise auf die Geschichte des Raumes, seiner Bewohner und Beherrscher zeugen von einem Bedürfnis, Herrschaft zu legitimieren. Zurückzuführen ist dies auf die Isolierung Eppsteins vom hessisch-kasseler Territorium und die ständige Konkurrenz rivalisierender Herrschaftsträger in der unmittelbaren Nachbarschaft.

LITERATUR: Knappe 1994 – Nieder 2002 – Nitz 2003 – Rudersdorf 1991 – Schäfer 2000 – Schwind 1984.

RALPH A. RUCH

38
Gericht Liederbach

Kassel, UB-LMB, 2° Ms. Hass. 679, Bl. 13
Von späterer Hand: *Gericht Liederbach*
Papier, Blattmaß 41,2 x 54,0 cm,
Bildmaß 34,2 x 49,9 cm, Federzeichnung, handkoloriert
Stengel Nr. 3

Das vom Kernland der Herrschaft Eppstein abgetrennte Gericht Liederbach unterstand dem Landgericht Häusels, dessen Zentrum westlich der Stadt Eppstein lag (Nr. 35–36 Bl. 47–48). Im Gericht Liederbach waren die Orte *Ober Liederbach, Nidern Liederbach* sowie der Hof *Haúſen an der Sonn* zusammengefasst. In Oberliederbach besaßen die Herren von Eppstein bereits 1204 ein größeres Gut. Unterliederbach bildet inzwischen einen Stadtteil von Frankfurt. Beim heutigen Hof Hausen vor der Sonne stand ehemals ein befestigtes Anwesen, auf das Dilich mit dem Schriftzug *Kemnade Wüste* rechts der Siedlung neben einem eingezeichneten Wehrgraben hindeutet. Durch das Gericht Liederbach fließt der Lieder- oder Mühlenbach, der bei Höchst in den Main mündet und das Gebiet praktisch mittig in einen Nord- und Südteil trennt.

Entlang der südlichen Gerichtsgrenze verläuft der in dunkelbrauner Farbe dargestellte Lochgraben. Vermutlich handelte es sich um eine zumindest mit Fuhrwagen nicht zu überwindende Grenze. Aufgrund der Einfärbung lässt sich feststellen, dass das Gericht Liederbach flach, kaum bewaldet und hauptsächlich von Acker- und Weideland geprägt war. Genau wie in der südlichen Hälfte der Herrschaft Eppstein (Nr. 37 Bl. 49) sind auch an der Grenze des Gerichts Liederbach Zoll-, Heiligen- und Hasenstöcke, also beschriftete oder bebilderte (etwa mit Heiligenbildern versehene) Holzpfähle oder Steinsäulen, eingezeichnet. Die Richtstätte mit zwei Galgen ganz oben (*Gericht zum Tieffen Wege*) befindet sich in Liederbach wie in Mechtildshausen (Nr. 37 Bl. 49) am äußersten Rand des Territoriums, eigentlich schon außerhalb, jenseits des Bachs, der *Sultzbach* und *Súſſelem* miteinander verbindet. Teilweise markieren kleine, schwarze Fähnlein, die über verschnörkelte Linien mit der dazugehörigen Beschriftung verbunden sind, den zu bezeichnenden Ort auf der Karte (*Búdingswieſe, Aúgrabe,* beide etwas rechts der Bildmitte). Dilich benutzt auch dreiblättrige Kleeblätter mit Stiel oder Pfeile als Verweiszeichen. Auf diese Weise beschriftet er einen Acker außerhalb der Gerichtsgrenzen (*Dieſer Acker ist des / Furſten, ligt aber in / Sultzbachiſcher terminey,* Nordgrenze).

Der Maßstab ist vergleichsweise schlicht ausgestaltet; es fehlen die Angaben der zu übertragenden Längenmaße.

Die orangefarbenen Balken, die am unteren Kartenrand in den Rahmen übergehen, visualisieren als ein lehrreiches Gestaltungselement die auf das Kartenbild umgerechneten Längen kleiner, mittelmäßiger und großer deutscher halber Meilen, in Hessen etwa 3,7 bis 4,6 Kilometer. Eine halbe Meile galt zu Dilichs Zeit als jene Strecke, die innerhalb einer Reisestunde zurückgelegt werden konnte.

In der linken oberen Ecke des Kartenbildes ist ein antiker Steinblock mit Reliefs eingefügt, der zu Dilichs Zeit auf dem Vorplatz der Kirche von Niederliederbach stand. Die neben dem Steinblock beigefügte lateinische Beschriftung lautet: *In ſacra aede Inferioris Liederbach lapis vetustate pariter atque incolarum / incúria mútilatus, antiquitatis autem Romanae memoria monimentumque / in vestibulo viſitur, cúiús apographum hic habes.* Der Beschriftung zufolge zeugt der Stein von der ehemaligen Präsenz der römischen Kultur, obwohl der alte Stein wegen der Nachlässigkeit der Niederliederbacher in schlechtem Zustand ist. Die linke Figur auf dem Stein ist Asklepios, der Gott der Heilkunst aus der griechischen Mythologie. Seine typischen Attribute sind der von einer Schlange umwundene Stab, noch heute das Symbol der Heilkunde, sowie der als heilig verehrte Hahn. Im rechten Feld des Steines stemmt ein muskulöses Meereswesen, eine Nereide, eine Inschriftentafel auf Kopf und Händen nach oben.

Die raffiniert inszenierte Bezugnahme auf die römische Kultur mithilfe des künstlerisch ausdrucksvollen Steinblocks ist vor dem Hintergrund der zeitgenössischen hessischen Geschichtsschreibung zu sehen, die versuchte, eine altehrwürdige Herkunft der Hessen zu konstruieren. Historiographen sahen den Ursprung Hessens im germanischen Stamm der Chatten und dessen Kampf gegen die römischen Besatzer. Ihrer Meinung nach erstreckte sich das Siedlungsgebiet der Chatten in der Spätantike über die Grenzen der hessischen Landgrafschaft des 17. Jahrhunderts hinaus, wodurch der Anspruch Hessens auf die Vormachtstellung gegenüber benachbarten Mächten legitimiert werden sollte. Dilichs ,Hessische Chronica' bildete einen Höhepunkt dieser Geschichtsauffassung, die die Chatten zu den erbittertsten und tapfersten Gegnern Roms stilisiert und auf diese Weise die Wehrhaftigkeit Hessens belegt (Dilich 1605/1961, II, S. 4–56). Den kartierten Raum präsentiert Dilich als ehemaliges römisches Siedlungsgebiet, wodurch er die Hessen als Erben einer antiken Tradition auszeichnet.

QUELLE: Dilich 1605/1961.
LITERATUR: Fuchs 2002 – Knappe 1994 – Nitz 2003 – Schäfer 2000 – Schneider/Rohde 2006 – Verdenhalven 1998.

RALPH A. RUCH

II. Wallenstein und Ziegenhain 1611–1613 sowie Langenschwarz 1617

39
Gerichte Neuenstein und Wallenstein

Marburg, HStAM, Karte P II 15604
Papier, restauriert auf Japanpapier,
Blattmaß 78,0 x 81,0 cm, Bildmaß 69,5 x 73,1 cm,
Federzeichnung, handkoloriert
Stengel Nr. 24b

Zwei in Majuskeln über das farbige Terrain gezogene Schriftzüge bezeichnen den Raum der nach Südwesten ausgerichteten Landtafel: senkrecht in der linken Hälfte *Das Gericht Neuenstein* und quer in der rechten Hälfte *Gericht Waldenstein*. Dilich kartierte die beiden im Knüllwald gelegenen Gerichtsbezirke mehrfach, wobei dieses Blatt vermutlich ein topographisches Pendant der seit dem Zweiten Weltkrieg verschollenen großformatigen Landtafel (Nr. 40) ist und zwei weitere Karten (Nr. 41–42 Bl. 10 u. 14) die beiden Territorien jeweils einzeln darstellen. Das gemeinsame Gebiet beider Gerichte ist farbig gegen das weitgehend unbemalte, nur bei wenigen Waldflächen bläulich angedeutete Umland abgehoben. Im größeren südöstlichen Sektor Neuenstein liegen von oben nach unten die Ortschaft Salzberg, der auf einem Sporn um eine Quelle angelegte Rundweiler Raboldshausen, Haus wie Schloss Neuenstein und nördlich davon Mühlbach, während die beiden Ortskerne von Saasen und Aua den Bachlauf der Geise auf hellem Untergrund säumen, Saasen noch innerhalb des erweiterten Gerichtsgebietes und Aua bereits außerhalb. Im kleineren nordwestlichen Sektor Wallenstein dominieren das von Wäldern fast umschlossene Dorf und Schloss Wallenstein, darüber und weitgehend außerhalb des Gerichts erstrecken sich in den waldfreien Zonen flussaufwärts die Siedlungen Appenfeld und Grebenhagen, im Südwesten Hülsa und Hergertsfeld. Der mit *Rúhten zu 14 Schúhen* skalierte Maßstab in Länge einer Viertelmeile ist unterhalb einer Kompassrose positioniert.

Entgegen den um 1600 tatsächlich herrschenden Verhältnissen stellte Dilich die beiden Gerichte als eine Einheit dar. Dies entsprach der Tradition der Zusammengehörigkeit eines Territoriums, das die Reichsabtei Hersfeld ursprünglich der Familie von Wallenstein zu Lehen gegeben hatte. Mit dem Bedeutungsverlust der Hersfelder Abtei und der gleichzeitigen Ausdehnung hessischer Machtansprüche waren aber die Herrschafts- und Besitzverhältnisse in der Region neu zu regeln. Mitte des 16. Jahrhunderts erfolgte eine Teilung in zwei Gerichtsbezirke, in deren Folge es zu Beginn des 17. Jahrhunderts zu einem Streit zwischen den beiden Gerichtsherren kam: Wallenstein berief sich auf eine eigene Gerichtsbarkeit, Neuenstein, der neue Sitz des Wallensteiner Geschlechts, hingegen auf ein von jeher einheitliches Gericht (Historisches Ortslexikon online; Killmer 1930). Dies könnte der Grund dafür sein, dass auf der Karte eine Grenzlinie zwischen den Gerichten fehlt. Auch die zugehörigen Ortschaften, Mühlen, Wälder und landschaftlichen Freiflächen lassen keine herrschaftliche Differenzierung erkennen. Nur die Außengrenzen sind durch eine farbliche Nuancierung kenntlich gemacht. Eine feine Rosafärbung deutet zudem auf den Sonderstatus der Bezirke um Saasen (*Sachſen*) an der Geise und Grebenhagen (*Grebenhain*) im Tal der Efze, beides hessische Lehen und vorher im Besitz der Familien Hund und von Schachten. Saasen ging spätestens um 1616 ganz an Neuenstein über; Grebenhagen gehörte zeitweise zum Gericht Ober-Hülsa.

Im Gegensatz zu den anderen Kartierungen der beiden wald- und flussreichen Gerichte werden auf dieser Landtafel infrastrukturelle Komponenten betont. Auffallend sind vor allem die als braune Linien eingezeichneten Fahrwege, die die Gebiete durchziehen und einzelne Ortschaften miteinander verbinden, wie etwa der *Fahrweg von Salzburgk auf Greibenhain* oder der durch den Wald führende *Weg naher Wallenstein*. Die skizzierten Verbindungswege verstärken den Eindruck einer topographischen und bautypologischen Exaktheit, bei der die Ortschaften farbenreich aus der Vogelperspektive wiedergegeben sind. Das in einem Seitental der Efze nahe dem zugehörigen Dorf markierte *Schloſz Wallenſtein* war lange Zeit Hauptsitz der Familie. Die Tafel liefert eine präzise Abbildung der am Wallensteinschen Bach gelegenen Burg, der dörflichen Umgebung mit Mühlen und Höfen sowie der im Süden außerhalb der Ortschaft liegenden *Gerichtstadt aúfm Sandtberge*. Der schemenhaft in hellbrauner Farbe eingezeichnete Galgen kann als Symbol der Wallensteiner Gerichtsbarkeit interpretiert werden.

Penibel kartiert ist auch das Herrschaftszentrum des anderen Kartenteils. Das im 13. Jahrhundert als Ersatz für die ungünstig gelegene Burg Wallenstein erbaute *Schloſz Neuenſtein* war erst Ende des 16. Jahrhunderts wieder in den Besitz des letzten Wallensteiners Philipp Ludwig zurückgekommen (Knappe 1995, S. 98), der nahezu zeitgleich die Hofanlage *Haúſz zúm Neúenſtein* errichtete. Die Illustration enthüllt sogar die unterschiedlichen Nutzbereiche beider Anlagen, denn die äußere Legende (*Verzeichnúſz dero Plätze / bei Schloſz und haúſz Neúenſtein.*) bezeichnet Kapelle, Marstall und Wehranlagen einschließlich der zugehörigen Gärten, Wiesen und Teiche. Die Akzentuierung von Schloss und Haus Neuenstein könnte darauf hindeuten, dass sich Philipp Ludwig von Wallensteins Anspruch auf die Einheit beider Gerichte in der Tafel niederschlug.

LITERATUR: Fenner 1973 – Historisches Ortslexikon Fritzlar-Homberg 1980 – Historisches Ortslexikon des Landes Hessen online – Killmer 1930 – Knappe 1994, S. 98f., S. 102f. – Stengel 1927.

REBEKKA THISSEN-LORENZ

40 ohne Abbildung
Gerichte Wallenstein und Neuenstein 1611

Kassel, UB-LMB, Karte A 11 [64
Kartusche: *Geometrischer Abriß dero Gerichte Wallenstein und Neuenstein verfertigt durch Wilhelmum Dilichium Waberanum Hessum Aulae Casselan. Geographum et Historicum 1611*
Leinwand mit Stäben, Blattmaß 106 x 116 cm, Federzeichnung, handkoloriert
Vermisst, Beschreibung nach Stengel Nr. 25
(ohne Abbildung)

Lediglich Edmund Stengels Beschreibung aus dem Jahr 1927 gibt uns heute Aufschluss über die verschollene Landtafel. Zuletzt belegt eine rote Markierung im handschriftlichen Kartenverzeichnis der Universitätsbibliothek Kassel, dass die wegen ihrer Größe wohl einzeln aufbewahrte Karte 1941 aus dem brennenden Museum Fridericianum in Kassel gerettet wurde. So erläutert die einleitende Vorbemerkung des Verzeichnisses (S. 1): „Die geretteten Karten und Pläne, sowie die Neuzugänge seit September 1941 [...] sind im vorliegenden Katalog durch viereckige Umrahmung der Signatur-Zahl in rot kenntlich gemacht [...] Stand am 1. Mai 1943". Es ist also zu vermuten, dass die Karte im Zweiten Weltkrieg zusammen mit anderen Bibliotheksbeständen in ein Bergwerk oder Forsthaus ausgelagert wurde. Leider verliert sich danach jede Spur.

Gemäß Stengel betitelte Wilhelm Dilich die außergewöhnlich große, beinahe quadratische und nach Norden ausgerichtete Leinwand als ‚Geometrischen Abriß'. Die Bezeichnung befand sich in einer Kartusche, die wie ein Lindenblatt, das Symbol für Gerichtsbarkeit, geformt war. Die Karte soll die beiden Gerichtsbezirke Wallenstein und Neuenstein als ein zusammenhängendes Territorium abgebildet haben. Es könnten also die wechselhaften Besitz- und Herrschaftsverhältnisse der Gerichte auf dem Stand von 1611 kartiert worden sein. Denn die Gerichte Wallenstein und Neuenstein waren erst mit der Verdrängung der Hersfelder Ansprüche durch die Landgrafschaft Hessen gegen Mitte des 16. Jahrhunderts im Zuge einer Teilung entstanden. Die sich daraus zu Beginn des 17. Jahrhunderts ergebenden territorialherrschaftlichen Konstellationen und lokalen Gerichtsbedingungen spiegeln sich in insgesamt vier leicht divergierenden Kartierungen Wilhelm Dilichs wider (auch Nr. 39, Nr. 41 Bl. 10, Nr. 42 Bl. 14).

Außer den üblichen kartographischen Hilfsmitteln, wie eine beschriftete Maßstableiste und eine Kompassrose in Rot, Blau und Gelb in einem braungelben Kreis, müssen aufwendige Zierelemente die verlorene Karte geschmückt haben. Zwei violette Kartuschen zierten die Randflächen und verbanden die kartographische Darstellung mit der Geschichte des Hauses Wallenstein. Die eine Kartusche mit dem rot-weißen Wallensteiner Wappen und einem vermutlich muschelförmigen Dekormotiv rahmte eine überschwängliche lateinische Lobrede. Die poetischen Verse waren wohl identisch mit denen des Marburger Lyrikers Jacob Thysius auf dem Einzelblatt zum Gericht Wallenstein (Nr. 41 Bl. 10). Sie bejubelten die ruhmreichen Anfänge des Hauses Wallenstein in fränkischer Zeit sowie den immerwährenden Ruhm und die Tapferkeit des Geschlechts (Stengel 1927, Nr. 25; Landau 2000 Bd. 2, S. 380).

Diese Laudatio auf das einstige Grafengeschlecht wurde begleitet von einer weiteren komplett in Majuskeln gehaltenen Inschrift, die in der anderen, hochrechteckigen Kartusche im linken unteren Tafelviertel positioniert war. Die lateinische Widmung richtete sich an Philipp Ludwig von Wallenstein, der Schloss und Haus Neuenstein gegen Ende des 16. Jahrhunderts wieder in seinen Besitz gebracht hatte. Mit dessen Einverständnis konnte der im Auftrag von Landgraf Moritz arbeitende Dilich mehrfach in Wallenstein und Neuenstein seinen kartographischen Aufzeichnungen nachgehen (Fenner 1973, S. 47). Der Schlossherr dürfte den Historiker und Geographen sogar ermuntert haben, seine umfassenden Kenntnisse zu nutzen und die geographisch-geometrische Erfassung mit einem Rückblick auf die Geschichte zu verbinden. Der Text betonte die historische Zusammengehörigkeit der beiden Gerichtsbezirke, auf die sich 1608 auch die Neuensteiner in einem Streit mit Wallenstein über Gerichtszuständigkeiten beriefen. Zudem ist zu vermuten, dass er die Erinnerung an die Bedeutung der gräflichen Familie wach halten sollte. Die doppelte Würdigung der Wallensteiner Geschichte und die außergewöhnliche Größe der verschollenen Karte lassen vermuten, dass ihr eine repräsentative Funktion zukam und sie womöglich als Erinnerungspräsent für Philipp Ludwig von Wallenstein gedacht war.

LITERATUR: Fenner 1973 – Knappe 1994, S. 98f., 102f. – Landau 1832-1839/2000, 1833 Bd. 2 – Historisches Ortslexikon des Landes Hessen online – Stengel 1927.

REBEKKA THISSEN-LORENZ

41
Gericht Wallenstein 1611

Kassel, UB-LMB, 2° Ms. Hass. 679, Bl. 10
Kartusche: *Gericht Wallenſtein*
Papier, Blattmaß 41,1 x 53,6 cm,
Bildmaß 33,9 x 47,2 cm, Federzeichnung, handkoloriert
Stengel Nr. 11

Während die beiden vorausgehenden Landtafeln (Nr. 39–40, darunter das verschollene Exemplar) das Gebiet Wallenstein-Neuenstein gemeinsam erfassen, hat Dilich hier das Gericht Wallenstein allein kartiert und abgegrenzt. Die verschiedenen Kartierungen stehen wohl in Zusammenhang mit dem Machtzuwachs, den Hessen im Verlauf des 16. Jahrhundert in der Region verzeichnen konnte. Damals wurden die seit dem 14. Jahrhundert bestehenden Ansprüche der Abtei Hersfeld zurückgedrängt und die Lehensverhältnisse neu geordnet. Wesentlicher Einschnitt in der Geschichte des Gerichtsbezirks scheint vor allem die 1559 erfolgte Teilung der ursprünglich zusammengehörigen Territorien Wallenstein und Neuenstein durch den hessischen Landgrafen gewesen zu sein. Ende des 16. Jahrhunderts war die Abtei Hersfeld, die sich ohnehin seit der Reformation im Niedergang befand, von Hessen vollständig verdrängt. Die Landgrafen belehnten in der Folge die Herren von Wallenstein mit dem Gerichtsbezirk.

Dilich soll sich im Auftrag des Landgrafen Moritz und mit Einverständnis Philipp Ludwigs von Wallenstein in den Jahren 1603 bis 1611 mehrmals in den beiden Gerichtsbezirken aufgehalten haben, um diese zu kartieren (Fenner 1973, S. 47). Er platziert das nur einen relativ geringen Teil der Landtafel einnehmende Gericht Wallenstein in die linke Bildhälfte, eingebettet zwischen Wappen, Kartuschen und Maßstab. Erkennbar ist das Wallenstein zugehörige Land an der im Vergleich mit den angrenzenden Bezirken dunkleren Einfärbung. Den gesamten südlichen Abschnitt und weite Teile des östlichen Kartenbereichs nehmen die Besitzungen Neuensteins ein.

Zum Gericht Wallenstein gehörten die Dörfer Hülsa und Appenfeld. Weiter nördlich befindet sich zudem eine als Neuhütte bezeichnete, nicht mehr existierende Siedlung, die identisch ist mit der bereits während des Mittelalters zur Eisengewinnung dienenden, noch heute als Flurname bezeugten Hüttenmühle. Gut erkennbar in Dilichs Zeichnung ist die vermutlich im 12. Jahrhundert von den Hersfelder Äbten erbaute Burg Wallenstein, die mit der Anlage der Burg Neuenstein und dem späteren Anschluss des Wallensteinischen Gebiets an Hessen ihre Bedeutung verlor und nach der Zerstörung im Dreißigjährigen Krieg nicht wieder aufgerichtet wurde (Knappe 1994, S. 103).

Die gerahmte Karte enthält zwei auffällige Elemente, erstens das Wappen derer von Wallenstein, erkennbar an den drei roten Pfählen auf weißem Schild und dem aus dem Helm aufsteigenden Schwan, sowie zweitens die Zierkartusche mit der Inschrift *Gericht Wallenſtein*. Leer geblieben ist hingegen die große Kartusche in der rechten oberen Ecke. Im linken unteren Bereich der Karte sind ferner einige panegyrische Zeilen von Jacob Thysius auf das Wallensteinische Geschlecht eingefügt. Dilich hat diesen Marburger Professor der Geschichte und Poesie offenbar eigens mit deren Verfassung beauftragt (Fenner 1973, S. 48). Die Verse erzählen von den sagenhaften Anfängen Wallensteins zu Zeiten Pippins, des Vaters Karls des Großen, der angeblich die Herren von Wallenstein im 8. Jahrhundert als Grafen über den Bezirk ansässig gemacht hat (Landau 2000, S. 380). Sie besingen den immerwährenden Ruhm des Hauses Wallenstein. Eine erneute Abschrift dieses Gedichts, das gleichsam Historiographie in die Kartographie einfügt, fand sich auf der verlorenen Tafel (Nr. 40), auf der Dilich offenbar die auf Pippin zurückgehende Genealogie des Hauses weiter ausführte (Stengel 1927, S. 21).

LITERATUR: Fenner 1973 – Historisches Ortslexikon des Landes Hessen online – Knappe 1994, S. 102f. – Landau 1832-1839/2000, 1833 Bd. 2 – Stengel 1927.

BETTINA SCHÖLLER

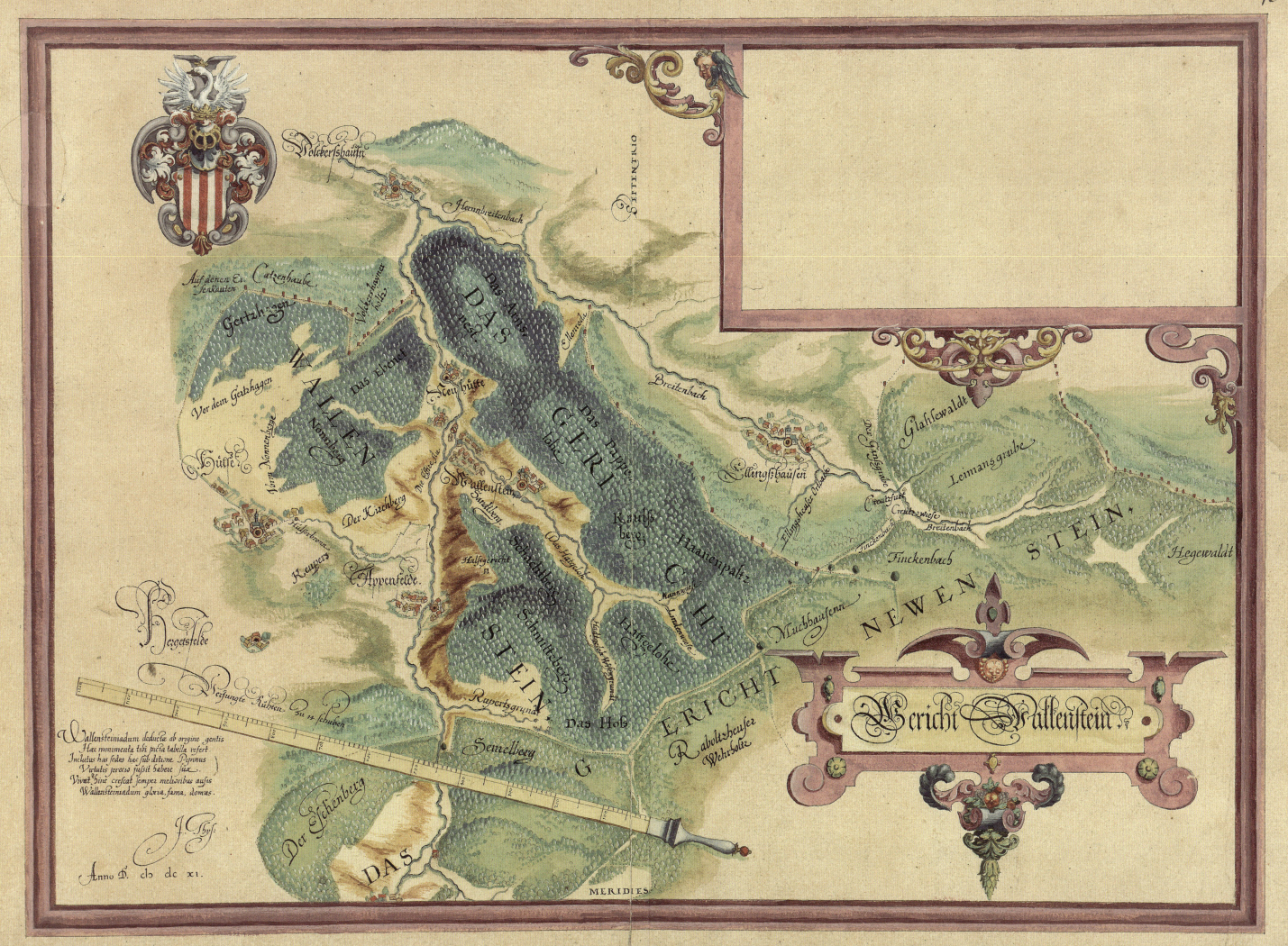

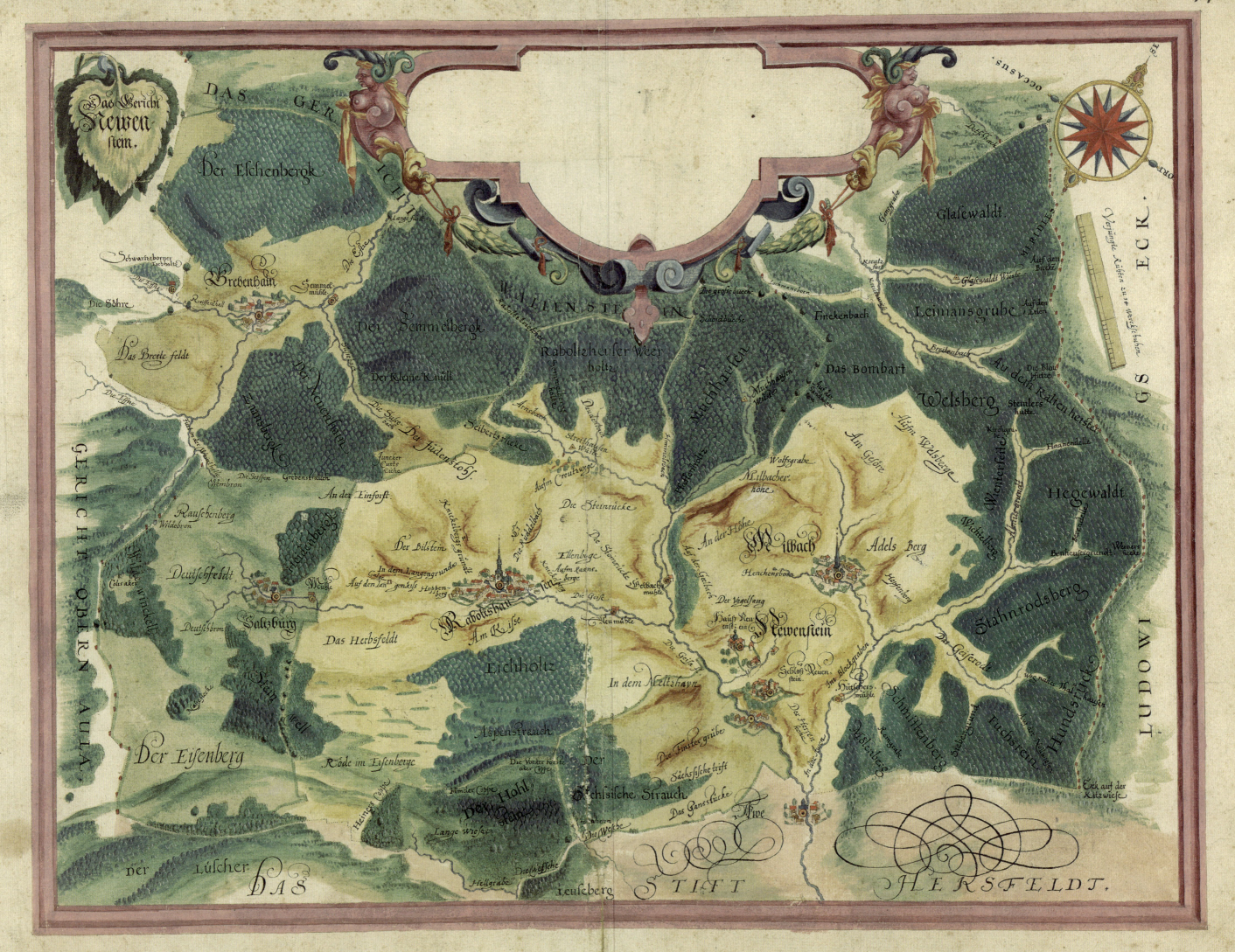

42
Gericht Neuenstein

Kassel, UB-LMB, 2° Ms. Hass 679, Bl. 14
Kartusche: *Das Gericht / Newen / ſtein*
Papier, Blattmaß 41,2 x 53,7 cm,
Bildmaß 35,8 x 47,3 cm, Federzeichnung, handkoloriert
Stengel Nr. 12

Die titelgebende Inschrift zum Gericht Neuenstein befindet sich in einem Lindenblatt, das seinerseits auf einem Weinblatt liegt. Mit dem Lindenblatt greift Dilich offenbar ein Symbol für Gerichtsstätten auf. Wie bei den hessischen Landtafeln üblich, ist das kartierte Gericht Neuenstein farblich vom Umland abgesetzt, hier durch die braune Einfärbung. Die vier angrenzenden Bezirke sind namentlich genannt, wobei im Hinblick auf die komplexen lokalen Gerichtsverhältnisse insbesondere zwei Gebiete von Bedeutung sind: *Das Gericht Wallenstein* im oberen Kartenbereich und *Das Stift Hersfeldt* am unteren Kartenrand.

Im Verlauf des 16. Jahrhundert war der Einfluss Hessens auf den Gerichtsbezirk Neuenstein und Wallenstein gewachsen, den die Familie von Wallenstein von der Abtei Hersfeld zu Lehen hatte. Die Landgrafen wussten den seit der Reformation zunehmenden Machtverlust der alten Reichsabtei zu ihren Gunsten zu nutzen: Gegen Ende des Jahrhunderts war Hersfeld als Herrschaftsträger ausgeschaltet; nach dem Tod des letzten Abts 1606 wurde es von Erbprinz Otto von Hessen verwaltet und 1617 in die Landgrafschaft eingegliedert. Während die Landgrafen Wallenstein als Lehen an die Familie von Wallenstein verliehen, waren die Herrschaftsrechte im Bezirk Neuenstein anscheinend nicht vollständig geregelt. Hier hatten neben den Wallensteinern noch weitere lokale Familien Besitzungen.

Die Karte vermag die bestehenden, zu Dilichs Zeiten unübersichtlichen Gerichtsverhältnisse einleuchtend abzubilden. Die Gebietszuordnungen in dieser Tafel stimmen mit den Zugehörigkeiten einzelner Orte in der Kartierung beider Gerichte (Nr. 39) weitgehend überein. Das nicht beschriftete Dorf Saasen rechts des Geisbachs unterhalb von Schloss Neuenstein ist dem Gericht Neuenstein einverleibt, aber es ist farblich leicht variiert, weil das hessische Lehen erst nach längeren Streitigkeiten zwischen dem Stift Hersfeld, den Hund und von Schachten und den von Wallenstein an letztere übergegangen war. In der Landtafel beider Gerichte (Nr. 39) sticht diese Sonderstellung von Saasen und seinem Territorium aufgrund der Rosafärbung noch stärker hervor.

Aus der kolorierten Federzeichnung wird klar, dass die beiden Dörfer Raboldshausen und Mühlbach zum Gericht Neuenstein zu zählen sind. Das südöstlich von Schloss Neuenstein gelegene Aua ist als Hersfelder Besitz zu erkennen, während auf der linken Bildseite die Zugehörigkeiten des dunkler kolorierten Gebiets um Grebenhagen und des hellgrünen um Salzberg nicht aus der Tafel herauszulesen sind. Der links der Efze liegende Teil Grebenhagens gehörte zum Gericht Ober-Hülsa, der andere Teil zu Wallenstein und Neuenstein. Salzberg wiederum war seit 1594 Wallenstein angeschlossen, was aus der Karte aber ebenfalls nicht hervorgeht. Denn hier verläuft die eindeutig beschriftete Wallensteiner Grenze am oberen Bildrand, wobei das Lindenblatt, die leer stehende Kartusche und die Windrose in Form und Größe dem Grenzverlauf angepasst sind.

Dilichs Aufnahme der Situation wird zudem durch die detaillierte Darstellung von drei Orten akzentuiert: Auf dem Schlosshügel von Neuenstein ist erstens der 1250 ursprünglich als Neu-Wallenstein erbaute Sitz der Familie Wallenstein abgebildet, der die ältere, ungünstiger gelegene und den Äbten von Hersfeld zu Lehen gehende Burg Wallenstein ablöste (Knappe 1994, S. 98). Nordwestlich davon ist zweitens der 1591 von Philipp Ludwig von Wallenstein erbaute Hof, bezeichnet als *Haúß Neuenſtein*, zu sehen und drittens liegt südlich davon, direkt am Geisbach, das Dorf Saasen am Fuß des Schlosshügels. Gelbachsmühle, Neue Mühle (heute Wiesenmühle) und Hitschermühle (heute Kohlsmühle) nutzen die Wasserkraft des Geisbachs und seiner Zuflüsse. An und in den nördlichen Waldgebieten liegen mehrere Wüstungen, darunter Streithausen nördlich von Raboldshausen und Muchhausen nordwestlich von Mühlbach, während die Glashütten weiter nördlich im Wallensteinschen Gebiet lagen und nicht mehr eingezeichnet sind.

LITERATUR: Historisches Ortslexikon Fritzlar-Homberg 1980 – Knappe 1994, S. 98f – Landau 1832–1839/2000, Bd. 2, S. 373–428 – Stengel 1927.

BETTINA SCHÖLLER

43
Bezirk der Stadt Neukirchen 1613

Marburg, HStAM, Karte P II 14718
Katusche: *Geometrischer Abriſ de / ſen Bezircks dero ſtadt / Newkirch / verfertigt durch / Wilhelmúm Dilichiúm Waberanum Hessum, Geogra /phum, Terraeg(…) Heſsiacae Menſorem, / Anno Sal[vationis] / MDCXIII*
Papier auf Leinen, Blattmaß 110,8 x 79,1 cm,
Bildmaß 108,0 x 74,5 cm,
Federzeichnung, handkoloriert
Stengel Nr. 13

Die 1613 entstandene Karte von Neukirchen ist vielschichtig: Stadtansicht, Wappenscheibe, Windrose sowie Titel- und Autoren-Kartusche lassen die Darstellung der Landschaft beinahe in den Hintergrund rücken. Das Hauptmotiv, den Bezirk Neukirchen, setzte Dilich in den rechten Bereich des nach Südsüdosten ausgerichteten Kartenbildes, wohl um ein Gleichgewicht in der Bildkomposition zu erreichen.

Mit der Darstellung des Bezirks der Stadt Neukirchen ist ein Teil der Grafschaft Ziegenhain erfasst. Die Stadt, 1142 erstmals erwähnt, wurde im 14. Jahrhundert von den Grafen von Ziegenhain zur Sicherung der herrschaftlichen Randgebiete ausgebaut. Die gleichzeitig errichtete Burg bestand nicht lange; bereits zu Beginn des 17. Jahrhunderts war sie wieder abgetragen. Den *Burgberg* verortete Dilich auf der Karte rechts von der großen Stadtansicht, die darin verzeichnete *Wüste* bezieht sich wohl auf die ehemalige Burg. Mit dem Ausbau der Siedlung erhielt Neukirchen das Stadt- und Marktrecht und wurde zum Verwaltungszentrum des neu entstandenen Amtes. Gegen Ende des 14. Jahrhunderts kulminierten die seit längerem schwelenden Spannungen zwischen den Grafen von Ziegenhain und dem hessischen Landgrafen im sogenannten Sternerkrieg, in dem die Ziegenhainer gemeinsam mit verbündetem Adel dem stetig wachsenden Einfluss Hessens entgegenzutreten versuchten. Im Zuge dieses Konflikts, aus dem die Adelsopposition als Verlierer hervorging, fiel Neukirchen 1373 der Plünderung anheim. Mit dem 1428 abgeschlossenen Schutzvertrag zwischen Hessen und Ziegenhain geriet die Grafschaft unter hessischen Einfluss. Nach dem erbenlosen Tod des letzten Ziegenhainers 1450 wurde sie dann endgültig ins hessische Territorium eingegliedert. Neukirchen behielt seinen Status als administratives und wirtschaftliches Zentrum des Umlandes.

Das *Gerichtt Newkirch* hebt sich durch die kräftige Farbe deutlich von den Gerichten *Obern Aula, Relſzhauſen* und *am Spiſz* ab. Dilich ist auf dieser Karte insbesondere an den Gerichtsbezirken und den Herrschaftsrechten interessiert. Dies verdeutlicht die Legende am rechten Bildrand, überschrieben mit *Nota*. Im ersten Abschnitt werden die landesfürstlichen Besitztümer genannt, im zweiten die städtischen Besitzungen, für die *Gemeiner ſtadt zuſtendig*. Im dritten Abschnitt ist *Johann von Lud / der* aufgeführt als Herrschaftsträger in *Witgerode*, einem Waldgebiet rechts unterhalb der Windrose. Auch die Wappenscheibe, am Bildrahmen der Stadtansicht hängend, signalisiert Herrschaftsverhältnisse. Zu sehen ist das Wappen Neukirchens, der Ziegenhainsche Adler mit Ziegenkopf und Wappen der Grafschaft. Die aus Richtung des westlich gelegenen Frauenbergs aufgenommene Stadtansicht in der linken oberen Ecke zeigt Neukirchen eingebettet in die hügelige Landschaft. Die alle Dächer überragende Nikolaikirche und die zwei gut sichtbaren Tore prägen das Stadtbild. Im Vordergrund ist die spätgotische Marienkapelle abgebildet.

Die Inschrift in der rechten unteren Ecke weist Dilich als Urheber der Tafel aus und nennt das Entstehungsjahr 1613. Mit dem oben genannten Titel, aber auch mit dem Zirkel, dem Maßstab und den Maßangaben *Verjúngte Rúhten zú 14 Werckſchuhen* wird der Anspruch auf Präzision der Darstellung betont. Die augenfälligste Referenz Dilichs an die Geometrie sind die feinen Linien, die von der sorgfältig verzierten Windrose ausgehen und die er in keiner anderen seiner hessischen Landtafeln in gleicher Weise nutzt. Diese Strahlen oder sogenannten Rumbenlinien sind ein gängiges Element der spätmittelalterlichen Kartographie. Insbesondere Seekarten, die sogenannten Portulankarten, nutzen seit dem 14. Jahrhundert eine oder manchmal mehrere Windrosen als Ausgangspunkte von teilweise komplexen Liniensystemen. Diese erleichterten die Orientierung nach Himmels- oder Windrichtungen von jedem Standpunkt aus. Dilich griff auf dieses differenzierte Orientierungsschema zurück, um die Ausrichtung der Tafel nach Südsüdost augenfällig zu machen.

LITERATUR: Campbell 1987 – Raynaud-Nguyen 1986, S. 618f. – Sante 1976 – Warlich-Schenk 1985.

BETTINA SCHÖLLER

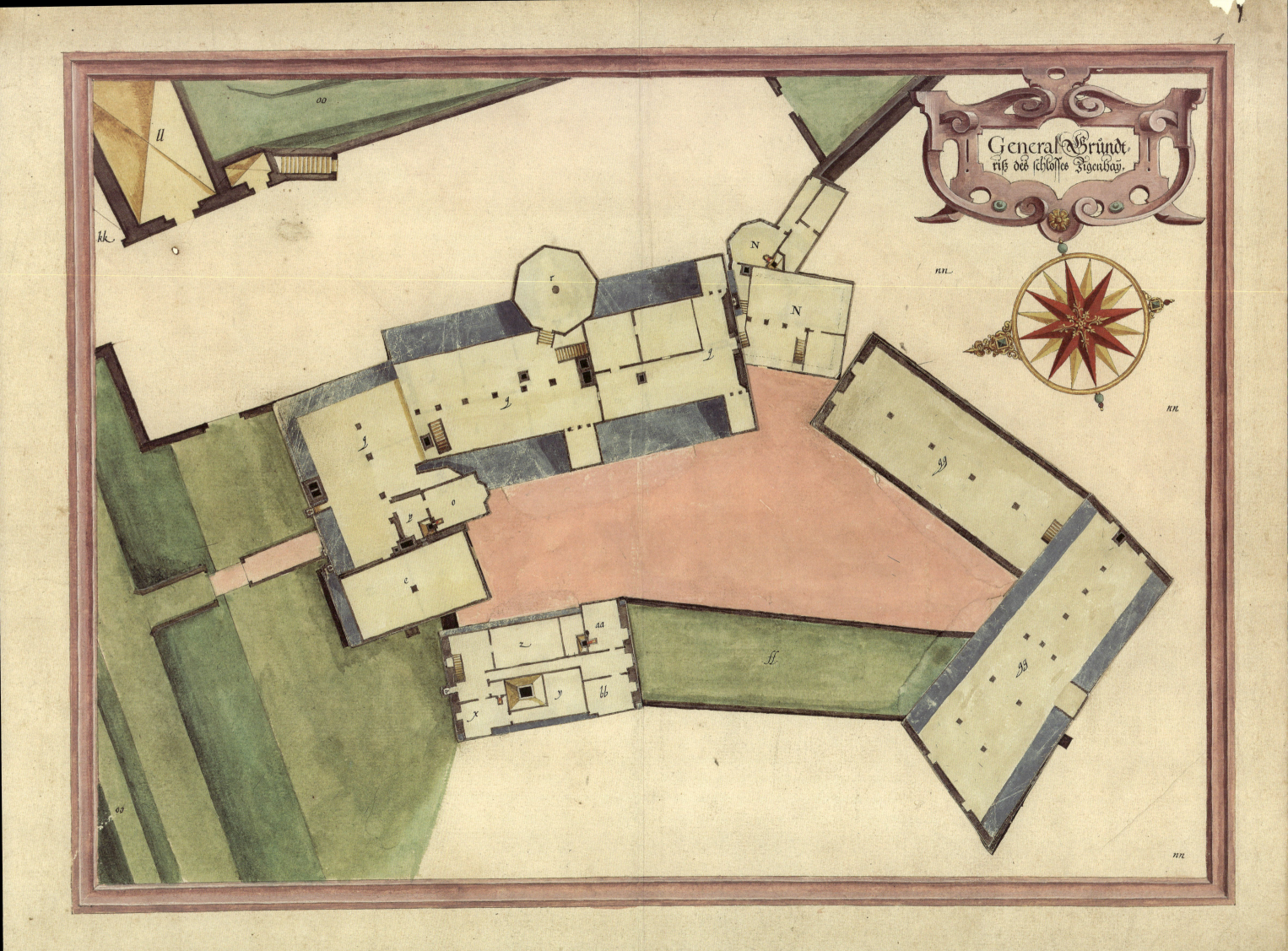

44
Schloss Ziegenhain

Kassel, UB-LMB, 2°Ms. Hass. 679, Bl. 1
Kartusche: *General Gründt /rifz des fchloffes Zigenhayn*
Papier, Blattmaß 40,7 x 53,5 cm,
Bildmaß 33,9 x 47,4 cm, Federzeichnung,
handkoloriert, in Teilen aufklappbar

Das im Schwalmtal gelegene Schloss Ziegenhain ist als Wasserfestung die einzige Anlage dieser Art und Größe in Deutschland. Aus der erhaltenen Korrespondenz zum Fortgang der Arbeiten wissen wir (Ebhardt 1900a, S. 7), dass Dilich den vorliegenden Grundriss 1611 zeichnete. Dabei ist nur dieses eine von ursprünglich sieben geplanten Blättern zum Schloss erhalten (Broszinski 1985, S. 99).

Die von Gottfried I. erbaute Burg, die den Grafen von *Cigenhagen* ihren Namen gab, ist erstmals 1144 urkundlich bezeugt (Deutsches Städtebuch 1957, S. 472). Aufgrund der strategisch bedeutsamen Lage des Herrschaftsgebiets zwischen Ober- und Niederhessen waren die Grafen häufig in kriegerische Auseinandersetzungen mit Hessen verwickelt. Diese gipfelten in dem 1370 von Graf Gottfried VII. von Ziegenhain gegründeten Sternerbund, einer gegen die Landgrafen gerichteten, letztlich unterlegenen Koalition von Grafen, Burgherren und Abteien. Trotzdem betrieben die Grafen von Ziegenhain keine stringente Bündnispolitik mit dem Erzbistum Mainz, dem stärksten Konkurrenten der Landgrafen.

Ein wichtiges Dokument über die Besitzverhältnisse von Burg, Stadt und Grafschaft ist die Lehensurkunde von 1434, in der Abt Albrecht von Hersfeld Landgraf Ludwig von Hessen mit allen Ziegenhainischen Besitztümern des Stiftes Hersfeld belehnte. Nach dem Tode des letzten Grafen von Ziegenhain Johann II. († 1450) kam es zu Erbstreitigkeiten zwischen dem Haus Hohenlohe und den hessischen Landgrafen, die 1521 ihre Ansprüche durchsetzen konnten. Landgraf Philipp der Großmütige ließ 1537 bis 1546 Ziegenhain als Bindeglied zwischen den Hauptstützpunkten Kassel und Gießen zu einer Wasserfestung mit einem sechs Meter hohen Erdwall und erhöhten Rondellen ausbauen, deren Regelmäßigkeit für ein einprägsames Bild landesherrlicher Macht sorgte. Während des Dreißigjährigen Krieges wurde die Festung nicht eingenommen, widerstand allen Belagerungen und gab damit Anlass zur Bildung des Sprichworts „So fest wie Ziegenhain". Nach den Militärbauten in Kassel, Gießen und Rüsselsheim war Ziegenhain die viertgrößte Befestigungsanlage während des Dreißigjährigen Krieges in Hessen. Sie wurde erst 1807 geschleift und seit 1842 als Gefängnis genutzt.

Die farblich differenzierten, aber aufgrund der fehlenden Legende nicht näher zu definierenden Gebäudeteile des Schlosses gruppieren sich um einen fünfseitigen Hof. Nur schematisch angegeben sind der nördliche Zugang über eine Zugbrücke und der durch verschiedene Grünstreifen markierte Graben. Die Ringmauern und der Zwinger, die dem Bau seinen wehrhaften Charakter verleihen, sind nur angeschnitten.

In Dilichs Zeichnung ist der Nordflügel mit dem markanten Treppenturm als Hauptwohnbau der vorwiegend spätgotischen Anlage zu erkennen. Der dreigeschossige Ostflügel ist durch einen Zwischenbau *(N)* mit dem Eingangsflügel verbunden. Dieser ist als viereckiger Wohnturm angelegt und beherbergt im zweten Obergeschoss eine Kapelle mit erhaltener Apsis. Deutlich erkennbar besteht der Nordflügel aus zwei Teilen, einem leicht zurückgesetzten viergeschossigen Steinhaus und einem dreistöckigen westlichen Bauteil. Zwar ist der um 1470 unter Landgraf Ludwig II. dem Freimütigen begonnene und 1536/37 weitgehend neu gestaltete Fürstenflügel noch erhalten, doch verlangte die Nutzung als Gefängnis eine anderweitige Raumaufteilung. Der Grundriss zeigt im Erdgeschoss einen quadratischen, eingewölbten Saal mit dreimal drei Jochen. Das erste Obergeschoss wird in der Ansicht durch einen schmalen Gang längs geteilt. Wie in den beiden unteren Geschossen war zu Dilichs Zeit auch das Dach in kleinere Räume aufgeteilt.

Historisch bedeutsam ist der im zweiten Stock gelegene Fürstensaal, in dem 1539 die Ziegenhainer Kirchenzuchtordnung als Grundlage der evangelisch-lutherischen Kirche in Hessen verabschiedet wurde. Anlässlich der Renovierung des Fürstenflügels unter Landgraf Moritz wurde 1616 auch die einst reiche Ausmalung der Säle und Gemächer erneuert, die vor allem aus Porträts der hessischen Landgrafen sowie mythologischen und religiösen Szenen bestand. Aus der Rechnung des Malers Wilhelm Kirchhof wird ersichtlich, dass nicht nur der rund 16 x 20 m große Saal, sondern auch das Gemach der Landgräfin im zweiten Obergeschoss lag.

Dilich zeigt ferner das mit einem großen Kamin ausgestattete Küchengebäude sowie den Westflügel mit dem im Grundriss eingetragenen Hauptportal von Philipp Soldan. Die weiteren Gebäude wurden vermutlich als Stallungen und Wirtschaftsgebäude genutzt. Da sich die Landgrafen bis 1552 öfter in Ziegenhain aufhielten, waren solch umfangreiche Wirtschaftsbetriebe notwendig. Zudem diente die Festung nicht der Grenzsicherung, sondern der Versorgung der Truppen. Obwohl eine Legende fehlt, gelingt es Dilich mithilfe der Klappschichten, die unterschiedlichen Trakte des Schlosses strukturell klar und differenziert wiederzugeben.

LITERATUR: Apell 1901 – Brauer 1928 – Brohl 2005 – Broszinski 1985 – Deutsches Städtebuch 1957 – Ebhardt 1900a – Großmann 1979 – Gutbier 1973, S. 106–109 – Hubenthal 1991 – Küsch 1907 – Michaelis ca. 1900, S. 61–63 – Reuter 1977 – Reuter 2000 – Röhling 2005.

CHRISTINA POSSELT

45
Amt Langenschwarz 1617

Marburg, HStAM, Karte P II 1326
Kartusche: *Geometrischer Abriſz des bezircks Langen / ſchwartz verfertigt im Augstmonat / MDCXVII jahrs*
Papier auf Leinen, Blattmaß 79,4 x 113,3 cm, Bildmaß 75,4 x 108,5 cm, Federzeichnung, handkoloriert
Stengel Nr. 26 (ohne Abbildung)

Die 1617 entstandene Karte des Amts Langenschwarz erfasst ein Territorium, das damals nicht zur Landgrafschaft Hessen, sondern zum Einflussbereich von Fulda gehörte. Das Gebiet westlich von Hünfeld, das vorher Schwarz hieß, gehört heute nach dem Verlust seiner Eigenständigkeit zur Gemeinde Burghaun. Die Benennung Langenschwarz, die hier erstmals zu fassen ist, orientiert sich an der gleichnamigen Siedlung mit Schlösschen, das damals als fuldisches Lehen an die Herren von Buchenau vergeben war, ehe es 1677 an die Herren von Langenschwarz überging. Es ist die einzige Karte Dilichs aus diesem Jahr, in dem er infolge von Streitigkeiten mit Landgraf Moritz von Hessen-Kassel, der das Auftragsverhältnis bekanntlich beendete und den Kartographen vor Gericht anklagte, nur die ersten dreieinhalb Monate beschäftigt blieb.

Die schon recht brüchige, schwarz umrandete Landkarte, die an einigen Stellen bis zur Unleserlichkeit ausgeblichen ist, beeindruckt durch ihre Größe. Der Aufbau der nach Westen ausgerichteten Karte ist streng symmetrisch. Zwei Legendenflächen befinden sich einander gegenüber im Süd- und Nordwesten. Dem Kartuschentitel im Westen entspricht im Osten der Verweis auf die Autorschaft *Durch Wilhelmúm Dilichium. Heſsum Geographum.* Die verblichene Legendenfläche im südwestlichen Abschnitt ist wie die gesamte Karte mit Tintenflecken übersät. Randverzierungen mit stilisierten Greifen in Gold finden sich im Süden und Norden, die Kompassrose fixiert den Blick des Betrachters im Kartenzentrum. Am Siedlungsrand von Langenschwarz liegt das Fachwerkschlösschen, das im 16. Jahrhundert aus einer Wasserburg hervorgegangen war. Ein Kreis markiert jeweils den lokalen Messpunkt. Zudem sind die heute von Burghaun eingemeindeten Dörfer *Hechelmanskirchen, Groſsen Mohr* und *Kleinen Mohr* im Bild festgehalten.

Die Überschrift in der nordwestlichen Legendenfläche verweist auf das Rittergeschlecht von Buchenau, denen die Reichsabtei Fulda das Lehen übertragen hatte. Abt Johannes hatte Berthold von Buchenau mit dem Holzförsteramt *(forstassinatum)* für die gesamte Abtei Hersfeld betraut, was Abt Ludwig im Jahre 1210 bestätigte (Landau 1833, Bd. 2, S. 101f.). Das Familienwappen unter der rechten Legendenfläche zeigt einen gekrönten Halsbandsittich. Der Stammsitz Eiterfeld nordöstlich von Langenschwarz ist nicht mehr verzeichnet.

Ziel der Karte war es gemäß dem Eintrag in der rechten oberen Legendenfläche, die Aufteilung von Wald- bzw. Gehölzbesitz auf verschiedene Linien der Familie wiederzugeben: *Theilúng bemeldter Gehóltze under / die von Buchenaw. / In dieſer Theilung ſint die jenige Gehőltze und Trieſcher ſo mitt AAA bezeichnet / durchs beſz [..] Eittell Georgenn. / Die andern aber welche mitt denen Buchſtaben BBBB notiret und zur nachrichtung angedeutet, ſind angefallenn Georg Chriſtoffenn. / Apud leſslich die darauff die buchſtaben CCC Vertzeichnet ſtehenn seindt tzugefal /lenn Georg Melchiornn allen von und zu Buchenaw. /Mehr ist auch in obangeregter Meſsúng in acht zu nemen das der Acker zú 150 Ruhten die ruh / t aber zu 16 werkſchuhe ge / nommen.* Eitel Georg, Georg Christoph und Georg Melchior, deren Gehölzanteile mit *A, B* und *C* markiert sind, waren die Söhne Eberhards von Buchenau. Die Parzelleneinteilung mittels Buchstaben erweckt den Eindruck, als wäre die rechtliche Besitzaufteilung unter den verschiedenen Linien fixiert worden.

Die Karte entstand lange nach dem Beginn der Buchenauer Erbstreitigkeiten, die von 1571 an am Hofgericht zu Fulda und an den Reichskammergerichten zu Speyer und Wetzlar ausgetragen wurden. Sie spiegelt die Besitzverhältnisse unter den drei Brüdern vermutlich angesichts von Streitfragen, die sich aus dem Verkauf von Ländereien ergaben. Das Gericht Langenschwarz, das über Walburge von Buchenau, geb. von Haune, als ein in weiblicher Linie vererbbares Kunkellehen an die von Buchenau gelangt war, war an deren Enkelin Levine Roswurm gefallen. Aus den Prozessakten, die 1601 am Reichskammergericht zu Speyer übergeben wurden, geht hervor, dass Wolf Herbord von Buchenau es gegen das Gericht Schildschlag eintauschte. Der neue Besitzer Herbold Wolfgang Freiherr von Guttenberg verkaufte Teile von Langenschwarz an das Bistum Fulda (Landau 1833 Bd. 2, S. 162), das sich bereits früher bemüht hatte, Ländereien der protestantischen Buchenauer zurückzuerwerben. Der in der Inschrift erwähnte Georg Melchior ließ während der Kartierungsarbeiten noch am neuen Familiensitz Schloss Buchenau bauen, den im Jahre 1680 Placidus von Droste, Fürstabt von Fulda, zusammen mit zwei Dritteln des Fuldaer Lehens kaufen sollte (Leinweber 1989; Schaaf 2003, S. 45).

Die linke Legende listet in der ersten Spalte Personen und deren Besitz in Acker auf. Die Namen und Angaben in den anderen Spalten sind weitgehend verblasst, so dass die genauen Besitzverhältnisse nicht mehr zu rekonstruieren sind. Dilich dürfte aber mit der Landkarte den rechtlichen Besitzstand des Jahres 1617 im Kontext der Gerichtsentscheidungen dokumentiert haben.

LITERATUR: Historisches Ortslexikon des Landes Hessen online – Historisches Ortslexikon für Kurhessen 1926/1974 – Landau 1832–1839/ 2000, 1833 Bd. 2 – Leinweber 1989 – Philippi 1972 – Schaaf 2003 – Stengel 1927.

KATHARINA BECKER

III. Jesberg und Schönstein 1613

46
Gericht Jesberg 1613

Kassel, UB-LMB, 2° Ms. Hass. 679, Bl. 2
Kartusche: *Das gerich /te / Jeſzpúrg / Anno / 1613*
Papier, Blattmaß 40,9 x 53,5 cm,
Bildmaß 36,8 x 47,4 cm, Federzeichnung, handkoloriert
Stengel Nr. 14

Die Karte des seit 1586 endgültig zu Hessen gehörenden Gerichtes Jesberg (und des nördlichen Teils des Amtes Schönstein) am Fuße des Kellerwaldes lässt sich aufgrund der Inschrift in der Kartusche oben rechts auf das Jahr 1613 datieren. Das Lineal auf der rechten Seite gibt den Maßstab der Karte in *Verjúngte[n] Rúhten zu 16 werckschuhen* an. Eine Ruhte entspricht hier ungefähr vier Metern. Durch den Rahmen, die Kartusche und die farbliche Gestaltung gewinnt die Darstellung der topographischen und landschaftlichen Gegebenheiten des Gerichts Jesberg bildlichen Charakter. Die Karte zeigt sehr detailliert die Gerichtsgrenzen, den Ort Jesberg und sein Umland.

Die Grenze, die den Jesberger Rechtsbezirk umrandet, wird meistenteils durch einen hellbraunen Saum und/ oder eine rot gepunktete Linie angezeigt. Vor allem innerhalb der Waldungen werden die Zugehörigkeiten zu Jesberg, zum Amt Schönstein und zu den umliegenden Gebieten mit unterschiedlichen Blaugrüntönen verdeutlicht. Zudem sind viele Grenzbäume und am südöstlichen Rand des Gerichts auch zahlreiche Grenzsteine erkennbar. Mehrmals heben die Worte *Jespurgische Grentze mit dem Ampt Schönstein* die westliche Trennlinie zwischen Jesberg und Schönstein hervor. Dilich hat entlang dieser Linie von Süden nach Norden und darüber hinaus an der sich nördlich anschließenden Grenze zu Haina insgesamt 28 Grenzmarkierungen mit römischen Ziffern durchnummeriert. An vielen Stellen bezeichnen diese Nummern Erdaufwürfe, in der Karte *Aufwurf* oder meist als *Aw.* abgekürzt. An der Nordgrenze verweist Dilich mit *Hospitalis Heina grentze* auf das von Landgraf Philipp 1533 in ein Hospital für kranke, vor allem geisteskranke Männer umgewandelte Kloster in Haina.

In der Ortschaft Jesberg ragen die Kirche und die Burg hervor, wobei aus der Karte nicht ersichtlich wird, dass die Burg Jesberg schon 1613 im Verfall begriffen war. Das Erzstift Mainz hatte sie 1241 von ihren Erbauern, den Herren von Linsingen, gekauft und 1426 bis auf den Bergfried völlig neu errichtet. Sie wurde neben Fritzlar und Naumburg zu einem Hauptstützpunkt in den kriegerischen Auseinandersetzungen zwischen Mainz und Hessen. Die Burg wurde 1469 durch den hessischen Landgrafen Ludwig II. zerstört und 1524 nochmals erneuert. Nach 1586 wurde sie dann schließlich endgültig aufgegeben. Heute sind nur noch einige Reste der Wohngebäude und der Bergfried erhalten. Ursprünglich war das Dorf Jesberg in unmittelbarer Nähe der Burg am Bergabhang entstanden. Später verlagerte sich der Schwerpunkt auf das Gebiet zwischen Treisbach und Gilsa. Beide Ortsteile mit ca. 40 Häusern sind auf der Karte noch gut zu erkennen. Eine zeitgenössische Beschreibung des Rentmeisters Eckhard Feige zur Grafschaft Ziegenhain (Bach 1828) informiert darüber, dass das Dorf zu Beginn des 17. Jahrhunderts 65 Häuser umfasste.

Viele benannte Felder, Wälder, Berge, Haine, Gründe und Bäche gliedern die ländliche Umgebung topographisch. Das abschüssige Gelände entlang der Bachläufe ist meist in unterschiedlichen Brauntönen, jeweils ungefähr dem Grad des Gefälles entsprechend, dargestellt. Dies ermöglicht eine gewisse Vorstellung von der Oberflächenstruktur des Terrains. Die auf -roda endenden Ortsbezeichnungen weisen darauf hin, dass der Siedlung eine Rodung vorausging. Die Karte zeigt viele, jeweils mit einem Dreieck gekennzeichnete Wüstungen: Die südlich von Hundshausen gelegene Wüstung *Opperteroda* ist 1193 erstmals urkundlich erwähnt und wohl als eine Rodung des Otbert oder Otbraht anzusehen. Operterode wurde bereits 1566 als wüst bezeichnet, allerdings gibt es für das Jahr 1594 noch einen Hinweis auf ein zu Operterode gelegenes Gut, welches das nahe gelegene *Opperteroder feldt* bewirtschaftet haben dürfte. Die *Wüste Reúcherode*, die nordwestlich von Hundshausen zwischen dem *Haimberg* und dem *Rauschenberg* liegt, deutet auf den ehemaligen Hof Richerode, eine Rodung des Rihcho, die 1193 Ruscherod genannt wurde. Zu diesem Hof dürften das gleichnamige angrenzende Feld sowie das nahegelegene Waldgebiet *Das Reucherodt* gehört haben. Die Gründe für den Untergang dieser Ortschaften sind nicht geklärt. Man nimmt an, dass die zahlreichen Städtegründungen im 11. und 12. Jahrhundert die Landflucht begünstigten sowie pestartige Seuchen, Missernten, Kriegswirren und Feuersbrünste die Aufgabe dieser aus wenigen Gehöften bestehenden Dörfer erzwungen haben.

LITERATUR: Alberti 1957 – Bach 1828 – Jesberg 1991 – Meyer 1969 – Meyer 1974 – Schunder/Franz 1976 – Wenzel-Magdeburg 1923.

BERND GIESEN

47–48
Amt Schönstein

Kassel, UB-LMB, 2° Ms. Hass. 679, Bl. 11–12
Papier, Federzeichnung, handkoloriert
Stengel Nr. 15–16

Für das Amt Schönstein in der Schwalm, das Graf Johann von Ziegenhain (1304–1358) erst nach dem Erwerb der Orte Winterscheid, Lischeid, Gerwigshain und Moischeid aus dem Besitz des Klosters Haina 1350 neu bilden konnte (Brauns 1976, S. 101), plante Dilich drei Spezialtafeln. Dies suggeriert zumindest der Text in der oberen Kartusche der ersten Karte: *Weiln in der General Ta/ffell des Ampts Schönſtein, der enge halber, die / Grentz Maale und Auffwürffe nichtt allez dez ge /bühr können vorgezeigt werden, ſo wirtt derowegen / úmb mehrer nachrichtung willen, in folgende III. / Special Taffeln bemeltes Amptt abgetheilet.* Realisiert oder zumindest erhalten wurden nur zwei Spezialkarten, die genordet sind und sich im zentralen Gebiet fließend überschneiden. Beide entsprechen sich in der Farbgebung bis hin zum roten Rahmen. Der Maßstab ergibt sich aus der Skalierung des entweder als Säule oder als Winkel eingefügten Lineals.

Namensgebend für dieses zuletzt entstandene Amt der Schwalm war die Höhenburg, die Graf Johann I. vor 1350 im Verbund mit den Burgen Neukirchen, Landsburg und Schwarzenborn erbauen ließ. Im sogenannten Sternerkrieg der hessischen Ritterschaft gegen die Landgrafen konnten Heinrich der Eiserne und sein Neffe Hermann die Burg 1371/72 einnehmen, die spätestens 1468/69 im hessischen Bruderkrieg – ebenso wie die bis dahin Mainzische Burg Jesberg und die Densburg – zerstört wurde. Seit die Grafschaft Ziegenhain 1450 an Hessen gefallen war, setzten die Landgrafen Amtmänner ein, um die wiederaufgebaute Burg in strategisch günstiger Position gegen Mainz zu verwalten. Landgraf Wilhelm IV. von Hessen-Kassel (1567–1592) gab sie dem Verfall preis, so dass sie, wie die Bewohner Schönaus Landgraf Moritz mitgeteilt haben sollen, als Steinbruch für die Ziegenhainer Festung benutzt wurde. Obwohl also Schönstein zur Regierungszeit Moritz des Gelehrten verwaist war, zeichnete Dilich eine intakte Burg.

Zwei Dörfer sind auf beiden Tafeln dargestellt: Sebbeterode und Willingshausen, nicht zu verwechseln mit dem im Amt Ziegenhain gelegenen Willingshausen, das im Zuge der Gebietsreform des 20. Jahrhunderts zur Großgemeinde wurde. Beide Orte hatten zum Mainzer Territorium gehört, bis Graf Gottfried von Ziegenhain 1426 damit belehnt wurde und das Amt vergrößern konnte (Brauns 1976, S. 101). Die um 1613/1614 gefertigten Landkarten geben eine territoriale Situation wieder, die sich erst ein Jahrzehnt zuvor zweimal gewandelt hatte. Denn nach dem Tod Ludwigs IV. von Hessen-Marburg 1604 waren die zwei Jahre zuvor abgetretenen Orte Heimbach *(Hainbach)*, Lischeid *(Lieſcheitt)* und Winterscheid *(Winterſcheidt)*, die auf der zweiten Spezialtafel dargestellt sind, sowie das auf der ersten Tafel abgebildete Moischeid wieder an Hessen-Kassel zurückgefallen. So konnte Landgraf Moritz von Hessen-Kassel, der 1602 die Orte gegen ein Drittel von Stadt und Amt Braubach eingetauscht hatte, die Grenzen des Amts Schönstein vor der Kartenherstellung wieder erweitern lassen.

47 – Erste Spezialtafel

Kartusche: *Erſte Spe /cial Taffel des / Ampts / Schoenſtein*
Blattmaß 41,3 x 53,6 cm, Bildmaß 34,0 x 47,4 cm

Die erste Spezialtafel zeigt den nördlichen Teil des Amtes. Eingerahmt wird es im Westen vom Amt Gemünden, im Norden von Hospital Haina, das im Zuge der Säkularisation unter Landgraf Philipp dem Großmütigen aus dem mittelalterlichen Zisterzienserkloster entstanden war, sowie im Nordosten und Osten durch das Gericht Jesberg (Nr. 46 Bl. 2). Die Grenzen sind durch blaue Schattierung der Außenbereiche gegen das Grün des Amtes gut zu erkennen. Abschnittseinteilungen mit römischen Zahlen helfen, die Grenzen auszumachen, auch wenn eine Legende mit Erläuterungen fehlt.

Auf der Karte dominieren im Norden die dunklen Schattierungen des Kellerwaldes, den das schmale Tal der Northe zwischen dem Bergkamm Keller und dem Jeust durchbricht. An der Mündung des von Schleif- und Rodenmühle gesäumten Baches in die Gilsa liegt *Römmershauſen* mit seinen Hammerwerken und Eisenhütten, deren aufsteigender Rauch nicht einfach ein Indiz für kartographische Detailliebe ist, sondern ein wichtiger Hinweis auf die Wirtschaftskraft dieser Region und die Relevanz der hessischen Eisenverhüttung seit Landgraf Philipp dem Großmütigen. Im Tal südlich des Kellerwalds ist Densburg *(Denſbúrgk)* zu erkennen. Dorf und Burg Schönstein liegen flussaufwärts einander gegenüber am rechten und linken Ufer der Gilsa, Schönau und Moischeid an kleineren Zuflüssen.

Dilich markiert die Ortschaften, vermutlich um die Messpunkte zu kennzeichnen, mit goldenen Kreisen, die Wüstungen hingegen, selbst bei Burgen wie der *Heidelburgk*, mit Dreiecken. Das Zeichensystem ist jedoch nicht ganz einheitlich konzipiert. Alle Dörfer sind individuell dargestellt; sie unterscheiden sich in der Anzahl der Gebäude, der Ausdehnung und der Form, auch wenn die in dunklem Blau gehaltene Kirche jeweils alle Gebäude überragt.

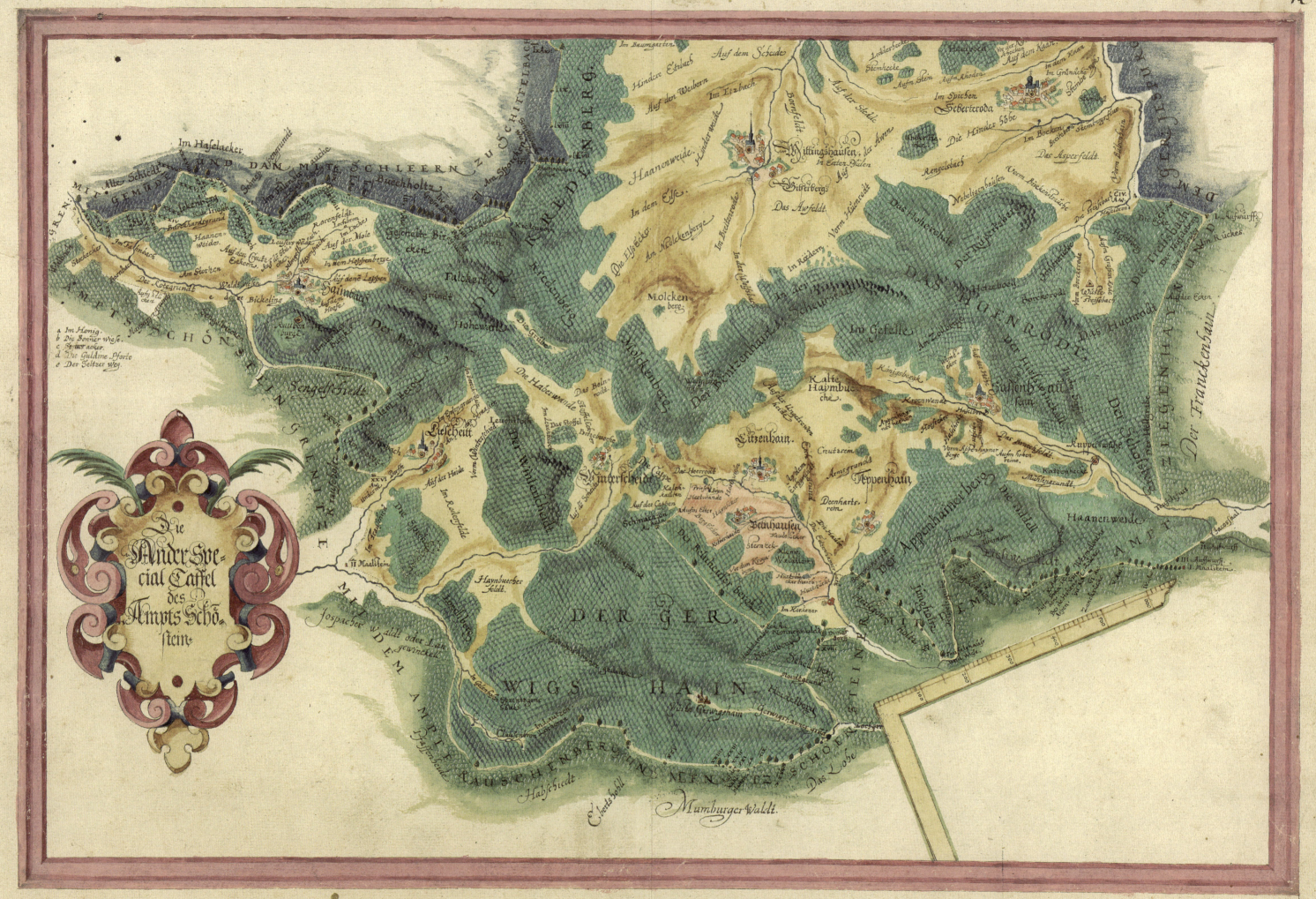

48 – Zweite Spezialtafel

Kartusche: *Die / Ander Spe /cial Taffel / des / Ampts Schőn / ſtein*
Blattmaß 41,3 x 54,0 cm, Bildmaß 34,0 x 50,7 cm

Die zweite Tafel, die den südlichen Teil des Amtes zeigt, wirkt weniger plastisch ausgearbeitet, da die Intensität der Dunkelfärbungen wegen der topographischen Bedingungen geringer ist. Die Mittelgebirgskette des Kellerwaldes vermittelt etwa eine Tiefe, die die hügelige Landschaft im Süden nicht bieten kann. Im Nordwesten grenzen das Amt Gemünden mit dem Gericht Schiffelbach, im Westen und Süden die Ämter Ziegenhain und Rauschenberg an, die alle grün eingefärbt sind; im Nordosten schließt, überwiegend blau koloriert, das Gericht Jesberg an. Dies könnte einer Unterscheidung nach Herrschaftsgebieten entsprechen. Das ehemals Mainzische Jesberg wäre somit stärker vom landgräflichen Amt Schönstein differenziert als das seit 1450 landgräflich-hessisch beherrschte Amt Ziegenhain.

Innerhalb des südlichen Amtes liegen die Dörfer in Rodungen zwischen den ausgedehnten Waldgebieten, im Westen etwa Heimbach am gleichnamigen Bach mit der auf einem bewaldeten Höhenzug gelegenen, wüst gefallenen Raubenburg, auch Heimburg genannt. Südöstlich davon, jenseits des Lischeider Berges *(Der Bergk)* und der Sengelplatte *(Sengelſchiedt)*, dominieren die Weiler Lischeid und weiter im Osten Winterscheid die zugehörigen Anbauflächen. Wieder ein Tal weiter säumen das Dorf Itzenhain, das Rittergut Bellnhausen *(Belnhauſen)* und Appenhain die drei Zuflüsse des Klärand. Ein rötliches Gelbbraun deutet auf die territoriale Eigenständigkeit der ehemaligen Wasserburg Bellnhausen, deren Zugehörigkeit zum Amt Schönstein lange nicht klar definiert war (Bitter 1991, S. 67). Im Laufe des 16. Jahrhunderts dürfte das Gut, wie auch das ehemalige Gericht Kalte Hainbuche, von dem nur noch der Flurname *(Kalte Haymbueche)* übrig geblieben ist, als Lehen der Landgrafschaft Hessen in das Amt integriert worden sein; zuletzt ist es im Salbuch des Amtes 1569 als freier Edelmannsitz bezeichnet (Friauf 1999, S. 10). Weiter im Nordosten ist das seit 1224 erwähnte Straßendorf Sachsenhausen *(Saſſenhauſenn)* am Katzenbach zu erkennen, bachabwärts eine Mühle.

Typisch für die bewaldete Hügellandschaft mit ihren vielen kleinen Siedlungskammern waren zahlreiche Wüstungen, wie *Gerwigshain* oberhalb der den gleichnamigen Wald durchlaufenden, von Grenzbäumen gesäumten Südgrenze des Amts oder die im Nordosten fast an der Grenze zum Gericht Jesberg angelegte Rodung Treisbach, nunmehr die *Wúste Treiſsbach*. Insgesamt zeigt Dilich das Amt als ein kleinräumig gegliedertes, hügeliges und von Wäldern geprägtes Territorium, in dem er die überlieferten Flurnamen und Grenzziehungen gewissenhaft einträgt und Besitzverhältnisse durch differenzierte Farbgebung sichtbar macht.

LITERATUR: Bitter 1991 – Brauns 1976 – Demandt 1972, ND 1980 – Friauf 1999 – Gilsa zu Gilsa 1885 – Historisches Ortslexikon des Landes Hessen online – Landau 1832–1839/2000, 1833 Bd. 2.

KATHARINA BECKER

49
Ziegenhain und Momberg

Marburg, HStAM, Karte P II 11036, Karte 1–3
Abriſs des ſtreitigen orts / zwiſchen dem Ampt Ziegenhain / und Mentziſchen dorffſchaft Múm /búrg bey dero Mengsberger Kalck /kaútten, o. D. [1610–1620]
Papier auf Leinen, Blattmaß 42,4 x 55,8 cm,
Bildmaß 34,4 x 50,6 cm, Federzeichnung, handkoloriert
Stengel Nr. 24d

Die in drei fast identischen Fassungen vorliegende Karte, die hier nur in einer Version gezeigt werden kann, präsentiert strittiges Grenzgebiet bei den *Mengsberger Kalkkaútten* zwischen den Dörfern Momberg und Mengsberg am Rande der Schwalm. Der Ort Momberg *(Múmbúrg)*, damals im Amt Neustadt, gehörte zum Besitz des Mainzer Erzbistums, während Mengsberg dem seit 1450 landgräflichen Amt Ziegenhain zugehörig war. Zwischen den beiden Ortschaften kam es häufig zu Grenzstreitigkeiten, die auch um das Waldstück *Vorhöltzlein* neben dem strittigen Areal kreisten. Bekanntlich war Ziegenhain, nach dem von 1144 an ein Zweig der Grafen von Reichenbach und Wegebach benannt war, nach dem Aussterben der Reichenbacher Linie zuerst Hauptresidenz der Grafen gewesen, ehe es zu Amt und Nebenresidenz der Landgrafen von Hessen wurde. Die Zuständigkeit des ansässigen Gerichts umfasste die hohe und niedere Gerichtsbarkeit; als Oberamt war es zugleich Berufungsinstanz für die Rechtsfälle in sämtlichen Ämtern der Ziegenhainischen Grafschaft, also auch für die vorliegenden Gemarkungszwistigkeiten (Historisches Ortslexikon Ziegenhain, S. 240–243).

Die Karte ist nach Südsüdwest ausgerichtet und weist im unteren Teil eine Maßstabsleiste *Verjüngte Rúten zú 16 ſchúhen* mit einer Bezifferung von Null bis 200 auf, ohne dabei sämtliche Ziffern abzubilden. Ein ermittelter Maßstab von 1:3800 lässt keine Abweichungen zur realen Ausdehnung feststellen (Stengel 1927, S. 21). Dilich ermöglichte folglich eine besonders gründliche Übersicht des strittigen Gebietes. Eine genaue Datierung der drei Ausfertigungen und deren Aufeinanderfolge ist nicht möglich, da auf den einzelnen Blättern kein Entstehungsvermerk angebracht ist. Anzunehmen ist, dass sie im Jahr 1618 als Teil „mehrerer Risse streitiger Orter" (Stengel 1927, S. 12) der Gegend erstellt wurden. Der oben genannte Titel ist ohne eine Kartusche an der oberen linken Blattkante auszumachen. Eine knappe Legende verweist in der unteren rechten Ecke auf die vorgefundenen Verhältnisse.

Im Fokus der Karte steht der *Streittige(r) Ortt* bei den Kalkgruben, der sich zusammen mit dem rechts anliegenden Waldstück *Vorhöltzlein* bei dem wüst gefallenen Ort *Entzeroda* durch eine intensivere Farbgebung von den außen liegenden Flächen absetzt. Die Gemarkung wird optisch durch die Anordnung der Schriftzüge hervorgehoben und abgegrenzt. Die Mumberger Grenzlinie beginnt links unten im Osten am Bach *Das Lebendige Waſer*, der südwestlich des Waldstücks *Mengs / berger Haart* verläuft. Der Legendenbuchstabe *A* kennzeichnet die Ziegenhainische Grenzführung *(bezeichnet dero Grentz zúg, wie derselbe jeder Zeit von denen Ziegeshainiſches Beamptes gezoges)*. Die von einer rötlichen Färbung begleitete Gemarkung verläuft von dort an dem *Bronn*, der Quelle, vorbei zuerst nach Südwesten. Die beiden kürzeren Seiten des bildbestimmenden, fast rechtwinkligen Dreiecks werden somit im Südosten als *Múmbúrger Feldtmarck*, im Westen als *Múmbúrger Waldt* bezeichnet. Der Legendenbuchstabe *B* markiert eine grüne Linie, die sich fast waagerecht von Südosten nach Nordwesten schlängelt und die Mainzer Territorialansprüche verdeutlicht *(iſt dero Mentziſche zúg, der Mengsberger bericht nach)*. Sie formt oberhalb des Schriftzuges *Mengsberger Feldtmarck* die lange Seite eines inneren Dreiecks. Diese Mumburger Gemarkungsgrenze verläuft also vom *Bronn* aus quer nach Nordwesten, teilweise am Weg entlang und zwischen der alten und der neuen Kalkgrube hindurch, bis sie im Westen bei der Rodung *Der Reebgründt* erneut auf die Linie *A* trifft.

Deutlich zu erkennen ist die Konzentration auf das umstrittene Territorium, zu dem Wiesen, zwei Waldstücke, darunter das *Vorhöltzlein*, und die alte Kalkhütte gehören. Die umliegenden Flächen und Legenden sind in der Farbgebung leicht zurückgenommen. Beide Grenzverläufe sind gleichgewichtig und ohne eine eindeutige territoriale Zuweisung eingezeichnet. Es erscheint daher unwahrscheinlich, dass die Kartierung landesherrschaftliche Rechtsansprüche auf das fokussierte Gebiet legitimieren sollte. Denkbar wäre eher, dass sie ein Gebiet veranschaulichen sollte, das häufig Disputen ausgesetzt war. Allerdings könnten die Legendenschriften *A* und *B* auf Wertungen deuten, wenn sie betonen, dass die aufgezeigten Grenzen dem alten Herkommen der landgräflichen Ziegenhainer Version und dem Mengsberger Bericht zu den Mainzisch-Mombergischen Grenzen folgen. Jedenfalls konnten die im Laufe des 17. und 18. Jahrhunderts immer wieder ausgetragenen Auseinandersetzungen erst 1756 (Klibansky 1925, S. 48) endgültig beigelegt werden. Das Vorholz befindet sich heute in der Mengsberger Gemarkung und eine Flur, „die Streitecke", weist noch immer auf diese Rechtsstreitigkeiten hin.

LITERATUR: Brauer 1934 – Gömpel/Rudewig 1994 – Heussner 1985 – Historisches Ortslexikon Ziegenhain 1991 – Historisches Ortslexikon Kurhessen 1926, ND 1974 – Klibansky 1925 – Malkmus 1904 – Stengel 1927, S. 21 – Stoffers 2002.

ISABELLE DENECKE

IV. Homberg und Melsungen
1594, 1608, 1613–1616

50
Homberg an der Efze 1594

Verso: *Abriß der Stadt Homberg*
Marburg, HStAM, Karte P II 1840
Papier, Blattmaß und Bildmaß 28,7 x 50,8 cm,
Federzeichnung in brauner Tinte

Die vermutlich 1594 entstandene Federzeichnung (Heinemeyer 1986, Taf. 1) zeigt Stadt und Schloss Homberg an der Efze sowie das umgebende Gebiet in der Vogelschau. Die relativ schlichte Gestaltung ohne Maßstabsleiste und Angabe von Himmelsrichtungen ist an vielen Stellen flüchtig, in den Details aber fein ausgeführt. Im Vordergrund ist eine Landschaft aus Feldern und Wiesen in Schrägaufsicht zu sehen, in der sich im linken Bilddrittel einige Hügel ausmachen lassen, darunter der *Steiger* und der *Stopflingk*.

Die Existenz einer landgräflichen Burg auf dem die Stadt Homberg überragenden Schlossberg kann bereits für das 12. Jahrhundert als gesichert gelten (Helbig 1938, S. 38; Heinemeyer 1986, S. 14f.). Die Anlage, deren Bergfried 1431 abbrannte (Hause 2001), wurde um 1508 durch den Kölner Erzbischof Hermann weiter ausgebaut (Historisches Ortslexikon Fritzlar-Homberg 1980, S. 156). Allein die späteren Ausbaumaßnahmen unter Landgraf Moritz im beginnenden 17. Jahrhundert sind hier noch nicht erfasst.

Die Siedlung Homberg wurde im Jahre 1231 erstmals als Stadt erwähnt; bereits zu dieser Zeit bestand neben der Altstadt, der so genannten Oberstadt, die Freiheit oder Unterstadt (Heinemeyer 1986, S. 20f.). Bis zur Vereinigung im Jahre 1536 besaßen beide jeweils eine eigene Stadtmauer mit Türmen sowie eine Pfarrkirche. Im 16. Jahrhundert erlebte Homberg eine Blütezeit; diese fand ihren Ausdruck in der Homberger Synode 1526 und in der Errichtung öffentlicher Gebäude wie des Alten Rathauses 1582. Die Stadt wurde im Dreißigjährigen Krieg (1618–1648) nahezu vollständig zerstört (Historisches Ortslexikon Fritzlar-Homberg 1980, S. 152; Dehio 1982, S. 445–447).

Die Nutzung der Ländereien lässt sich zweifelsfrei daran erkennen, dass Dilich an mehreren Stellen Bauern bei der Arbeit mit einem Radpflug und einen Schäfer mit Herde und Hund zeigt, um die Bedeutsamkeit von Acker- und Weidewirtschaft zu visualisieren. Links unten sitzt ein Bauer auf einem Pferd, das einen Rechen zieht, rechts daneben stehen zwei weitere Bauern mit Räderpflug und Pferd stellvertretend für die verschiedenen Arten des Ackerbaus. In der Bildmitte bedient ein Landwirt einen Räderpflug, ein anderer steht mit einer Peitsche neben dem Pferdegespann; sogar die Spuren des Pfluges sind im Ackerboden zu sehen. In der linken Bildhälfte windet sich von links unten nach rechts oben die Efze durch die Flur. Rechts davon zieht sich in einem weiten Bogen eine verflochtene Grenzhecke, ein Gebück, bis zum Wald. Auf dieser Seite des Flusslaufes sind einzelne Äcker und Wiesen durch Mauern aus Feldsteinen voneinander getrennt. Rechts im Vordergrund umrahmen zwei Laubbäume in gewisser Entfernung einen kleinen Hügel mit einem Galgen samt dem Gehängten.

Am Rande der Ebene zu Füßen der Hügelkette sind mittig der Ort *Holtzaúsen* mitsamt seiner *feldmarck* sowie ein *Closter* zu erkennen. Holzhausen blieb, obwohl erstmals bereits im 9. Jahrhundert erwähnt, deutlich hinter der Entwicklung von Homberg zurück, wie ein Vergleich der Einwohnerzahlen vor dem Dreißigjährigen Krieg belegt (Historisches Ortslexikon Fritzlar-Homberg 1980, S. 146–149). Nahe bei Holzhausen in Richtung Homberg liegt die Wüstung Wenigenholzhausen, welche 1575/85 letztmals urkundlich bezeugt ist. Den oberen Abschluss der Zeichnung bildet eine aus Hügeln gebildete Horizontlinie. Rechts liegt auf einem bewaldeten, teilweise gerodeten Hügel das mit *ſchlos* bezeichnete Schloss Homberg, links etwas tiefer der Ort *Hombergk*. Sowohl die Gebäude der Burg als auch markante Bauten des Ortes sind erkennbar, so der Turm der Stadtkirche St. Maria, zwei weitere Türme der Kirche in der Neustadt und ein Stadttor. Links von Homberg, in der Mitte der Zeichnung, liegt der *Hertzbergk*, daran schließen sich ein Wäldchen namens *gemeine Mark*, der *Húnerbergk* und ganz links eine bewaldete Erhebung namens *Keffelsboden* an.

Viele der auf der Zeichnung abgebildeten Geländemerkmale lassen sich heute nicht mehr eindeutig zuordnen, da die Flurbezeichnungen verloren gingen und keine topographisch präzise Abbildung des Geländes vorliegt. Dennoch ist wahrscheinlich, dass Dilich die Ansicht aus östlicher Richtung zeichnete. Auch wenn keine Schriftquellen über den Hintergrund berichten, kann man vermuten, dass die Zeichnung aufgrund von Streitigkeiten zwischen Homberg und Holzhausen hinsichtlich der Fluraufteilung entstanden ist.

LITERATUR: Dehio 2008, Bd. I, S. 432–438 – Großmann 2008 – Hause 2001 – Heinemeyer 1986 – Helbig 1938, S. 38 – Historisches Ortslexikon Fritzlar-Homberg 1980, S. 146–156.

OLAF WAGENER

51
Brunnenbau in Homberg an der Efze 1608

Verso: *Abbriß wegen Brunne /bawes zu Hombergk / Anno 1608 – 7 – Februarij*
Marburg, HStAM, Karte P II 1839
Papier, Blattmaß 32,9 x 42,0 cm,
Bildmaß 11,0 x 35,0 cm,
Federzeichnung in brauner Tinte

Die im Februar 1608 vermutlich aus Anlass des Brunnenbaus entstandene Federzeichnung der Burg Homberg an der Efze zeigt einen Querschnitt durch den Schlossberg mitsamt dem Brunnenschacht, der Burg auf der Spitze und der Stadt Homberg links unten. Trotz der urkundlichen Erwähnung des Hersfeldischen Ministerialen ‚Rentwicus de Hohenberc' als Burgbewohner von 1162 an ist die Burg erst später in den Quellen nachzuweisen (Heinemeyer 1986, S. 14f.). Es wird angenommen, dass sie seit spätestens 1190 in landgräflichem Besitz war (Helbig 1938, S. 38). Nachdem der Bergfried 1431 abbrannte (Hause 2001), wurde kein Hauptturm mehr errichtet; der heutige Aussichtsturm geht auf Baumaßnahmen der Jahre 1950–58 zurück und ist ohne historisches Vorbild (Hause 1980, S. 77f. u. S. 102–105). Der Kölner Erzbischof Hermann und sein Neffe, Landgraf Wilhelm II., ließen um 1508, ebenso wie zu Beginn des 17. Jahrhunderts Landgraf Moritz, die Burg ausbauen. Im Dreißigjährigen Krieg wurde das Schloss zweimal erfolgreich belagert und 1648 endgültig zerstört (Historisches Ortslexikon Fritzlar-Homberg 1980, S. 156). Der Burgbrunnen wurde in den Jahren 1997 bis 2001 ohne archäologische Untersuchungen in seiner gesamten Tiefe freigelegt (Hause 2001).

Die Zeichnung, die weder eine Maßstabsleiste noch eine Angabe von Himmelsrichtungen enthält, ist schlicht gestaltet. Einige in regelmäßigen Abständen ober- und unterhalb der Gebäude angebrachte Punkte könnten von der Vermessung herrühren. Die Burg ist mit leichten Strichen auf dem Berggipfel skizziert und mit *Hombergk* überschrieben. Dilich zeigt eine Ringmauer sowie an der stadtabgewandten Seite einen größeren Wohnbau mit Satteldach und weiterem Anbau. Vom rechten Teil der Burg aus ist ein senkrechter Schacht als Längsschnitt durch den im Bau befindlichen Burgbrunnen angelegt. Dieser als *Neúebron* bezeichnete Brunnenschacht verjüngt sich kurz vor dem unteren Ende auf den halben Durchmesser des oberen Abschnitts. Auf einer Tiefe von 46 Lachtern, etwa 92 m, ist im rechten Winkel eine gepunktete Gerade von 140 Lachtern, also 280 m, nach rechts gezogen, die dort am Fuße des Hügels auf den *Haúszbron* trifft, von dem wiederum eine Gerade von 148 Lachtern zum Brunnenansatz auf der Burg führt und das Dreieck schließt.

Unterhalb der Burg ist auf Höhe des beginnenden Brunnenschachtes eine weitere gepunktete Gerade erkennbar, die bis annähernd zum linken Rand der Bergkuppe verläuft und diesen mithin auf Höhe des oberen Endes des Brunnenschachts erreicht. Von dort ziehen sich im rechten Winkel zwei parallele gepunktete Linien zur Visualisierung der Distanz nach unten: Die erste endet in einer Tiefe von *48½ L.* auf Höhe des Begriffs *Herberge*, eines Hauses in der Stadt Homberg. Die zweite endet in der Tiefe von *62 L.* an der Darstellung der Sohle eines in der Stadt gelegenen Brunnenschachts, dessen Name *Münchbron* auf eine mögliche Quelle deutet. Eine weitere gepunktete Linie verbindet *Herberge* und *Münchbron*. Die genannten Linien visualisieren die Distanz.

In der Stadt Homberg am Fuße der steilen Bergseite erkennt man neben schemenhaften Häusern ein bergseitiges Stadttor, einen weiteren Stadtmauerturm im Hintergrund sowie die Stadtkirche mit einer halbrunden Haube. Am äußersten rechten Blattrand befindet sich in Richtung der Siedlung Mardorf der senkrechte Schriftzug *Martorff*.

Der Brunnen wurde vermutlich 1605 von Bergfachleuten begonnen und 1613 fertig gestellt. Aus mehreren zeitgenössischen Berichten und Schreiben ergibt sich, dass man gehofft hatte, in Tiefe des so genannten Hausbrons bei 46 Lachtern auf Wasser zu treffen. Nachdem man dort noch kein Wasser fand, richtete sich die Hoffnung der Erbauer auf den *Münchbron* der Stadt Homberg, dessen Sohle man bei 62 Lachtern, etwa 124 m, vermutete. Die Erwartung erfüllte sich letztlich nicht, da man erst in 150 m Tiefe den Grundwasserspiegel erreichte (Textor 1950a u. 1950b, Kill 2009). Bemerkenswert scheint, dass im unteren Bereich des Brunnens der Schacht auf den halben Durchmesser verjüngt dargestellt ist, was der schriftlichen Überlieferung entspricht: Die Bergleute, die den Brunnen erbauten und nach abgeteuften Lachtern, also der ausgehobenen Tiefe, bezahlt wurden, schlugen den Brunnenschacht enger aus, um schneller hinab zu gelangen (Textor 1950a).

Die Zeichnung könnte zur Berechnung der schon erreichten und noch zu grabenden Tiefe erstellt worden sein und das geplante Vorgehen illustriert haben. Sie war vermutlich einem Schreiben an den Landgrafen beigefügt, in welchem die Problematik erläutert wurde (Textor 1950a).

LITERATUR: Gleue 2008, S. 205–213 – Hause 1980 – Hause 2001 – Heinemeyer 1986 – Helbig 1938 – Historisches Ortslexikon Fritzlar-Homberg 1980 – Kill 2011 (im Druck) – Textor 1950a – Textor 1950b – Textor 1956/57.

OLAF WAGENER

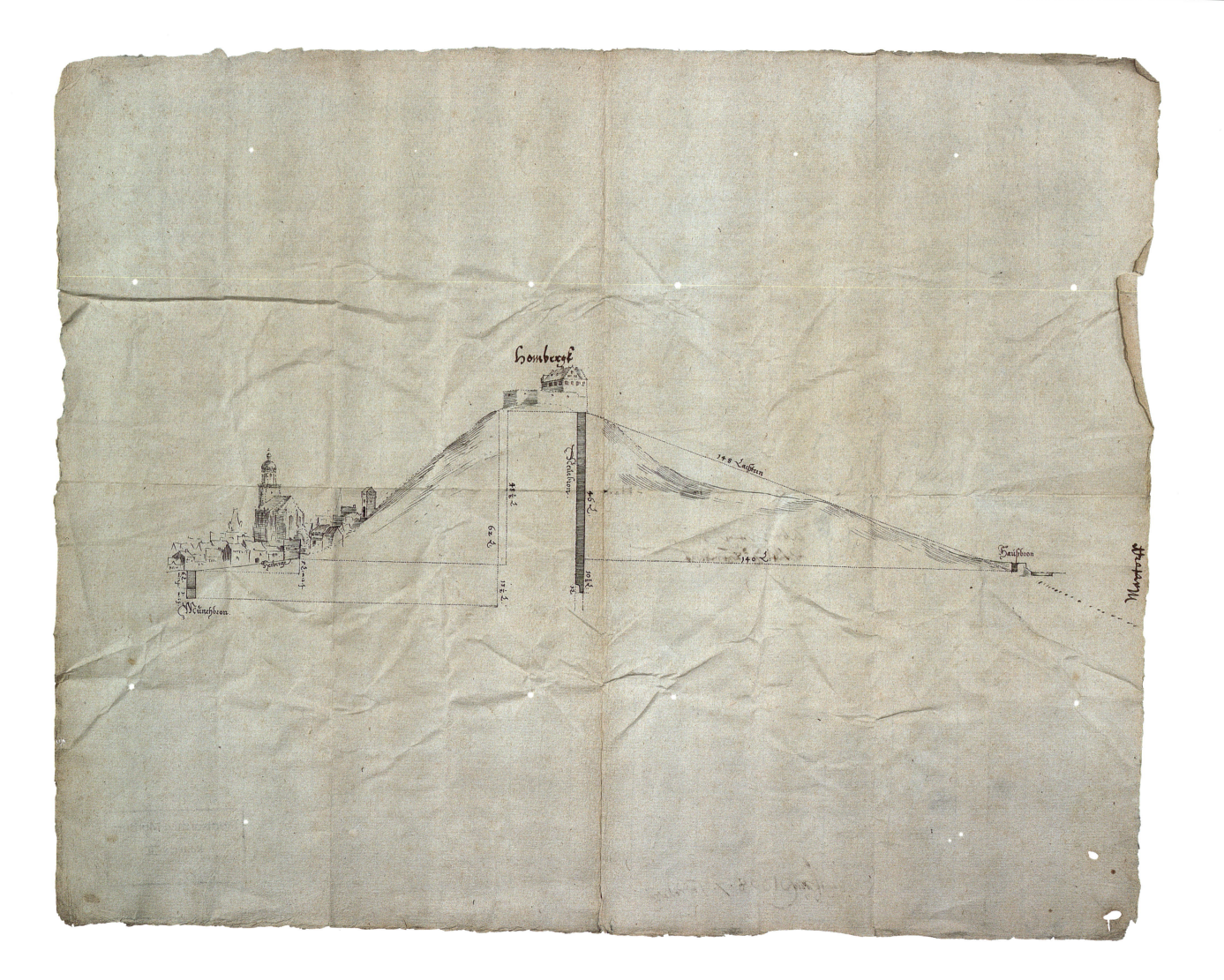

52–54
Schloss Homberg an der Efze

Kassel, UB-LMB, 2°Ms. Hass. 679, Bl. 3–5
Papier, Federzeichnungen, handkoloriert,
in Teilen aufklappbar

Die im 12. Jahrhundert erbaute Burg Homberg wird zusammen mit dem Ministerialengeschlecht der Hohenberg erstmals urkundlich erwähnt, denn ‚Rentwicus de Hohenberc', Ministeriale der Abtei Hersfeld, ist von 1162 bis 1197 als Bewohner der Burg bezeugt. Möglicherweise vorübergehend in der Hand der Grafen von Ziegenhain, ging die Burg zwischen 1186 und 1189 an die thüringischen Landgrafen über, die spätestens 1231 die Stadt Homberg gründeten. Das Aussterben dieser Linie brachte die hessischen Landgrafen 1247 in den Besitz der Burg Homberg, die Amtssitz der landgräflichen Verwaltung wurde. 1427 starb mit Simon *de Hohenberc* das Geschlecht aus, das auch unter den Landgrafen zeitweise die Burg als Lehen innehatte. Erst nach dem Tod Erzbischofs Hermann von Köln, Bruder Landgraf Ludwigs II., der die Burg 1472 übernahm und zum Renaissanceschloss umbauen ließ, fiel sie 1508 endgültig an die hessischen Landgrafen. Im Dreißigjährigen Krieg wurde die Burg 1636 und 1640 belagert und stark beschädigt. Auf die Erneuerung der Befestigung 1647 folgte im Jahr darauf die endgültige Zerstörung.

Der Name Homberg verweist auf den hohen Berg, auf dem heute nur noch wenige steinerne Überreste von der mittelalterlichen Burg und dem Renaissanceschloss zeugen. Dilich zeigt das Schloss Homberg auf insgesamt drei in Teilen aufklappbaren Tafeln zum Zeitpunkt des großen Ausbaus der Anlage, wobei die Konzentration auf das Palasgebäude dessen besonderen Stellenwert hervorhebt.

52 – Bl. 3: Grundriss 1613

Kartusche: *General / Gründt /riſz des Schloſſs / Homburg in Heſ / ſen / Anno mdcxIII / Menſe Octo / bre*
Blattmaß 40,9 x 53,2 cm, Bildmaß 33,9 x 47,3 cm

Gemäß dem Titel in der verzierten Kartusche zeigt das Blatt, das auf Oktober 1613 datiert ist, den Grundriss der Gesamtanlage des Homburger Schlosses. Außer der ästhetischen Aufwertung des Planes durch die Rahmung fällt die in der großen freien Fläche des Schlossplatzes *(Q)* kompositorisch ausgewogen platzierte Kompassrose auf, deren Ausrichtung nach Norden mit *Septentrio* spezifiziert ist. Die Bezeichnungen der einzelnen farblich differenzierten Gebäude und Räume sind in einer Legende am rechten oberen Bildrand aufgelöst. Obwohl der am unteren rechten Bildrand wiedergegebene Maßstab eine Überprüfbarkeit der Größenverhältnisse suggeriert, konterkariert das Fehlen der zugrunde gelegten Längeneinheit diesen Eindruck von Präzision.

Die Anlage der Burg ist halboval und schließt mit gerader Front nach Nordwesten ab. Die weitgehend erhaltenen Ringmauern umfassen fast die gesamte Bergkuppe, auf der die Burg liegt. Dilichs Plan zeigt, dass bereits vor dem Dreißigjährigen Krieg nur noch wenige Teile der ursprünglichen Burganlage erhalten waren. Diese bestanden aus einer manchmal als Zwinger bezeichneten Vorburg und einer höher gelegenen Kernburg. Den Verbindungsweg *(Z)* flankierten noch nicht die erst 1613 im Zuge des Ausbaus zur Festung unter Landgraf Moritz entstandenen Außenbastionen der Vorburg. Dilich bildet lediglich den Graben *(J)* ab, dem er durch unterschiedliche Grüntöne Tiefe zu verleihen sucht. Auch Geschützhaus, Arsenal und Kommandantenhaus waren zum Zeitpunkt, als Dilich die Burg zeichnete, noch nicht vorhanden. An ihrer Stelle vermerkt er die Keller von zwei nicht mehr erhaltenen Bauten *(R)* und die *Maure[n] vom alte[n] gebeude (S)*. Von dem einst dreigeschossigen Marstall *(T)* ist lediglich das unterste Geschoss mit Kellergewölbe im Grundriss eingezeichnet, das als Pferdestall genutzt wurde und noch heute zu sehen ist.

Der höher gelegene Palas, der durch einen Treppenturm erschlossen wurde, tritt auch in der gestochenen Stadtansicht von Homburg in Dilichs ‚Hessischer Chronica' (Dilich 1605/1961, S. 160a) deutlich hervor. Im Konvolut der Landtafeln zeugen noch zwei weitere Darstellungen vom Aussehen der Burg zu unterschiedlichen Zeitpunkten (Nr. 50–51). Wie in den Grundrissen sind auch in diesen Zeichnungen die Ringmauer und der Wohnbau die markantesten Teile der Anlage.

Im Grundriss werden Brunnen *(X)* und zwei viereckige Zisternen *(Y)* nach dem Aufklappen des mit einer Mauer umgebenen, weißen Areals des Schlossplatzes sichtbar. Die seit 1936 betriebenen Ausgrabungen haben nicht nur den gotischen Torbau und die Keller- wie Gebäudemauern freigelegt, sondern auch das Brunnenhaus. 1997 bis 2001 bestätigten sich Dilichs Angaben, dass der Schacht 546 Schuh, etwa 150 m, in die Tiefe reichte. Der Kartograph hatte die 1605 begonnenen Arbeiten am Burgbrunnen bereits 1608 dokumentiert (Nr. 51).

Der aufklappbare Wohnflügel des Schlosses ermöglicht es zudem, beide Stockwerke in einem einzigen Plan darzustellen. Der geschlossene Zustand der Tafel gibt die Raumaufteilung des ersten Obergeschosses wieder (Nr. 54 Bl. 5). Der aufgeklappte Grundriss zeigt das Erdgeschoss, wie es im folgenden Blatt nochmals erscheint.

53 – Bl. 4: Grundriss Erdgeschoss

Legendentitel: *Erſte ſpecial taffel des / Schloſſes Homburg*
Blattmaß 41,0 x 53,9 cm, Bildmaß 34,0 x 47,5 cm

Die gerahmte Tafel zeigt eine Ausschnittsvergrößerung des einflügeligen Schlossriegels. Der wie auf dem vorigen Blatt parallel zum unteren Bildrand angebrachte Maßstab ist dementsprechend vergrößert, zeigt aber wiederum keine Längeneinheiten an. Der grün markierte Graben umfasst den Gebäudeausschnitt, der um einen Mauerabschnitt nach Süden ergänzt ist. Die erhöhte Lage der Burg ist durch die dunkle Grünfärbung kenntlich gemacht. Soweit erkennbar, scheint Dilich durch ein paar parallele Federstriche die ursprüngliche Zugbrücke anzudeuten, die später durch eine feste Holzbrücke ersetzt wurde. Das Aufklappen der quadratischen Kapelle gibt den Blick auf die Pforte und den Torbau der Burg frei. Dieser lag oberhalb des Tores. Die darin untergebrachte Kapelle verlief ebenerdig zum Palas und war nur über diesen zugänglich. Mit der unterschiedlichen Anzahl an Treppenstufen in der Verbindung zwischen Kammer und Kapelle kennzeichnet Dilich diesen Höhenunterschied der Gebäudeteile. Gemeinsam mit den weiteren architektonischen Elementen des Grundrisses wie Fenstern, Türen und Kaminen waren auch Treppen bauliche Mittel, um soziale Unterschiede zu markieren. Dilichs Bestandsaufnahme visualisiert somit die Hierarchie der Hofgesellschaft.

Die einzelnen Räume des Erdgeschosses sind entsprechend der Legende der vorigen Tafel bezeichnet. Die einfache Systematik des einflügeligen Schlosses besteht aus einer Abfolge von vier Räumen, die hintereinander erschlossen werden können. Von Osten nach Westen sind eine Kammer und das angrenzende *Hern Gemach*, wie es laut der Legende des Grundrisses (Nr. 52 Bl. 3 (D)) heißt, verzeichnet. Zusammen mit der Kapelle scheinen sie eine räumliche Einheit zu bilden. Den östlichen Teil nehmen ein *Vorgemach* und der große langrechteckige *Saal* mit mittlerer Stützenreihe ein, der sich besonders durch seinen vorkragenden Erker auszeichnet und wohl ehemals einer der herrschaftlichsten Räume des Schlosses gewesen ist. Leider haben sich keine Quellen über die Nutzung dieses Hauptraums erhalten. Die Zweiteilung des Schlosses in einen eher privaten und einen stärker öffentlich genutzten Bereich lässt sich noch heute erkennen.

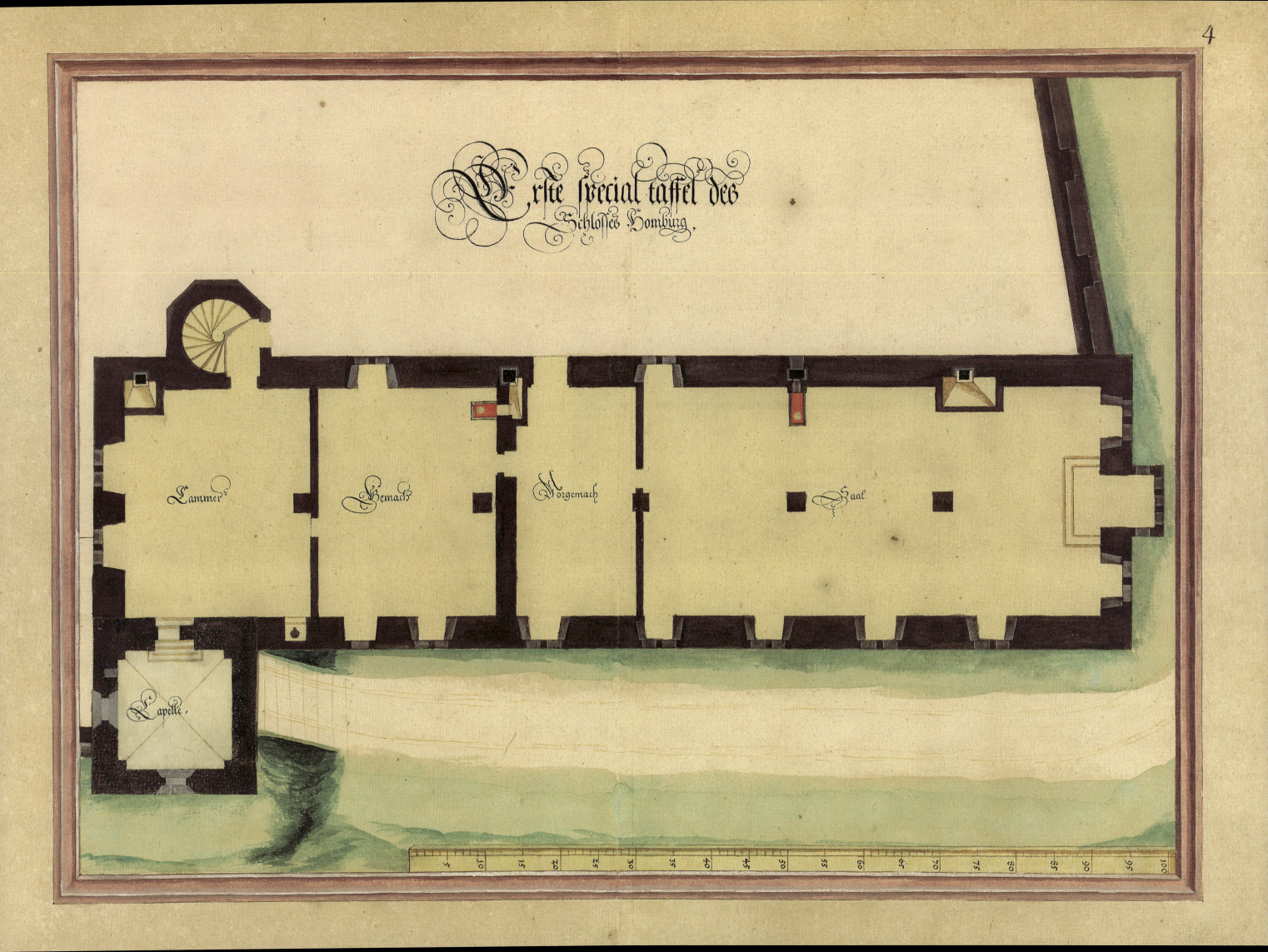

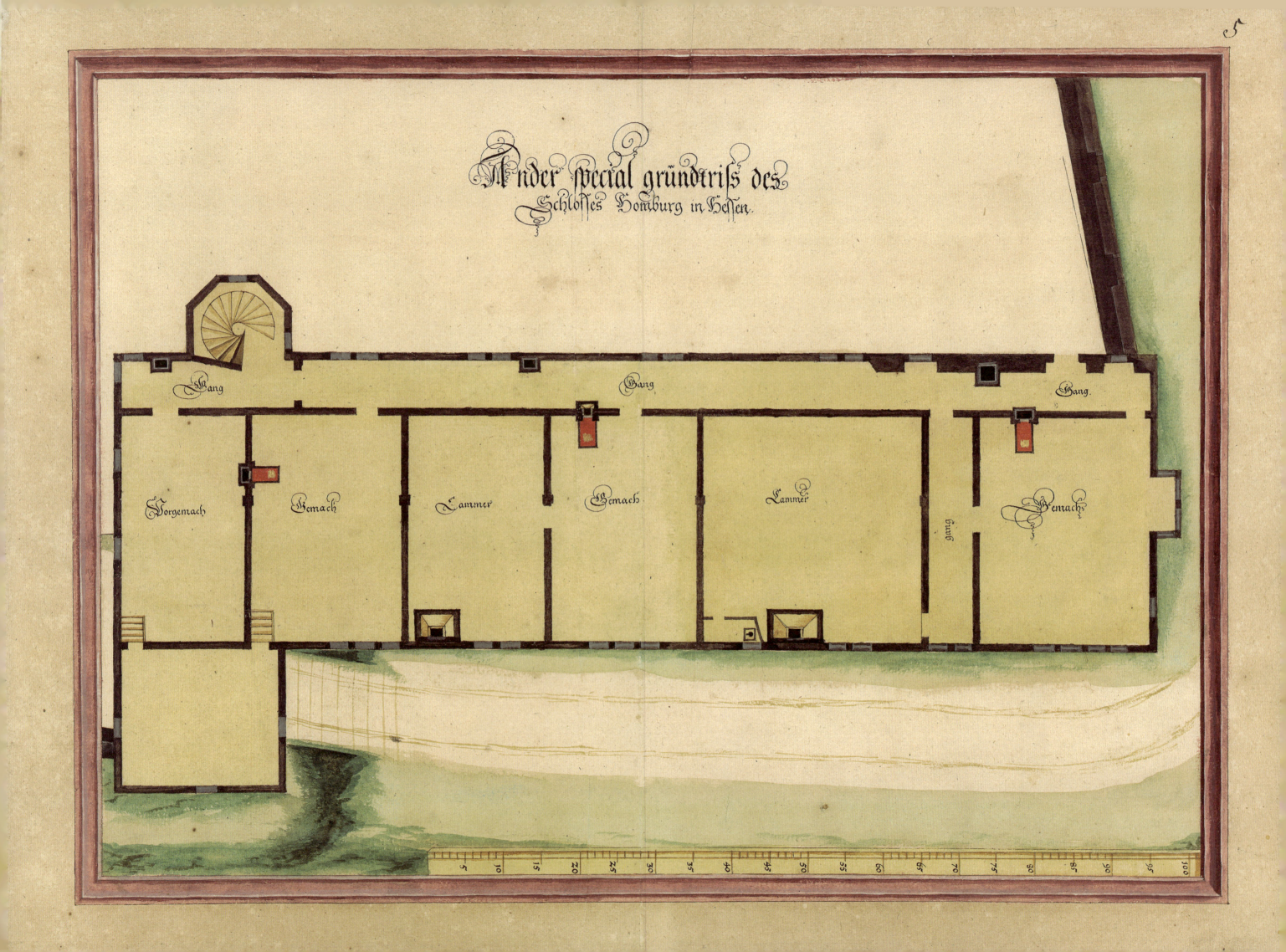

54 – Bl. 5: Grundriss Obergeschoss

Legendentitel: *Ander special gründtriſs des / Schloſſes Homburg in Heſſen*
Blattmaß 41,0 x 53,5 cm, Bildmaß 34,0 x 47,4 cm

Der zweite Spezialgrundriss von Schloss Homberg entspricht in Ausschnitt und Darstellungsweise der vorausgehenden Tafel (Nr. 53 Bl. 4). Die Anzahl der Räume hat sich im Vergleich zum Erdgeschoss erheblich erweitert. Anders als dort sind die einzelnen Räume über einen langen schmalen Gang zugänglich, der die gesamte Breite des Schlosses einnimmt. In dieser Art der Raumerschließung zeigt sich ein für 1613 modernes Element des Schlossbaus, denn erst nach 1600 lassen sich Innenkorridore finden (Kiesow 2000, S. 54). Nur die *Kammer* ist ausschließlich über das angrenzende *Gemach* zu betreten. Die Fläche des ebenerdig gelegenen großen Saales nehmen der im Gesamtplan als *Grofse Schlaafcammer (O)* bezeichnete Raum sowie ein weiteres großes Gemach ganz im Westen ein, die durch einen zusätzlichen, nach Norden verlaufenden Gang voneinander getrennt sind. Dilichs Plan zeigt, dass alle Gemächer vom Gang bzw. Vorgemach aus beheizt werden konnten. Der oberhalb der Kapelle gelegene Raum trägt als einziger keine Beschriftung. Da Dilich ihn auch in der Grundrisslegende (Nr. 52 Bl. 3) nicht genauer benennt und außer fehlenden Heizmöglichkeiten keine baulichen Besonderheiten erkennbar sind, ist seine Nutzung nicht rekonstruierbar.

Im Vergleich zu anderen Burgendarstellungen Dilichs wirken die Grundrisse von Schloss Homberg zwar eher nüchtern und auf das Wesentliche beschränkt, aber sie erfüllen die Ansprüche an den graphisch vermittelten Informationswert eines Gebäudegrundrisses. Die separate Darstellung zweier unterschiedlicher Stockwerke macht die geschossweise Differenzierung der unterschiedlichen Funktions- und Lebensbereiche und damit die Abgrenzung und Verbindung von repräsentativer und wohnlicher Sphäre deutlich (Albrecht 1995, S. 228).

QUELLE: Dilich 1605/1961.
LITERATUR: Albrecht 1995 – Dehio 1982 – Deutsches Städtebuch 1957 – Ebhardt 1900a – Ebhardt 1900b – Heinemeyer 1986 – Historisches Ortslexikon Fritzlar-Homberg 1980 – Kiesow 2000 – Michaelis ca. 1900, S. 59–60.

CHRISTINA POSSELT

55
Spezialtafel des Amtes Melsungen mit Bezirk der Stadt Melsungen 1615

Kassel, UB-LMB, 2° Ms. Hass. 679, Bl. 6
Kartusche links oben: *Bezirck / Der ſtadt Milſungen / 1615*
Kartusche rechts unten: *V. Sp.[ecial]taffel des Am / ptes Milſungn*
Papier, Blattmaß 40,7 x 53,5 cm,
Bildmaß 33,6 x 48,1 cm, handkoloriert
Stengel Nr. 17

Die vorliegende Karte, die mit dem Bezirk der Stadt Melsungen den weiträumigsten Ausschnitt des Amts darstellt, steht am Anfang einer fünf Blätter umfassenden, allerdings nicht schlüssig nummerierten Serie von Kartierungen des Amts Melsungen. Dies ist insofern bemerkenswert, als Dilich keine andere Region in derart vielen Karten festhielt. Die Tafeln schließen zum Teil direkt aneinander an, wie es die eingezeichneten Dörfer und Flurnamen verdeutlichen.

Die Stadt Melsungen, heute eine der sehenswerten historischen Fachwerkstädte Hessens, entstand in einer Region, in der die Interessen der thüringischen und später hessischen Landgrafen mit denjenigen des Erzstifts Mainz konkurrierten. Grund für die Gemengelage von Herrschaftsinteressen und verschiedene Auseinandersetzungen um Burg und Stadt war deren Lage an der Kreuzung von Handelswegen, vor allem der Nürnberger Straße als Nord-Südverbindung im Fuldatal und des in west-östlicher Richtung verlaufenden Sälzerwegs. Weiter südlich passierte ein Zweig der von den Niederlanden in den Osten führenden Fernstraße „durch die Langen Hessen", die auch Frankfurt mit Eisenstadt und Leipzig verband. Seit dem 10. Jahrhundert namentlich bezeugt, im 12. als *burgus* erwähnt und im 13. Jahrhundert als Stadt bezeichnet, wurde Melsungen vor allem im 16. und 17. Jahrhundert baulich geprägt, als es für die hessischen Landgrafen residentielle Funktionen wahrnahm. Davon zeugt die steinerne Fuldabrücke, die 1596 fertiggestellt wurde.

Die Stadt Melsungen, Mittelpunkt des Bezirks, ist von einer intakten Befestigung umgeben; die Anlage ist auf die Pfarrkirche Peter und Paul ausgerichtet. Außerhalb des ummauerten Stadtgebiets im grünen Gürtel liegen das landgräfliche Schloss, die Ziegelhütte, das Siechenhaus, das Hospital St. Georg und auf der anderen Fuldaseite die Bach- und die Schneidemühle. Unterhalb des leeren Textfeldes in einer rot gerahmten Kartusche betont das Melsunger Stadtwappen, das Tor und Stadtmauern aufgreift, die Bedeutung der selbstbewussten Stadt.

Der Bezirk Melsungen wird durch den eingefügten Maßstab als vermessenes Territorium dargestellt. In der agrarisch und forstwirtschaftlich geprägten Umgebung sticht vor allem der dunkelgrün eingefärbte Schöneberg hervor, dessen Nutzung Landgraf Heinrich II. 1370 den Melsungern gestattet hatte, ein Recht, das im 16. Jahrhundert zeitweise in Zweifel gezogen wurde.

Einzelne schriftliche Einträge Dilichs, die mit Buchstaben ausgezeichnet sind, verweisen auf besondere Rechtsverhältnisse im Bezirk. So werden etwa links des Stadtwappens Grenzstreitigkeiten mit dem Dorf Schwarzenbach kommentiert und nördlich von Obermelsungen wird ein gemeinsamer Besitz von Stadt und Dorfschaft ausgewiesen. Möglicherweise ist gerade die Verortung verschiedener Rechtssituationen Grund für den offenbar häufigen Gebrauch der Karte, der sich in einer besonderen Abnutzung im Vergleich mit den folgenden Karten widerspiegelt.

LITERATUR: Armbrust 1921 – Bertinchamp 1988 – Broszinsky 1985, S. 150-201 – Gauland 1985 – Historisches Ortslexikon des Landes Hessen online – Krummel 1941 – J. Schmidt 1978 – U. Schneider 2004 – Wolf 2003 – Wolff 2006.

BETTINA SCHÖLLER

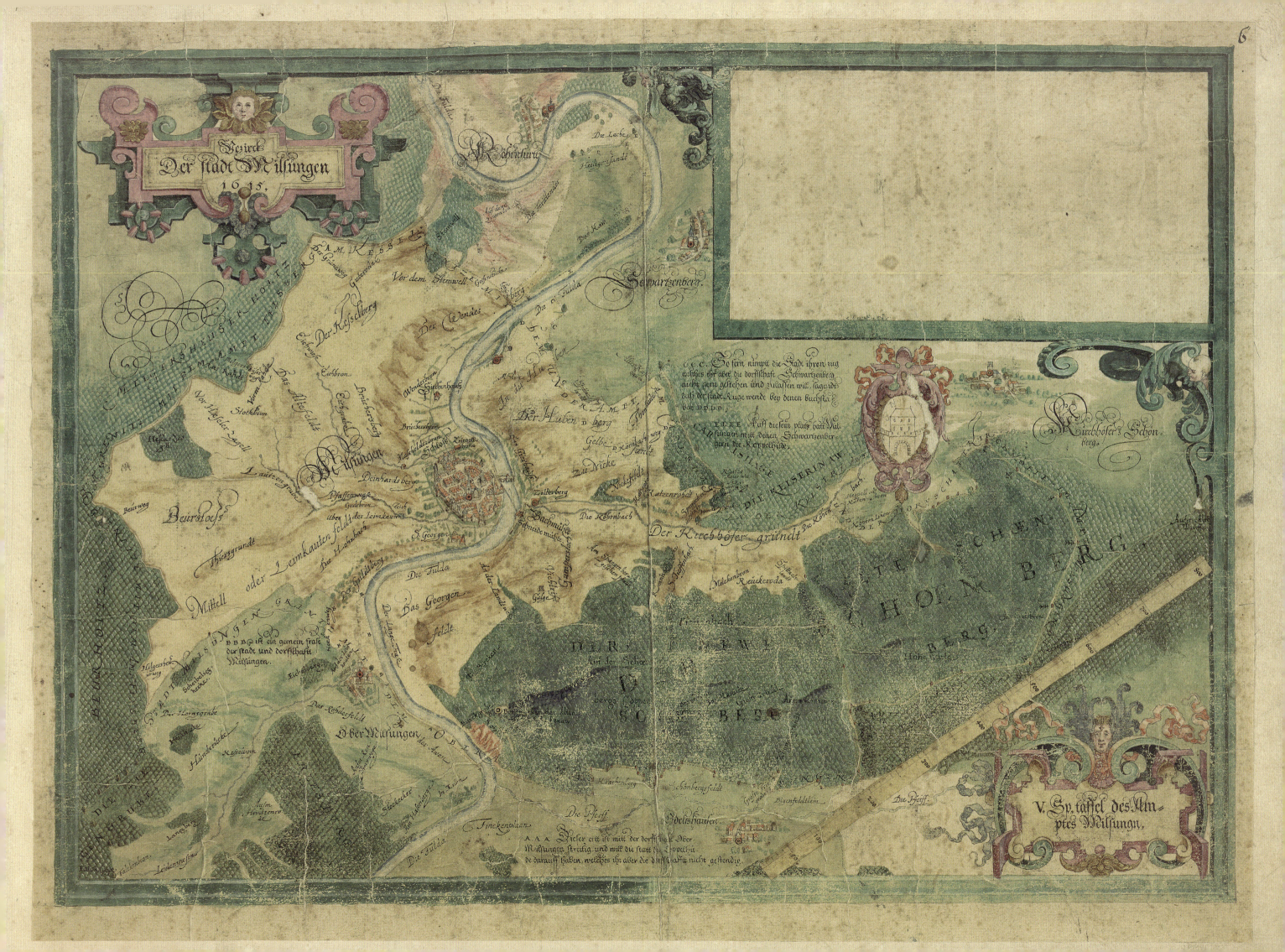

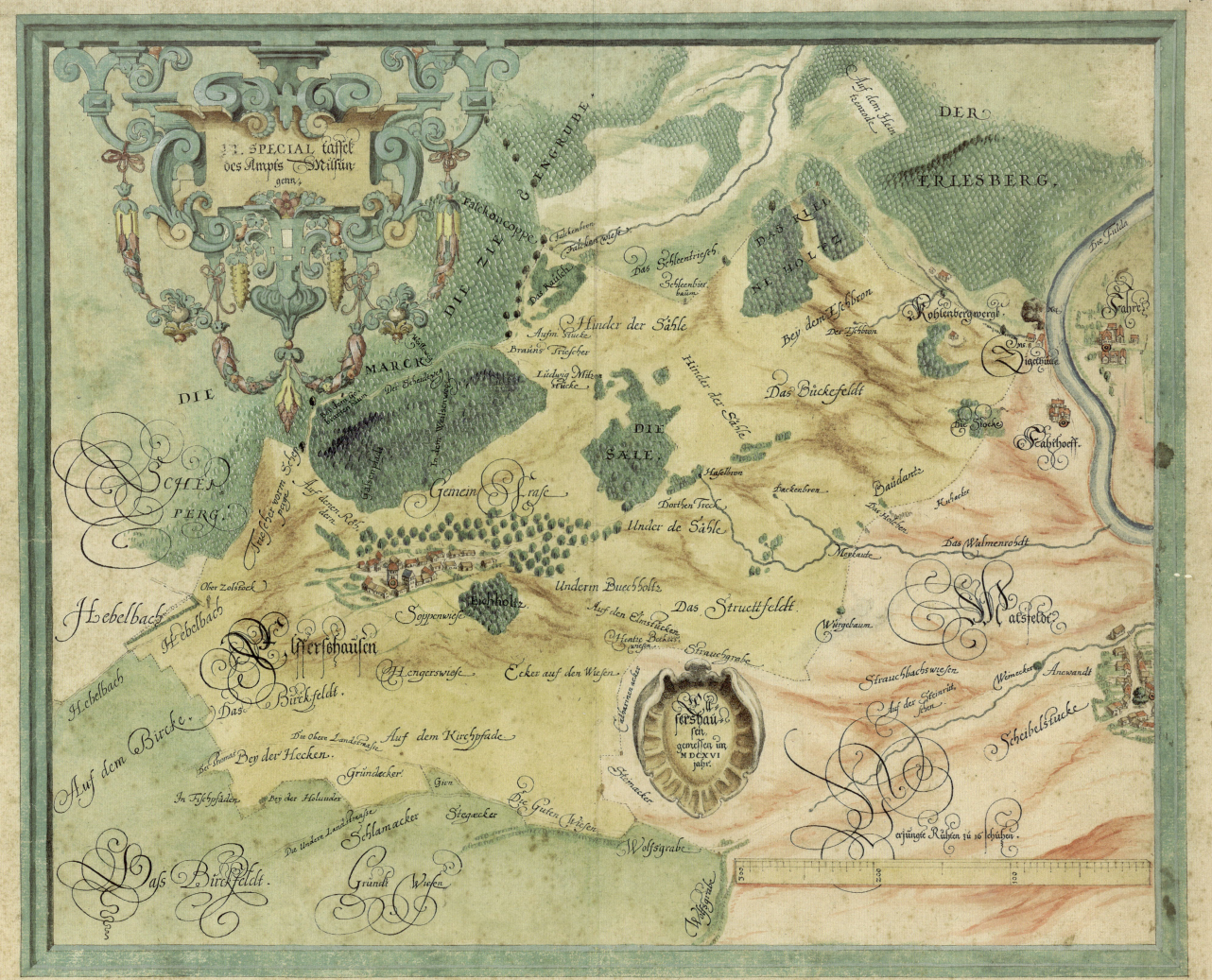

56
Spezialtafel des Amtes Melsungen mit Bezirk Elfershausen 1616

Kassel, UB-LMB, 2° Ms. Hass. 679, Bl. 6 b III
Kartusche kinks oben: *VI. SPECIAL taffel / des Ampts Milſún / genn*
Kartusche unten: *Ell /ferhaú / ſen / gemeſſen im / MDCXVI / jahr*
Papier, Blattmaß 41,1 x 53,5 cm,
Bildmaß 33,5 x 42,4 cm, handkoloriert
Stengel Nr. 21

Das südwestlich des Amtsmittelpunkts Melsungen gelegene Dorf Elfershausen wird erstmals in einer Urkunde Graf Bertholds von Felsberg aus dem Jahre 1253 erwähnt, welche die Schenkung des Ortes an das Kloster Breitenau bestätigt. Mit der Aufhebung des Klosters 1527 im Gefolge der Reformation gingen die Breitenauer Rechte an den hessischen Landgrafen Philipp den Großmütigen über. Das Straßendorf Elfershausen liegt innerhalb eines klar umgrenzten Gebiets. Äcker, Wiesen, Felder und ein kleiner Wald prägen den Bezirk und deuten darauf hin, dass die Landwirtschaft Lebensgrundlage der Elfershausener war.

Der nicht weit entfernte Fuldaübergang *Fahre*, auf der Karte ganz rechts und schon außerhalb des Bezirks Elfershausen, sicherte die Verkehrsanbindung nach Spangenberg im Osten über einen Zweig der Fernstraße „durch die Langen Hessen"; nach der Mitte des 15. Jahrhunderts soll dort zeitweise sogar eine Holzbrücke die Fähre ersetzt haben. Den Flussübergang kontrollierte seit 1500 eine landgräfliche Zollstation.

An dieser strategisch wichtigen Stelle trafen, wie auch die Tafel zum Bezirk Malsfeld (Nr. 57 Bl. 9) zeigt, drei Bezirke des Amtes Melsungen aufeinander: das grünlich gefärbte Obermelsungen von Norden her, das bräunlich gehaltene Malsfeld im Süden und das gelblich akzentuierte Elfershausen im Westen, das vom Zugang zur Fulda abgeschnitten war. Am diesseitigen Fuldaufer befinden sich noch eine Ziegelhütte und ein Kohlebergwerk, die auf Rohstoffgewinnung und -verarbeitung und damit auf andere Formen regionaler Wirtschaft verweisen. Das Obermelsunger Bergwerk war offenbar ein Prestigeobjekt der Landgrafen. Gerade im 16. Jahrhundert wurde im Zuge der landgräflichen Bemühungen um eine neue Wirtschafts- und Finanzverwaltung und vor allem im Kontext des Aufbaus gewerblicher Domänen durch Philipp den Großmütigen in Hessen mit einer systematischeren Erschließung von Bodenschätzen, insbesondere von Kohle und Salz, begonnen. Im Rahmen dieser Politik baute der Landesherr ausgehend von seinen Domänen und unabhängig von der durch die Stände zu bewilligenden Steuer seine finanziellen Ressourcen aus, indem er technische und wirtschaftsorganisatorische Innovationen förderte.

LITERATUR: Elfershausen 1953 – Krummel 1941 – Waitz von Eschen 2004 – Wolf 2003.

EVA SCHMITT / BETTINA SCHÖLLER

57
Spezialtafel des Amtes Melsungen mit Bezirk Malsfeld

Kassel, UB-LMB, 2°Ms. Hass. 679, Bl. 9
Kartusche: *2. Spec.[ial]taffel / über den Bezirck / Malſsfeldt. / iſt / Scholleyen zu /ſtendig und ge /meſſen / in / 1615*
Papier, Blattmaß 40,9 x 53,8 cm,
Bildmaß 33,9 x 47,3 cm, Federzeichnung, handkoloriert
Stengel Nr. 20

Die Tafel des Bezirks Malsfeld erschließt den südlichen Teil des Amts Melsungen. Sie ist die direkte Fortsetzung zur östlichen Tafelhälfte des Bezirks Elfershausen (Nr. 56 Bl. 6b) nach Süden. Dort am rechten Rand finden sich das Dorf Malsfeld und der Fuldaabschnitt mit den Höfen *Fahre* links und rechts des Ufers, die hier zentral auf der Mittelachse liegen. Die Verzeichnung des *Fahrhoefs* auf beiden Karten verweist auf die Bedeutung dieser Zone für die Rohstoffgewinnung und für Landgraf Moritz, der sogar Entwürfe für ein Lustschloss an dieser Stelle zeichnete (Borggrefe 1997, S. 277). Dilich bildete den *Kalckofe* als rauchenden Ofen ab und kartierte daneben die *Ziegelhütte* und das *Kohlenbergwerck* als Zeugnisse des lokalen Kohle- und Basaltvorkommens.

Die Kartusche trägt neben dem Titel des Blatts den Wortlaut *ist Scholleyen zustendig*, mit dem Dilich auf die bestehenden Herrschaftsverhältnisse deutet. Die Familie Scholley, die zu Beginn des 16. Jahrhunderts in diesem Bezirk nachweisbar ist, erhielt im Laufe der Zeit immer größere Anteile Malsfelds als hessische Lehen. Zur Zeit Dilichs sind die Scholley bereits alleinige Lehensinhaber. Im Kartenbild ist der Name ebenfalls verankert: Der waldige Hügel östlich von Malsfeld wird als *Scholleien Wildsberg* bezeichnet.

Der Schwerpunkt der genordeten Karte ist das Dorf Malsfeld, das einschließlich der Dorflinde detailgetreu wiedergegeben ist. Rings um die Siedlung liegt das Gemeindegebiet, ein gemäß Färbung der Karte leicht hügeliges Gelände, dessen Flurnamen Dilich sorgfältig notierte. Das Umland Malsfelds ist von der gepunkteten Bezirksgrenze umgeben, die an einzelnen Stellen durch markante Landschaftselemente akzentuiert ist. Westlich von Malsfeld zum Beispiel kennzeichnet der *Würgebaum* die Grenze, weiter südlich verläuft sie entlang des *Strauchgrabe[ns]*, dessen Schriftzug sich in die topographische Situation einfügt. Die Grenzlinie durch das Waldgebiet östlich der Fulda wirkt wie eine Schneise durch den Wald, die zusätzlich mit Bäumen gekennzeichnet ist.

Bei der Kartierung Malsfelds eröffnete sich Dilich das Problem, dass sich die Ausdehnung des Bezirks von Norden nach Süden mit dem Querformat des verwendeten Papiers schlecht vereinbaren ließ. Um den Maßstab nicht verkleinern zu müssen, kaschierte er den Platzmangel mit einem besonderen Gestaltungsmittel. Er fügte zwei Ausschnitte des überhängenden südlichen Bezirksgebiets als Ergänzungen auf der rechten Kartenseite ein. Diese Erweiterungen sind wie reale Karten gestaltet, die der Malsfelder Tafel fiktiv angeheftet sind. Dilich komplettierte die Täuschung, indem er die Ausschnittskarten anscheinend mit kurzen Metallnägeln befestigte, um ihr Einrollen zu verhindern. Diese Darstellungsweise war ein gängiger Kunstgriff, der sich ähnlich auf der Westansicht von Schloss Reichenberg (Nr. 13 Bl. 29) findet.

Das kartographische Erscheinungsbild wirkt dadurch abwechslungsreich, aber der verzeichnete Raum ist umständlich visualisiert und nur schwer als Einheit zu erkennen. Bei einer anderen Ausschnittwahl hätten die beiden Zusätze sogar noch ins Kartenbild eingefügt werden können. Immerhin ist es dank der auffälligen Rockenmühle zwischen den an der unteren Bezirksgrenze parallel verlaufenden Bächen und dem *Schnegelngrabe[n]* weiter oben einfach zu verstehen, wo der angeheftete Ausschnitt rechts unten einzufügen ist. Es ging Dilich bei dieser Erweiterung nach Süden offenbar um die Darstellung des exakten Grenzverlaufs entlang der Beise und um eine genaue Verzeichnung der Rockenmühle. Das außerhalb des Bezirks liegende Dorf Beiseförth ist hingegen auch auf der Ergänzung nicht vollständig sichtbar.

Bemerkenswert sind die Farbwechsel, mit denen Dilich jenseits der Schraffierungen für Erhebungen und Bodennutzung vor allem die Zugehörigkeit des verorteten Territorien verdeutlichte. Ganz eindeutig grenzt er das braun gefärbte Malsfeld von den umliegenden Bezirken ab, wie dem grünlichen um Elfershausen links oben, dem rötlichen um die beiden Herbergen an der Fähre in Fahre im Norden und dem grünlichen um Beiseförth im Südosten. Folglich sind die zum Bezirk Malsfeld gehörigen Gebiete auch auf beiden Nebenkarten im gleichen Braunton gefärbt. Auf der Hauptkarte sind beide Abschnitte jeweils grünbraun, um dem Betrachter deutlich zu machen, wo die Ergänzungen zu integrieren sind.

Mit dieser Hilfestellung lässt sich auch das Kartenfragment rechts oben lokalisieren. Es kartiert das Gebiet südwestlich von Malsfeld um den *Schnegelnhoeff*, westlich der Rockenmühle. Den Anschluss zur Hauptkarte verdeutlichen *Rockenfeldt, Schnegelngrabe[n]* und *Schnegelnfeldt*. Das heutige Dagobertshausen, auf der Karte als *Dabelſhauſen* vermerkt, sowie der *Schnegelnhoeff* mit seinem nach Süden ausgreifenden Rodungsgebiet sind die Fixpunkte dieses Einschubs. Am Rande beider Siedlungen liefert jeweils eine Quelle, genannt *Rúnckbron* und *Bronn*, das notwendige Trinkwasser.

LITERATUR: Borggrefe 1997 – Grebe/Aßmus/Breiding 1992 – Historisches Ortslexikon Kurhessen 1974 – Historisches Ortslexikon des Landes Hessen online – F. Wolff 2006.

BETTINA SCHÖLLER

SPEC. taffel über den Bezirk **Malsfeld** ist scholleyen zu ständig und gemessen in 1615.

Die Fulda
Kohlenbergwerck
Vorhauß
Ziegelhütte
Fahrhoff
Wilmerwehdt
Basedacht
Die Holtzer
Klinacker
Mayhaute
Das Struettfeldt
Würgebaum
Fahrfeldt
Das Wilmenwohdt
Das Lohe
Möhlenberg
Strauchgrabe
Strauchbachswiesen
Auf der Ohmrieschen
Cathrinen acker
Das Bergfeldt
Steinecker
Wolffgrabe
Auf den Röhdern
Das Mittelfeldt
Malsfelde
Das Schnelenfeldt
Schnegelngrabe
Schnegelnfeldt
Schnegelnhoeffs
Rockenfeldt
Rockenmühle
Die Beise fl.

Fahre
Erlesbron
Heimß Awe
Gemeine Garten in der Awen
Auf der Gemeine
In der Awen
Im Riedt
Im Stollenrein
Der Feldberg
Die Körbes Sohle
Beiseforte

Runckbron
Nabellshausen
Das Oberfeldt
Das Mühmieß
Schreibers Bütsch
DER GSTEIGER
SCHOLLIEN WILDS BERG.
Der Schnegelngra
Das Rocken feldt.
Das Schnegelnfeldt
Bronn
Schnegelnhoeff
Das Wehr
Die Beise

Die Fulda
Körbes Sohle
Schnegelngrabe
Rockenfeldt
Rockenmühle
Die Beise
Beiseforte

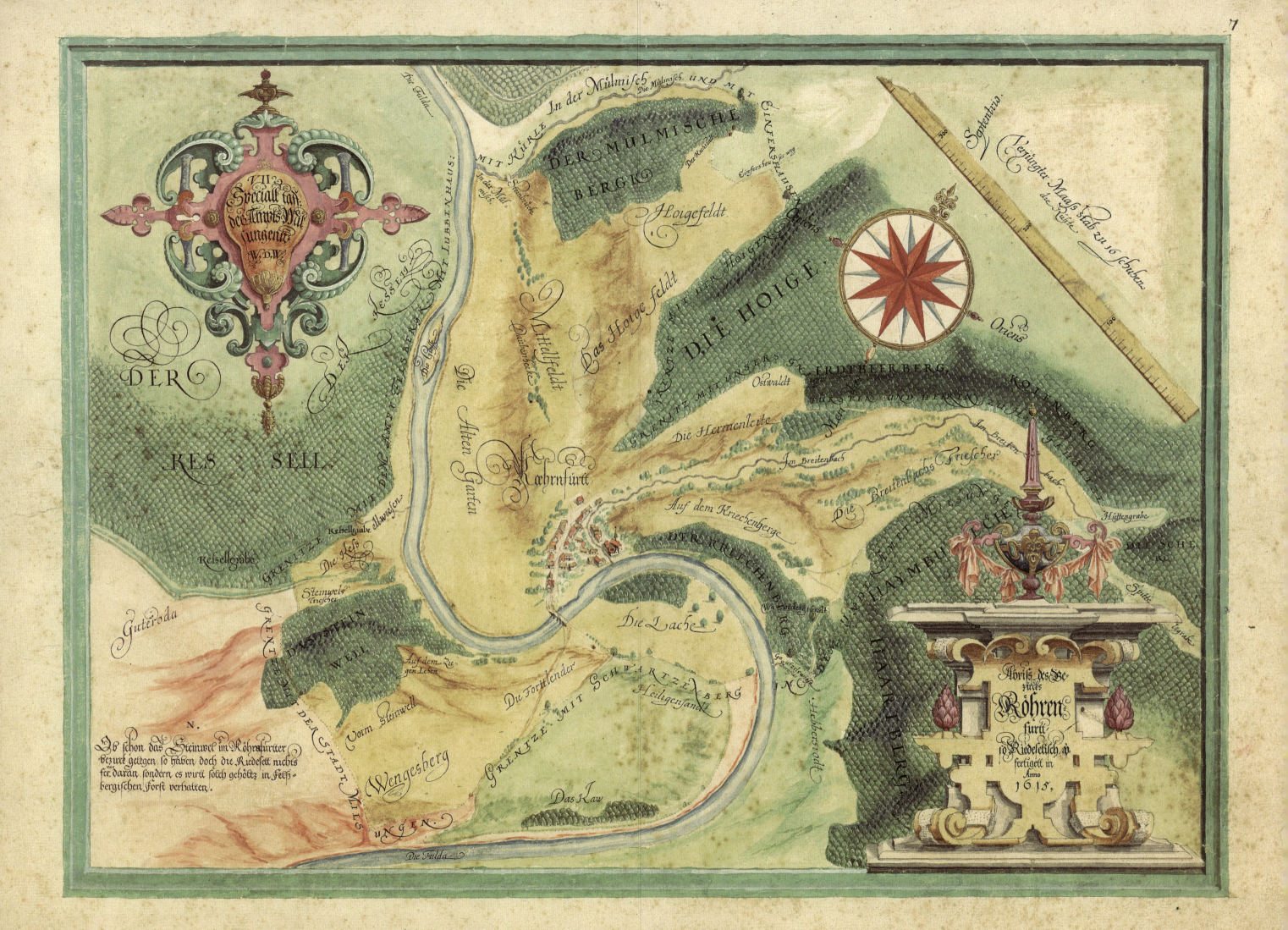

58
Spezialtafel des Amtes Melsungen mit Bezirk Röhrenfurth 1615

Kassel, UB-LMB, 2° Ms. Hass. 679, Bl. 7
Kartusche links oben: *VII. / Speciall taffel / des Ampts Mil / sungenn. / W. D. W.*
Kartusche rechts unten: *Abriſs des Be /zircks / Röhren /furtt / ſo Riedeſeliſch ver / fertigett in / Anno / 1615*
Papier, Blattmaß 41,2 x 53,7 cm,
Bildmaß 33,8 x 47,9 cm, handkoloriert
Stengel Nr. 18

Die mit Kompassrose und Maßstab versehene Darstellung des zum Amt Melsungen gehörigen Bezirks Röhrenfurth präsentiert das dörfliche Gebiet in einer Fuldaschlaufe. Das Melsunger Amt umfasst auch die angrenzenden Bezirke Körle-Empfershausen im Norden, Schwarzenberg im Südosten und die Stadt Melsungen im Südwesten, im Westen beginnt hingegen das Amt Felsberg. Röhrenfurt, das auch auf der Tafel des Bezirks der Stadt Melsungen (Nr. 55 Bl. 6) verzeichnet ist, wurde 1182 erstmals als Lehen des Klosters Hersfeld im Besitz der von Röhrenfurth erwähnt. Es gelangte nach dem Tod Eckhardts, des letzten Herrn von Röhrenfurt, 1432 an die Familie der Ritter von Riedesel. Die seit dieser Zeit als Erbmarschall im Dienste der hessischen Landgrafen stehenden Riedesel konnten ihren Besitz in der Region weiter vermehren und wurden 1680 in den Reichsfürstenstand erhoben. Auf ihre Herrschaftsrechte im Bezirk verweist nicht nur die rechte, besonders auffällig gestaltete Kartusche, sondern auch ein Text links unten auf der Karte, der das Waldgebiet *Steinwell* explizit aus dem Riedeselschen Besitz ausklammert: *Obſchon das Steinwel im Röhrenfurtter / bezirck gelegen, ſo haben doch die Riedeſell nichts / ferner daran, ſondern es wirtt ſolch gehöltz in Felſz /bergiſchen Forſt verhalten.*

Der Kirchort Röhrenfurt ist durch seine Lage an der Fuldabiegung und eine Brücke gekennzeichnet. Einen Hinweis auf die zur Entstehungszeit der Karte erst wenige Jahre alte Fuldaschifffahrt sucht man jedoch vergeblich. Einzelne Einträge von Flurnamen vergegenwärtigen die lokale Geschichte. Der Schriftzug *Spittelsgrabe* am rechten Bildrand zum Beispiel erinnert an spätmittelalterliche Schenkungen der Ritter von Röhrenfurth zugunsten des Melsunger Hospitals. Die unweit davon eingetragene Flurbezeichnung *Hüttengrabe* nimmt Bezug auf eine vormals an dieser Stelle am Waldrand bestehende Glashütte, die außer Wasser zum Waschen des Quarzsandes enorme Mengen an Holz für das Befeuern des Glasofens benötigte. Das benachbarte *Die Breitenbachs Trieſcher* sowie *Wengesberg*, unterhalb des als *Steinwell* bezeichneten Waldstücks links unten, deuten auf gewüstete Siedlungen. Alle weiteren wirtschaftlich bedeutenden Forste wie der *Kessell*, die *Hoige* und der *Haartberg* gehörten bereits zu den umliegenden Bezirken Körle *(Kürle)*, Empfershausen *(Einfershausen)* und Stadt Melsungen oder zum Amt Felsberg.

LITERATUR: Armbrust 1921 – Arndt 2006, S. 127–152 – Becker 1923 – Degenhardt 2005, S. 6–10 – Krummel 1941 – Maurer 1982 – Sippel 2001 – Wolf 2003.

EVA SCHMITT / BETTINA SCHÖLLER

59
Spezialtafel des Amtes Melsungen mit Bezirk Breitenau 1615

Kassel, UB-LMB, 2° Ms. Hass. 679, Bl. 8
Kartusche: *IX. Specialtaffel / des / Amts Mil / sungen / inhaltend den / Breitena /wer Be /zirck. / 1615*
Papier, Blattmaß 41,2 x 53,5 cm,
Bildmaß 35,3 x 50,6 cm, handkoloriert
Stengel Nr. 19

Die nach Westen ausgerichtete Karte des Bezirks Breitenau zeigt die oberhalb des Zusammenflusses von Fulda und Eder gelegene Restanlage des ehemaligen Kloster Breitenau sowie die umliegenden Dörfer Guxhagen, Ellenberg und Büchenwerra. Strukturiert wird das Bild nicht nur durch den Verlauf der Flüsse und durch zwei Waldgebiete *(Die Fischleite, Der Ellenberg)*, sondern auch durch eine Windrose und einen Maßstab. Die Bezirksgrenze verläuft im Westen an der Eder, im Norden und Osten an der Fulda, im Süden entlang des *Rohleuber* Waldgebiets, das zum Amt Felsberg gehörte.

Innerhalb des ummauerten Komplexes der namengebenden Benediktinerabtei am Fuldaufer gegenüber Guxhagen lassen sich immer noch die Gartenanlagen, die Klosterkirche sowie Wirtschaftsgebäude erkennen. Es ist bekannt, dass das Kloster 1113 von Graf Werner von Grüningen nach Hirsauer Vorbild an einer passierbaren Stelle der Fulda gegründet wurde und die Klostervogtei bereits 1123 als Mainzisches Lehen an den thüringisch-hessischen Landgrafen gelangte. Großzügige Güterüberschreibungen halfen, die zugehörigen Ländereien auszudehnen. Nach der Aufhebung des Klosters im Zuge der Reformation im Jahr 1527 wurde das Areal unter Landgraf Philipp dem Großmütigen (1509–1567) als landgräfliches Hofgut genutzt. Trotzdem ist die in der Mitte des Klostergeländes stehende Pfeilerbasilika hervorgehoben, die zur Zeit Dilichs nicht mehr für Gottesdienste, sondern seit dem Abriss der Seitenschiffe und dem Einziehen von Zwischenböden von 1579 an als fünfgeschossiger Fruchtspeicher und Pferdestall genutzt wurde. Ferner war der Wirtschaftshof mit Marstall, Scheunen, Jägerei und Gärten ausgestattet worden. 1606, also kurz vor der Auftragserteilung an Dilich, soll Landgraf Moritz der Gelehrte (1572–1632) hier sogar an die Anlage einer Stadt gedacht haben. Dieser Plan wurde allerdings nie in die Realität umgesetzt, auch wenn auf dem Areal des ehemaligen Klosters 1607 mit dem Ausbau einer ländlichen Schlossanlage begonnen wurde. Zumindest veranlasste Moritz diverse Umgestaltungen des Klosterbereichs, vor allem der Wirtschaftsgebäude (Marstall), und den Ausbau eines Herrenhauses. Überlieferte Rechnungen belegen eine Bautätigkeit, deren genauer Umfang nicht eindeutig zu klären ist. Die Anlage verfiel nach wiederholten Überfällen im Dreißigjährigen Krieg, in deren Verlauf sie 1640 zerstört wurde.

Guxhagen auf der gegenüberliegenden Seite der Fulda ist offenbar im Zuge einer Stadtplanung zu Beginn des 14. Jahrhunderts entlang regionaler Verkehrswege entstanden; den Sonnenhang *Am Staden* suchte man für die Weinproduktion zu nutzen. Südlich vom Kloster ist das 1357 erstmals erwähnte Kirchdorf Ellenberg zwischen den drei großen Waldarealen *Fischleite, Ellenberg* und *Rohleuber* zu erkennen. Bereits außerhalb des Bezirks liegen südöstlich davon der seit Mitte des 13. Jahrhunderts sicher bezeugte Weiler Büchenwerra, im Nordwesten eine Mühle und ein Flussübergang *(Fehre)*. Die blanken Legendenfelder lassen vermuten, dass die kartographische Darstellung kommentiert werden sollte.

LITERATUR: Dersch 2000 – Historisches Ortslexikon des Landes Hessen online – Hootz 1952 – Krummel 1941 – Marcard 1930.

EVA SCHMITT

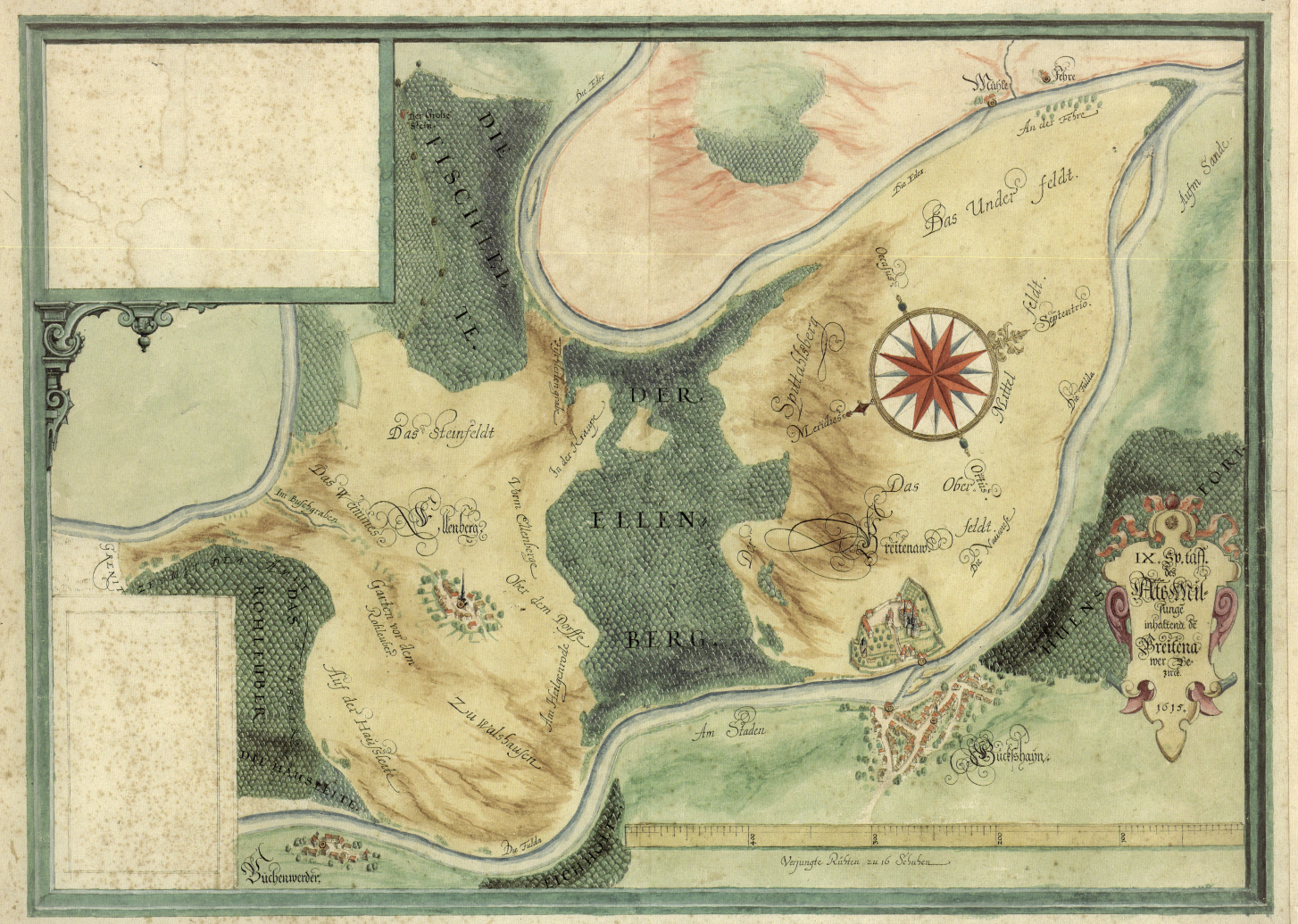

Abriß des streitigen orts am Schachterholtze beym Lauterborn zwischen Schachten un denen Wölffen. Anno 1618

SCHACHTER HOLTZ

Verjüngte Ruhten zu 16 schuhen.

- Bromser
- feld
- Septentrio
- Meridies
- Oriens
- Bromser weg
- Meimbreßische Feldmarck
- Schachten Pfosel
- Wolffen Wiese
- Schachten weise
- Leunings knüll
- Meimbreßische Feldmarck
- Schäffische Feldtmarck
- Lauterborn
- Landwehr

V. Schachten, Malsburg und Kaufungen 1618–1625

60
Strittiges Schachterholz zwischen Schachten und Meimbressen 1618

Marburg, HStAM, Karte P II 10063
Kartusche: *Abriſz des / ſtreitigen orts am / schachterholtze beym / Lauterborn zwi / ſchen Schachten und / denen Wölffen. / Anno 1618*
Papier auf Leinen, Blattmaß 41,5 x 61,4 cm,
Bildmaß 35,3 x 55,5 cm, Federzeichnung, handkoloriert
Stengel Nr. 24c

Die Karte, die sich mit Hilfe der Kartuscheninschrift in der oberen Tafelmitte auf das Jahr 1618 datieren lässt, präsentiert strittiges Gebiet am Schachter Holz beim Lauterborn mitsamt den umliegenden Territorien der beiden Streitparteien, nämlich des Orts Schachten und des Geschlechts Wolff von Gudenberg in Meimbressen.
Die Meimbresser Gemarkung war als Mainzer Lehen schon lange an die Familie Wolff von Gudenberg vergeben, die sie zuerst mit den Gudenberg und nach deren Aussterben mit den Herren von der Malsburg teilten. Um 1550 zog mit Philipp und Eitel dem Älteren ein Zweig der Wölfe von Gudenberg ganz nach Meimbressen, das Erzbischof Daniel von Mainz 1556 einzig den sieben Brüdern und Vettern dieser Familie als Lehen überließ. Bis zu diesem Zeitpunkt mussten also die Herren von der Malsburg auf ihre Anteilsrechte verzichtet haben. Das anliegende Gebiet Schachten ging 1571 in landesherrlichen Besitz über. Die Besitztümer der Wölfe befanden sich ganerblich in gemeinschaftlichem Familienbesitz, was häufig zu Auseinandersetzungen führte. Um 1610 hatten die Höringhäuser Wölfe von Gudenberg, die noch die wichtigsten Restgüter der Herrschaft Itter bewohnten, bei der landgräflichen Verwaltung die ihnen zustehenden Rechte an Meimbressen verlangt und sich 1614 bei der Regierung in Kassel über ihren meimbressischen Vetter Johann Otto Wolff von Gudenberg beschwert (Dorfchronik Meimbressen 2006, S. 28). Kurze Zeit später kam es dann zu den Grenzdifferenzen mit Schachten, die Dilich mit klaren Linien und kurzen Erläuterungen abbildete.
Die Bildordnung lässt sich sich von rechts nach links lesen. Die Karte ist nach Westwestnord ausgerichtet und weist im unteren Teil eine Maßstabsleiste mit der Bezifferung von Null bis 150 auf. Ein ermittelter Maßstab von 1:2000 ergibt eine durchschnittliche Abweichung von gerade einmal 0,8 % (Stengel 1927, S. 21) zur realen Ausdehnung. Die Beschriftung *Verjúngte Ruten zu 16 ſchuhen* befindet sich unmittelbar darunter, rechts und links davon erklären knappe Legenden die umstrittene Grenzführung. Zur Diskussion steht das Weiderecht auf der Rodung C *(Ist der orth darumb Schacht unndt Wolff /der Coppelhude halber disputiren.)* innerhalb des bildbestimmenden Schachtener Waldes. Eine gelbliche Einfärbung setzt das Territorium optisch von der braunen Fläche D *(Dießen orth hat Schacht allein zu führen)* ab, die zum landgräflichen Schachten gehört.
Rechts davon ist die Grenze zwischen den Besitzungen der beiden uneinigen Parteien dokumentiert: Oberhalb, im Westen, liegt die *Meimbreſsiſch Feldtmarck* der Familie Wolff von Gudenberg, die mit dem Legendenbuchstaben *A Dero Wölffen zug[ehörig]* gekennzeichnet ist; unterhalb, im Osten, liegt die landgräfliche *Schachtiſche Feldtmarck*. Dieser Grenzlinie zufolge besäßen erstere annähernd zwei Drittel des auf der Karte abgebildeten Gebietes, während Schachten auf den rechten unteren Abschnitt beschränkt wäre. Zu beachten ist jedoch die Linie *B Schachtern Schicht zug[ehörig]*, die oberhalb des *Lauterborns* von *A* abzweigt und vorbei an den gelbbraun abgesetzten *Mergellkaúten* immer am Waldrand, einschließlich Rodung, entlang bis zum linken unteren Kartenrand verläuft. Demgemäß würde die strittige Fläche *C* landschaftlich eindeutig zu Schachten zählen und die Grenze nicht quer durch das *Schachter Holtz* verlaufen. Zudem ragt das *Schachten Trieſch*, eine ackerbaulich vorübergehend brach liegende Fläche nordwestlich des strittigen Gebietes *C*, inmitten der Meimbressischen Feldmark mit gelblicher Einfärbung heraus.
Dilich hat abseits der umstrittenen Territorien nur vereinzelt und auslaufend markante Landschaftsmerkmale, wie Bäche und grüne Schraffungen, eingezeichnet. Das fällt bei dem verwendeten großen Maßstab besonders auf und zeigt, dass die Karte für Verwaltungszwecke konzipiert war. Mit Ausnahme des gelbbraunen *Schachten Trieſch* und der benachbarten *Schachten wieſe* ordnet Dilich weder die *Mergellkaúten* noch das umstrittene Gebiet *C* eindeutig zu. Diese Beobachtung macht es unwahrscheinlich, dass die Kartierung die Intention verfolgen sollte, landesherrschaftliche Rechtsansprüche auf *C* zu legitimieren. Noch heute grenzt der ‚Lutterborn im Schachtener Wald' unmittelbar an die Wolff von Gudenbergschen Wiesen, allerdings ist von einer *Coppelhude*, einem Weiderecht auf fremden Boden, am Schachtener Wald nichts mehr bekannt (Chronik Meimbressen 2006, S. 29).

LITERATUR: Dersch 2000, S. 61 – Dorfchronik Meimbressen 2006, S. 28-29 – Falckenheiner 1837, S. 177-236 – Historisches Ortslexikon Kurhessen, 1926, ND 1974, S. 182, S. 324, S. 421 u. S. 536 – Hochhuth 1872, S. 165, S. 146-166 – Landau 1832-1839/2000, 1839 Bd. 4, S. 373 – Stengel 1927, S. 21.

ISABELLE DENECKE

61
Wälder rund um die Malsburg

Marburg, HStAM, Karte P II 14705
Papier auf Leinen, Blattmaß 108,5 x 106,0 cm,
Bildmaß 102,0 x 101,0 cm,
Federzeichnung, handkoloriert
Stengel Nr. 24a.

Dieses recht schmucklose Blatt, das keinerlei Hinweise auf Entstehungszeit oder Provenienz enthält, war vermutlich eine Auftragsarbeit Dilichs für den hessischen Adel. Auch wenn die sonst übliche Signatur fehlt, lässt die charakteristisch schwungvolle Beschriftung doch kaum Zweifel an der Autorschaft aufkommen. Aufgrund der dargestellten Waldstücke liegt die Vermutung nahe, dass der Auftraggeber ein Mitglied der Familie von der Malsburg, Grundherren im Gebiet zwischen Zierenberg und Breuna, war. Dieses hessische Altadelsgeschlecht, erstmals 1143 urkundlich belegt, gehörte in den Machtkämpfen zwischen den Landgrafen und dem Erzstift Mainz bis ins 15. Jahrhundert zur erzbischöflichen Partei. Nach Beendigung des Konflikts zugunsten der Hessen wechselten sie jedoch erfolgreich die Seiten. Die Malsburger sind danach in wichtigen landgräflichen Positionen bezeugt; zur Zeit Dilichs stellten sie die Obervorsteher der hessischen Ritterschaft. Mit dem Gericht Malsburg gelang es ihnen als einzigem Geschlecht der Region im 16. Jahrhundert, eine geschlossene Grundherrschaft innerhalb der Landgrafschaft zu bilden. Sie besaßen die hohe und niedere Gerichtsbarkeit über die Dörfer Breuna, Ersen, Wettesingen, Oberlistingen, Rhöda und zur Hälfte über Niederlistingen, das zum hessischen Amt Zierenberg gehörte, sowie die Güter Escheberg, Sieberhausen und Malsburg.

Die Karte enthält keinerlei Erläuterungen. Dilich setzte bei den Betrachtern die nötigen Orts- und Sachkenntnisse voraus, was auf die Malsburger als Adressaten verweisen könnte. Abgebildet sind drei Waldstücke rund um die Malsburg, das Igelsbett direkt südlich von Niederlistingen, das Wolfsloh mit dem Westerholtz nördlich des Dorfes und der große Stufenberg weiter südlich zwischen Laar und Escheberg nordwestlich von Zierenberg. Alle drei existieren heute noch und lassen sich auf der topographischen Karte (1:25000, Bl. 4521 u. 4621) nach Form und Namen mühelos identifizieren. Die drei Kompassrosen verdeutlichen, dass jeder Forst anders ausgerichtet ist, wohl um das fast quadratische Blatt effizient zu nutzen. Der Maßstab könnte, soweit man es angesichts der fehlenden Informationen abschätzen kann, einheitlich sein.

Zu erkennen sind die Flurnamen, die Grenzen der Waldstücke, im Gegensatz zur Niederzwehrener Zehntkarte allerdings ohne Flächenangaben, die sich kreuzenden Wege mit der Angabe, zu welchen Ortschaften sie führen, und schließlich einige Quellen. Das Bodenrelief, darunter die Bergkuppen des Igelsbetts und der beiden Stufenberge, wird nicht hervorgehoben. Allerdings sind kleine Talschnitte, die in die Wälder führen, grün akzentuiert und jeweils mit Namen versehen. Dies könnte ein Hinweis auf die Zugänglichkeit der Wälder sein. Hierzu passt die Information, dass zwischen 1606 und 1621 gerichtliche Auseinandersetzungen zwischen den Bauern von Niederlistingen und ihrem Grundherrn um das Recht der Schaftrift überliefert sind (Geschichte beider Listingen 1999, S. 53). So wird ein Tal des Wolfslohes als *Der Nieder Listinger Triftsgründt* bezeichnet und am Igelsbett finden sich *Der Alte Trifts gründt* sowie der Weg *Die Ober Listinger Trift*. Die Triften waren die Wege, auf denen das Vieh zu den Weideflächen getrieben wurde. Auch die Flurnamen verweisen auf den alten Brauch der Waldweide, so das *Hege Holtze* im Wolfsloh oder der *Schweins Anger* im Igelsbett.

Alle drei Wälder waren direktes Grenzland zwischen dem Gericht Malsburg und dem Amt Zierenberg, wie es die Anfang des 18. Jahrhunderts entstandenen Schleensteinschen Karten der Landgrafschaft verdeutlichen. Nur die Stelle, an der die Grenze zwischen dem Gericht Malsburg und dem Amt Zierenberg am Nordrand des Igelsbetts durch den Wald lief, ist durch zehn Grenzsteine besonders ausgezeichnet. Ein Waldweg markiert heute noch die alte Grenze. Auch der dortige Flurname *Ringels Bueck* verweist auf die Grenzlage, denn ein Gebück ist eine verflochtene Hecke zur Grenzsicherung.

Aufgrund der komplexen Rechtsverhältnisse der Grundherrschaft mit dem paritätischen Dorf Niederlistingen lässt sich nicht ausschließen, dass der Landgraf das Blatt anfertigen ließ, um die Weide- und Triftrechte seiner Bauern in den Malsburger Wäldern rechtswirksam zu verschriftlichen. Allerdings dürfte Dilich die Malsburger sehr geschätzt haben, weil er in einer Passage der ‚Hessischen Chronica' schreibt, dass der Ahnherr der Familie mit Karl dem Großen nach Hessen gekommen sei und bereits im ausgehenden 8. Jahrhundert die Malsburg als Stammsitz errichtet habe (Dilich 1605/1961, S. 100f.). Diese nur von Dilich überlieferte Abstammungssage sollte der Familie wohl Reputationsgewinn verschaffen.

QUELLE: Dilich 1605/1961.
LITERATUR: Geschichte beider Listingen 1999.

JOHANNES STEIN

62
Zwischen Hessen und Stift Kaufungen strittiger Ort 1618

Marburg, HStAM, Karte R III 11
Kartusche: *Abriſs des / Streitigen ortes zwiſchen de[m] Forst /ampt undt Stifft Kaú / ffungen*
Papier auf Leinen, Blattmaß 58,4 x 99,5 cm,
Bildmaß 52,7 x 93,9 cm, Federzeichnung, handkoloriert
Stengel Nr. 24e

Gemäß dem Vermerk *Wilhelmús Dilichiús f[ecit] Anno Sal[utis] 1618* am rechten Bildrand wurde diese Kartierung, wie auch die Malsburgtafel (Nr. 61), im Jahr 1618 angefertigt, auch wenn sich die beiden Blätter aufgrund der unterschiedlichen Thematiken nicht aufeinander beziehen. Dargestellt sind Gebietsstreitigkeiten zwischen dem landgräflichen Forstamt und dem ritterschaftlichen Stift Kaufungen. Umstritten ist ein Waldstück im Südwesten zwischen Oberkaufungen und dem Stiftsdorf Eschenstruth. Der zentral in der Bildmitte gelegene Höhenzug *An dem hohen Schosse* wird heute als Großer Belgerkopf bezeichnet; rechts entschwindet *Die Zerebach*, heute bekannt als Setzebach, der bei Niederkaufungen in die Losse mündet, und links den Bildraum begrenzt *Die Roßbach*, der heutige Steinbach bei Eschenstruth.

Obwohl es sich bei dem strittigen Gebiet um ein vergleichsweise kleines und abgelegenes Stück Wald handelt, entspricht die kartographische Umsetzung – etwa im Gegensatz zur Malsburgtafel (Nr. 61) – dem hohen Niveau von Dilichs Arbeiten im Dienste des Landgrafen. Die Qualität hing wohl eher vom Auftraggeber als vom dargestellten Gegenstand ab, auch wenn nicht eindeutig zu klären ist, ob es sich um Landgraf Moritz oder das ritterliche Stift Kaufungen handelte. Für Moritz spräche, dass Dilich erstens im Jahr 1618 in dessen offiziellem Auftrag den Kaufunger Wald aufnahm (Nr. 63) und zweitens das landgräfliche Forstamt an erster Stelle im Titel nannte. Die Komposition des Blattes lässt hingegen auch den anderen Schluss zu.

Begrenzt wird der Bildraum unten von dem Kaufungischen Dorf Eschenstruth links und Oberkaufungen in der rechten Ecke. Die einzelnen Territorien, also der hessische Wald, heute Staatsforst Hessisch Lichtenau, und der Stiftswald, werden in der Karte nicht namentlich genannt, sondern beim Betrachter als bekannt vorausgesetzt. Differenziert sind sie, wie auf anderen Karten Dilichs, durch die Verwendung unterschiedlicher Grüntöne. Die strittigen Grenzen sind durch Buchstaben bezeichnet und werden durch einen Text in der unteren Bildhälfte erläutert: *AAAA Stifts Kaúffungen ſcheidgang / BBBB Forſtampts ſchnaiſezug* und weiter rechts *CCC Dieſer streitiger ortt und ſtück walds hellt, ohne die daran / ſtoſſende wieſen im Roſsbach, 85½ Acker 30½ Rúhten / DDD aber ſampt denen beiden wieſen, 105¾ Acker ½ Ruhte*. Die gezackte Grenzführung zeigt, dass das von Kaufungen beanspruchte Gebiet und der landgräflich-hessische Forst an mehreren Stellen ineinander ragten. Die beiden umstrittenen, annähernd dreieckigen Waldstücke rahmen die Titelkartusche ein. Bei näherer Betrachtung fällt auf, dass zwar das *D* der Erläuterung in der Karte verzeichnet ist, das *C* jedoch fehlt. Im Vergleich mit anderen Tafeln, die wie die Kartierung der Malsburgwälder (Nr. 61) oder des Momberger Gebiets (Nr. 49) strittige Grenzen dokumentieren, könnte dieses Blatt für unvollendet gehalten werden, zumal in den anderen Fällen die einzelnen Territorien meist namentlich benannt sind.

Einen praktischen Hinweis auf ein bereits laufendes juristisches Verfahren geben die zwischen den uniform schuppenartigen Bäumen besonders hervorgehobenen Mahlbäume, die innerhalb des Waldes und im freien Feld die grenzmarkierenden Mahlsteine ersetzen. Beschriftet sind vier dieser Bäume mit Worten wie *Der in relatione gedachte Mahlbaúm*, wobei das Wort Relation jedes Mal verwendet wird. Dieser juristische Begriff bezeichnet das Referieren eines Tatbestandes zu Beginn eines Prozesses, in diesem Fall also die Darlegung der von den beiden Parteien beanspruchten Grenzen. Ob dieses und die vergleichbaren Blätter vor Gericht selbst zur Verwendung kamen und somit eine praktische Beweisfunktion erfüllen sollten, lässt sich nicht feststellen, wäre aber denkbar. Unerforscht ist auch, wie der Streit entschieden wurde. Allerdings spricht der heutige Grenzverlauf zwischen den Gemeinden Kaufungen und Söhrewald dafür, dass die vom landgräflichen Forstamt geforderte begradigte Grenzführung über kurz oder lang durchgesetzt wurde.

LITERATUR: Eisenträger/Krug 1935.

JOHANNES STEIN

63
Kaufunger Wald 1618

Marburg, HStAM, Karte P II 1327
Kartusche: *Abriſs des / Kaúffünger Waldes / gefertigt nach maaſs und gröſſe in / anno MDCXVIII durch Wil / helm Dilichium geog[raphum]*
Papier auf Leinen, Blattmaß 83,0 x 122,7 cm,
Bildmaß 78,5 x 117,6 cm,
Federzeichnung, handkoloriert
Stengel Nr. 22

Der Kaufunger Wald, gelegen im Dreieck zwischen Fulda, Werra und Losse, ist heute noch eines der größten Waldgebiete in Hessen. Die ältesten Nachrichten über eine Besiedelung der Gegend stammen aus den Jahren 811/813, als Karl der Große im Zug des Landesausbaus den sächsischen Freien Asig und Benito Rodungsbesitz bestätigte; ein Hinweis darauf hat sich in den Ortsnamen Escherode und Benterode erhalten. Das Reichskloster Kaufungen stieg nach der Gründung durch Kaiser Heinrich II. und seine Gemahlin Kunigunde 1017 schnell zum größten Grundbesitzer der Gegend auf. Seine Wälder konnte es nur südlich der Losse im sogenannten Stiftswald behaupten. Den abgebildeten nördlichen, eigentlichen Kaufunger Wald übernahmen im 12. Jahrhundert die Landgrafen von Thüringen, nach 1247 die Landgrafen von Hessen als Allod.
Die Beschriftungen auf der Darstellung deuten auf eine aus der Geschichte resultierende juristische Besonderheit. Der Text in der Kartusche links unten erklärt die Zusammenhänge (zitiert bei Eckhardt 1997, S. 47f.). Seit dem Hochmittelalter waren die unbesiedelten Höhen des Waldes in gemeinsamer Nutzung *(ius compasciendi)* der Landgrafschaft Hessen und des Herzogtums Braunschweig. Grenzen und Ausmaße des Gemenges werden kartographisch genau erfasst, ehe die Nutzungsberechtigten des Forstes namentlich aufgelistet sind, auf Seiten Braunschweigs die Orte Escherode, Uschlag, Dahlheim, Benterode, Bruchhof, Nienhagen, Sichelnstein, Lutterberg, Hannoversch Münden, der Harthof bei Laubach, Oberrode und Hedemünden, auf hessischer Seite Laubach (heute Niedersachsen), Klein-Almerode, Ellingerrode, Witzenhausen, Rossbach, Groß-Almerode, Wickenrode, Helsa, Kaufungen, Windhausen, Ellenbach, Sensenstein und Sandershausen.
Der linke Zusatz spezifiziert anhand der Witzenhäuser Rechte und Abgaben die vorhandenen Ressourcen wie die Holznutzung für Baugewerbe und Brennstoffversorgung, die Entnahme von Laub als Einstreu sowie die Hude, also das Recht der Bauern, ihr Vieh zur Mast in den landesherrlichen Wald zu treiben: *N[ota]: / Eſs haben zwar die von Witzenhauſen jús compaſcúúm am Kaú / ffünger walde, demnach ihnen aber derſelbe entlegenn, brauchen ſie deſen / ſich nicht oder je gar ſeltenn. Zú aúffürung aber neuer gebeu[de] haben / ſie die gerechtigkeit, ſo viel holtz zu fellen, alſs zú ihrer behúff vonnö / ten; zu flickwerk müſſen ſie ein genantes gebenn beiden fürſten und / dan jedem förſter von oberwehnter gerechtigkeit 18 albus zu hoſentuech ./ So hat aúch im bau die Beckermühle zu Witzenhauſen alles forstfry*. Witzenhausen nutzte also den Kaufunger Wald aufgrund der Entfernung kaum, außer für Bau- und Nutzholz, das für Neubauten, wie die Beckermühle, unbegrenzt geschlagen werden konnte, während bei anderer Verwendung eine Abgabe von 18 Weißpfennig *(albus)* für Hosentuch an beide Förster zu entrichten war. Selbst den Dörfern anderer Grundherren wie den von Buttlar und von Ziegenhagen, darunter auch Hubenrode, wurde das Recht auf Entnahme von Laubstreu und auf freie Grasweide eingeräumt; die Forstknechte verweigerten den gewünschten Anteil am Huderecht, genauer am gemeinschaftlichen Weiderecht auf fremden Boden *(coppelhude)*, nur den Berlepsch und deren Untergebenen, wie den Dohrenbachern. Trubenhausen und Uengstrode, beide unter Junkerherrschaft, konnten gegen eine jährliche Abgabe von 12 Gulden das Nutzungsrecht im *Schied(gehau)*, dem grenzsichernden Gestrüpp, erwerben, dessen Gehölznutzung *(behöltzung)* auch dem linksfuldischen Wolfsanger zustand. Der rechte Zusatz hält fest, dass Nieste, das von Hessen und Braunschweig gleichermaßen abhängig war, den anderen Gemeinden hinsichtlich des Huderechts *(coppelhude)* am Kaufunger Wald gleichgestellt wurde.
Dass diese gemeinsame Nutzung des Territoriums alles andere als konfliktfrei war, zeigen die Grenzverträge und -beschreibungen zwischen Braunschweig und Hessen, die seit dem 16. Jahrhundert immer häufiger aufgesetzt wurden (Eisenträger/Krug 1935, S. 248–258). In diesem Zusammenhang entstand auch die vorliegende Aufnahme. Im Jahre 1618 wurde einvernehmlich eine Kommission bestellt, um eine endgültige Grenzziehung zur beiderseitigen Zufriedenheit zu erarbeiten. Offizieller Landmesser auf hessischer Seite war, dem abschließenden Kommissionsbericht von 1620 zufolge, Wilhelm Dilich, der durch Eid gelobte, unparteiisch zu urteilen, und zusammen mit dem Braunschweiger Kollegen Caspar Drautendey die Messungen durchführte (Eisenträger/Krug 1935, S. 264). Das vorliegende Blatt diente vermutlich als Arbeitsgrundlage, um nach der Bestandsaufnahme die abgebildeten Streitfragen zu klären. Zwei Jahre später hatte es sich sozusagen selbst obsolet gemacht. Die ehemaligen Grenzen des Gemenges, das heute vollständig zu Niedersachsen gehört, entsprechen derzeit weitgehend der hessisch-niedersächsischen Landesgrenze zwischen Nieste und Oberrode.

LITERATUR: Baumgärtner 1997 – Eckhardt 1997 – Eisenträger/Krug 1935 – Sippel 2001.

JOHANNES STEIN

64
Schloß Fleckenbühl und Dorf Reddehausen

Hessische Hausstiftung, Schloss Fasanerie,
Inventar Nr. FAS H 287
Kartusche links oben: *Abrifz / Des Haufes und becircks Fle / ckenbühel*
Kartusche rechts oben: *Abrifz / dero zweyer Freihöfe zu Redden / haufen*
Pergament, Blattmaß 55,0 x 65,2 cm,
Bildmaß 53,3 x 63,5 cm, Federzeichnung, handkoloriert
Stengel Nr. 23

Mit Grundriss und Ansicht von Rittersitz Fleckenbühl nahe Schönstadt bei Marburg und von Dorf Reddehausen schuf Dilich 1621/22 eine detailfreudige kartographische Tafel. Die vorliegende Zeichnung entstand nicht während Dilichs Vermessungstätigkeit für den hessischen Landgrafen Moritz, sondern es handelt sich, wie die Widmung erläutert, um eine Auftragsarbeit für den landgräflichen Geheimen Rat Philipp von Scholley. Auffallend ist sowohl die Verwendung von Pergament als Beschreibstoff als auch die im Vergleich mit anderen Tafeln besonders prunkvolle und sorgfältige Ausfertigung. Pergament fand auch bei der 1624/25 erstellten Kartierung der Kaufunger Zehntrechte in Niederzwehren (Nr. 66), einer Auftragsarbeit für die hessische Ritterschaft in Kaufungen, Verwendung. Beide gehören zur letzten Phase von Dilichs hessischer Kartenproduktion.

Das viergeteilte Schema zeigt die gesamte Bandbreite von Dilichs Visualisierungsstrategien: In der linken Hälfte befindet sich ein Plan des Schlosses Fleckenbühl mit den landwirtschaftlichen Nutzflächen und den angrenzenden Waldbeständen. Das untere rechte Viertel zeigt einen Grundriss der Schlossanlage, das obere rechte Viertel einen Grundriss des Dorfes Reddehausen, das teilweise zum Besitz der Familie von Fleckenbühl gehörte (Friedhoff 2004a, S. 122). Als viertes Gestaltungselement findet sich eine Vedute des Architekturensembles von Fleckenbühl in einer Kartusche. Beide Pläne, jener von Fleckenbühl wie jener von Reddehausen, zeigen die zugehörigen Ländereien mit vielen Einzelheiten. Flurnamen wie *Hopfengarten, Alter Teich, Weytzenacker* und *Kelberweyde* lassen auf vorangegangene oder zeitgenössische Nutzung des Geländes schließen. Der separate Grundriss von Schloss Fleckenbühl mit Wohnhaus, Wassergraben, mehreren planmäßig angelegten Lustgärten, zentralen Brunnen, Brauhaus und übrigen Wirtschaftsgebäuden ist architektonisch kenntnisreich ausgeführt. Dilich muss für die Herstellung vor Ort gewesen sein.

Viele dieser Details sind auch auf der Vedute des Rittersitzes zu erkennen. Im Zentrum steht das Wohnhaus mit seiner Fachwerkfassade und dem Treppenturm, die Reste der mittelalterlichen Wehrmauer und eine Mühle können ebenfalls identifiziert werden. Im Hintergrund ist ein Kirchturm, vermutlich der Schönstädter Pfarrkirche, zu erkennen (Görich 1960, S. 1).

Eine große Anzahl graphischer Zeichen verschiedener Funktionen sind auf der Tafel eingetragen. Zwei Maßstäbe sind über die Karten verteilt. Im Zentrum ist eine vertikale Maßstableiste mit einer Skala von 190 Meilen angelegt. Der Grundriss von Schloss Fleckenbühl besitzt eine eigene Skala, die am oberen Rand horizontal in das entsprechende Kartenbild integriert ist und von einem um den Faktor 5,5 größeren Maßstab ausgeht.

Zur Ausrichtung der jeweiligen Kartierung dienen drei Kompassrosen. Eine Lilie repräsentiert zusammen mit der Bezeichnung *Septentrio* die Nordrichtung. Osten (*Oriens*) und Westen (*Occidens*) zeigen kleine farbige Zierelemente, der Süden (*Meridies*) ist lediglich in einer einzigen Kompassrose bezeichnet. Keine der Tafeln wurde nach Norden ausgerichtet, vielmehr bestimmt die optimale Ausnutzung des kostbaren Beschreibstoffs den Bildaufbau.

Zwei aufwendig verzierte Kartuschen beinhalten jeweils den Titel. Sie sind mit geflügelten Menschenköpfen, Löwenköpfen und Architekturversatzstücken wie Schnecken und Kapitellen geschmückt. Die Kartusche mit der Ansicht des Hofes Fleckenbühl hängt an gezeichneten Fäden und ist seitlich mit fabelhaften Wesen ornamentiert. Bei den architektonischen Zierelementen hat sich Dilich an Vorbildern aus der holländischen Malerei des 16. Jahrhunderts orientiert (Nieder 2002, S. 68).

Zwei weitere ebenfalls mit Fabelwesen, Tieren und Architekturversatzstücken ausgeschmückte Kartuschen am oberen und unteren Rand der zentralen Leiste zeigen Wappen mit reich ornamentierter Helmzier. Das durchgängig in Gelb und Rot gehaltene obere Wappen lässt als heraldische Motive, jenseits des überbordenden Helmwusts, nur zwei goldene Pfauen- oder Straußenfedern erkennen. Hierbei handelt es sich um das Wappen des Auftraggebers Philipp von Scholley (Stengel 1927, S. 21).

Das untere Wappen ist viergeteilt, wobei diagonale Felder verschiedener Flanken identische Motive zeigen. Zwei der Felder zeigen jeweils drei rote Punkte auf weißem Grund, die beiden anderen einen schwarzen Maueranker auf gelbem Grund. Der geflügelte Kolbenturnierhelm mit goldenen Adlerflügeln lässt eine Person oder Puppe in schwarzer Kleidung mit weißem Kragen und kronenähnlicher Kopfbedeckung erkennen. Dieses Wappenbild ermöglicht die Identifizierung als heraldische Repräsentation der Familie von Hatzfeldt, in die Philipp von Scholley durch seine Gemahlin Anna Bilga von Hatzfeldt-Fleckenbühl eingeheiratet hatte (Friedhoff 2004a, S. 120–126).

LITERATUR: Friedhoff 2004a, S. 120–126 – Görich 1960, S. 1 – Nieder 2002, S. 66 – Stengel 1927.

PHILIPP BILLION

65
Kaufunger Zehntrechte in Niederzwehren
1625

Marburg, HStAM, Karte 304 R III 1
Kartusche: *Abriſſ ündt / Meſſung dero des Stiffts / Kauffungen Zehendbare Län / derey und Felder vor Nie / der Zwern ge / fertigtt in / Anno MDCXXV*
Pergament, Blattmaß 55,2 x 62,3 cm,
Bildmaß 53,1 x 60,7 cm, Federzeichnung, handkoloriert, Holzstab zum Aufrollen am rechten Rand befestigt, Metallhülse des 18. Jahrhunderts zur Aufbewahrung

Das Pergament gehört nicht zu den von Landgraf Moritz in Auftrag gegebenen Landtafeln, sondern ist eine der Arbeiten Dilichs für andere Abnehmer, in diesem Fall die hessische Ritterschaft als Rechtsnachfolger des 1527 aufgehobenen Reichsstiftes Kaufungen. Die Ausführung auf kostbarem Pergament, das ansonsten nur noch für die Tafel zu Schloß Fleckenbühl (Nr. 64) verwendet wurde, könnte zusammen mit dem gedrechselten Holzstab ein Zeichen für das Bedürfnis nach ritterlicher Repräsentation sein.

Dargestellt ist innerhalb eines aufwendig ornamentierten Rahmens die Feldmark des Dorfes Niederzwehren, die am unteren Bildrand im Osten durch die Fulda begrenzt wird; im Süden und Westen davon liegen die mittels Beschriftungen angedeuteten Gemarkungen Rengershausen (links) und Oberzwehren (oben). Zweck der Darstellung ist es, wie die Titelinschrift zweifelsfrei verrät, die dem Stift Kaufungen zehntpflichtigen Ländereien zu dokumentieren. Das Kloster Kaufungen besaß vermutlich bereits seit Mitte des 11. Jahrhunderts die Zehntrechte in Niederzwehren. Das zum Eigengut der Landgrafen gehörige Vogteirecht in *Zwern* schenkte Landgraf Heinrich I. 1308 dem Stift Kaufungen. Die gewestete Karte veranschaulicht, dass die hessische Ritterschaft auch 1625 noch sämtliche Zehnteinkünfte aus der Zwehrener Feldmark besaß und dauerhaft ordnen wollte. Denn ein eigenhändiger Brief des Kartographen vom 15. Oktober 1624 überliefert den Verwendungszweck der Karte, *darmit man hinfuro bey der zehendvermalterung sich darnach zu achten hette* (Eckhardt 1961, S. 116). Die kartographische Erfassung sollte also eine präzise Zehntverwaltung ermöglichen.

Relativ zentral im Bildraum liegt das Dorf am *Mühlenbach*, dem heutigen Grunnelbach. Der dargestellte Wegeverlauf lässt sich noch heute im Kern des Kasseler Stadtteils nachvollziehen, wobei die nach rechts laufende *Landstraaſs* annähernd mit der heutigen Frankfurter Straße übereinstimmt. Das erfasste Gebiet erstreckt sich etwa von der heutigen Südgrenze der Stadt Kassel bis zum Park Schönfeld. Das links neben der Kompassrose abgebildete Oberzwehren bietet einen weiteren, jedoch weniger markanten Orientierungspunkt. Dilich bedient sich der Vogelschau: Der Betrachter blickt aus großer Höhe fast senkrecht auf die Straßen des Dorfes; der Nachbarort, der angesichts der Distanz zur Bildmitte aus einem Blickwinkel von etwa 45 Grad gezeichnet ist, wirkt perspektivisch verkürzt. Rund um Niederzwehren verteilen sich die Sommer-, Winter- und Brachfelder der traditionellen Dreifelderwirtschaft, wobei der begleitende Index des Kasseler Arbeitsexemplars (Nr. 66 Bl. 52) genau festgehalten haben dürfte, welche Felder vom Zehnt befreit waren.

Im Unterschied zu den anderen Kartierungen, die Dilich für landständische Auftraggeber realisierte, lassen sich die Entstehungsumstände dieses Blattes rekonstruieren. Im Stiftsarchiv Kaufungen, welches heute im Staatsarchiv Marburg verwahrt wird, hat sich diverse Korrespondenz zwischen dem Geographen und seinen Auftraggebern erhalten. Demnach begann Dilich im Oktober 1624 mit vier bis fünf Helfern mit der Vermessung vor Ort und beendete die Niederschrift der Karte im Februar 1625, kurz bevor er im März Hessen verließ und sich nach Dresden in sächsische Dienste begab. Für den Auftrag gewonnen wurde Dilich durch den Bürgermeister und Stiftssyndikus in Kassel Johannes Beckman, der auch während der Arbeiten meist vermittelte. Für die Bezahlung war Anton Becker, Stiftsvogt in Kaufungen, zuständig. Nur die abschließende Rechnung mit der Bitte um baldige Bezahlung richtete Dilich persönlich an den Obervorsteher der Ritterschaft, Hermann von der Malsburg. Bemerkenswert ist, dass von den gut 89 in Rechnung gestellten Reichstalern nur 66, größtenteils in Naturalien, ausgezahlt wurden. Offensichtlich musste sich Dilich, vielleicht auch wegen seines Aufbruchs nach Sachsen, damit zufrieden geben.

Warum gerade der Kaufunger Besitz in Niederzwehren in dieser aufwendigen Weise dokumentiert wurde, lässt sich nicht mehr nachvollziehen. Zwar handelte es sich bei dem Dorf um eine der größeren Besitzungen des Stiftes, aber bei Weitem nicht um die wichtigste. Ferner lässt sich nicht erkennen, ob weitere Karten dieser Art geplant waren, aber infolge von Dilichs Flucht aus Hessen nicht zur Ausführung kamen. Vielleicht hatte es auch Unstimmigkeiten oder Streitigkeiten um den rechten Zehnt gegeben, die eine offizielle Festschreibung erforderlich machten. Immerhin verlieh der Beschreibstoff der Karte fast die Ausstrahlung einer rechtskräftigen Urkunde.

QUELLE: Eckhardt 1993.
LITERATUR: Brödner 1997 – Eckhardt 1961 – Historisches Ortslexikon Kurhessen 1926, ND 1974.

JOHANNES STEIN

66
Kaufunger Zehntrechte in Niederzwehren, Arbeitsexemplar 1625

Kassel, UB-LMB, 2° Ms. Hass. 679, Bl. 52
Kartusche: *Abriſz und / Meſzung dero des / Stiftes Kaúffungen ze / hendbar Laendereyn / und Felder vor / Nieder Zwe / ren gefer / tiget anno / 1625*
Papier, Blatt- und Bildmaß 105,5 x 56,0 cm, Federzeichnung, handkoloriert

Diese Karte der Niederzwehrener Feldmark erweckt den Eindruck, als handele es sich um eine fast identische Vorzeichnung der Marburger Pergamentausführung (Nr. 65). Der dort erwähnte Schriftwechsel zwischen Wilhelm Dilich und seinem Auftraggeber liefert auch einen Hinweis auf die Vorstudie, die wichtige Informationen bietet, die auf dem Pergament fehlen. Zur Zeit der Schlussrechnung befand sich nämlich das Pergament noch bei Dilich, während ein *Buchlein und Indice* schon nach Kaufungen geschickt worden war. Bisher galt dieser Index als verschollen. Doch Dilich gibt dazu einen Hinweis, wenn er schreibt: *Demnach auch in dero verfertigten tabula noch etlich wenig zahlen mangeln und dieselbe aus obgedachtem indice genommen und abgeschrieben werden müssen* (Eckhardt 1961, S. 119). Die Bemerkung, dass zur Fertigstellung der Pergamentkarte noch Zahlen aus dem Index übertragen werden müssten, legt nahe, dass mit dem Index dieses Arbeitsexemplar gemeint sein könne, insbesondere wenn wir die kleinen Unterschiede zwischen beiden Blättern genauer in den Blick nehmen. Rund um Niederzwehren verteilen sich gemäß Pergament und Vorzeichnung die gelben Sommer-, grünen Winter- und braunen Brachfelder der Dreifelderwirtschaft, denen jeweils genaue Flächenangaben eingeschrieben sind. Der linke Kartuschentext, der dem des Pergaments entspricht, erklärt die Zusammenhänge: *Brachfeld ſo in diſer Taffell mit Erdfarbe bezeichnet / hufe in ſeiner Meſzúng / ---1050¾ a.[Acker] ---8¾ Ruhten ---13 Werkschuh --- / Lentzen oder Sommerfeld ist mit gelber Farbe angezeichnet / únd hält ---707¾ a. ---9¾ Ruhten ---57½ Werkschuh --- / Saat oder Winterfeldt, welches im Abriſz grünfarbig / ---850 a. ---1¼ Ruhten ---13 Werkschuh --- / Súmma 2608½ A. ---20 Ruhten ---19½ Werkschuh --- / Mann will aber in bemelten Feldern vor Zehent frey halttẽ, als nemlich / im Brachfelde an 76 Stücken / ---55¾ a ---24¼ ---59½ --- / Im Sommerfelde: 63½ a ---20¾ Ruhten ---57½ Werkschuh --- und im / Winterfelde: 75 A. ---16 Ruhten ---3 Werkschuh --- / Jenes nemblich an 93 Stücken, dieſes aber ahn 100 wie ſolches die / Meſzúng und deren Catologús mit mehrerm. / aúsweiſzet.*
Die in einem etwas dunkleren Farbton hervorgehobenen Felder sind also, wie die Legenden erläutern, vom Zehnt befreit und deswegen speziell ausgewiesen. In der rechten Kartusche wird nochmals die Summe der zum Zehnt verpflichteten Ländereien gezogen: *Diese 269 Stücke so 194¾ a. ---1¼ Rt ---56 Werkschuh ---halten, voriger Summe / abgezogen bleiben zehenttbar in dieſer, dero Nieder Zwerner / Feldmarck / 2413¼ a. ---10½ Rt ---27½ Werkschuh / Húeffen ---80. 13½ a. ---18½ Rt. ---27½ Werkschuh / Die Hueffe zu 30 Ackern, der Acker zú 120 Rúhten / únd die Rúhte zú 16 werckschue gerechnett. Caſzell / den 10. Janúarij 1625. Jahrs / Wilhelm Dillichiús.*
Die linke Hälfte der Vorderseite sowie die gesamte Rückseite der Vorzeichnung sind mit detaillierten Aufrissen der in der Karte hervorgehobenen zehntfreien Flurstücke ausgefüllt. Diese folgen nicht der topographischen Lage; sondern sind nach den Regeln der Dreifelderwirtschaft angeordnet, wobei die Abbildung eine möglichst rationale Nutzung des Papiers berücksichtigt. Jeder Acker ist mit dem Namen des Pächters, einer genauen Maßangabe sowie einer fortlaufenden Nummer versehen. Diese Nummern, aber nicht die Namen, finden sich auch auf der Pergamentkarte und wurden, wie der Briefwechsel erklärt, von Dilich in einem letzten Arbeitsschritt dorthin übertragen. So könnte man das vorliegende Blatt entweder als Entwurf für den Auftraggeber ansehen oder als Arbeitsexemplar, in dem Dilich wie spätere Schreiber die Namen neuer Pächter ergänzen konnten. Denn ohne die zusätzlichen Informationen entweder aus diesem *indice* oder einem *buchlein*, mit deren Hilfe man den durchnummerierten Feldern Namen und Größe zuordnen konnte, erfüllte das Marburger Pergament vor allem eine rein abbildende Funktion. Der schlechte Zustand, die Brüche und Faltspuren des Papierexemplars könnten als Indiz für eine häufige und dauernde Nutzung über einen Entwurf hinaus gewertet werden.
Weder Stengel noch später Eckhardt war das Blatt bekannt. Allerdings verrät der Stempel *EX FUNDATIONE FRATRUM MURHARD 1882* (Kahlfuß 1988, S. 36) auf der Rückseite, dass es sich um eine Erwerbung der Murhardschen Bibliothek aus der zweiten Hälfte des 19. Jahrhunderts handelt. Näheres zur Provenienz lässt sich nicht mehr eruieren, da die Erwerbskataloge dieser Zeit nur unvollständig erhalten sind.

LITERATUR: Brödner 1997 – Eckhardt 1961 – Kahlfuß 1988 – Stengel 1927.

JOHANNES STEIN

67
Rengershäuser Zehnt

Marburg, HStAM, Karte P II 2615
Verso: *Abriſs des Rengerſ / häuser Zehndens*
Papier auf Japanpapier, Blattmaß 42,2 x 55,6 cm,
Bildmaß recto 39,2 x 53,3 cm,
Bildmaß verso 28,2 x 17,2 cm,
Federzeichnung, handkoloriert

Dieses vermutlich um 1625 erstellte und 1979 restaurierte schmucklose Blatt schließt von Süden an die gewestete Tafel der Kaufunger Zehntrechte in Niederzwehren (Nr. 65–66) an. Da es geostet ist, schließt sich sein linker Bildrand an den linken Rand der Niederzwehrener Tafel an. Von der Rengershäuser Feldmark wird nur der Ausschnitt nördlich des gleichnamigen Dorfes im Südwesten von Kassel, heute Stadt Baunatal, kartographisch erfasst; die Straße nach Kassel durchquert das Bild. Der ganz rechts vertikal verlaufende *Der Crohnweg* entspricht ungefähr den Straßen Neuer Hof/Zum Felsengarten. Senkrecht mittig durch den Kartenausschnitt verläuft heute die Autobahn 44. Die technische Ausführung entspricht modernen Vorstellungen von einer Karte ohne Vogelperspektive, ohne perspektivische Verkürzungen und ohne Elemente der Landschaftsdarstellung. Allerdings fehlen im Gegensatz zur Niederzwehrener Karte Maßangaben.

Die Fläche im linken Teil enthält einen Eintrag, der die die Herrschafts- und Abhängigkeitsverhältnisse verdeutlicht: *In dieſem Abriſs bezeichnedt die grüne farbe / unseres gnedigen f[ürsten] umdtt hirvon Zehenden / Die gelbe Joannis Jungmans Zehenden / undt Leibgarbe des Stifftes Kaùffungenn.* Auf der Karte sind die zehntpflichtigen Ländereien des fürstlichen Landesherrn *A* grün, die von Johannes Jungmann auf Lebenszeit bewirtschafteten Felder aus dem Besitz des Kaufunger Stiftes *B* gelb angelegt; letzterem musste Jungmann für sein Nutznießungsrecht die Leibgarbe gleichsam als symbolische Zehntzahlung übergeben.

Die Bestandsaufnahme setzt sich in einer kleinen, hochrechteckigen Karte auf der Rückseite (Abb.) fort, die weitere Äcker derselben Grundherrn verzeichnet. Wo sich die Fluren befanden, lässt sich aufgrund der Angaben nicht eindeutig verorten, vermutlich lagen sie aber südlich des Dorfes; zumindest legt dies der auf der kleinen Karte verzeichnete *Beſſer Fuſspfadt* nahe, der zum Dorf Besse südwestlich von Rengershausen in Richtung Gudensberg geführt haben dürfte. Hier ist direkt in das Feld eingeschrieben: *In dieſem feldt hatt unser / g[nädiger] f[ürst] und herr die / erſte garbe so gebúnden wúrt. Der ubrige teil zendet Júngmannen.* Von diesem Acker war also die erste Garbe Getreide als symbolischer Zehnt an den Landgrafen zu leisten, der restliche Zehnt floss an Johannes Jungmann als Vertreter des Stifts Kaufungen. Wann und in welchem Zusammenhang dieses Blatt entstand, kann nicht ohne weiteres geklärt werden.

LITERATUR: Eckhardt 1993 – Historisches Ortslexikon Kurhessen ND 1974.

JOHANNES STEIN

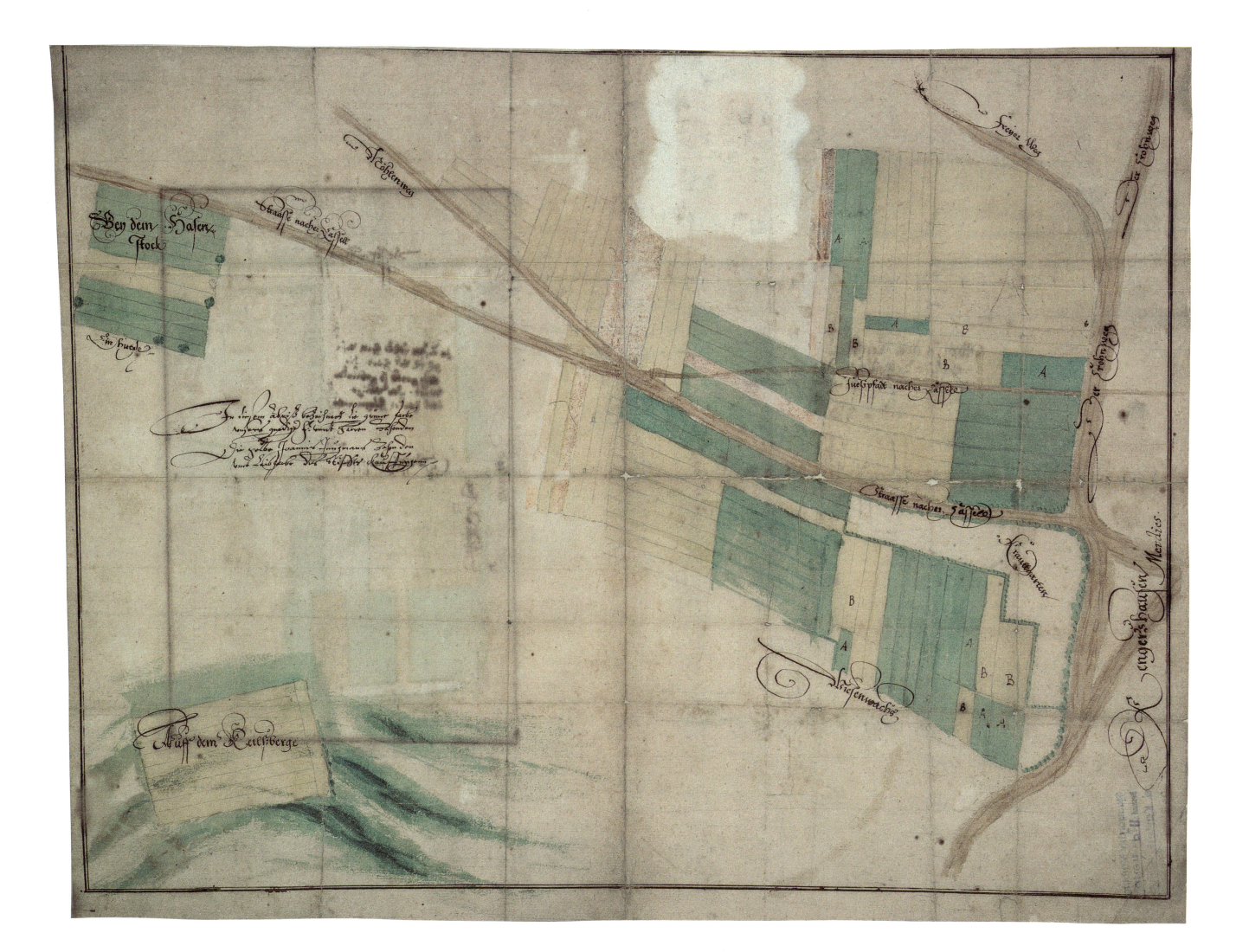

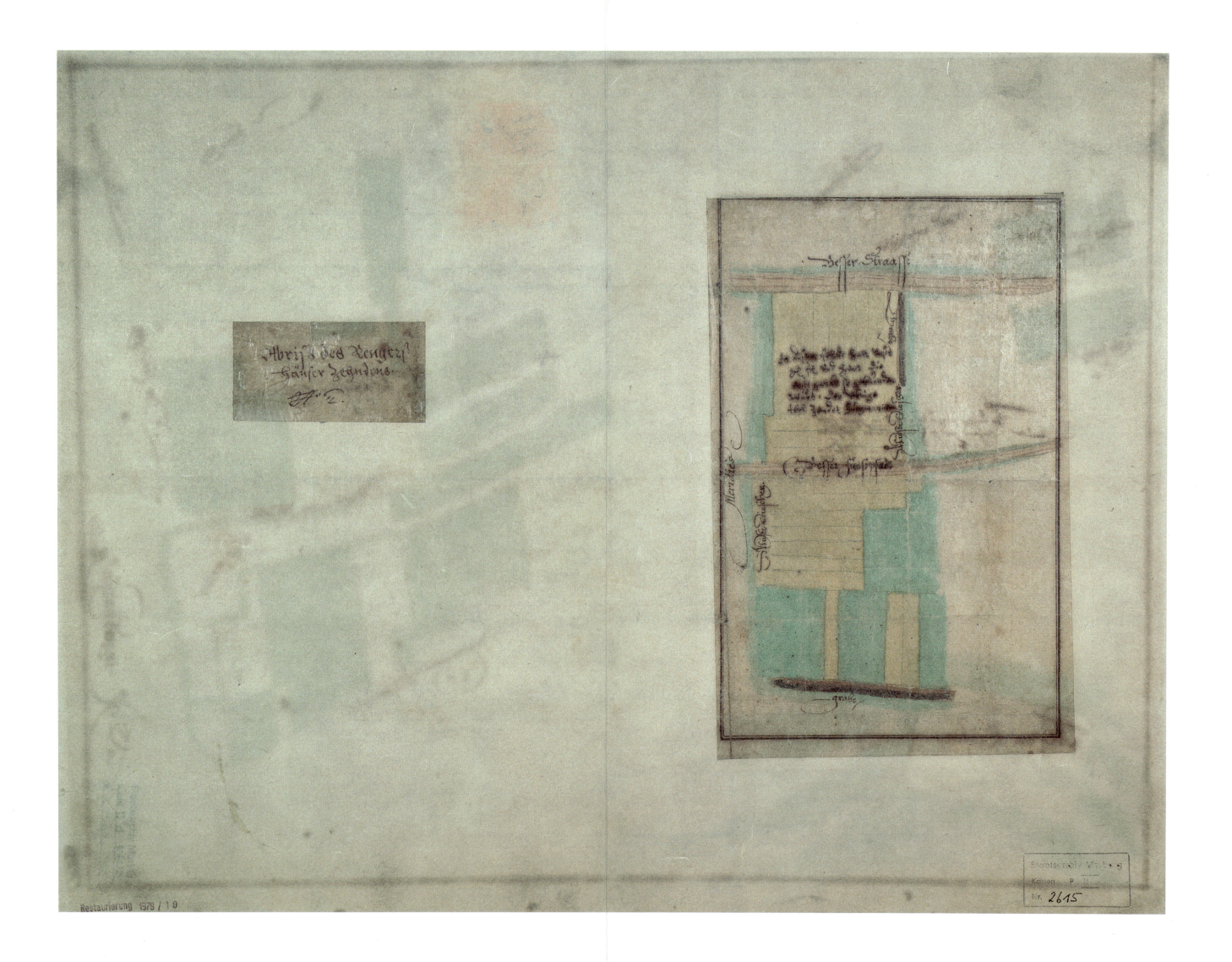

Bibliographie

1. Abkürzungen und Siglen

HStAM   Hessisches Staatsarchiv Marburg
UB-LMB   Universitätsbibliothek Kassel – Landesbibliothek und Murhardsche Bibliothek der Stadt Kassel

2. Quellen

APIAN, Peter, Cosmographicus liber. Studiose collectus, Landshut 1524.

APIAN, Philipp, Bairische Landtafeln, XXIIII. Darinne das hochlöblich Furstenthumb Obern unnd Nidern Bayern sambt der Obern Pfaltz, Ertz unnd Stifft Saltzburg, Eichstet unnd andern mehrern anstoffenden Herschaffte mit vleiß beschrieben und in Druck gegeben durch Philippum Apianum, Inngolstat 1568, ND München 1966.

APIAN, Philipp, Bayerische Landtafeln. Reproduktionen nach kolorierten Holzschnitten der Bayerischen Staatsbibliothek München, Faksimile der Ausgabe Ingolstadt 1568, hrsg. vom Bayerischen Landesvermessungsamt München, München 1989.

DIEMAR, Hermann (Bearb.), Die Chroniken des Wigand Gerstenberg von Frankenberg, 2., unveränderte Aufl. Marburg 1989.

DILICH, Wilhelm, Synopsis descriptionis totius Hassiae tribus libris comprehensae, Cassel 1591.

[DILICH, Wilhelm] Wilhelm Dilichs Federzeichnungen hessischer Städte aus dem Jahr 1591, hg. von E. THEUNER, Marburg 1902.

[DILICH, Wilhelm] Wilhelm Dilichs Ansichten hessischer Städte aus dem Jahre 1591. Nach den Federzeichnungen in seiner Synopsis descriptionis totius Hassiae. Marburg 1902, ND Vellmar 2005.

DILICH, Wilhelm, Brevis Lipsiae descriptio per Wilhelmum Dilichium Waberanum Hassum anno MDXCIV, Cassel 1594.

DILICH, Wilhelm, Ritterspiele anno 1596. Historische Beschreibung der fürstlichen Kinddtauff Fraewlein Elisabethen zu Hessen …, Kassel 1598, ND hg. von Hartmut BROSZINSKI u. Gunter SCHWEIGHART, Kassel 1986.

DILICH, Wilhelm, Ungarische Chronica, Cassel 1600.

DILICH, Wilhelm, Ungarische Chronica Darinnen ordentliche eigentliche kurtze beschreibungen des Ober- und Nieder- Ungern, beneben seinen Landtafeln, und vieler fuernemen Festungen und Staette und Lagern verzeichnuss, / wie auch dero trachten und Koenige contrafacturen so zuvor nicht in gemein publiciret: Item was sich denckwuerdiges von anfang biß auff gegenwertige zeit in Ungern verlauffen und zugetragen […], Cassel 1606.

DILICHUS, Wilhelmus, Urbis Bremae Typus et Chronicon, Kassel 1602 (Probedruck), 1603 u. 1604.

DILICH, Wilhelm, Urbis Bremae et Praefecturarum. Quas Habet Typus et Chronicon, Cassel 1605.

DILICH, Wilhelm, Hessische Chronica, 2 Teile, Kassel 1605, ND hg. von Wilhelm NIEMEYER, Kassel 1961.

DILICH, Wilhelm, Federzeichnungen kursächsischer und Meißnischer Ortschaften aus den Jahren 1626–1629, hg. von Paul Emil RICHTER u. Christian KROLLMANN, Bd. 1–3, Dresden 1907.

ECKHARDT, Wilhelm A., Das Salbuch des Stiftes Kaufungen von 1519. Hessische Urbare und Salbücher, Bd. 1 (Veröffentlichungen der Historischen Kommission für Hessen 54), Marburg 1993.

FREIESLEBEN, Hans-Christian, Der Katalanische Weltatlas vom Jahre 1375 (Quellen und Forschungen zur Geschichte der Geographie und der Reisen 11), Stuttgart 1977.

GROSJEAN, Georges, Mappamundi. The Catalan Atlas of the Year 1375, Zürich 1978.

GUICCIARDINI, Lodovico, Descrittione di tutti i paesi bassi. Altrimenti Detti Germania Inferiore. Con pui carte di Geographia del paese, col ritatto naturale di piu terre principali, Anversa 1567.

KUGLER, Hartmut (Hg.) unter Mitarbeit von Sonja GLAUCH u. Antje WILLING, Die Ebstorfer Weltkarte. Kommentierte Neuausgabe in zwei Bänden. Bd. 1: Atlas; Bd. 2: Untersuchungen und Kommentar, Berlin 2007.

MENZEL, Karl u. Wilhelm SAUER (Hg.), Codex diplomaticus Nassoicus, Bd. 1: Die Urkunden des ehemals kurmainzischen Gebiets, einschließlich der Herrschaften Eppenstein, Königstein und Falkenstein, der Niedergrafschaft Katzenelnbogen und des kurpfälzischen Amts Caub, Wiesbaden 1885–1887, ND Aalen 1969.

MERCATOR, Gerhard, Literarum latinarum, quas italicas cursoriasque vocant scribendarum ratio, Löwen 1540.

MERCATOR, Gerhard, Atlas sive cosmographicae meditationes de fabrica mundi et fabricati figura, Duisburg 1585–95.

MERIAN, Matthaeus, Theatrum Europaeum. Oder Ausführliche und Wahrhafftige Beschreibung aller und jeder denckwürdiger Geschichten so sich hin und wieder in der Werlt fürnämlich aber in Europa und Teutschen Landen, so wol im Religion- als Prophan-Wesen vom Jahr Christi 1617–1629 zugetragen haben, Frankfurt am Main 1635.

MERIAN, Matthaeus, Topographia Hassiae et Regionum Vicinarum, Das ist: Beschreibung vnnd eygentliche Abbildung der vornehmsten Stätte vnd Plätze in Hessen, vnnd denen benachbarten Landschaften, als Buchen, Wetteraw, Westerwaldt, Löhngaw, Nassaw, Solms, Hanaw, Witgenstein, vnd andern, Frankfurt am Main 1655, ND hg. von Wilhelm NIEMEYER, Kassel 1959.

MILLER, Konrad, Mappaemundi. Die ältesten Weltkarten, 6 Bde. 1895–1898.

MILLER, Konrad (Hg.), Weltkarte des Arabers Idrisi vom Jahr 1154, Charta Rogeriana, Stuttgart 1928, ND Stuttgart 1981.

MÜNSTER, Sebastian, Cosmographey oder beschreibung aller Länder Herrschafften und fürnemesten Stetten des gantzen Erdbodens / samt ihren Gelegenheiten / Eygenschafften / Religion / Gebreuchen / Geschichten und Handthierungen, Basel 1544.

ORTELIUS, Abraham, Theatrum orbis terrarum, Antwerpen 1570.

ORTELIUS, Abraham, Theatrum orbis terrarum. Gedruckt zu Nuremberg durch Johann Koler Anno MDLXXII, hg. von Ute SCHNEIDER, Darmstadt 2006.

Rheinisches Urkundenbuch. Ältere Urkunden bis 1100, bearb. von Erich WISPLINGHOFF (Publikationen der Gesellschaft für rheinische Geschichtskunde 57), Bonn 1972.

ROSSEL, Karl (Hg.), Urkundenbuch der Abtei Eberbach im Rheingau, Bd. 1, Wiesbaden 1862.

SCHEDEL, Hartmann, Weltchronik, Nürnberg 1493, Nachdruck, eingeführt und kommentiert von Stephan FÜSSEL, Augsburg 2004.

SCHILDER, Günter, Monumenta Cartographica Neerlandica, 8 Bde. erschienen, Aalphen aan den Rijn 1986–2007.

STENGEL, Edmund (Hg.), Wilhelm Dilichs Landtafeln hessischer Ämter zwischen Rhein und Weser. Nach den Originalen in der Landesbibliothek in Kassel, im Staatsarchiv zu Marburg und im Landgräflichen Archiv zu Philippsruhe auf 24 meist farbigen Tafeln und Doppeltafeln mit 16 Abbildungen im Text (Marburger Studien zur älteren Geschichte, 1. Reihe: Arbeiten zum geschichtlichen Atlas von Hessen und Nassau, 5. Stück), Marburg 1927.

THEODORUS, Jacobus, Neuw Wasserschatz, das ist: aller heylsamen metallischen minerischen Bäder und Wasser, sonderlich aber der new erfundenen Sawrbrunnen zu Langen-Schwalbach ..., Frankfurt a. M. 1581.

WESTREM, Scott, The Hereford Map. A transcription and translation of the legends with commentary (Terrarum orbis 1), Turnhout 2001.

3. Literatur

650 Jahre Bad Schwalbach. Geschichte der Kreis- und Kurstadt, hg. vom Magistrat der Stadt Bad Schwalbach, Bad Schwalbach 2002.

AHMAD, Maqbul S., Cartography of al-Sharif al-Idrisi, in: John B. HARLEY u. David WOODWARD (Hg.), The History of Cartography II, 1: Cartography in the traditional Islamic and South Asian societies, Chicago – London 1992, S. 156–174.

ALBERTI, Hans-Joachim, Maß und Gewicht. Geschichtliche und tabellarische Darstellungen von den Anfängen bis zur Gegenwart, Berlin 1957.

ALBRECHT, Uwe, Der Adelssitz im Mittelalter. Studien zum Verhältnis von Architektur und Lebensform in Nord- und Westeuropa, München – Berlin 1995.

ALMAGIÀ, Roberto, Le pitture murali delle Gallerie delle Carte Geografiche, Vatikanstaat 1952.

ALPERS, Svetlana, Kunst als Beschreibung. Holländische Malerei des 17. Jahrhunderts, 2. durchges. Aufl. Köln 1998.

APELL, Ferdinand von, Die ehemalige Festung Ziegenhain, in: Zeitschrift des Vereins für hessische Geschichte und Landeskunde, N.F. 25 (1901), S. 192–320.

ARENTZEN, Jörg-Geerd, Imago mundi cartographica. Studien zur Bildlichkeit mittelalterlicher Welt- und Oekumenekarten (Münstersche Mittelalter-Schriften 53), München 1984.

ARMBRUST, Ludwig, Geschichte der Stadt Melsungen bis zur Gegenwart (Zeitschrift des Vereins für hessische Geschichte und Landeskunde, Supplement XIV), Kassel 1905, 2. Aufl. Kassel 1921.

ARNDT, Steffen, Kaiserliche Privilegien versus landesherrliche Superiorität im 18. Jahrhundert. Das Beispiel der Familien Schenck zu Schweinsberg und Riedesel zu Eisenbach, in: Zeitschrift des Vereins für Hessische Geschichte und Landeskunde 111 (2006), S. 127–152.

Arolsen, bearb. von Ursula BRAASCH-SCHWERSMANN (Hessischer Städteatlas, 1. Lfg., Bd. 1), 2 Bde., Marburg 2005.

ATZBACH, Rainer, Sven LÜKEN u. Hans OTTOMEYER (Hg.), Burg und Herrschaft. Eine Ausstellung des

Deutschen Historischen Museums Berlin, Berlin 2010.

BACH, Wilhelm, Geschichtliche Nachrichten von dem Gerichte und der Pfarrei Jesberg im Kurfürstenthum Hessen, Cassel 1828.

BACKES, Magnus, Burgen und Schlösser an der Lahn und im Taunus, Neuwied 1970.

BACKES, Magnus, Burg Reichenberg im Taunus, Köln 1971.

BACKES [2006a], Magnus, Marksburg und Schloss Philippsburg, 29. überarb. Aufl. München 2006.

BACKES [2006b], Magnus, Marksburg. Die einzige Gipfelburg am Rhein, in: Uwe A. OSTER (Hg.), Burgen in Deutschland, Darmstadt 2006, S. 77–84.

BACKES, Klaus u. Alkmar von LEDEBUR, Rheinfels, in: Hans-Rudolf NEUMANN (Hg.) unter Mitarbeit von Klaus BACKES, Historische Festungen im Südwesten der Bundesrepublik Deutschland, Stuttgart 1995, S. 90–94.

BALLON, Hilary u. David FRIEDMAN, Portraying the City in Early Modern Europe. Measurement, Representation, and Planning, in: David WOODWARD (Hg.), The History of Cartography III, 1: Cartography in the European Renaissance, Chicago – London 2007, S. 680–704.

BARBER, Peter, Old encounters new. The Aslake world map, in: Monique PELLETIER (Hg.), Géographie du monde (Mémoires de la section de Géographie 15), Paris 1989, S. 69–88.

BARBER, Peter, Maps and Monarchs 1550–1800, in: Robert ORESKO, Graham C. GIBBS u. Hamish M. SCOTT (Hg.), Royal and Republican Sovereignty in Early Modern Europe. Essays in memory of Ragnhild Hatton, Cambridge 1997, S. 75–124.

Die Bau- und Kunstdenkmäler der Kreise Unter-Westerwald, St. Goarshausen, Untertaunus und Wiesbaden Stadt und Land, hg. von dem Bezirksverband des Regierungsbezirks Wiesbaden, bearb. von Ferdinand LUTHMER (Die Bau- und Kunstdenkmäler des Regierungsbezirks Wiesbaden 5), Frankfurt am Main 1914, ND Frankfurt am Main 1973.

BAUCHHENSS, Gerhard, Die Iupitersäulen in der römischen Provinz Germania Superior (Bonner Jahrbuch, Beiheft 41), Köln 1981.

BAUER, Gerd, Heiner BOENCKE u. Hans SARKOWICZ, Das Hessen-Lexikon, Frankfurt am Main 1999.

BAUMGÄRTNER, Ingrid (Hg.), Kunigunde – eine Kaiserin an der Jahrtausendwende, Kassel 1997, 2. Aufl. 2002.

BAUMGÄRTNER, Ingrid u. Winfried SCHICH (Hg.), Nordhessen im Mittelalter. Probleme von Identität und überregionaler Integration (Veröffentlichungen der Historischen Kommission für Hessen 64), Marburg 2001.

BAUMGÄRTNER, Ingrid, Die Wahrnehmung Jerusalems auf mittelalterlichen Weltkarten, in: Dieter BAUER, Klaus HERBERS u. Nikolas JASPERT (Hg.), Jerusalem im Hoch- und Spätmittelalter. Konflikte und Konfliktbewältigung – Vorstellungen und Vergegenwärtigungen (Campus Historische Studien 29), Frankfurt am Main 2001, S. 271–334.

BAUMGÄRTNER, Ingrid, Die Welt im kartographischen Blick. Zur Veränderbarkeit mittelalterlicher Weltkarten am Beispiel der Beatustradition vom 10. bis 13. Jahrhundert, in: Wilfried EHBRECHT, Angelika LAMPEN, Franz-Joseph POST u. Mechthild SIEKMANN (Hg.), Der weite Blick des Historikers. Einsichten in Kultur-, Landes- und Stadtgeschichte. Peter Johanek zum 65. Geburtstag, Köln 2002, S. 527–549.

BAUMGÄRTNER [2005a], Ingrid, Jerusalem, Nabel der Welt (Ebstorfer Weltkarte; schematische T-O-Weltkarte aus Augsburg, Universitätsbibliothek, Öttingen-Wallerstein Hs. I.2.4o 5, f. 120v; Jerusalemkarte aus Brüssel, Bibliothèque Royale de Belgique, Ms. 9823–34, f. 157r; Jerusalemkarte aus Montpellier, Bibliothèque Interuniversitaire, Section Médicine, Ms. H 142, f. 67v), in: Alfried WIECZOREK, Mamoun FANSA u. Harald MELLER (Hg.), Saladin und die Kreuzfahrer. Begleitband zur Sonderausstellung „Saladin und die Kreuzfahrer" (Publikationen der Reiss-Engelhorn-Museen 17), Mainz 2005, S. 288–293.

BAUMGÄRTNER [2005b], Ingrid, Visualisierte Weltenräume. Tradition und Innovation in den Weltkarten der Beatustradition des 10. bis 13. Jahrhunderts, in: Hans-Joachim SCHMIDT (Hg.), Tradition, Innovation, Invention. Fortschrittsverweigerung und Fortschrittsbewußtsein im Mittelalter (Scrinium Friburgense 18), Berlin 2005, S. 231–276.

BAUMGÄRTNER [2006a], Ingrid, Biblical, Mythical, and Foreign Women in the Texts and Pictures on Medieval World Maps, in: Paul D. A. HARVEY (Hg.), The Hereford World Map. Medieval World Maps and their Context, London 2006, S. 305–334.

BAUMGÄRTNER [2006b], Ingrid, Reiseberichte und Karten: Wechselseitige Einflüsse im späten Mittelalter?, in: Gisela ECKER u. Susanne RÖHL (Hg.), In Spuren reisen. Vor-Bilder und Vor-Schriften in der Reiseliteratur (Reiseliteratur und Kulturanthropologie 6), Berlin 2006, S. 89–124.

BAUMGÄRTNER, Ingrid, Europa in der Kartographie des Mittelalters: Repräsentationen – Grenzen – Paradigmen, in: Ingrid BAUMGÄRTNER u. Hartmut KUGLER (Hg.), Europa im Weltbild des Mittelalters: Kartographische Konzepte (Orbis mediaevalis. Vorstellungswelten des Mittelalters 10), Berlin 2008, S. 9–28.

BAUMGÄRTNER [2009a], Ingrid, Die Welt als Erzählraum im späteren Mittelalter, in: Ingrid BAUMGÄRTNER, Paul-Gerhard KLUMBIES u. Franziska SICK (Hg.), Raumkonzepte. Disziplinäre Zugänge, Göttingen 2009, S. 145–177.

BAUMGÄRTNER, Ingrid, Erzählungen kartieren. Jerusalem in mittelalterlichen Kartenräumen, in: Annette HOFFMANN u. Gerhard WOLF (Hg.), Jerusalem as Narrative

Space. Erzählraum Jerusalem, Turnhout 2011 (im Druck). Leicht verändert auch in: Sonja GLAUCH, Susanne KÖBELE u. Uta STÖRMER-CAYSA (Hg.), Projektion – Reflexion – Ferne. Räumliche Vorstellungen und Denkfiguren im Mittelalter. Hartmut Kugler zum 65. Geburtstag, 2011 (im Druck).

BAUMGÄRTNER, Ingrid, Landtafeln hessischer Ämter zwischen Rhein und Weser (Burg Hohenstein; Amt Reichenberg, Amt Rheinfels und St. Goarshausen; Neukatzenelnbogen; Stadt und Pfandschaft Rhens mit Königsstuhl), in: Rainer ATZBACH, Sven LÜKEN und Hans OTTOMEYER (Hg.), Burg und Herrschaft. Eine Ausstellung des Deutschen Historischen Museums Berlin, Berlin 2010, S. 77–79, Nr. 3.18 u. 3.18 a–e.

BAUMGÄRTNER, Ingrid u. Hartmut KUGLER (Hg.), Europa im Weltbild des Mittelalters: Kartographische Konzepte (Orbis mediaevalis. Vorstellungswelten des Mittelalters 10), Berlin 2008.

BAUMHAUER, Roland (Hg.), Aktuelle Forschungen aus dem Fachbereich VI Geographie/ Geowissenschaften, Trier 1997.

BECKER, Eduard Edwin, Die Riedesel von Eisenbach: Geschichte des Geschlechts der Riedesel Freiherrn zu Eisenbach, Erbmarschälle zu Hessen. Band 1: Vom ersten Auftreten des Namens bis zum Tod Hermanns II. Riedesel 1500, Lauterbach 1923.

BECKER, Hans, 750 Jahre Jesberg, in: Jahrbuch Schwalm-Eder-Kreis 18 (1992), S. 136–137.

BEHRINGER, Wolfgang, Die Visualisierung von Straßenverkehrsnetzen in der frühen Neuzeit, in: Thomas SZABÓ (Hg.), Die Welt der europäischen Straßen. Von der Antike bis in die Frühe Neuzeit, Köln 2009, S. 255–278.

BEIJERMAN-SCHOLS, Jana u. Jan Frederik HEIJBROEK (Hg.), Geschiedenis in beeld 1550–2000, nitgegeven ter gelegenheid van de Drie Tentoonstelligen Geschiedenis in Beeld in Amsterdam, Rijksprentenkabinet, Rijksmuseum 8 juli – 15 oktober 2000, Dordrechts Museum aan de Haven 8 juli – 15 oktober 2000, Rotterdam, Historisch Museum 8 juli – 1 oktober 2000, Zwolle 2000.

BELL, Janis, Color and Theory in Seicento Art. Zaccolini's ‚Prospettiva del Colore' and the Heritage of Leonardo, PhD Brown University 1983.

BELL, Janis, Zaccolini's Theory of Color Practice, in: Art Bulletin 75 (1993), S. 92–112.

BERNS, Jörg Jochen, Frank DRUFFNER, Ulrich SCHÜTTE, Brigitte WALBE (Hg.), Erdengötter, Fürst und Hofstaat in der Frühen Neuzeit im Spiegel von Marburger Bibliotheks- und Archivbeständen, Marburg 1997.

BERTINCHAMP, Horst-Peter, Wilhelm Dilich, ein hessischer Kartograph in sächsischen Diensten (1625–1650), in: Sächsische Heimatblätter. Zeitschrift für sächsische Geschichte, Denkmalpflege, Natur und Umwelt 34 (1988), Heft 1, S. 31–32.

BESING, Thomas, Produktion und Publikum. Aspekte der Herstellung, Verbreitung und Rezeption frühneuzeitlicher Stadtdarstellungen, in: Wolfgang BEHRINGER u. Bernd ROECK (Hg.), Das Bild der Stadt in der Neuzeit 1400–1800, München 1999, S. 94–100.

BILLER, Thomas, Burgen im Taunus und im Rheingau. Ein Führer zu Geschichte und Architektur, Regensburg 2008.

BILLER, Thomas u. Georg Ulrich GROSSMANN, Burg und Schloss. Der Adelssitz im deutschsparchigen Raum, Regensburg 2002.

BIPPEN, Wilhelm von, Krefting, Heinrich, in: Allgemeine Deutsche Biographie 17, Leipzig 1883, ND 1969, S. 100f.

BIRKHOLZ, Daniel, The King's Two Maps. Cartography and Culture in 13th century England (Studies in medieval history and culture 22), New York 2004.

BISCHOFF, Malte, Die Burg als repräsentativer Wohnsitz, in: Burgen in Mitteleuropa. Ein Handbuch, Bd. 2: Geschichte und Burgenlandschaften, hg. von der Deutschen Burgenvereinigung e.V., Stuttgart 1999, S. 52–58.

BITTER, August, Burg Schoenstein im Kellerwald, in: Hessischer Gebirgsbote 92 (1991), S. 66–68.

BITTERLING, David, Der absolute Staat und seine Karten. Eine kritische Geschichte der Genauigkeit am Beispiel Frankreichs, in: Christoph DIPPER u. Ute SCHNEIDER (Hg.), Kartenwelten. Der Raum und seine Repräsentation in der Neuzeit, Darmstadt 2006, S. 94–109.

BLACK, Jeremy, Geschichte der Landkarte von der Antike bis zur Gegenwart, Leipzig 2005.

BLEYMEHL-EILER [2003a], Martina, Das Rotenburger Schlösschen in Langenschwalbach. Landgräfliche Nebenresidenz und Verwaltungszentrum, in: Jahrbuch des Rheingau-Taunus-Kreises 54 (2003), S. 74–76.

BLEYMEHL-EILER [2003b], Martina, Das Leben in Langenschwalbach zur Zeit Merians (1593–1650), in: Jahrbuch des Rheingau-Taunus-Kreises 54 (2003), S. 85–88.

BÖCHER, Otto, Burg Rheinfels, in: Ärzteblatt Rheinland-Pfalz 46 (1993), S. 66–72.

BÖHME, Horst Wolfgang, Reinhard FRIEDRICH u. Barbara SCHOCK-WERNER (Hg.), Wörterbuch der Burgen, Schlösser und Festungen, Stuttgart 2004.

BÖNISCH, Fritz, The geometrical accuracy of 16th and 17th century topographical surveys, in: Imago mundi 21 (1967), S. 62–69.

BÖNISCH, Fritz, Genauigkeitsuntersuchungen am Öderschen Kartenwerk von Kursachsen, Berlin 1970.

BÖNISCH, Fritz, Hans BRICHZIN, Klaus SCHILLINGER u. Werner STAMS, Kursächsische Kartographie bis zum Dreißigjährigen Krieg (Veröffentlichungen des Staatlichen Mathematischen-Physikalischen Salons 8), Bd. 1, Berlin 1990.

BÖNISCH, Fritz, Die erste Kursächsische Landesaufnahme, ausgeführt von Matthias Öder und Balthasar Zimmermann von 1586 bis in die Anfangszeit des Dreißigjährigen Krieges (Atlas zur Geschichte und Landeskunde von Sachsen, H: Historische Karten, 4.1–4.2, Beiheft), Leipzig u. Dresden 2002.

BONTE, R., Nassaus Burgen II: Hohenstein, in: Nassovia 5 (1904), S. 2–4, 18–20, 30–32 u. 42–44.

BONTE, R., Über die Gründung und Bauweise der Burg Reichenberg, in: Mitteilungen des Vereins für Nassauische Altertumskunde und Geschichtsforschung (= Nassauische Heimatblätter) 10 (1906/07), Sp. 45–64.

BOOCKMANN, Hartmut, ‚Historiae' auf Tafeln, in: Jaroslaw WENTA (Hg.), Die Geschichtsschreibung in Mitteleuropa. Projekte und Forschungsprobleme (Subsidia Historiographica 1), Thorn 1999, S. 41–51.

BORGGREFE, Heiner (Hg.), Moritz der Gelehrte. Ein Renaissancefürst in Europa. Begleitpublikation aus Anlaß der Ausstellung in Lemgo, Weserrenaissance-Museum Schloß Brake, 19. Oktober 1997–1. Februar 1998 und in Kassel, Staatliche Museen Kassel, Orangerie, 6. März 1998–31. Mai 1998, Eurasburg 1997.

BOULOUX, Nathalie, Cartes territoriales et cartes régionales en Italie au XIVe siècle, in: MICHALSKY, Tanja, Felicitas SCHMIEDER u. Gisela ENGEL (Hg.), Aufsicht – Ansicht – Einsicht. Neue Perspektiven auf die Kartographie an der Schwelle zur Frühen Neuzeit (Frankfurter Kulturwissenschaftliche Beiträge 3), Berlin 2009, S. 263–282.

BRAASCH-SCHWERSMANN, Ursula (Hg.), Hessischer Städteatlas, Marburg 2005ff.

BRAASCH-SCHWERSMANN, Ursula u. Axel HALLE (Hg.), Wigand Gerstenberg von Frankenberg 1457–1522. Die Bilder aus seinen Chroniken Thüringen und Hessen – Stadt Frankenberg (Untersuchungen und Materialien zur Verfassungs- und Landesgeschichte 23), Marburg 2007.

BRAUER, Fritz Adolf, Territorialgeschichte der Grafschaft Ziegenhain. Die Frühzeit, Marburg 1928.

BRAUER, Fritz Adolf, Die Grafschaft Ziegenhain (Schriften des Instituts für geschichtliche Landeskunde von Hessen und Nassau 6), Marburg 1934.

BRAUN, Georg u. Franz HOGENBERG, Civitates orbis terrarum, 6 Bde., Köln 1572–1618, neu hg. und eingeleitet von Raleigh Ashlin SKELTON, Amsterdam 1965.

BRAUNS, Eduard, Burg, Amt und Dorf Schönstein, in: Schwälmer Jahrbuch 1976, S. 97–102.

BRAUNS, Eduard, Burg, Amt und Dorf Schönstein. Das Amt Schönstein war das jüngste unter den Ämtern an der Schwalm, in: Hessischer Gebirgsbote 80 (1979), S. 13–16.

BRAUNS, Eduard, Burg Schoenstein am Kellerwald, in: Jahrbuch Schwalm-Eder-Kreis 1980, S. 81–82.

BRICHZIN, Hans, Kursachsens älteste Karten, in: Archivmitteilungen 6 (1987), S. 201–206.

BRICHZIN, Hans, Peter und Philipp Apian – und die verpassten Chancen in der sächsischen Kartographie, in: Karl RÖTTEL (Hg.), Peter Apian. Astronomie, Kosmographie und Mathematik am Beginn der Neuzeit mit Ausstellungskatalog, Buxheim – Eichstätt 1995, S. 247–254.

BRINCKEN, Anna-Dorothee von den, Mappae mundi und Chronographia. Studien zur ‚Imago mundi' des abendländischen Mittelalters, in: Deutsches Archiv für Erforschung des Mittelalters 24 (1968), S. 118–186, auch in: Anna-Dorothee von den BRINCKEN, Studien zur Universalkartographie des Mittelalters, hg. von Thomas SZABÓ (Veröffentlichungen des Max-Planck-Instituts für Geschichte 229), Göttingen 2008, S. 17–81.

BRINCKEN [1970a], Anna-Dorothee von den, Die Ausbildung konventioneller Zeichen und Farbgebung in der Universalkartographie des Mittelalters, in: Archiv für Diplomatik 16 (1970), S. 325–349, auch in: Anna-Dorothee von den BRINCKEN, Studien zur Universalkartographie, hg. von Thomas SZABÓ (Veröffentlichungen des Max-Planck-Instituts für Geschichte 229), Göttingen 2008, S. 112–136.

BRINCKEN, Anna-Dorothee von den, Kartographische Quellen. Welt-, See- und Regionalkarten (Typologie des sources du Moyen Âge occidental 51), Turnhout 1988.

BRINCKEN, Anna-Dorothee von den, Jerusalem on medieval mappaemundi. A site both historical and eschatological, in: Paul D. A. HARVEY (Hg.), The Hereford World Map. Medieval World Maps and their Context, London 2006, S. 355–380.

BRINCKEN, Anna-Dorothee von den, Studien zur Universalkartographie, hg. von Thomas SZABÓ (Veröffentlichungen des Max-Planck-Instituts für Geschichte 229), Göttingen 2008.

BROECKE, Marcel van der, Ortelius Atlas Maps. An Illustrated Guide, Tuurdijk 1996.

BRÖDNER, Petra, ‚Eck kan mek nycht toffrede geven, eck mot to Koffungen'. Kloster und Damenstift Kaufungen im Mittelalter, in: Ingrid BAUMGÄRTNER (Hg.), Kunigunde – eine Kaiserin an der Jahrtausendwende, Kassel 1997, 2. Aufl. 2002, S. 77–112.

BROHL, Elmar, Der Festungsbau des hessischen Landgrafen Philipp 1518–1567, in: Festungsjournal 27 (2005), S. 26–50.

BRONNER, Carl, Odenwaldburgen. Teil 1: Otzberg, Schloß-Nauses, Breuberg, Lichtenberg, Rodenstein, Schnellerts, Reichenberg, Mainz 1924.

BROSZINSKI, Hartmut, Kasseler Handschriftenschätze (Pretiosa Cassellana), Kassel 1985.

BROSZINSKI, Hartmut u. Gunter SCHWEIKHART, Nachwort, in: Wilhelm Dilich, Ritterspiele: anno 1596. Cassel 1598, ND hg. von Hartmut BROSZINSKI, u. Gunter SCHWEIKHART, Kassel 1986, S. VI–XII.

BÜRGER, Gerhard, Im Zauber der Loreley. Eine kleine Monographie, Neuauflage Oberwesel 1986.

BÜTTNER, Nils, Die Erfindung der Landschaft. Kosmographie und Landschaftskunst im Zeitalter Brueghels, Göttingen 2000.

BUISSERET, David (Hg.), Monarchs, Ministers and Maps, Chicago 1992.

BUISSERET, David, Mapmakers Quest. Depicting New Worlds in Renaissance Europe, Oxford 2003.

Burgen in Mitteleuropa. Ein Handbuch, Bd. 1: Bauformen und Entwicklung, Bd. 2: Geschichte der Burgenlandschaften, hg. von der Deutschen Burgenvereinigung e.V., Stuttgart 1999.

BURGGESELLSCHAFT BEDERKESA e.V. (Hg.), Wilhelm Dilich. Kartograph von Amt und Burg Bederkesa, Texte von Bettina SCHLEIER, Johannes GÖHLER und Matthias D. SCHÖN (Schriftenreihe der Burggesellschaft Bederkesa 9), Bederkesa 1994.

BURKART, J., Die Burg Reichenberg bei St. Goarshausen, in: Zeitschrift für Bauwesen 3 (1853), Sp. 483–490.

BURKHARD, Franz, Burgruine Eppstein im Taunus, in: Der Burgwart 6 (1905), S. 57–61 u. 69f.

BUTZ, Eva-Maria, Warten auf den Prinz? Die Erforschung weiblicher Lebenswelten auf der mittelalterlichen Burg, in: Joachim ZEUNE (Hg.), Alltag auf Burgen im Mittelalter (Veröffentlichung der Deutschen Burgenvereinigung e.V., Reihe B: Schriften, Bd. 10), Passau 2005, S. 60–64.

CAMPBELL, C. Jean, The City's new Clothes: Ambrogio Lorenzetti and the Poetics of Peace, in: Art Bulletin 83 (2001), S. 240–258.

CAMPBELL, Tony, Portolan Charts from the Late Thirteenth Century to 1500, in: John B. HARLEY u. David WOODWARD (Hg.), The History of Cartography I: Cartography in prehistoric, ancient, and medieval Europe and the Mediterranean, Chicago – London 1987, S. 371–463.

CÄSAR, Julius, Über Wilhelm Dilichs Leben und Schriften, in: Zeitschrift des Vereins für hessische Geschichte und Landeskunde, NF 6 (1877), S. 313–325.

CÄSAR, Julius, Art. Dilich, Wilhelm, in: Allgemeine Deutsche Biographie 5, Leipzig 1877, ND 1968, S. 225f.

CASEY, Edward, Representing Place. Landscape Painting and Maps, Minneapolis – London 2002.

CASEY, Edward, Ortsbeschreibungen. Landschaftsmalerei und Kartographie (Bild und Text), München 2006.

CASTELNUOVO, Enrico (Hg.), Ambrogio Lorenzetti: Il Boun governo, Mailand 1995.

CHASSAGNETTE, Axelle, Mesurer et décrire: savoir géographique et cartographie dans l'espace germanique protestant (des années 1530 aux années 1620), in: Revue de l'Institut français d'histoire en Allemagne 2 (2010), S. 194–200.

COHAUSEN, August von, Die Befestigungen der Vorzeit und des Mittelalters, Wiesbaden 1898, ND hg. von Max JÄHNS, Würzburg 1979.

COSGROVE, Denis (Hg.), Mappings, London 1999, Reprint 2002.

CUSTODIS, Paul-Georg u. Kurt FREIN, St. Goarshausen mit Burg Katz und Patersberg (Rheinische Kunststätten 258), Neuss 1981.

DANNHEIMER, Wilhelm, Die älteste Landkarte des Rothenburger Gebiets, in: Jahrbuch von Alt-Rothenburg 1954/1955, S. 17–42.

DAXELMÜLLER, Christoph, Von Zwergen und einem sagenhaften Schatz. Die Loreley und der mittelalterliche Volksglauben, in: Mario KRAMP u. Matthias SCHMANDT (Hg.), Die Loreley. Ein Fels im Rhein, ein deutscher Traum, Mainz 2004, S. 37–46.

DEGENHARDT, Günter, Der Adel im Altkreis Rotenburg – die Riedesel, in: Rund um den Alheimer 26 (2005), S. 6–10.

DEHIO, Georg, Handbuch der Deutschen Kunstdenkmäler: Nördliches Hessen, bearb. unter Mitwirkung von Hanna ADENAUER u. Ernst GALL, 3. unveränderte Aufl. München 1960.

DEHIO, Georg, Handbuch der Deutschen Kunstdenkmäler: Südliches Hessen, bearb. unter Mitwirkung von Max HERCHENRÖDER, 3. unveränderte Aufl. München 1961.

DEHIO, Georg, Handbuch der Deutschen Kunstdenkmäler: Hessen, bearb. von Magnus BACKES, 2. bearb. Aufl. München 1982.

DEHIO, Georg, Handbuch der Deutschen Kunstdenkmäler: Rheinland-Pfalz, Saarland, bearb. von Hans CASPARY, 2., bearb. und erw. Aufl. München 1985.

DEHIO, Georg, Handbuch der Deutschen Kunstdenkmäler: Hessen, bearb. von Folkhard CREMER, Bd. I: Regierungsbezirke Gießen und Kassel, München 2008; Bd. II: Regierungsbezirk Darmstadt, München 2008.

DELANO-SMITH, Catherine u. Roger KAIN, English Maps. A History (The British Library Studies in Map History 2), London 1999.

DELANO-SMITH, Catherine, Signs on Printed Topographical Maps ca. 1470–ca. 1640, in: David WOODWARD (Hg.), The History of Cartography III, 1: Cartography in the European Renaissance, Chicago 2007, S. 528–610.

DE LA RONCIÈRE, Monique u. Michel MOLLAT DU JOURDAIN, Portulane. Seekarten vom 13. bis zum 17. Jahrhundert, München 1984.

DEMANDT, Karl Ernst, Landschreiberei und Amt Hohenstein im 15. Jahrhundert, in: Nassauische Annalen 58 (1938), S. 57–68.

DEMANDT, Karl Ernst, Landgraf Philipp der Jüngere von Hessen-Rheinfels. Ein fürstliches Kultur- und Lebensbild aus der rheinischen Renaissance, in: Nassauische Annalen 71 (1960), S. 56–112.

DEMANDT, Karl Ernst, Der Einflussbereich der Grafen von Katzenelnbogen (Geschichtlicher Atlas von Hessen 17b), Marburg 1962.

DEMANDT, Karl Ernst, Die Grafschaft Katzenelnbogen und ihre Bedeutung für die Landgrafschaft Hessen, in: Rheinische Vierteljahrsblätter 29 (1964), S. 73–105.

DEMANDT, Karl Ernst, Geschichte des Landes Hessen, 2., neubearb. und erw. Aufl. Kassel 1972, rev. ND Kassel 1980.

DEMANDT, Karl Ernst, Rheinfels und andere Katzenelnbogener Burgen als Residenzen, Verwaltungszentren und Festungen 1350–1650 (Arbeiten der Hessischen Historischen Kommission NF 5), Darmstadt 1990.

DERSCH, Wilhelm, Hessisches Klosterbuch. Quellenkunde zur Geschichte der im Regierungsbezirk Kassel, im Kreis Grafschaft Schaumburg, in der Provinz Oberhessen und dem Kreis Biedenkopf gegründeten Stifter, Klöster und Niederlassungen von geistlichen Genossenschaften, Nachdruck der 2., ergänzten Aufl. Marburg 1940 (Veröffentlichungen der Historischen Kommission für Hessen 12), Marburg 2000.

Deutsches Städtebuch. Handbuch städtischer Geschichte, Bd. IV, hg. von Erich KEYSER, Stuttgart 1957.

DEYS, Henk, Mathieu FRANSSEN u. Vincent van HEZIK (Hg.), Guicciardini illustratus. De kaarten en prenten in Lodovico Guicciardini's Beschrijving van de Nederlanden (Utrechtse historisch-kartografische studies 2), Utrecht 2001.

DIEFFENBACH, Johann Philipp, Schloss Reichenberg (Jahresberichte des Hessischen Vereins für die Aufnahme mittelalterlicher Kunstwerke), Bingen 1852.

DIEFENBACHER, Jörg, Die Schwalbacher Reise. Gezeichnet von Anton Mirou, in Kupfer gestochen von Matthäus Merian d. Ä., 1620, Mannheim 2002.

DIETZ, Klaus: Philipp Apian. Kartographie der Renaissance. Ausstellung in München, in: Weltkunst 59 (1989), S. 23–63.

DILLMANN, Egon, Rhens mit dem Königstuhl (Rheinische Kunststätten, Heft 8/1975), Neuss 1975.

DILLMANN, Egon, Rhens mit dem Königstuhl, Köln 1975.

DIPPER, Christoph u. Ute SCHNEIDER (Hg.), Kartenwelten. Der Raum und seine Repräsentation in der Neuzeit, Darmstadt 2006.

DITHMAR, Georg Theodor, Die Geschichte des Rheinfels. Abschrift nach dem Abdruck in den Hessischen Blättern 1898, Melsungen 1898.

DOLZ, Wolfram u. Yvonne FRITZ (Hg.), Genau messen = Herrschaft verorten, Das Reißgemach von Kurfürst August, ein Zentrum der Geodäsie und Kartographie. Katalog zur Ausstellung des Mathematisch-Physikalischen Salons, 23. September 2010 – 23. Januar 2011, Dresden 2010.

Dorfchronik Meimbressen, Festschrift zur 1100-Jahrfeier 2006, hg. v. Geschichtskreis 1100-Jahrfeier Meimbressen u. dem Verein für hessische Geschichte und Landeskunde (Die Geschichte unserer Heimat 44), Kassel 2006.

DÖRFLINGER, Johannes, Das geschichtskartographische Werk von Johann Matthias Hase (Hasius). Paradigmenwechsel in der Historischen Kartographie?, in: Dagmar UNVERHAU (Hg.), Geschichtsdeutung auf alten Karten (Wolffenbüttler Forschungen 101), Wiesbaden 2003, S. 221–254.

DÖRING, Jörg u. Tristan THIELMANN, Spatial Turn. Das Raumparadigma in den Kultur- und Sozialwissenschaften, Bielefeld 2008.

DÖRR, Cornelia, Landgraf Philipp der Großmütige, Schloß Ziegenhain und die Bilderfrage, in: Hessische Heimat. Zeitschrift für Kunst, Kultur und Denkmalpflege 50 (2000), Heft 2, S. 58–69.

DRACH, Alhard von, Die künstlerische Tätigkeit Wilhelm Dilichs, in: Mitteilungen des Vereins für hessische Geschichte und Landeskunde 4 (1878), S. 5–6.

DRECOLL, Carsten, Idrisi aus Sizilien. Der Einfluss eines arabischen Wissenschaftlers auf die Entwicklung der europäischen Geographie (Deutsche Hochschulschriften 1187), Egelsbach 2000.

DUBAS, Jean u. Hans-Ueli FELDMANN, Typus agri Friburgensis, Die erste Karte des Kantons Freiburg von Wilhelm Techtermann 1578 (Cartographica Helvetica 7), Murten 1994.

DÜRST, Arthur, Die Planvedute der Stadt Zürich von Jos Murer, 1576, in: Cartographica Helvetica 15 (1997), S. 23-37.

EARLE, Ingeborg, Liederbach. Bilder und Texte zur Geschichte eines Ortes, Alsfeld 1994.

EBHARDT, Bodo, Der Wehrbau Europas im Mittelalter, Bd. I, Berlin 1939, ND Würzburg 1998.

EBHARDT [1900a], Bodo, Die Bedeutung der Aufnahmen Wilhelm Dilichs für die Burgenkunde, in: Carl MICHAELIS (Hg.), Rheinische Burgen nach Handzeichnungen Dilichs (1607), Berlin ca. 1900, S. 65–78.

EBHARDT [1900b], Bodo, Schloss Homburg, in: Carl MICHAELIS (Hg.), Rheinische Burgen nach Handzeichnungen Dilichs (1607), Berlin ca. 1900, S. 59–60.

ECKHARDT, Wilhelm A., Wilhelm Dilichs Zehntkarte von Niederzwehren, in: Zeitschrift des Vereins für hessische Geschichte und Landeskunde 72 (1961), S. 99–121.

ECKHARDT, Wilhelm A., Der Kaufungerwald – Königsforst oder Königswald?, in: Walter HEINEMEYER (Hg.), Hundert Jahre historische Kommission für Hessen 1897–1997, Bd. 1 (Veröffentlichungen der Historischen Kommission für Hessen 61,1), Marburg 1997.

EDNEY, Matthew H., Theory and the History of Cartography, in: Imago Mundi 48 (1996), S. 185–191.

EDSON, Evelyn, Mapping Time and Space: How Medieval Mapmakers Viewed their World, London 1997.

EDSON, Evelyn, The World Map 1300–1492. The Persistence of Tradition and Transformation, Baltimore 2007.

EDSON, Evelyn, Emilie SAVAGE-SMITH u. Anna-Dorothea von den BRINCKEN, Der mittelalterliche Kosmos. Karten der christlichen und islamischen Welt, Darmstadt 2005.

EDWARDS, Jess, Wie liest man eine frühneuzeitliche Karte? Zwischen dem Besonderen und dem Allgemeinen, dem Materiellen und dem Abstrakten, Wörtern und Mathematik, in: Jürg GLAUSER u. Christian KIENING (Hg.), Text – Bild – Karte. Kartographien der Vormoderne (Rombach Wissenschaften. Reihe Litterae 105), Freiburg i. B 2007, S. 95–130.

EISENTRÄGER, Margarethe u. Eberhard KRUG, Territorialgeschichte der Kasseler Landschaft, (Schriften des Instituts für geschichtliche Landeskunde von Hessen und Nassau, 10. Stück), Marburg 1935.

Elfershausen. Festschrift zur 700-Jahrfeier der Gemeinde Elfershausen, hg. von der Gemeinde Elfershausen, Melsungen 1953.

ENGEL, Werner, Joist Moers im Dienste des Landgrafen Moritz von Hessen. Ein Beitrag zur späten Landmessertätigkeit und zugleich zur Schiffahrtsgeschichte der Fulda, in: Hessisches Jahrbuch für Landesgeschichte 32 (1982), S. 145–173.

ENSGRABER, Leopold, Die Belagerungen der Feste Rheinfels, in: Hansenblatt 36 (1983), S. 87–98.

ENSGRABER, Leopold, Einführung in die Geschichte der Burg Rheinfels, in: Beiträge zur Rheinkunde 1990, S. 28–31.

ENSGRABER, Leopold, 750 Jahre Burg und Festung Rheinfels, in: Hansenblatt 48 (1995), S. 65–82.

ENSGRABER, Leopold, Die Verträge zwischen Hessen-Kassel und Hessen-Rheinfels, in: Hansenblatt 51 (1998), S. 70–72.

EURICH, Georg, Der Stammsitz der Freiherren Riedesel. Schloss Eisenbach im Vogelsberg, in: Hessische Heimat. Aus Natur und Geschichte (Gießen) 12 (1990), S. 45–46.

EURICH, Georg, Schlösser und Herrenhäuser der Riedesel. Ein Streifzug durch Lauterbach und seine Umgebung, in: Hessische Heimat. Aus Natur und Geschichte (Gießen) 21 (Oktober 1991), S. 81–83.

FALCKENHEINER, Carl Bernhard Nicolaus, Die Burg und Stadt Grebenstein in Kurhessen bis zum Ende des Mittelalters. Aus gedruckten und ungedruckten Quellen geschichtlich dargestellt, in: Zeitschrift des Vereins für hessische Geschichte und Landeskunde 1 (1837), S. 177–236.

FEDERZONI, Laura, Marco Antonio Pasi a Ferrara. Cartografia e governo del territorio al crepuscolo del Rinascimento, Florenz 2006.

FEDERZONI, Laura, The *Geographia* of Ptolemy between the Middle Ages, the Renaissance and beyond, in: MICHALSKY, Tanja, Felicitas SCHMIEDER u. Gisela ENGEL (Hg.), Aufsicht – Ansicht – Einsicht. Neue Perspektiven auf die Kartographie an der Schwelle zur Frühen Neuzeit (Frankfurter Kulturwissenschaftliche Beiträge 3), Berlin 2009, S. 93–116.

FELDGES, Uta, Landschaft als topographisches Porträt. Der Wiederbeginn der europäischen Landschaftsmalerei in Siena, Bern 1980.

FENNER, Fritz, Wallenstein in Hessen. Zur Geschichte von Burg und Dorf (Homberger Hefte 10), Homberg 1973.

FENNER, Gerd, Festung Ziegenhain, in Zusammenarbeit mit dem Arbeitskreis Festung Ziegenhain, Schwalmstadt 1995.

Festschrift Grafschaft Ziegenhain 500 Jahre bei Hessen, hg. von der Stadt Ziegenhain, zusammengestellt von Heinrich SCHMITT, Ziegenhain 1950.

Festschrift zum 125jährigen Kirchenjubiläum in Malsfeld. Festwoche vom 17.–24.9.1989, hg. vom Kirchenvorstand der Ev. Kirchengemeinde Malsfeld, Redaktion: Günter REICHELT, Texte und Beiträge aus der Chronik: Alfred HECKEMANN, Malsfeld 1989.

FIORANI, Francesca, Post-Tridentine ‚Geographia Sacra'. The Galleria delle Carte Geografiche in the Vatican Palace, in: Imago Mundi 48 (1996), S. 124–148.

FIORANI, Francesca, The Marvel of Maps. Art, Cartography and Politics in Renaissance Italy, New Haven 2005.

FISCHER, Doris, Brandruine – Die mühsame Sicherung des ehemaligen Marstalls der Philippsburg in Braubach, in: Baudenkmäler in Rheinland-Pfalz 57 (2002), S. 111.

FISCHER, Doris, Die Marksburg über Braubach. Konservierung und Gestaltung, in: Baudenkmäler in Rheinland-Pfalz 60 (2005), S. 17–22.

FISCHER [1993a], Ludger, Baugeschichtliche Bemerkungen zu Burg und Festung Rheinfels, in: Burgen und Schlösser 34 (1993), Nr. 2, S. 66–79.

FISCHER [1993b], Ludger, Burg und Festung Rheinfels über St. Goar (Rheinische Kunststätten 390), Köln 1993.

FISCHER, Nina, „Nit allein Stet, Marckt, Hernsitz und Klöster auch Gebürg, Wald und Wasserflüss …". Der Kartograph Philipp Apianus (1531–1589), München 2002.

FRANK, Lorenz, Die Mantelmauer der Burg Reichenberg bei St. Goarshausen. Neue Forschungen zur Baugeschichte der Burg, in: Denkmalpflege in Rheinland-Pfalz 52–56 (1997–2001), S. 91–102.

FRANK, Lorenz, Die Kernburg der Marksburg über Braubach – Neue Forschungsergebnisse zur Baugeschichte, in: Burgen und Schlösser. Zeitschrift für Burgenkunde und Denkmalpflege 43 (2002), Heft 4, S. 220–231.

FRANK [2008a], Lorenz, Die nördlichen Teile von Kern- und Vorburg der Marksburg – Neue Untersuchungsergebnisse, in: Burgen und Schlösser. Zeitschrift für Burgenkunde und Denkmalpflege 49 (2008), Heft 1, S. 39–44.

FRANK [2008b], Lorenz, Marksburg – Baugeschichte einer Höhenburg im Oberen Mittelrheintal, in: Lorenz FRANK u. Jens FRIEDHOFF (Hg.), Marksburg. Geschichte und bauliche Entwicklung (Veröffentlichungen der Deutschen Burgenvereinigung Reihe D: Europäische Burgen und Schlösser 7), Braubach 2008, 32–59.

FRANK, Lorenz u. Jens FRIEDHOFF (Hg.), Marksburg. Geschichte und bauliche Entwicklung (Veröffentlichungen der Deutschen Burgenvereinigung Reihe D: Europäische Burgen und Schlösser 7), Braubach 2008.

FREIN, Kurt, Eine junge Ruine von exzeptionellem Wert. Burg Reichenberg bei Reichenberg, in: Baudenkmäler in Rheinland-Pfalz 59 (2004), S. 40–42.

FRIAUF, Hans, Das Hammergut bei Schönstein. Die Mühlen am Knüll, Folge 19, in: Knüllgebirgsbote 1996, S. 11–12.

FRIAUF, Hans, Der Herrschaftliche Hof „Bellnhausen" im Amt Schönstein, in: Knüllgebirgsbote 1999, S. 10–11.

FRIAUF, Marianne, Die Nordemühle bei Schönstein. Die Mühlen am Knüll, Folge 21, in: Knüllgebirgsbote 1996, S. 6–7.

FRIEDHOFF [2004a], Jens, Die Familie von Hatzfeldt. Adelige Wohnkultur und Lebensführung zwischen Renaissance und Barock (Vereinigte Adelsarchive im Rheinland, Schriften 1), Düsseldorf 2004.

FRIEDHOFF [2004b], Jens, Burg Hohenstein. Residenz, Verwaltungsmittelpunkt, Festung, in: Jahrbuch des Rheingau-Taunus-Kreises 55 (2004), S. 71–73.

FRIEDHOFF Jens, Inventare des 14. bis 16. Jahrhunderts als Quelle zur Ausstattung und zum Alltag auf Burgen und Schlössern, in: Joachim ZEUNE (Hg.), Alltag auf Burgen im Mittelalter (Veröffentlichungen der Deutschen Burgenvereinigung e.V., Reihe B: Schriften, Bd. 10), Passau 2005, S. 26–34.

FRIEDHOFF, Jens, Die Marksburg über Braubach. Geschichte und bauliche Entwicklung im Spiegel der archivalischen Überlieferung, in: Nassauische Annalen 118 (2007), S. 1–45.

FRIEDHOFF [2008a], Jens, Die Marksburg in hessisch-darmstädtischer Zeit (1651 bis 1802). Aus- und Umbauten und das Raumprogramm der Festung nach der archivalischen Überlieferung, in: Burgen und Schlösser. Zeitschrift für Burgenkunde und Denkmalpflege 49 (2008), Heft 1, S. 45–51.

FRIEDHOFF [2008b], Jens, Besitz- und Nutzungsgeschichte der Marksburg von den Anfängen bis zum 20. Jahrhundert, in: Lorenz FRANK u. Jens FRIEDHOFF (Hg.), Marksburg. Geschichte und bauliche Entwicklung (Veröffentlichungen der Deutschen Burgenvereinigung Reihe D: Europäische Burgen und Schlösser 7), Braubach 2008, S. 9–27.

FRIEDRICH, Reinhard, Archäologische Funde zur Frühphase der Marksburg, in: Lorenz FRANK u. Jens FRIEDHOFF (Hg.), Marksburg. Geschichte und bauliche Entwicklung (Veröffentlichungen der Deutschen Burgenvereinigung Reihe D: Europäische Burgen und Schlösser 7), Braubach 2008, S. 28–31.

FUCHS, Thomas, Traditionsstiftung und Erinnerungspolitik. Geschichtsschreibung in Hessen in der Frühen Neuzeit (Hessische Forschungen zur geschichtlichen Landes- und Volkskunde 40), Kassel 2002.

FUCHS, Thomas, Geschichtsbewusstsein und Geschichtsschreibung zwischen Reformation und Aufklärung. Städtechroniken, Kirchenbücher und historische Befragungen in Hessen, 1500 bis 1800, Marburg 2006.

GAMBI, Lucio, Marcia MILANESI u. Antonio PINELLI, La Galleria delle carte geografiche. Storia e iconografia, 3 Bde., 2. Aufl. Modena 1996.

GAMPER, Rudolf, Repräsentative Chronikeinschriften in der Reformationszeit, in: Katharina KOLLER-WEISS u. Christian SIEBER, Aegidius Tschudi und seine Zeit, Basel 2002, S. 269–286.

GASSER, Max, Studien zu Philipp Apians Landesaufnahme. Mit 4 Kartenbeilagen und einer Tabelle. Reproduktion aus: Mitteilungen der Geographischen Gesellschaft in München 1 (1904–1906), S. 17–68, in: Acta cartographica 16 (1973), S. 153–208.

GAULAND, Ruth, Melsungen – eine historische Fachwerkstadt in Nordhessen stellt sich vor, Melsungen 1985.

GAULKE, Karsten, Vom Nutzen von Vermessungsinstrumenten um 1600: eine Fallstudie zum Triangulationsinstrument Jost Bürgis, in: Ingrid BAUMGÄRTNER (Hg.), Kurfürstliche Koordinaten. Landesvermessung und Herrschaftsvisualisierung im frühneuzeitlichen Sachsen, Dresden 2012 (im Druck).

GAUTIER DALCHÉ, Patrick, De la liste à la carte. Limite et frontière dans la géographie et la cartographie de l'Occident médiéval, in: Jean-Michel POISSON (Hg.), Frontière et peuplement dans le monde méditerranéen au Moyen Âge. Actes du colloque d'Erice –Trapani, tenu du 18 au 25 septembre 1988 (Castrum 4), Rom – Madrid 1992, S. 99–121.

GAUTIER DALCHÉ, Patrick, Carte marine et portulan au XIIe siècle. Le liber de existencia et forma maris nostri Mediterranei (Collection de l'ecole Francaise de Rome 203), Paris 1995.

GAUTIER DALCHÉ, Patrick, Limite, frontière et organisation de l'espace dans la géographie et la cartographie de la fin du Moyen Age, in: Guy P. MARCHAL (Hg.), Grenzen und Raumvorstellungen (11.–20. Jahrhundert) (Clio Lucernensis 3), Zürich 1996, S. 93–122.

GAUTIER DALCHÉ, Patrick, Reception of Ptolemy's Geography, in: David WOODWARD (Hg.), The History of

Cartography III, 1: Cartography in the European Renaissance, Chicago 2007, S. 285–364.

GEBHARDT, Rainer (Hg.), Hiob Magdeburg und die Anfänge der Kartographie in Sachsen, Annaberg 1995.

GEIGER, Roland, Die Ämter des Erzbistums Trier zwischen Mosel und Blies: Eine Kartenaufnahme von Arnold Mercator aus dem Jahre 1566 in einer ‚Kopie' von Peter Balthasar von 1776, in: Heimatbuch des Landkreises St. Wendel 26 (1994), S. 125–130.

GEISTHARD, Fritz, Bad Schwalbach, in: Georg Wilhelm SANTE (Hg.), Handbuch der historischen Stätten Deutschlands. Bd. 4: Hessen (Kröners Taschenausgabe 274), 3., überarb. Aufl. Stuttgart 1976, S. 30f.

Genealogisches Handbuch der freiherrlichen Häuser, Bd. 14, Limburg a. d. Lahn 1986.

GENSICKE, Hellmuth, Geschichte der Stadt Braubach, Limburg 1976.

GENSICKE, Hellmuth, Sankt Goarshausen, in: Ludwig PETRY (Hg.), Handbuch der historischen Stätten Deutschlands. Bd. 5: Rheinland-Pfalz und Saarland (Kröners Taschenausgabe 275), 3., neubearb. Aufl. Stuttgart 1988, S. 330f.

Geschichte beider Listingen, hg. vom Gemeindevorstand der Gemeinde Breuna, bearb. von Dieter CARL, Breuna 1999.

Geschichtlicher Atlas von Hessen, begr. und vorbereitet von Edmund E. STENGEL, bearb. von Friedrich UHLHORN, 45 Kartenbde. Marburg 1960–1978. Online-Version: http://web.uni-marburg.de/hlgl/lagis/gah_xs.html (25.02.2010).

GIBBS, Robert, In Search of Ambrogio Lorenzetti's Allegory of Justice. Changes to the Frescoes in the Palazzo Pubblico, in: Apollo 149 (1999), S. 11–16.

GILSA ZU GILSA, Felix von, Zur Geschichte der Burg Schönstein, in: Mitteilungen des Vereins für Hessische Geschichte und Landeskunde (1885), S. CXXIII–CXXVIII.

GLASEMANN, Reinhard, Erde, Sonne, Mond & Sterne. Globen, Sonnenuhren und astronomische Instrumente im Historischen Museum Frankfurt am Main (Schriften des Historischen Museums Frankfurt am Main 20), Frankfurt a. M. 1999.

GLASEMANN, Reinhard, Dilichs Instrumente und die Befestigung von Frankfurt am Main: Die Sammlung des Historischen Museums, in: MICHALSKY, Tanja, Felicitas SCHMIEDER u. Gisela ENGEL (Hg.), Aufsicht – Ansicht – Einsicht. Neue Perspektiven auf die Kartographie an der Schwelle zur Frühen Neuzeit (Frankfurter Kulturwissenschaftliche Beiträge 3), Berlin 2009, S. 387–406.

GLAUSER, Jürg u. Christian KIENING (Hg.), Text – Bild – Karte. Kartographien der Vormoderne (Rombach Wissenschaften. Reihe Litterae 105), Freiburg i. B. 2007.

GLEUE, Axel W., Wie kam das Wasser auf die Burg? Vom Brunnenbau auf Höhenburgen und Burgvesten, Regensburg 2008.

GOCKEL, Michael (Hg.), Aspekte thüringisch-hessischer Geschichte, Marburg 1992.

GÖMPEL, Walter u. Michael RUDEWIG (Hg.), 700 Jahre Mengsberg (1294–1994), Schwalmstadt-Treysa 1994.

GÖRICH, Willi, Haus und Hof Fleckenbühl. Aus W. Dilichs malerischen „Landtafeln" von Hessen, in: Hessenland. Beilage der Oberhessischen Presse, Marburg, für Geschichte, Landschaft und Volkstum 7 (1960), Folge 2, S. 1.

GORDON, Andrew u. Bernhard KLEIN (Hg.), Literature, Mapping and the Politics of Space in Early Modern Britain, Cambridge 2001.

GRAESSNER, Holm, Punkt für Punkt. Zur Kartographie des staatlichen Territoriums vor und mit der Geometrisierung, in: Jürg GLAUSER u. Christian KIENING (Hg.), Text – Bild – Karte. Kartographien der Vormoderne (Rombach Wissenschaften. Reihe Litterae 105), Freiburg i. B. 2007, S. 293–316.

GRÄF, Holger Thomas, Dynastien, Territorien und Land. Forschungen zur hessischen Frühneuzeit, in: Ulrich REULING u. Winfried SPEITKAMP (Hg.), Fünfzig Jahre Landesgeschichtsforschung in Hessen, Marburg 2000 (= Hessisches Jahrbuch für Landesgeschichte 50, 2000), S. 263–286.

GRÄF, Holger Thomas, „Hir sal stehin, wy man buwet ...". Die Ortsansichten in den Chroniken Wigand Gerstenbergs, in: Ursula BRAASCH-SCHWERSMANN u. Axel HALLE (Hg.), Wigand Gerstenberg von Frankenberg 1457–1522. Die Bilder aus seinen Chroniken Thüringen und Hessen – Stadt Frankenberg (Untersuchungen und Materialien zur Verfassungs- und Landesgeschichte 23), Marburg 2007, S. 137–151.

GRÄF Holger Thomas, Art. Dilich, Wilhelm, in: Kassel Lexikon, Bd. 1: A-K, Kassel 2009, S. 139f.

GRAF, Klaus, Reich und Land in der südwestdeutschen Historiographie um 1500, in: Franz BRENDLE, Dieter MERTENS u. Anton SCHINDLING (Hg.), Deutsche Landesgeschichtsschreibung im Zeichen des Humanismus (Contubernium 56), Stuttgart 2001, S. 201–211.

GRAFTON, Antony, New Worlds, Ancient Texts. The Power of Tradition and the Shock of Discovery, Cambridge, Mass. 1995.

GREBE, Hermann, Klaus ASSMUS u. Oskar BREIDING, Die Geschichte der Dörfer im Homberger Hochland, Homberg/Efze 1992.

GREBEL, Alexander, Das Schloß und die Festung Rheinfels. Ein Beitrag zur Rheinischen Geschichte, St. Goar 1844.

GRENACHER, Franz, Current Knowledge of Alsatian Cartography, in: Imago Mundi 18 (1964), S. 60–77.

GROSS, Manfred, Philipp Apian in Wiesenfelden, in: Der Bayerwald 90 (1998), S. 18-20.

GROSSMANN, Georg Ulrich, Der Schloßbau in Hessen 1530–1630, Inauguraldissertation zu Erlangung der Doktorwürde des Fachbereichs Neuere deutsche Literaturwissenschaft und Kunstwissenschaft der Philipps-Universität Marburg/Lahn, Marburg 1979.

GROSSMANN [2002a], Georg Ulrich, Burg und Festung Rheinfels (Burgen, Schlösser und Wehrbauten in Mitteleuropa 17), Regensburg 2002.

GROSSMANN [2002b], Georg Ulrich, Der Wandel von der Burg zum Schloss? Die Frühe Neuzeit (um 1480–1650), in: Thomas BILLER u. Georg Ulrich GROSSMANN, Burg und Schloss. Der Adelssitz im deutschsprachigen Raum, Darmstadt 2002, S. 143–193.

GROSSMANN, Georg Ulrich, Burgen in Europa, Regensburg 2005.

GROSSMANN, Georg Ulrich, Homberg an der Efze, Petersberg 2008.

GÜNTHER, Siegmund, Peter und Philipp Apian. Zwei deutsche Mathematiker und Kartographen. Ein Beitrag zur Gelehrtengeschichte des 16. Jahrhunderts, Prag 1882, ND Amsterdam 1967.

GUGERLI, David u. Daniel SPEICH, Topografien der Nation. Politik, kartografische Ordnung und Landschaft im 19. Jahrhundert, Zürich 2002.

GULDIN, Rainer, Trennender Graben und verbindendes Band. Zur topographischen Ambivalenz von Flüssen, in: Dieter BINDER, Helmut KONRAD u. Eduard G. STAUDINGER (Hg.), Die Erzählung der Landschaft (Schriftenreihe des Forschungsinstitutes für politisch-historische Studien der Dr.-Wilfried-Haslauer-Bibliothek, Salzburg 34), Wien 2011, S. 19–33.

GUTBIER, Reinhard, Der landgräfliche Hofbaumeister Hans Jakob von Ettlingen. Eine Studie zum herrschaftlichen Wehr- und Wohnbau des ausgehenden 15. Jahrhunderts (Quellen und Forschungen zur hessischen Geschichte 24), Bd. 1, Darmstadt – Marburg 1973.

HALLYN, Fernand, Guicciardini et la topique de la topographie, in: Pierre JODOGNE (Hg.), Lodovico Guicciardini (1521 1589). Actes du Colloque international 28, 29 et 30 mars 1990, Brüssel 1991, S. 151–161.

HANSCHKE, Ulrike, „… uns ein Bibliothecam Architectonicum zu machen" – Die Architekturzeichnungen des Landgrafen Moritz, in: Heiner BORGGREFE (Hg.), Moritz der Gelehrte. Ein Renaissancefürst in Europa. Begleitpublikation aus Anlaß der Ausstellung in Lemgo, Weserrenaissance-Museum Schloß Brake, 19. Oktober 1997–1. Februar 1998 und in Kassel, Staatliche Museen Kassel, Orangerie, 6. März 1998–31. Mai 1998, Eurasburg 1997, S. 265–271.

HARD, Gerhard, Landschaft als wissenschaftlicher Begriff und als gestaltete Umwelt des Menschen, in: Biologie für den Menschen, hg. von der Senckenbergischen Naturforschenden Gesellschaft in Frankfurt a. M., Frankfurt a. M. 1982, S. 113–146.

HARLEY, John Brian, Maps and the Columbian Encounter, Milwaukee 1990.

HARLEY, John Brian u. WOODWARD, David (Hg.), The History of Cartography I: Cartography in prehistoric, ancient, and medieval Europe and the Mediterranean, Chicago – London 1987; II, 1: Cartography in the traditional Islamic and South Asian societies, Chicago – London 1992.

HARLEY, J(ohn) B(rian), The New Nature of Maps. Essays in the History of Cartography, hg. von Paul LAXTON, Baltimore 2001.

HARTMANN, Joseph (Hg.), Aventins Karte von Bayern, MDXXIII, München 1899.

HARTMANN, Jürgen, Die Moselaufnahme des Arnold Mercator: Anmerkungen zu zwei Karten des Landeshauptarchivs Koblenz, in: Jahrbuch für westdeutsche Landesgeschichte 5 (1979), S. 91–102.

HARVEY, Paul D. A., The history of topographical maps. Symbols, pictures and surveys, London 1980.

HARVEY, Paul D. A., Local and Regional Cartography in Medieval Europe, in: John B. HARLEY u. David WOODWARD (Hg.), The History of Cartography I: Cartography in prehistoric, ancient, and medieval Europe and the Mediterranean, Chicago 1987, S. 464–501.

HARVEY, Paul D. A., English estate records, 1250–1350, in: Richard BRITNELL (Hg.), Pragmatic literacy, east and west, 1200–1330, Woodbridge 1997, S. 107–118.

HARVEY, Paul D. A., Manorial Records, 2. rev. edition, London 1999.

HARVEY, Paul D. A. (Hg.), The Hereford World Map. Medieval World Maps and their Context, London 2006.

HAUSE, Heinz (Hg.), Die blau-weiße Fahne. Chronik der Homberger Burgberggemeinde im Spiegel der Presse, [Homberg (Efze) o.O.] 1980.

HAUSE, Heinz, Die Burgruine Hohenburg auf dem Homberger Schloßberg, Homberg/Efze 2001.

HEBEL, Horst-Roland, Hollnich. Eine kleine Ortsgeschichte, Hollnich 1991.

HEBEL, Karl-Willi, Reichenberg. Dorf und Burg im Taunus, Reichenberg 2000.

HEDINGER, Bärbel, Karten in Bildern. Zur politischen Ikonographie der Wandkarte bei Willem Buytewech und Jan Vermeer, in: Henning BOCK u. Thomas W. GAEHTGENS (Hg.), Holländische Genremalerei im 17. Jahrhundert, Berlin 1987, S. 139–168.

HEDWIG, Andreas (Hg.), „Weil das Holz eine köstliche Ware …", Wald und Forst im Mittelalter (Schriften des Hessischen Staatsarchivs Marburg 17; Beiträge zur Geschichte Marburg und Hessen 2), Marburg 2006.

HEIJDEN, Henk A. M. van der, The oldest maps of the Netherlands: An illustrated and annotated carto bibliography of the 16th century maps of the XVII Provinces, Utrecht 1987.

HEIJDEN, Henk A. M van der, Leo Belgicus. An illustrated and annotaded carto-bibliography, Alphen aan den Rijn 1990.

HEIJDEN, Henk A. M. van der, Oude Kaarten der Nederlanden, 1548–1794. Historische beschouwing, kaartbeschrijving, afbeelding, commentaar, Old maps of the Netherlands, 1548–1794, 2 Bde., Alphen aan den Rijn 1998.

HEINEMEYER, Karl, Homberg in Hessen (Hessische Forschungen zur geschichtlichen Landes- und Volkskunde 14), Kassel 1986.

HEINEMEYER, Walter (Hg.), Das Werden Hessens, Marburg 1986.

HEINEMEYER, Walter (Hg.), Hundert Jahre historische Kommission für Hessen 1897–1997, Bd. 1 (Veröffentlichungen der Historischen Kommission für Hessen 61,1), Marburg 1997.

HELBIG, Bernhard, Das Amt Homberg an der Efze. Ursprung und Entwicklung (Schriften des Instituts für geschichtliche Landeskunde von Hessen und Nassau 17), Marburg 1938.

HELDMANN, R., Wilhelm Dilich als Landschafter, in: Hessenland. Zeitschrift für hessische Geschichte und Literatur 17 (1903), S. 308–311 u. S. 326–328.

HELLWIG, Fritz, Zur älteren Kartographie der Saargegend, in: Jahrbuch für westdeutsche Landesgeschichte 3 (1977), S. 193–228.

HELLWIG, Fritz, Zur Geschichte der älteren Kartographie vom Mittelrhein und Moselland, in: Mittelrhein und Moselland im Bild alter Karten. Katalog zur Ausstellung. Koblenz 1985, S. 9–52.

HERRMANN, Christopher, Burgenlandschaften Rheinland-Pfalz/Saarland. Spätes Mittelalter, in: Burgen in Mitteleuropa. Ein Handbuch, Bd. 2: Geschichte der Burgenlandschaften, hg. von der Deutschen Burgenvereinigung e.V., Stuttgart 1999, S. 164–167.

HERRMANN, Christopher, Residenzen: Rheinfels, in: Werner PARAVICINI (Hg.), Höfe und Residenzen im spätmittelalterlichen Reiche. Ein dynastisch-topographisches Handbuch, Teilband 2: Residenzen (Residenzenforschung 15.1), Ostfildern 2003, S. 483–485.

HERRMANN, Fritz-Rudolf u. Albrecht JOCKENHÖVEL (Hg), Die Vorgeschichte Hessens, Stuttgart 1990.

Hessen im Bild alter Landkarten. Ausstellung der hessischen Staatsarchive 1988.

Hessen-Thüringen. Von den Anfängen bis zur Reformation. Eine Fotoausstellung der Sparkassen-Kulturstiftung Hessen-Thüringen zur Landesausstellung 1992 in Marburg und auf der Wartburg, Texte von Fritz WOLFF u. Cornelia DÖRR, Marburg 1992.

Hessisches Ministerium für Umwelt, ländlichen Raum und Verbraucherschutz (Hg.), Beiträge zur hessischen Forstgeschichte, Wiesbaden 2005.

HEUSSNER, Rudolf, Geschichte der Stadt und Festung Ziegenhain. Mit Ansichten der Stadt, Planzeichnungen der früheren Festung und Urkunden-Beilagen, Schwalmstadt-Treysa 1985.

HIERONYMUS, Frank, Sebastian Münster, Conrad Schnitt und ihre Basel-Karte von 1538, in: Speculum Orbis 1, 2 (1985), S. 3–37.

HILBRIG, Wilfried, Aus der Geschichte des Kirchenpatronats und seiner Ausprägung im Patronat der Freiherren Riedesel zu Eisenbach, Lauterbach 1986.

Historisches Ortslexikon für Kurhessen, bearb. von Heinrich REIMER, Marburg 1926, ND Marburg 1974 (Veröffentlichungen der Historischen Kommission für Hessen 14).

Historisches Ortslexikon Fritzlar-Homberg, ehemaliger Landkreis (Historisches Ortslexikon des Landes Hessen 2), bearb. von Waldemar KÜTHER, Marburg 1980.

Historisches Ortslexikon Ziegenhain, ehemaliger Landkreis (Historisches Ortslexikon des Landes Hessen 5), bearb. von Ulrich REULING, Marburg 1991.

Historisches Ortslexikon des Landes Hessen online, http://web.uni-marburg.de/hlgl/lagis/hiolex_xs.html (25.09.2010).

HOCHHUTH, Carl Wilhelm Herrmann, Statistik der evangelischen Kirche im Regierungsbezirk Cassel Provinz Hessen-Nassau, Königreich Preussen, Cassel 1872.

HÖHENER, Hans-Peter, Ein Überblick zur Geschichte der Kartographie in der Schweiz bis 1850, in: Arthur DÜRST, Hans-Uli FELDMANN, Hans-Peter HÖHENER u. Markus OEHRLI (Hg.), Die Ostschweiz im Bild der frühen Kartenmacher, Murten 1994, S. 3–55.

HOENERBACH, Wilhelm, Deutschland und seine Nachbarländer nach der großen Geographie des Idrisi (Sektionen V,2 und VI,2), Stuttgart 1938.

HOFMANN, Manfred, Nachrichten über Burg Reichenberg im Loreleykreis, in: Burgen und Schlösser. Zeitschrift für Burgenkunde und Denkmalpflege 9 (1968), Heft 2, S. 55–56.

HOFSTEDE DE GROOT, Cornelis u. Wilhelm SPIES, Die Rheinlandschaften von Lambert Doomer, in: Wallraf Richartz Jahrbuch 3–4 (1926/27), S. 183–198.

Homberg, Ohm, bearb. von Ursula BRAASCH-SCHWERSMANN (Hessischer Städteatlas, 1. Lfg., Bd. 5), Marburg 2005; http://web.uni-marburg.de/hlgl/lagis/hiolex_xs.html (25.02.2010).

HONNEF, Klaus, Klaus WESCHENFELDER u. Irene HABERLAND (Hg.), Vom Zauber des Rheins ergriffen … Zur Entdeckung der Rheinlandschaft vom 17.–19. Jahrhundert. Katalog der Ausstellung im Rheinischen Landesmuseum Bonn, München 1992.

HOOTZ, Reinhardt, Kloster Breitenau, masch. schr. Dissertation, Marburg 1952.

HOPPE, Stephan, Artilleriewall und Bastion. Deutscher Festungsbau der Renaissancezeit im Spannungsfeld zwischen apparativer und medialer Funktion, in: Jülicher Geschichtsblätter 74/75 (2006/2007), S. 35–43.

HORAT, Heinz u. Thomas KLÖTI, Die Luzerner Karte des Hans Heinrich Wägmann und Renwart Cysat

1597–1613, in: Der Geschichtsfreund 139 (1986), S. 47–100.

HUBENTHAL, Heidrun, Festung Ziegenhain. Entwürfe aus den Hochschulen von Weimar, Kassel und Weihenstephan, Schwalmstadt 1991.

ISCHER, Theophil, Die ältesten Karten der Eidgenossenschaft, Bern 1945.

JÄGER, Burkhard, Die Schildmauer im Burgenbau des Westerwaldes und des Taunus. Inaugural-Dissertation zur Erlangung des Doktorgrades im Fachbereich Geschichtswissenschaften der Justus-Liebig-Universität in Gießen, Gießen 1987.

Jesberg – Geschichte und Gegenwart. Ersterwähnung des Ortsnamens am 2. April 1241. Aufsätze und Dokumente zur Heimatkunde und Heimatgeschichte in und um Jesberg mit den Ortsteilen Densberg, Elnrode-Strang, Hundshausen und Reptich anlässlich der 750-Jahrfeier von Jesberg 1991, hg. vom Gemeindevorstand der Gemeinde Jesberg, Jesberg 1991.

JODOGNE, Pierre (Hg.), Lodovico Guicciardini (1521–1589). Actes du Colloque international 28, 29 et 30 mars 1990, Brüssel 1991.

JÖCHNER, Cornelia (Hg.), Politische Räume. Stadt und Land in der Frühneuzeit (Hamburger Forschungen zur Kunstgeschichte 2), Berlin 2003.

JOHANEK, Peter, Weltchronik und regionale Geschichtsschreibung im Spätmittelalter, in: Hans PATZE (Hg.), Geschichtsschreibung und Geschichtsbewußtsein im späten Mittelalter (Vorträge und Forschungen, Konstanzer Arbeitskreis für Mittelalterliche Geschichte 31), Sigmaringen 1987, S. 287–330.

JOHANEK, Peter, Geschichtsüberlieferung und ihre Medien in der Gesellschaft des späten Mittelalters, in: Christel MEIER, Volker HONEMANN, Hagen KELLER u. Rudolf SUNTRUP (Hg.), Pragmatische Dimensionen mittelalterlicher Schriftkultur (Akten des Internationalen Kolloquiums 26.–29. Mai 1999), München 2002, S. 339–407.

KAGAN, Richard L. u. Benjamin SCHMIDT, Maps and the Early Modern State. Official Cartography, in: David WOODWARD (Hg.), The History of Cartography III, 1: Cartography in the European Renaissance, Chicago 2007, S. 661–679.

KAHLFUSS, Hans-Jürgen, Murhardsche Stiftung und Murhardsche Bibliothek der Stadt Kassel 1863–1988, in: Hans-Jürgen KAHLFUSS (Hg.), 125 Jahre Murhardsche Stiftung der Stadt Kassel und ihrer Bibliothek 1863–1988 (Hessische Forschungen zur geschichtlichen Landes- und Volkskunde 17), Kassel 1988, S. 8–97.

KARRASCH, Wolfgang, 800 Jahre Burg Hohenstein. 1190–1990 (Festschriften aus dem Regierungsbezirk Wiesbaden 128,6), Hohenstein 1990.

KARROW, Robert, Centers of Map Publishing in Europe, 1472–1600, in: David WOODWARD (Hg.), The History of Cartography III, 1: Cartography in the European Renaissance, Chicago 2007, S. 611–621.

KARSCH, Gesine u. Margret MENZEL, Liederbach. Die kleinste Gemeinde im Main-Taunus-Kreis, Liederbach 1978.

KEMAL, Youssouf, Monumenta Cartographica Africae et Aegypti. Epoque des portulans, suivie par l'époque des découverts, Bd. 5, Nachdruck der Erstausgabe 1926–1952, Frankfurt a. M. 1987.

KESSLER, Georg Ludwig, Beitrag zur Lebensgeschichte des Chronisten Wilhelm Dilich, in: Zeitschrift des Vereins für hessische Geschichte und Landeskunde 1 (1837), S. 119–125.

KIENING, Christian, „Erfahrung" und „Vermessung" der Welt in der frühen Neuzeit, in: Jürg GLAUSER u. Christian KIENING (Hg.), Text – Bild – Karte. Kartographien der Vormoderne (Rombach Wissenschaften. Reihe Litterae 105), Freiburg i. B. 2007, S. 221–251.

KIENING, Christian u. Martina STERCKEN (Hg.), Schrift-Räume. Dimensionen von Schrift zwischen Mittelalter und Moderne (Medienwandel, Medienwechsel, Medienwissen 4), Zürich 2008.

KIESOW, Gottfried, Baukunst in Hessen. Von der Romanik zur Moderne, Darmstadt 2000.

KILL, René, L'approvisionnement en eau des châteaux forts de montagne alsaciens (Documents du Centre de Recherches Archéologiques Médiévales de Saverne), Saverne 2011 (im Druck).

KILLMER, Wilhelm, Wallenstein und Neuenstein, in: Hessenland. Zeitschrift für hessische Geschichte und Literatur 40 (1928), S. 133f.

KILLMER, Wilhelm, Das Hintersassendorf des hersfeldischen Burgsitzes Wallenstein, in: Heimatkalender für den Kreis Homberg 1930, o. S.

KLEINE, Uta, Die Ordnung des Landes und die Organisation der Seite. Konstruktion und Repräsentation ländlicher Herrschaftsräume im vorkartographischen Zeitalter (Elsaß, 12. Jahrhundert), in: Tanja MICHALSKY, Felicitas SCHMIEDER u. Gisela ENGEL (Hg.), Aufsicht – Ansicht – Einsicht. Neue Perspektiven auf die Kartographie an der Schwelle zur Frühen Neuzeit (Frankfurter Kulturwissenschaftliche Beiträge 3), Berlin 2009, S. 229–261.

KLIBANSKY, Erich, Die topographische Entwicklung der kurmainzischen Aemter in Hessen, Marburg 1925.

KLINGELSCHMITT, Franz Th., Zur Datierung der pseudoromanischen Bauteile der Burg Reichenberg, in: Mitteilungen des Vereins für Nassauische Altertumskunde und Geschichtsforschung (= Nassauische Heimatblätter) 19 (1915/16), S. 40–42.

Kloster Breitenau, hg. vom Evangelischen Pfarramt Guxhagen-Breitenau, Melsungen 1987.

Kluge. Etymologisches Wörterbuch der deutschen Sprache, bearb. von Elmar SEEBOLD, 23. Aufl., Berlin 1999.

KNAPPE, Rudolf, Mittelalterliche Burgen in Hessen. 800 Burgen, Burgruinen und Burgstätten, Gudensberg-Gleichen 1994.

KNETSCH, Karl, Beiträge zur Familiengeschichte Wilhelm Dilichs, in: Hessenland. Zeitschrift für hessische Geschichte und Literatur 10 (1896), S. 221f.

KÖLZER, Theo u. Marlis STÄHLI, Liber ad honorem Augusti sive de rebus siculis. Codex 120 II der Burgerbibliothek Bern, Sigmaringen 1994.

KOEMAN, Cornelis, The History of Abraham Ortelius and his ‚Theatrum Orbis Terrarum', Sequoia S.A. 1964.

KOEMAN, Cornelis u. J. VISSER (Hg.), De stadsplattegronden van Jacob van Deventer, Landsmeer 1992, Map 1: Niederland.

KOEMAN, Cornelis u. Marco VAN EGMOND, Surveying and Official Mapping in the Low Countries, 1500–ca. 1670, in: David WOODWARD (Hg.), The History of Cartography III, 2: Cartography in the European Renaissance, Chicago 2007, S. 1246–1295.

KOEMAN Cornelis, Günter SCHILDER, Marco VAN EGMOND u. Peter van der KROGT, Commercial Cartography and Map Production in the Low Countries, 1500–ca. 1672, in: David WOODWARD (Hg.), The History of Cartography III, 2: Cartography in the European Renaissance, Chicago 2007, S. 1296–1383.

KÖSTER, Kurt, Die Beziehungen der Geographenfamilie Mercator zu Hessen, in: Hessisches Jahrbuch für Landesgeschichte 1 (1951), S. 171–192.

KRAHE, Friedrich-Wilhelm, Burgen des deutschen Mittelalters. Grundriss-Lexikon, Würzburg 1994.

KRAMP, Mario u. Matthias SCHMANDT (Hg.), Die Loreley. Ein Fels im Rhein, ein deutscher Traum, Mainz 2004

KRETSCHMER, Ingrid, Karel KRIZ, Johannes DÖRFLINGER u. Franz WAWRIK (Hg.), Österreichische Kartographie. Von den Anfängen im 15. Jahrhundert bis zum 21. Jahrhundert, Wien 2004.

KRETSCHMER, Konrad, Die italienischen Portulane des Mittelalters. Ein Beitrag zur Geschichte der Kartographie und Nautik, Berlin 1909, ND Hildesheim 1962.

KRINGS, Wilfried, Text und Bild als Informationsträger bei gedruckten Stadtdarstellungen der Frühen Neuzeit, in: Stephan FÜSSEL u. Joachim KNAPE (Hg.), Poesis et Pictura. Studien zum Verhältnis von Text und Bild in Handschriften und alten Drucken (Saecula Spiritalia, Sonderband), Baden-Baden 1989, S. 295–336.

KROGT, Peter van der, Koeman's Atlantes neerlandici, 3 Bde., Westrenen 1997–2003.

KROGT, Peter van der, Erdgloben, Wandkarten, Atlanten – Gerhard Mercator kartiert die Erde, in: Gerhard Mercator, Europa und die Welt, Begleitband zur Ausstellung: Verfolgt, Geachtet, Universal – Gerhard Mercator, Europa und die Welt anlässlich des 400. Todestages von Gerhard Mercator im Kultur- und Stadthisorischen Museum Duisburg vom 4. September 1994 bis zum 31. Januar 1995, Duisburg 1994, S. 81–129.

KROLLMANN, Christian, Zur Geschichte der Burg Reichenberg bei St. Goarshausen, in: Der Burgwart 2 (1900/01), S. 114–115.

KRUMMEL, Walter, Die hessischen Ämter Melsungen, Spangenberg, Lichtenau und Felsberg (Schriften des Instituts für geschichtliche Landeskunde von Hessen und Nassau 20), Marburg 1941.

KRUPP, Ingrid, Burgen und Schlösser in Hessen-Nassau, Würzburg 1987.

KÜRZINGER, Georg, Gabriele WOHMANN u. Alfred PLETSCH, Hessen, München 1992.

KÜSCH, Friedrich, Urkundliche Nachrichten über Wandmalerein im Schlosse zu Ziegenhain, in: Hessen-Kunst. Kalender für Kunst- und Denkmalpflege 2 (1907), S. 8–10.

KUGLER, Hartmut, Die Ebstorfer Weltkarte. Ein europäisches Weltbild im deutschen Mittelalter, in: Zeitschrift für deutsches Altertum 116 (1987), S. 1–29.

KUGLER, Hartmut (Hg.) in Zusammenarbeit mit Eckhard MICHAEL, Ein Weltbild vor Columbus. Die Ebstorfer Weltkarte. Interdisziplinäres Colloquium 1988, Weinheim 1991.

KUNZE, Rainer, Burgenpolitik und Burgbau der Grafen von Katzenelnbogen bis zum Ausgang des 14. Jahrhunderts (Veröffentlichungen der Deutschen Burgenvereinigung 3), Gerabrünn/Württemberg 1969.

KUNZE, Rainer, Rheinfels. Residenzburg der Grafen von Katzenelnbogen. Handreichungen zu einem Inventarband, in: Burgen und Schlösser. Zeitschrift für Burgenkunde und Denkmalpflege 36 (1995), S. 151–159.

KUNZE, Rainer, Spätblüte – Reichenberg und der mittelrheinische Burgenbau des 14. Jahrhunderts (Veröffentlichungen der Deutschen Burgenvereinigung: Reihe A, Forschungen, Bd. 6), Braubach 1998.

KUPFER, Marcia, Medieval world maps. Embedded images, interpretative frames, in: World & Image 10, 3 (1994), S. 262–288.

KUPFER, Marcia, The lost wheel map of Ambrogio Lorenzetti, in: Art Bulletin 78 (1996), S. 286–310.

LACHMANN, Hans-Peter, Hessen und Katzenelnbogen 1479–1979. Ausstellung des Hessischen Staatsarchivs Marburg in Verbindung mit der Historischen Kommission für Hessen und dem Marburger Geschichtsverein, 22.10.–30.11.1979 (Marburger Reihe 13), Marburg 1979.

LAMBERT, Audrey M., The Making of the Dutch Landscape. An Historical Geography of the Netherlands, London 1971.

LAMBRICH, Anton, Burg Reichenberg. Ein Beitrag zur Geschichte der Burgen am Mittelrhein. Von der Fakultät für Bauwesen der Rheinisch-Westfälischen Technischen Hochschule Aachen zur Erlangung des akademischen Grades eines Doktor-Ingenieurs genehmigte Dissertation, Aachen 1959.

Lamm, Wilhelm, Im alten Neuenstein, Neuenstein 1986.

Landau, Georg, Die hessischen Ritterburgen und ihre Besitzer, 4 Bde., Cassel 1832–1839, ND 2000.

Landwehr, Achim, Das Territorium inszenieren. Der politische Raum im frühneuzeitlichen Venedig, in: Andrea von Hülsen-Esch (Hg.), Inszenierung und Ritual in Mittelalter und Renaissance (Studia humaniora 40), Düsseldorf 2005, S. 219–238.

Landwehr, Achim, Die Erschaffung Venedigs. Raum, Bevölkerung, Mythos 1570–1750, Paderborn 2007.

Lass Heiko, Der Rhein. Burgen und Schlösser von Mainz bis Köln (Burgen –Schlösser – Herrensitze 1), Petersberg 2005.

Lazius, Wolfgang, Austria. Vienna 1561 (Theatrum Orbis Terrarum Serie 6, 2), Amsterdam 1972.

Ledebur, Alkmar Freiherr von, Bibliographie zu Burg und Festung Rheinfels, in: Hansenblatt 35 (1982), S. 91–93.

Leinweber, Josef, Die Fuldaer Äbte und Bischöfe, Frankfurt a. M. 1989.

Lestringant, Frank, Lodovico Guicciardini Chorographe. De la grande à la petite Belgique, in: Pierre Jodogne (Hg.), Lodovico Guicciardini (1521–1589). Actes du colloque international des 28, 29 et 30 mars 1990, Louvain 1991, S. 119–134.

Levesque, Catherine, Landscape, politics, and the prosperous peace, in: Reindert Falkenburg (Hg.), Natuur en landschap in de nederlandse kunst 1500 1850 (Nederlands Kunsthistorisch Jaarboek 48), Zwolle 1998, S. 223–257.

Levi-Donati, Gennarosa (Hg.), Le tavole geografiche della Guardaroba Medicea di Palazzo Vecchio in Firenze ad opera di Padre Egnazio Danti e Don Stefano Buonsignori (Sec. XVI), Florenz 1995.

Lewis, Suzanne, The Art of Matthew Paris in the Chronica Majora, Cambridge 1987.

Lindgren, Ute, Astronomische und geodätische Instrumente zur Zeit Peter und Philipp Apians, in: Hans Wolff (Bearb.), Philipp Apian und die Kartographie der Renaissance. Ausstellung, München, Bayerische Staatsbibliothek 15. Juni bis 30. September 1989 (Ausstellungskataloge, Bayerische Staatsbibliothek 50), Weißenhorn 1989, S. 43–65.

Lindgren [1990a], Ute (Hg.), Kartographie und Staat. Interdisziplinäre Beiträge zur Kartographiegeschichte (Algorismus 3), München 1990.

Lindgren [1990b], Ute, Portulane aus wissenschaftshistorischer Sicht, in: Ute Lindgren (Hg.), Kartographie und Staat. Interdisziplinäre Beiträge zur Kartographiegeschichte (Algorismus 3), München 1990, S. 13–19.

Lindgren, Ute, Land Surveys, Instruments, and Practitioners in the Renaissance, in: David Woodward (Hg.), The History of Cartography III, 1: Cartography in the European Renaissance, Chicago 2007, S. 477–508.

Linsingen, Detlev von, Zur Geschichte der Herren, Freiherren und Grafen von Linsingen. Zu Linsingen, Jesberg, Asphe usw. in Hessen, zu Birkenfelde, Udra, Rengelrode, Burgwalde usw. im Eichsfeld, zu Ricklingen, Adenstedt, Gestorf usw. im Hannoverschen, sowie in England und Südafrika … (Schriftenreihe des Heimat- und Geschichtsvereins Jesberg e.V. 1), Augsburg 2004.

Ludwig, Willi, Schloss Ludwigseck seit 550 Jahren im Besitz derer von Riedesel, in: Heimatkalender des Landkreises Hersfeld-Rotenburg 27 (1983), S. 88–90.

Lutz, Eckart Conrad, Textes et images – éducation et conversation. A propos de Baudri de Bourgueil et d'Ulrich de Liechtenstein, in: Eckart Conrad Lutz u. Dominique Rigaux (Hg.), Paroles de murs. Littérature et histoire au Moyen Age. Sprechende Wände. Wandmalerei, Literatur und Geschichte im Mittelalter. Colloque international Grenoble et Fribourg/Suisse 2004 (Cahiers du CRHIPA), Grenoble 2007, S. 131–145.

Mackensen, Ludolf von (Hg.), Die erste Sternwarte Europas mit ihren Instrumenten und Uhren – 400 Jahre Jost Bürgi in Kassel (Katalog), München 1988.

Malkmus, Ferdinand, Chronik der Stadt Neustadt, Kirchhain 1904.

Malsfeld 1197–1997. Ein Bildband mit ausgewählten Fotografien der Bilderausstellung anläßlich der 800-Jahrfeier im Januar 1997, ergänzt mit Texten aus der Geschichte Malsfelds, hg. vom Ortsbeirat Malsfeld, Malsfeld 1997.

Malsfeld: Gemeinde Malsfeld. Schwalm-Eder-Kreis, Kissing 1982.

Marcard, Margret, Breitenau, Melsungen 1930.

Maulhardt, Heinrich, Die wirtschaftlichen Grundlagen der Grafschaft Katzenelnbogen im 14. und 15. Jahrhundert (Quellen und Forschungen zur hessischen Geschichte 39), Darmstadt – Marburg 1980.

Maurer, Kurt, 800 Jahre Röhrenfurth. Von Rornefurt bis Röhrenfurth 1182–1982. Geschichte und Geschichten eines Dorfes, Melsungen-Röhrenfurth 1982.

Meckseper, Cord, Wandmalerei im funktionalen Zusammenhang ihres architektonisch-räumlichen Ortes, in: Eckart C. Lutz, Johanna Thali u. René Wetzel (Hg.), Literatur und Wandmalerei I: Erscheinungsformen höfischer Kultur und ihre Träger im Mittelalter. Freiburger Colloquium 1998, Tübingen 2002, S. 255–282.

Meier, Christel u. Uwe Ruberg (Hg.), Text und Bild. Aspekte des Zusammenwirkens zweier Künste in Mittelalter und früher Neuzeit, Wiesbaden 1980.

Menk, Gerhard, Die Chronistik als politisches Kampfinstrument. Wilhelm Dilich und Marquard Freher, in: Gerhard Menk (Hg.), Hessische Chroniken zur Landes- und Stadtgeschichte (Beiträge zur hessischen Geschichte 17), Marburg 2003, S. 147–184.

MEURER, Peter H., Fontes Cartographici Orteliani. Das „Theatrum orbis terrarum" von Abraham Ortelius und seine Kartenquellen, Weinheim 1991.

MEURER, Peter H., Les fils et petits-fils de Mercator, in: Marcel WATELET (Hg.), Gérard Mercator cosmographe: Le temps et l'espace, Antwerpen 1994, S. 370–385.

MEURER, Peter H., Die ‚Trevirensis Episcopatus exactissima descriptio' des Jan van Schilde: Analysen zur ältesten gedruckten Karte von Kurtrier, in: Roland BAUMHAUER (Hg.), Aktuelle Forschungen aus dem Fachbereich VI Geographie/Geowissenschaften, Trier 1997, S. 285–300.

MEURER, Peter H., Cartography in the German Lands, 1450–1650, in: David WOODWARD (Hg.), The History of Catography III, 2: Cartography in the European Renaissance, Chicago 2007, S. 1172–1245.

MEYER, Otto, 1000 Jahre Hundshausen 969–1969. Festschrift anläßlich der Feier zur 1000jährigen Wiederkehr der urkundlichen Ersterwähnung der Gemeinde Hundshausen, Hundshausen 1969.

MEYER, Otto, Festschrift anläßlich der Einweihung des Bürgerhauses in Jesberg am 17. August 1974 sowie Chronik verbunden mit geschichtlichen Längsschnitten und Kartenskizzen, Jesberg 1974.

MEYER, Otto, Die Burg Jesberg, in: Jahrbuch Schwalm-Eder-Kreis 17 (1991), S. 38–39.

MICHAELIS, Carl (Hg.), Rheinische Burgen nach Handzeichnungen Dilichs (1607), mit Beiträgen von Christian Krollmann und Bodo Ebhardt, Berlin ca. 1900.

MICHAELIS, Karl, Schloss Reichenberg am Rhein, in: Deutsche Bauzeitung 29 (1895), Heft 52, S. 322–325.

MICHALSKY, Tanja, *Hic est mundi punctus et materia gloriae nostrae*. Der Blick auf die Landschaft als Komplement ihrer kartographischen Eroberung, in: Gisela ENGEL, Brita RANG, Klaus REICHERT u. Heide WUNDER (Hg.), Das Geheimnis am Beginn der europäischen Moderne (Zeitsprünge. Forschungen zur Frühen Neuzeit 6), Frankfurt a. M. 2002, S. 436–453.

MICHALSKY, Tanja, Natur der Nation. Überlegungen zur Landschaftsmalerei als Ausdruck nationaler Identität, in: Klaus BUSSMANN u. Elke WERNER (Hg.), Europa im 17. Jahrhundert. Ein politischer Mythos und seine Bilder (Akten der Tagung im Westfälischen Landesmuseum in Münster), Stuttgart 2004, S. 333–354.

MICHALSKY, Tanja, Raum visualisieren. Zur Genese des modernen Raumverständnisses in Medien der Frühen Neuzeit, in: Alexander T. GEPPERT, Uffa JENSEN u. Jörn WEINHOLD, (Hg), Ortsgespräche. Raum und Kommunikation im 19. und 20. Jahrhundert, Bielefeld 2005, S. 287–310.

MICHALSKY [2007a], Tanja, *Limes ille Galliarum et Hispaniae, Pirenaeus vertex, inde non cernitur*. Zum Verständnis von Land und Landschaft in verschiedenen Medien des italienischen Spätmittelalters, in: Karl-Heinz SPIESS (Hg.), Landschaft im Mittelalter, Stuttgart 2007, S. 237–266.

MICHALSKY [2007b], Tanja, Medien der Beschreibung. Zum Verhältnis von Kartographie, Topographie und Landschaftsmalerei in der Frühen Neuzeit, in: Jürg GLAUSER u. Christian KIENING (Hg.), Text – Bild – Karte. Kartographien der Vormoderne (Rombach Wissenschaften. Reihe Litterae 105), Freiburg i. B. 2007, S. 319–349.

MICHALSKY, Tanja, Felicitas SCHMIEDER u. Gisela ENGEL (Hg.), Aufsicht – Ansicht – Einsicht. Neue Perspektiven auf die Kartographie an der Schwelle zur Frühen Neuzeit (Frankfurter Kulturwissenschaftliche Beiträge 3), Berlin 2009.

MICHALSKY, Tanja, Projektion und Imagination. Die niederländische Landschaft der Frühen Neuzeit im Diskurs von Geographie und Malerei, München 2011.

MIEDEMA, Nine, Erhard Etzlaubs Karten. Ein Beitrag zur Geschichte der mittelalterlichen Kartographie und des Einblattdrucks, in: Gutenberg-Jahrbuch 1996, S. 99–125.

MIEDEMA, Nine, Die Nürnberger Humanisten und die Germania illustrata. Tradition und Innovation im Bereich der Geographie um 1500, in: Rudolf SUNTRUP u. Jan R. VEENSTRA (Hg.), Tradition and Innovation in an Era of Change. Tradition und Innovation im Übergang zur Frühen Neuzeit (Medieval to Early Modern Culture. Kultureller Wandel vom Mittelalter zur Frühen Neuzeit 1), Frankfurt a. M. 2001, S. 51–72.

MILLEA, Nick, The Gough Map. The Earliest Road Map of Great Britain, Oxford 2005.

MITCHELL, W. J. Thomas, Landscape and Power, Chicago 1994.

Mittelhessen. Aus Vergangenheit und Gegenwart, hg. vom Regierungspräsidium Gießen, Marburg 1991.

Mittelrhein und Moselland im Bild alter Karten. Katalog zur Ausstellung. Mit einem Beitrag von Fritz HELLWIG, Zur Geschichte der älteren Kartographie vom Mittelrhein und Moselland, Koblenz 1985.

MOFFITT WATTS, Pauline, The European Religious Worldview and its Influence on Mapping, in: David WOODWARD (Hg.), The History of Cartography III, 1: Cartography in the European Renaissance, Chicago 2007, S. 382–400.

MORAN, Bruce Thomas, Science at the Court of Hesse-Kassel. Informal Communication, Collaboration and the Role of The Prince-Practitioner in the Sixteenth Century, Los Angeles 1978.

MORSE, Victoria, The Role of Maps in Later Medieval Society, in: David WOODWARD (Hg.), The History of Cartography III, 1: Cartography in the European Renaissance, Chicago – London 2007, S. 25–54.

MÜLLER, C. H., Eine Eppsteiner Schloßbeschreibung von 1592, in: Nassauische Heimatblätter 26 (1925), Heft 3/4, S. 62f.

MÜLLER, Karsten, Karten, Politische Bildräume. Stadt – Land – Nation in der niederländischen Druckgraphik um 1600, in: Cornelia JÖCHNER (Hg.), Politische Räume. Stadt und Land in der Frühneuzeit (Hamburger Forschungen zur Kunstgeschichte 2), Berlin 2003, S. 23–44.

MÜLLER, Matthias, Die Landschaft als metaphorischer Ort – Landschaftsmalerei im Kontext spätmittelalterlich-frühneuzeitlicher Herrschaftsallegorese, in: Karl-Heinz SPIESS (Hg.), Landschaft im Mittelalter, Stuttgart 2006, S. 207–235.

MÜNKNER, Jörn, Eingreifen und Begreifen. Handhabungen und Visualisierungen in Flugblättern der Frühen Neuzeit (Philologische Studien und Quellen 214), Berlin 2008.

NEUMANN, Joachim, Kartographische Generalisierung bei Apian. Vortrag auf der VIII. Internationalen Konferenz zur Geschichte der Kartographie, Berlin 1979.

NIEDER, Horst, Ritterspiele, Trionfi, Feuerwerkspantomime. Die Kasseler Tauffeierlichkeiten von 1596. Fest und Politik am Hofe des Landgrafen Moritz von Hessen-Kassel (Materialien zur Kunst- und Kulturgeschichte in Nord- und Westdeutschland 24), Marburg 1999.

NIEDER, Horst, Wilhelm Dilich (um 1571–1650). Zeichner, Schriftsteller und Kartograph im höfischen Dienst (Materialien zur Kunst- und Kulturgeschichte in Nord- und Westdeutschland 28), Lemgo 2002.

NIEDER, Horst, Die „Hessische Chronica" von Wilhelm Dilich, in: Mitteilungen des Vereins für hessische Geschichte und Landeskunde 47 (2006), S. 5–8.

NIEMEYER, Wilhelm, Nachwort, in: Wilhelm NIEMEYER (Hg.), Wilhelm Dilich, Hessische Chronica, 2 Teile, Kassel 1605, ND Kassel 1961, S. 3–20.

NIKITSCH, Eberhard J., Die Inschriften des Rhein-Hunsrück-Kreises, Bd. 1: Boppard, Oberwesel, St. Goar (Die deutschen Inschriften 60), Wiesbaden 2004.

NITZ, Michael, Simone BALSAM u. Sonja BONIN, Main-Taunus-Kreis (Denkmaltopographie Bundesrepublik Deutschland. Kulturdenkmäler in Hessen 22), Stuttgart 2003.

NÖLL, Philipp, Bad Langen-Schwalbach. Kleinere Beiträge, Wiesbaden 1897.

NÖTH, Winfried, Kartensemiotik und das kartographische Zeichen, in: Dagmar SCHMAUKS u. Winfried NÖTH (Hg.), Landkarten als synoptisches Medium (Zeitschrift für Semiotik 20, Heft 1–2), Tübingen 1998, S. 25–39.

NÖTH, Winfried, Die Karte und ihre Territorien in der Geschichte der Kartographie, in: Jürg GLAUSER u. Christian KIENING (Hg.), Text – Bild – Karte. Kartographien der Vormoderne (Rombach Wissenschaften. Reihe Litterae 105), Freiburg i. Br. 2007, S. 39–93.

NORA, Pierre, Les lieux de mémoire, 7 Bde., Paris 1984–1992.

NORA, Pierre, Zwischen Geschichte und Gedächtnis (Kleine kulturwissenschaftliche Bibliothek 16), Berlin 1990, ND Frankfurt a. M. 2001.

NORMAN, Diana, Painting in Late Medieval and Renaissance Siena (1266–1555), New Haven, Conn. 2003.

NUTI, Lucia, The mapped views by Goerg Hoefnagel. The merchant's eye, the humanist's eye, in: Word & image 4 (1988), S. 545–570.

NUTI, Lucia, The Perspective Plan in the Sixteenth Century. The Invention of a Representational Language, in: Art Bulletin 76 (1994), S. 105–128.

NUTI, Lucia, Mapping Places. Chorography and Vision in the Renaissance, in: Denis COSGROVE (Hg.), Mappings, London 1999, S. 90–108.

OEHME, Ruthardt, Geschichte der Kartographie des deutschen Südwestens. Arbeiten zum historischen Atlas von Südwestdeutschland, Konstanz 1961.

OEHME, Ruthard, Die Entwicklung der Kartographie Süddeutschlands in der Renaissance-Zeit, in: Die Renaissance im deutschen Südwesten zwischen Reformation und dreißigjährigem Krieg. Eine Ausstellung des Landes Baden-Württemberg, Heidelberger Schloß, 21. Juni bis 19. Oktober 1986, Karlsruhe 1986, Bd. 1, S. 63–85.

Onder den oranje boom. Niederländische Kunst und Kultur im 17. und 18. Jahrhundert an deutschen Fürstenhöfen, Ausstellung Kaiser-Wilhelm-Museum Krefeld 18. April – 18. Juli 1999, hg. von Horst LADEMACHER, München 1999.

OTT, Martin, Die Entdeckung des Altertums. Der Umgang mit der römischen Vergangenheit Süddeutschlands im 16. Jahrhundert (Münchner historische Studien, Abteilung Bayerische Geschichte 17), Kallmünz/Oberpfalz 2002.

PÀPAY, Gyula, Die Anfänge der Geschichtskartographie, in: Dagmar UNVERHAU (Hg.), Geschichtsdeutung auf alten Karten. Archäologie und Geschichte (Wolfenbütteler Forschungen 101), Wiesbaden 2003, S. 165–192.

PARSONS, E. J. S. u. B. LITT, The map of Great Britain ca. A.D.1360 known as: The Gough Map. An introduction to the facsimile, 2. Aufl. Oxford 1996.

PELLETIER, Monique, Representations of Territory by Painters, Engineers, and Land Surveyors in France during the Renaissance, in: David WOODWARD (Hg.), The History of Cartography III, 2: Cartography in the European Renaissance, Chicago 2007, S. 1522–1537.

PETRY, Ludwig (Hg.), Handbuch der historischen Stätten Deutschlands. Bd. 5: Rheinland-Pfalz und Saarland (Kröners Taschenausgabe 275), 3., neubearb. Aufl. Stuttgart 1988.

PETTO, Christine M., Semblance of Sovereignty: Cartographic Possession in Map Cartouches and Atlas Frontispieces of Early Modern Europe, in: Gary BACKHAUS u. John MURUNGI (Hg.), Symbolic Landscapes, Berlin 2009, S. 227–250.

PHILIPPI, Hans (Bearb.), Reichsabtei Fulda. Adel und Lehnshof (Repertorien des hessischen Staatsarchivs Marburg, Bestand 95), Marburg 1972.

PICARD, Bertold, Eppstein im Taunus. Geschichte der Burg, der Herren und der Stadt, Frankfurt a. M. 1968.

PICARD, Bertold, Burg Eppstein im Taunus. Mittelalterliche Wehranlage – Residenz der Herren von Eppstein – Stätte der Romantik, 3., veränderte Aufl. Eppstein 1994.

PICARD, Bertold, Wiederaufnahme der Burgsanierung in Eppstein, in: Denkmalpflege und Kulturgeschichte, hg. Landesamt für Denkmalpflege in Hessen (2004), S. 33–34.

PIEPMAIER [1980a], Rainer, Das Ende der ästhetischen Kategorie ‚Landschaft'. Zu einem Aspekt neuzeitlichen Naturverhältnisses, in: Westfälische Forschungen 30 (1980), S. 8–46.

PIEPMAIER [1980b], Rainer, Landschaft. Der ästhetisch-philosophische Begriff, in: Historisches Wörterbuch der Philosophie, Bd. 5, Darmstadt 1980, Sp. 15–28.

PIETRANGELI, Carlo, Die Gemälde des Vatikan, München 1996 (italienische Ausgabe: I dipinti del Vaticano, Udine 1996).

PIPER, Otto, Burgenkunde. Bauwesen und Geschichte der Burgen zunächst innerhalb des deutschen Sprachgebietes, München 1912.

PLESSEN, Marie-Louise von (Hg.), Idee Europa. Entwürfe zum ‚Ewigen Frieden'. Ordnungen und Utopien für die Gestaltung Europas von der pax romana zur Europäischen Union, Deutsches Historisches Museum, Berlin 2003.

PRESSER, Helmut, Die gelehrten Drucker Peter und Philipp Apian in Ingolstadt, München 1974.

PRUNTY, Jacinta, Maps and Map-Making in Local History (Maynooth Research Guides for Irish Local History 7), Dublin 2004.

RAAB, Heribert, Landgraf Ernst von Hessen-Rheinfels (1623–1693). Festvortrag, St. Goar 1953.

RAU, Susanne, Geschichte und Konfession. Städtische Geschichtsschreibung und Erinnerungskultur im Zeitalter von Reformation und Konfessionalisierung in Bremen, Breslau, Hamburg und Köln (Hamburger Veröffentlichungen zur Geschichte Mittel- und Osteuropas 9), Hamburg 2002.

RAYNAUD-NGUYEN, Isabelle, Portolan, in: Lexikon zur Geschichte der Kartographie. Von den Anfängen bis zum Ersten Weltkrieg, Bd. 2, Wien 1986, S. 617–623.

REDON, Odile, Lo spazio di una città, Rom 1999.

Regesten der Grafen von Katzenelnbogen, bearb. von Karl E. DEMANDT (Veröffentlichungen der Historischen Kommission für Nassau 11), 4 Bde., Wiesbaden 1953–1957.

Regesten der Landgrafen von Hessen. Erster Band: 1247–1328, bearb. von Otto GROTEFEND und Karl E. DEMANDT, Zweiter Band: Regesten der landgräflichen Kopiare, Band 1–2 bearb. von Karl E. DEMANDT (Veröffentlichungen der Historischen Kommission für Hessen 6,1–2), Bd. 1: Marburg 1929, ND 2., unveränd. Aufl. Marburg 1991, Bd. 2.1: Marburg 1990. Online-Version: http://web.uni-marburg.de/hlgl/lagis/digiq.html (25.02.2010).

REICHERT, Folker, Grenzen in der Kartographie des Mittelalters, in: Andreas GESTRICH u. Marita KRAUSS, Migration und Grenze (Stuttgarter Beiträge zur historischen Migrationsforschung 4), Stuttgart 1998, S. 15–39.

REIMOLD, Walter, Chronik der Vogtei Pfalzfeld, Koblenz 1965.

REINIRKENS, Leonhard, Geschichtsstationen am Rhein, Bad Honnef 1998.

RETTINGER, Elmar, Historisches Ortslexikon Rheinland-Pfalz, Bd. 2, Mainz 1996.

REUTER, Heinz, Wandmalerei im Ziegenhainer Schloss, in: Schwälmer Jahrbuch 1977, S. 72–76.

REUTER, Heinz, Die ehemalige Festung Ziegenhain. Historische Beiträge, Schwalmstadt 1989.

REUTER, Heinz, Ziegenhain, Hessen. Geschichte der Stadt 782–1973, 3., erw. Aufl. Gensungen 2000.

Das Rheintal von Bingen und Rüdesheim bis Koblenz. Eine europäische Kulturlandschaft, Bd. 2, hg. vom Landesamt für Denkmalpflege Rheinland-Pfalz, 2. Aufl. Mainz 2002.

RITTER, Alexander, Zur Topographie der Stadt Rhens in der Frühen Neuzeit, in: Jahrbuch für westdeutsche Landesgeschichte 28 (2002), S. 47–75.

RITTER, Alexander, Landgraf Ernst von Hessen-Rheinfels (1623–1693). Konversion und Irenik als politische Faktoren, in: Harm KLUETING (Hg.), Irenik und Antikonfessionalismus im 17. und 18. Jahrhundert (Hildesheimer Forschungen 2), Hildesheim 2003, S. 117–140.

RÖHLING, Martin, Die Geschichte der Grafen von Nidda und der Grafen von Ziegenhain, Nidda 2005.

ROSSRICKER, Nicolas, Rheinfels im Wandel der Zeit. Die Entwicklung von der Burg zur Touristenattraktion, Facharbeit in Geschichte, in: Hansenblatt 55 (2002), S. 51–75.

ROSZA, Georg, Die Ungarnchronik Wilhelm Dilichs, in: Gutenberg-Jahrbuch 71 (1996), S. 157–164.

RUDERSDORF, Manfred, Ludwig IV. Landgraf von Hessen-Marburg, 1537–1604. Landesteilung und Luthertum in Hessen (Veröffentlichungen des Instituts für Europäische Geschichte Mainz 144), Mainz 1991.

RUGE, Sophus, Die erste Landvermessung des Kurstaats Sachsen, auf Befehl des Kurfürsten Christian I. ausgeführt von Matthias Öder (1586–1607), Dresden 1889.

SANTE, Georg Wilhelm (Hg.), Handbuch der historischen Stätten Deutschlands. Bd. 4: Hessen (Kröners Taschenausgabe 274), 3., überarb. Aufl. Stuttgart 1976.

SCHAAF, Peter, Buchenau. Geschichte, Bauwerke, hg. von der Interessengemeinschaft Buchenau, Eiterfeld 2003.

SCHÄFER, Karl, Leben und Werk der Korbacher Kartographen Joist Moers, in: Geschichtsblätter für Waldeck 67 (1979), S. 123–177.

SCHÄFER, Regina, Die Herren von Eppstein. Herrschaftsausübung, Verwaltung und Besitz eines Hochadelsgeschlechts im Spätmittelalter (Veröffentlichungen der Historischen Kommission für Nassau 68), Wiesbaden 2000.

SCHÄFFNER, Wolfgang, Diagramme der Macht. Festungsbau im 16. und 17. Jahrhundert, in: Cornelia JÖCHNER (Hg), Politische Räume. Stadt und Land in der Frühneuzeit, Berlin 2003, S. 133–165.

SCHARFE, Wolfgang, Kartographiegeschichte. Grundlagen – Aufgaben – Methoden, in: Wolfgang SCHARFE, Heinz MUSALL u. Joachim NEUMANN (Hg.), 4. Kartographiehistorisches Colloqium 1988, Berlin 1990, S. 1–10.

SCHELLACK, Gustav, Kirche im Dorf. Geschichte der evangelischen Kirchengemeinden Gödenroth – Heyweiler – Hollnich – Roth, Argenthal 1988.

SCHIERA, Pierangelo, „Bonum commune" zwischen Mittelalter und Neuzeit, in: Archiv für Kulturgeschichte 81 (1999), S. 283–303.

SCHILLINGER, Klaus, Zur Entwicklung der Vermessungsinstrumente im 16. Jahrhundert, in: Rainer GEBHARDT (Hg.), Hiob Magdeburg und die Anfänge der Kartographie in Sachsen, Annaberg 1995, S. 71–100.

SCHLEIER, Bettina, Die illustrierte Bremer Chronik des Wilhelm Dilich, in: BURGGESELLSCHAFT BEDERKESA e.V. (Hg.), Wilhelm Dilich. Kartograph von Amt und Burg Bederkesa, Texte von Bettina SCHLEIER, Johannes GÖHLER und Matthias D. SCHÖN (Schriftenreihe der Burggesellschaft Bederkesa 9), Bederkesa 1994, S. 7–36.

SCHLEIER, Bettina, Wilhelm Dilich Bremer Chronik, in: Bremisches Jahrbuch 73 (1994), S. 12–47.

SCHMALE, Wolfgang, Europa, Braut der Fürsten. Die politische Relevanz des Europamythos, in: Klaus BUSSMANN u. Elke Anna WERNER (Hg.), Europa im 17. Jahrhundert. Ein politischer Mythos und seine Bilder, Stuttgart 2004, S. 241–267.

SCHMANDT, Matthias, Die Loreley wird aktenkundig. Zur Dokumentation des Felsens vor 1800, in: Mario KRAMP u. Matthias SCHMANDT (Hg.), Die Loreley. Ein Fels im Rhein, ein deutscher Traum, Mainz 2004, S. 23–35.

SCHMELZ, Manfred, Malsfeld, in: Jahrbuch Schwalm-Eder-Kreis 1996, S. 7–20.

SCHMIDT, Aloys, Rhens, in: Ludwig PETRY (Hg.), Handbuch der historischen Stätten Deutschlands. Bd. 5: Rheinland-Pfalz und Saarland (Kröners Taschenausgabe 275), 3., neubearb. Aufl. Stuttgart 1988, S. 309f.

SCHMIDT, A[loys], Rhens (Rheinland-Pfalz, Deutschland), Kurverein (1338), in: Lexikon des Mittelalters 7, München – Zürich 1995, Sp. 785.

SCHMIDT, Jürgen, 800 Jahre Stadt Melsungen, Melsungen 1978.

SCHMOLZE, Gerhard, Das Land vermessen, des Landes verwiesen. Ein Mann zwischen den Fronten. Zum 400. Todestag Philipp Apians, in: Unser Bayern 38 (1989), S. 81–83.

SCHNEIDER, Adolf, Geschichte der Loreley-Stadt St. Goarhausen, Wiesbaden 1989.

SCHNEIDER, Friedrich, Die Baudenkmäler im Regierungsbezirk Wiesbaden, bearb. von W. LOTZ, Berlin 1880.

SCHNEIDER, Helmuth u. Dorothea ROHDE, Hessen in der Antike. Die Chatten vom Zeitalter der Römer zur Alltagskultur der Gegenwart, Kassel 2006.

SCHNEIDER, Ute, Die Macht der Karten. Eine Geschichte der Kartographie vom Mittelalter bis heute, Darmstadt 2004.

SCHNEIDER, Ute, Geowissenschaften: Kartographie und Geodäsie, in: Stephan GÜNZEL (Hg.) unter Mitarbeit v. Franziska KÜMMERLING, Raum. Ein interdisziplinäres Handbuch, Stuttgart 2010, S. 24–33.

SCHRAMM, Manuel, Die Entstehung der modernen Landschaftswahrnehmung (1580–1730), in: Historische Zeitschrift 287 (2008), S. 37–59.

SCHRAMM, Percy Ernst, Herrschaftszeichen und Staatssymbolik (Schriften der Monumenta Germaniae Historica 13), Stuttgart 1954.

SCHRÖDTER, Marianne, Liederbach in der Geschichte, Liederbach 1993.

SCHÜTTE, Ulrich, Das Schloss als Wehranlage. Befestigte Schlossbauten der frühen Neuzeit, Darmstadt 1994.

SCHÜTZ, Artur, Hessen-Rheinfels, Hessen-Darmstadt, Hessen-Homburg 1567–1871, Frankfurt a. M. 2000.

SCHULZE, Wolfgang, Einteilung, Vermessung und kartographische Darstellung sächsischer Wälder vom 16. bis zum 19. Jahrhundert, in: Rainer GEBHARDT (Hg.), Hiob Magdeburg und die Anfänge der Kartographie in Sachsen, Annaberg 1995, S. 29–56.

SCHUNDER, Friedrich u. Eckhart G. FRANZ, Jesberg, in: Georg Wilhelm SANTE (Hg.), Handbuch der historischen Stätten Deutschlands. Bd. 4: Hessen (Kröners Taschenausgabe 274) 3., überarb. Aufl. Stuttgart 1976, S. 244f.

SCHWARTZ, Karl, Reichenberg, in: Annalen des Vereins für Nassauische Altertumskunde und Geschichtsforschung 11 (1871), S. 211–226.

SCHWIND, Fred (Hg.), Geschichtlicher Atlas von Hessen. Text und Erläuterungsband, Marburg 1984.

SEBALD, Eduard, Rheinfels in Farben. Wilhelm Dilichs Burgansichten, in: Baudenkmäler in Rheinland-Pfalz 58 (2003), S. 11–16.

SEBALD, Eduard, Zwei „unvollendete" Katzenelnboger Grabkapellen in St. Goar? Bauhistorische Aspekte zu zwei Grabanlagen der Ev. Stiftskirche, in: Jahrbuch für westdeutsche Landesgeschichte 34 (2008), S. 99–128.

SEIDEL, Max, Vanagloria. Studien zur Ikonographie der Fresken des Ambrogio Lorenzetti in der ‚Sala della Pace', in: Städel Jahrbuch, Neue Folge 16 (1997), S. 35–90.

SEIDEL, Max, Dolce vita. Ambrogio Lorenzettis Porträt des Sieneser Staates, Basel 1999.

SEIFERT, Traudl, Philipp Apian und die bayerische Landesaufnahme. Ausstellung anlässlich des 400. Jahrestages der Veröffentlichung der „Bairischen Landtafeln" 1568, 20.3.–4.4.1968, München 1968.

SENG, Eva-Maria, Das Vermessen des Herzogtums Bayern durch Philipp Apian, in: Eva-Maria SENG, Stadt – Idee und Planung, München 2001, S. 44–45.

SIEBER-LEHMANN, Claudius, Die Eidgenossenschaft 1479 und Europa am Ende des 20. Jahrhunderts. Zur Erfindung und Repräsentation von Ländern, in: Traverse 3 (1994), S. 178–194.

SIEBER-LEHMANN, Claudius, „Regna colore rubeo circumscripta". Überlegungen zur Geschichte weltlicher Herrschaftsgrenzen im Mittelalter, in: Guy P. MARCHAL (Hg.), Grenzen und Raumvorstellungen (11.–20. Jahrhundert) (Clio Lucernensis 3), Zürich 1996, S. 79–92.

SIEBER-LEHMANN, Claudius, Albrecht von Bonstettens geographische Darstellung der Schweiz von 1479, in: Cartographica Helvetica 16 (1997), S. 39–46.

SIEBER-LEHMANN, Claudius, Grenzen im spätmittelalterlichen Basel, in: Simona SLANICKA (Hg.), Begegnungen mit dem Mittelalter in Basel (Basler Beiträge zur Geschichtswissenschaft 171), Basel 2000, S. 185–205.

SIPPEL, Klaus, Mittelalterliche und frühneuzeitliche Glashütten im Kaufunger Wald und im Reinhardswald. Ergebnisse archäologischer Geländeforschngen zur älteren Glasproduktion in Nordhessen, in: Ingrid BAUMGÄRTNER u. Winfried SCHICH (Hg.), Nordhessen im Mittelalter. Probleme von Identität und überregionaler Integration, Marburg 2001, S. 231–302.

SKELTON, Raleigh Ashlin u. Paul D. A. HARVEY, Local maps and plans from medieval England, Oxford 1986.

SKINNER, Quentin, Ambrogio Lorenzetti: The Artist as a Political Philosopher, in: Proceedings of the British Academy 72 (1986), S. 1–56.

SKINNER, Quentin, Ambrogio Lorenzetti: The Artist as Political Philosopher, in: Hans BELTING u. Dieter BLUME (Hg.), Malerei und Stadtkultur in der Dantezeit. Die Argumentation der Bilder, München 1989, S. 85–103.

SKINNER, Quentin, Ambrogio Lorenzetti's ‚Buon Governo' frescoes: two old questions, two new answers, in: Journal of the Warburg and Courtauld Institutes 62 (1999), S. 1–28.

SNYDER, Maria, Mathematische und militärische Perspektiven im Süddeutschland des 16. Jahrhunderts: Schedel, Münster, Dürer und Specklin, in: Jürg GLAUSER u. Christian KIENING (Hg.), Text – Bild – Karte. Kartographien der Vormoderne (Rombach Wissenschaften. Reihe Litterae 105), Freiburg i. B. 2007, S. 275–292.

SPEICH, Daniel, Berge von Papier. Die kartographische Vermessung der Schweiz in der Zeit der Bundesstaatengründung, in: Cornelia JÖCHNER (Hg), Politische Räume. Stadt und Land in der Frühneuzeit (Hamburger Forschungen zur Kunstgeschichte 2), Berlin 2003, S. 167–183.

SPIESS, Karl-Heinz, Burgfrieden als Quellen für die politische und soziale Lage des spätmittelalterlichen Adels, in: Hermann EHMER (Hg.), Burgen im Spiegel der historischen Überlieferung (Oberrheinische Studien 13), Sigmaringen 1998.

STARN, Randolph, Ambrogio Lorenzetti. The Palazzo Pubblico, Siena u. New York 1994.

STECHE, R., Zu Wilhelm Dilichs Tätigkeit in Sachsen, in: Zeitschrift für Bildende Kunst 24 (1889), S. 316–319.

STENGEL, Edmund, Wilhelm Dilichs Landtafeln hessischer Ämter zwischen Rhein und Weser, in: Zeitschrift für hessische Geschichte und Landeskunde 70 (1959), S. 150–201.

STERCKEN, Martina, Kleinstadtgenese und herrschaftliche Raumerfassung in der spätmittelalterlichen Schweiz, in: Peter MORAW (Hg.), Raumerfassung und Raumbewusstsein (Vorträge und Forschungen 49), Stuttgart 2002, S. 233–274.

STERCKEN, Martina, Kartographische Repräsentationen von Herrschaft. Jos Murers Karte des Zürcher Gebiets von 1566, in: Ferdinand OPLL (Hg.), Bild und Wahrnehmung der Stadt (Beiträge zur Geschichte der Städte Mitteleuropas 19), Linz 2004, S. 219–240.

STERCKEN [2006a], Martina, Kartographien von Herrschaft, in: Rheinische Vierteljahrsblätter 70 (2006), S. 1–24.

STERCKEN, [2006b] Martina, Inszenierung bürgerlichen Selbstverständnisses und städtischer Herrschaft, in: Bernd ROECK (Hg.), Stadtbilder der Neuzeit (Stadt in der Geschichte 32), Sigmaringen 2006, S. 105–122.

STERCKEN, Martina, Regionale Identität im spätmittelalterlichen Europa. Kartographische Zeugnisse, in: Ingrid BAUMGÄRTNER u. Hartmut KUGLER (Hg.), Europa im Weltbild des Mittelalters. Kartographische

Stercken, Martina, Kartographie und Chronistik. Jos Murers Karte des Zürcher Herrschaftsgebiets von 1566, in: Susanne Rau u. Birgit Studt (Hg.), Geschichte schreiben. Ein Quellen- und Studienhandhandbuch zur Historiographie (ca. 1350–1750), Berlin 2010, S. 475–487.

Stercken, Martina, Repräsentieren mit Karten als mediales Modell, in: Das Mittelalter. Perspektiven mediävistischer Forschung 15 (2010), Heft 2: Modelle des Medialen im Mittelalter, hg. von Christian Kiening u. Martina Stercken, Berlin 2010, S. 96–113.

Stetter, Gertrud, Philipp Apian 1531–1589. Zur Biographie, in: Hans Wolff (Red.), Philipp Apian und die Kartographie der Renaissance. Ausstellung, München, Bayerische Staatsbibliothek 15. Juni bis 30. September 1989 (Ausstellungskataloge, Bayerische Staatsbibliothek 50), Weißenhorn 1989, S. 66–73.

Stevens, Ulrich, Burgkapellen im deutschen Sprachraum (Veröffentlichungen der Abteilung Architektur am Kunsthistorischen Institut der Universität Köln 14), Köln 1978.

Stevens, Ulrich, Burgkapellen. Andacht, Repräsentation und Wehrhaftigkeit im Mittelalter, Darmstadt 2003.

Stochdorph, Otto, „… nach kosmographischer Art und Weise" – Philipp Apian am Schnittpunkt der Kartographiegeschichte der Herzogtümer Bayern und Württemberg, in: Hans Wolff (Red.), Philipp Apian und die Kartographie der Renaissance. Ausstellung, München, Bayerische Staatsbibliothek 15. Juni bis 30. September 1989 (Ausstellungskataloge, Bayerische Staatsbibliothek 50), Weißenhorn 1989, S. 125–126.

Stockhammer, Robert (Hg.), TopoGraphien der Moderne. Medien zur Repräsentation und Konstruktion von Räumen (Trajekte), München 2005.

Stoffers, Helmuth K. und Landesamt für Denkmalpflege Hessen (Hg.), Gemeinden Amöneburg, Kirchhain, Neustadt und Stadtallendorf (Denkmaltopographie Bundesrepublik Deutschland; Kulturdenkmäler in Hessen; Landkreis Marburg Biedenkopf 1), Stuttgart 2002.

Straub, August, Burgen und Schlösser im Hessenland, 2. Aufl. Melsungen 1976.

Strickhausen, Gerd u. Reinhard Gutbier, Hessen, in: Burgen in Mitteleuropa. Ein Handbuch, Bd. 2: Geschichte der Burgenlandschaften, hg. von der Deutschen Burgenvereinigung e.V., Darmstadt 1999, S. 150–157.

Studt, Birgit, Zwischen historischer Tradition und politischer Propaganda. Zur Rolle der ‚kleinen Formen' in der spätmittelalterlichen Geschichtsüberlieferung, in: Hagen Keller, Christel Meier u. Thomas Scharff (Hg.), Schriftlichkeit und Lebenspraxis im Mittelalter (Münstersche Mittelalter-Schriften 76), München 1999, S. 203–218.

Suntrup, Rudolf u. Jan R. Veenstra (Hg.), Tradition and Innovation in an Era of Change. Tradition und Innovation im Übergang zur Frühen Neuzeit (Medieval to Early Modern Culture. Kultureller Wandel vom Mittelalter zur Frühen Neuzeit 1), Frankfurt a. M. 2001.

Svatek, Petra, Die Geschichtskarten des Wolfgang Lazius. Die Anfänge der thematischen Kartographie in Österreich, in: Cartographia Helvetica 37 (2008), S. 35–43.

Textor [1950a], Georg, Der tiefe Schlossbrunnen zu Homberg, in: Die Heimatwarte (Beilage des Kreisblattes für den Kreis Fritzlar-Homberg) 1950, Heft 4, o. S.

Textor [1950b], Georg, Der tiefe Schlossbrunnen zu Homberg. Fortsetzung und Schluß, in: Die Heimatwarte (Beilage des Kreisblattes für den Kreis Fritzlar-Homberg) 1950, Heft 5, o. S.

Textor, Georg, Die Grabungen und Instandsetzungen auf dem Homberger Schlossberg, in: Hessische Heimat. Zeitschrift für Kunst, Kultur und Denkmalpflege (Marburg) 6 (1956/57), Heft 5, S. 11–16.

Thiel, Lena, Tagungsbericht Kurfürstliche Koordinaten. Landesvermessung und Herrschaftsvisualisierung im frühneuzeitlichen Sachsen. 21.01.2011–22.01.2011, Dresden, in: H-Soz-u-Kult, 07.05.2011, <http://hasozkult.geschichte.hu-berlin.de/tagungsberichte/id=3637>.

Thiele, Rüdiger, Kosmographie als universale Wissenschaft – Zum Werk Gerhard Mercators, in: Gerhard Mercator, Europa und die Welt, Begleitband zur Ausstellung: Verfolgt, Geachtet, Universal – Gerhard Mercator, Europa und die Welt anlässlich des 400. Todestages von Gerhard Mercator im Kultur- und Stadthistorischen Museum Duisburg vom 4. September 1994 bis zum 31. Januar 1995, Duisburg 1994, S. 15–36.

Tiggesbäumker, Günter, Zur Geschichte der Kartographie in Nürnberg, in: Günter Tiggesbäumker (Hg.), Die Reichsstadt Nürnberg und ihr Landgebiet im Spiegel alter Karten und Ansichten (Nürnberg 1986), S. 17–31.

Tillmann, Curt, Lexikon der deutschen Burgen und Schlösser, Bd. 1, Stuttgart 1958.

Tolias, George, Maps in Renaissance Libraries and Collections, in: David Woodward (Hg.), The History of Cartography III, 1: Cartography in the European History, Chicago 2007, S. 637–660.

Treffer, Gerd, Vom Glanz der Ingolstädter Wissenschaft. Peter und Philipp Apian, München 1991.

Unser Dorf im Wandel der Zeiten. 1100 Jahre Pfalzfeld 893–1993. Ausschnitte aus der Ortsgeschichte, hg. von der Ortsgemeinde Pfalzfeld, zusammengestellt von Franz Braun, Bingen-Sponsheim 1993.

UNVERHAU, Dagmar (Hg.), Geschichtsdeutung auf alten Karten (Wolfenbütteler Forschungen 101), Wiesbaden 2003.

URBAN, Hartmut Georg, Gewölbe im Burgenbau des Mittelrheingebiets (Veröffentlichung der Deutschen Burgenvereinigung: Reihe A, Forschungen, Bd. 4), Braubach 1997.

VERDENHALVEN, Fritz, Alte Mess- und Währungssysteme aus dem deutschen Sprachgebiet, 2. Aufl. Neustadt 1998.

VOLK, Otto, Der Alltag auf Burgen im Spiegel der mittelalterlichen Rechnungsüberlieferung, in: Joachin ZEUNE (Hg.), Alltag auf Burgen im Mittelalter (Veröffentlichung der Deutschen Burgenvereinigung e.V., Reihe B: Schriften, Bd. 10), Passau 2005, S. 19–25.

VOLLMAR, Rainer, Die Vielschichtigkeit von Karten als kulturhistorische Produkte, in: Dagmar UNVERHAU (Hg.), Geschichtsdeutung auf alten Karten (Wolfenbütteler Forschungen 101), Wiesbaden 2003, S. 381–396.

Von der gemalten Landschaft zum vermessenen Land. Eine Ausstellung des Bayerischen Hauptstaatsarchivs zur Geschichte der handgezeichneten Karte in Bayern (München, 6. Oktober bis 22. Dezember 2006), München 2006.

WAGENER, Olaf (Hg.), Die Burgen an der Mosel. Akten der 2. internationalen wissenschaftlichen Tagung in Oberfell an der Mosel, Koblenz 2007.

WAGENER, Olaf u. Heiko LASS (Hg.), ... wurfen hin in steine/grôze und niht kleine. Belagerungen und Belagerungsanlagen im Mittelalter (Beihefte zur Mediävistik 7), Frankfurt a. M. 2006.

WAGNER, Paul, Das Gründungsjahr der Burg Reichenberg, in: Annalen des Vereins für Nassauische Altertumskunde und Geschichtsschreibung 36 (1906), S. 158–168.

WAGNER, Paul, Burg Hohenstein. Ein Beitrag zu ihrer Geschichte, in: Nassauische Heimatblätter 27 (1926), Heft 3, S. 53–60.

WAGNER, Willi, Die Herrschaft Hollnich, in: Hunsrücker Heimatblätter 3 (1962), S. 2–5.

WAITZ VON ESCHEN, Friedrich, Die Anfänge des gewerblichen Domänenstaates in Hessen unter Landgraf Philipp dem Großmütigen, in: Heide WUNDER, Christina VANJA u. Berthold HINZ (Hg.), Landgraf Philipp der Großmütige von Hessen und seine Residenz Kassel. Ergebnisse des interdisziplinären Symposiums der Universität Kassel zum 500. Geburtstag des Landgrafen Philipp von Hessen (17. bis 18. Juni 2004) (Veröffentlichungen der Historischen Kommission für Hessen 24,8), Marburg 2004, S. 151–170.

WARLICH-SCHENK, Brigitte, Baudenkmale in Hessen. Schwalm-Eder-Kreis I, in: Denkmaltopographie der Bundesrepublik Deutschland, hg. vom Landesamt für Denkmalpflege Hessen, Braunschweig 1985.

WARNKE, Martin, Politische Landschaft. Zur Kunstgeschichte der Natur, München 1992.

WATELET, Marcel (Hg.), Gérard Mercator cosmographe: Le temps et l'espace, Antwerpen 1994.

WAWRIK, Franz, Historische und kulturhistorische Informationen in den Werken österreichischer Kartographen des 16. Jahrhunderts, mit besonderer Berücksichtigung des Wolfgang Lazius, in: Dagmar UNVERHAU (Hg.), Geschichtsdeutung auf alten Karten (Wolfenbütteler Forschungen 101), Wiesbaden 2003, S. 193–212.

WEBER, Karl u. Fritz ZSCHAECK, Die Riedesel und ihr Verhältnis zu Fulda. Dazwischen lag Salzschlirf, 1400–1500, Bad Salzschlirf 1994.

WECKMÜLLER, Ferdinand, Die Ersterwähnung und einige Gedanken zur Bauzeit der Burg Hohenstein, in: Jahrbuch des Rheingau-Taunus-Kreises 41 (1990), S. 40–45.

WEINBERGER, Hans Christoph, Die Burg Hohenstein, Taunusstein 2001.

WENZEL, Horst, Höfische Repräsentation. Symbolische Kommunikation und Literatur im Mittelalter, Darmstadt 2005.

WENZEL-MAGDEBURG, Ernst, Aus alter Zeit. Burg Jesberg, in: Heimatschollen. Blätter zur Pflege hessischer Art, Geschichte und Heimatkunst 3 (1923), S. 4–6.

„Wer will des Stromes Hüter sein?". 40 Burgen und Schlösser am Mittelrhein. Ein Führer, hg. vom Landesamt für Denkmalpflege Rheinland-Pfalz und Burgen, Schlösser, Altertümer Rheinland-Pfalz, bearb. von Michael FUHR, Regensburg 2002, 2. Aufl. 2005.

WESSELOW, Thomas de, Ambrogio Lorenzetti's Mappamondo. A fourteenth-century picture of the world painted on cloth, in: Caroline VILLERS (Hg.), The fabric of images. European paintings of textile supports in the fourteenth and fifteenth centuries, London 2000, S. 55–65.

WESSELOW, Thomas de, The decoration of the West Wall of the Sala del mappamondo in Siena's Palazzo Pubblico, in: Joanna CANNON (Hg), Art, Politics, and Civic Religion in Central Italy, 1261 1352, London 2000, S. 19–68.

Wetter, bearb. von Ursula BRAASCH-SCHWERSMANN (Hessischer Städteatlas, 1. Lfg., Bd. 8), Marburg 2005.

WILKE, Jürgen, Die Ebstorfer Weltkarte, 2 Bde. (Veröffentlichungen des Instituts für historische Landesforschung an der Universität Göttingen 39), Bielefeld 2001.

WITT, Reimer, Die Anfänge von Kartographie und Topographie Schleswig-Holsteins 1475–1652, Heide 1982.

WOLF, Dieter, Melsungen. Eine Kleinstadt im Spätmittelalter. Topographie, Verfassung, Wirtschafts- und Sozialstruktur, 3 Bde., Butzbach 2003.

WOLFF, Fritz, Karten im Archiv (Veröffentlichungen der Archivschule Marburg 13), Marburg 1987.

WOLFF, Fritz, Kartographen – Autographen (Schriften des Hessischen Staatsarchivs 5), Marburg 1990.

WOLFF, Fritz, Der frühneuzeitliche Wald in der Kartographie, in: Andreas HEDWIG (Hg.), „Weil das Holz eine köstliche Ware …". Wald und Forst zwischen Mittelalter und Moderne (Schriften des Hessischen Staatsarchivs Marburg 17, Beiträge zur Geschichte Marburgs und Hessens 2), Marburg 2006, S. 39–58.

WOLFF, Fritz u. Werner ENGEL, Hessen in Bild alter Landkarten, Marburg 1988.

WOLFF, Hans (Hg.) mit Beiträgen von Gerfried APPELT, Bayern im Bild der Karte. Cartographia Bavariae (Ausstellungskataloge, Bayerische Staatsbibliothek 44), 2., verb. u. verm. Aufl. Weißenhorn 1988.

WOLFF, Hans, Von Ptolemaeus zu Philipp Apian, in: Charivari 15 (1989), S. 18–23.

WOLFF, Hans (Red.), Philipp Apian und die Kartographie der Renaissance. Ausstellung, München, Bayerische Staatsbibliothek 15. Juni bis 30. September 1989 (Ausstellungskataloge, Bayerische Staatsbibliothek 50), Weißenhorn 1989.

WOLFF, Hans, Im Spannungsfeld von Tradition und Fortschritt, Renaissance, Reformation und Gegenreformation, in: Hans WOLFF (Red.), Philipp Apian und die Kartographie der Renaissance. Ausstellung, München, Bayerische Staatsbibliothek 15. Juni bis 30. September 1989 (Ausstellungskataloge, Bayerische Staatsbibliothek 50), Weißenhorn 1989, S. 9–18.

WOLFF, Hans, Aufschwung der Renaissance-Kartographie von Ptolemaeus bis Philipp, in: Hans WOLFF (Red.), Philipp Apian und die Kartographie der Renaissance. Ausstellung, München, Bayerische Staatsbibliothek 15. Juni bis 30. September 1989 (Ausstellungskataloge, Bayerische Staatsbibliothek 50), Weißenhorn 1989, S. 19–42.

WOLFF, Hans, Die Bayerischen Landtafeln – das kartographische Meisterwerk Philipp Apians und ihr Nachwirken, in: Hans WOLFF (Red.), Philipp Apian und die Kartographie der Renaissance. Ausstellung, München, Bayerische Staatsbibliothek 15. Juni bis 30. September 1989 (Ausstellungskataloge, Bayerische Staatsbibliothek 50), Weißenhorn 1989, S. 74–124.

WOLFF, Wilhelm, Zur Geschichte der Stadt Ziegenhain in Hessen. Ein Blick in die Vergangenheit des Hessenlandes, Ziegenhain 1907.

WOOD, Dennis u. John FELS, The Power of Maps, London 1992.

WOODWARD, David, Reality, Symbolism, Time and Space in Medieval World Maps, in: Annals of the Association of American Geographers 75 (1985), S. 510–521.

WOODWARD, David (Hg.), Art and Cartography, Chicago – London 1987.

WOODWARD, David, Maps as Prints in the Italian Renaissance. Makers, Distributors and Consumers, London 1996.

WOODWARD, David (Hg.), The History of Cartography III, 1–2: Cartography in the European Renaissance, Chicago 2007.

WOODWARD, David, Cartography and the Renaissance. Continuity and Change, in: David WOODWARD (Hg.), The History of Cartography III, 1: Cartography in the European Renaissance, Chicago 2007, S. 3–24.

WROZ, Winfried, Der hessische Landmesser Joist Moers und seine Karte des Kaufunger Waldes (um 1590), in: Mitteilungen des Vereins für hessische Geschichte und Landeskunde Kassel 26 (1993), S. 9–13 u. Karte S. 20–21.

WUSTMANN, Gustav, Wilhem Dilich, in: Zeitschrift für Bildende Kunst 23 (1888), S. 110–116.

ZEUNE, Joachim, Burgen. Symbole der Macht. Ein neues Bild der mittelalterlichen Burg, 2. Aufl. Regensburg 1997.

ZEUNE, Joachim (Hg.), Alltag auf Burgen im Mittelalter (Veröffentlichungen der Deutschen Burgenvereinigung e.V., Reihe B: Schriften, Bd. 10), Passau 2005.

Ziegenhain. Leben auf historischem Boden, hg. vom Kirmesausschuß Ziegenhain und dem Magistrat der Stadt Schwalmstadt anläßlich der 850-Jahrfeier der Stadt Ziegenhain, Schwalmstadt-Ziegenhain 1994.

Landgrafschaft Hessen-Kassel um 1610

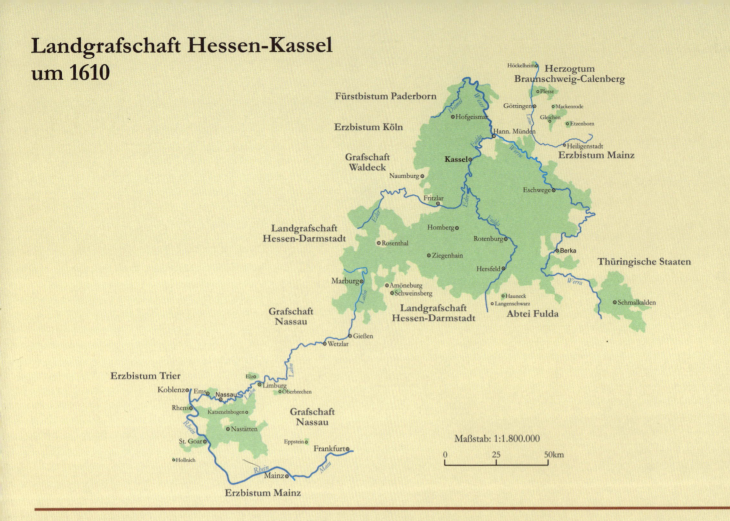

Rhein-Main-Gebiet der Landgrafschaft Hessen-Kassel

Landgrafschaft Hessen-Kassel ohne Rhein-Main-Gebiet

① Ämter Reichenberg, Rheinfels, St. Goarshausen	㊳ Gericht Liederbach	㊶–㊷ Schloss Homberg an der Efze
② Amt Rheinfels und Vogtei Pfalzfeld	㊴ Gerichte Neuenstein und Wallenstein	㊺ Amt Melsungen mit Bezirk der Stadt Melsungen
③–⑥ Schloss Rheinfels	㊵ Gerichte Wallenstein und Neuenstein	㊻ Amt Melsungen mit Bezirk Elfershausen
⑦–⑩ Burg Katz	㊶ Gericht Wallenstein	㊼ Amt Melsungen mit Bezirk Malsfeld
⑪–⑯ Burg Reichenberg	㊷ Gericht Neuenstein	㊽ Amt Melsungen mit Bezirk Röhrenfurth
⑰ Hollnich	㊸ Bezirk der Stadt Neukirchen	㊾ Amt Melsungen mit Bezirk Breitenau
⑱ Stadt und Pfandschaft Rhens	㊹ Schloss Ziegenhain	㊿ Schachterholz zwischen Schachten und Meimbressen
⑲ Bezirk der Stadt Braubach	㊺ Amt Langenschwarz	61 Wälder rund um die Malsburg
⑳–㉔ Marksburg	㊻ Gericht Jesberg	62 Zwischen Hessen und Stift Kaufungen strittiger Ort
㉕–㉘ Philippsburg	㊼–㊽ Amt Schönstein	63 Kaufunger Wald
㉙–㉝ Schloss Hohenstein	㊾ Ziegenhain und Momberg	64 Schloß Fleckenbühl und Dorf Reddehausen
㉞ Die fünfzehn Dörfer	50 Homberg an der Efze	65–66 Kaufunger Zehntrechte in Niederzwehren
㉟–㊲ Herrschaft Eppstein	51 Brunnenbau in Homberg an der Efze	67 Rengershäuser Zehnt